और बाबासाहेब अम्बेडकर ने कहा...

4

और बाबासाहेब अम्बेडकर ने कहा...

डॉ. बाबासाहेब अम्बेडकर के आलेख एवं अभिभाषण

(1945-1950)

खण्ड : चार

डॉ. भीमराव रामजी अम्बेडकर

अनुवादक/सम्पादक

डॉ. एल. जी. मेश्राम 'विमलकीर्ति'

राधाकृष्ण प्रकाशन

ISBN : 978-81-8361-205-0 (सेट)

और बाबासाहेब अम्बेडकर ने कहा...

पहला संस्करण : 2008
चौथा संस्करण : 2021
This book is printed on **Print on Demand** Technology : 2024

मूल्य : ₹5550
(छह खंडों का सेट)

प्रकाशक
राधाकृष्ण प्रकाशन प्राइवेट लिमिटेड
जी-17, जगतपुरी, दिल्ली-110 051

शाखाएँ : अशोक राजपथ, साइंस कॉलेज के सामने, पटना-800 006
पहली मंजिल, दरबारी बिल्डिंग, महात्मा गांधी मार्ग, प्रयागराज-211 001
1, अनमोल सोराबजी संतुक लेन, धोबी तलाव, मरीन लाइंस, मुम्बई-400 002
वेबसाइट : www.radhakrishnaprakashan.com
ई-मेल : info@radhakrishnaprakashan.com

AUR BABASAHEB AMBEDKAR NE KAHA... (Vol. 4)
Transleted and Edited by Dr. L. G. Meshram 'Vimalkirti'

New Delhi, the 13th Octr. 1942.

MEMBER OF COUNCIL
LABOUR

My dear Kosare,

I have your letter of the 1st instant. I am sorry for the delay in acknowledging the same. I have to-day, under separate cover, written to Mr. Jayaratnam about yourself and your two other friends Dongre and Moon. I hope my letter is not too late, and even if it is, I gather that you must have been selected for the post as I do not see that there is anybody better than you three.

As to the rest of your letter, I have had of course full

explanation from other sources.

Hoping you are keeping well.

Yours sincerely,

B R Ambedkar

H. L. Kosare, Esq., B.A.,
Secretary,
Depressed Classes,
New Shukrawari,
Shirke Road,
Nagpur.

Infm. Kawade that
I have had his letter and
I am waiting for further
details

B R A

प्रकाशकीय

दलित चेतना के अग्रदूत बाबासाहेब अम्बेडकर की क्रान्तिमूलक प्रेरणाओं से सारा विश्व परिचित है। आधुनिक भारत के इतिहास में जिन महापुरुषों के शब्द हमारी अमूल्य थाती हैं, उनमें डॉ. अम्बेडकर पहली पंक्ति में आते हैं। वर्ण-व्यवस्था के दुष्चक्र में फंसे भारतीय समाज के एक बड़े हिस्से को बाबासाहेब ने जिस तरह आत्मसम्मान की राह दिखाई, उससे साबित होता है कि वे सचमुच एक युगद्रष्टा थे। अपनी गहरी विश्लेषणात्मक दृष्टि और स्वानुभूत पीड़ा के मेल से उन्होंने जो बल दलित-दमित जातियों को दिया, वह आगे चलकर युग-प्रवर्तक सिद्ध हुआ।

अपने आलेखों, भाषणों और टिप्पणियों में उन्होंने बार-बार ब्राह्मणवाद की जड़ पर प्रहार किया और समाज का ध्यान उस अन्याय की तरफ दिलाया जिसे लोग सदियों से स्वाभाविक और प्राकृतिक मानते आ रहे थे। आज भी उनके शब्दों की महत्ता और प्रासंगिकता घटी नहीं है, क्योंकि अनेक कारणों से आज भी यह अन्याय भारत में मौजूद है, और इसीलिए अम्बेडकर साहित्य को बार-बार पढ़ने की जरूरत है।

और बाबासाहेब अम्बेडकर ने कहा... के ये पाँच खण्ड इसी उद्देश्य को ध्यान में रखकर प्रकाशित किए जा रहे हैं। इन खण्डों में डॉ. अम्बेडकर के लेखों, अभिलेखों और भाषणों को सिलसिलेवार ढंग से संकलित किया गया है। विद्वान सम्पादक डॉ. विमलकीर्ति द्वारा संकलित/अनूदित यह प्रामाणिक और अभी तक हिन्दी में अनुपलब्ध सामग्री समकालीन पाठकों को चिंतन के लिए प्रेरित करेगी तथा वर्तमान समाज-व्यवस्था और दलित चेतना के नवीन उत्कर्ष को नई रोशनी प्रदान करेगी, ऐसा हमारा विश्वास है।

—अशोक महेश्वरी

भूमिका

इस खंड में डॉ. बाबासाहेब अम्बेडकर के सन् 1945 से सन् 1950 तक के आलेख और अभिभाषण संकलित हैं। सन् 1945 से 1950 तक का समय भारत की राजनीति का बहुत ही महत्त्वपूर्ण समय है। इस समय सम्पूर्ण भारत का राजनैतिक माहौल इस प्रकार का बन चुका था कि कुछ ही वर्षों में भारत को स्वतन्त्रता प्राप्त होनेवाली है और भारत एक सार्वभौम राष्ट्र बननेवाला है। अंग्रेज शासक भी मानसिक रूप से भारत से अपनी सत्ता छोड़ने के लिए तैयार हो चुके थे। इसलिए स्वतन्त्र भारत का संविधान किस प्रकार का हो तथा भारत की शासन प्रणाली किस प्रकार की हो आदि विषयों पर सम्पूर्ण देश में व्यापक पैमाने पर बहस चल रही थी और भावी भारत के लिए संविधान सभा का गठन भी किया गया था। डॉ. अम्बेडकर भारत की संविधान सभा में चुनकर गए थे। उनको संविधान सभा द्वारा संविधान सभा की ड्राफ्टिंग कमेटी का अध्यक्ष भी बनाया गया था। उस समय डॉ. अम्बेडकर ने समय-समय पर अपने जो विचार व्यक्त किए हैं, उस पर जो व्याख्यान दिए हैं वे इस संग्रह में संकलित हैं।

उसके अलावा इस संग्रह में शिक्षा के महत्त्व, कांग्रेस, हिन्दू धर्म, साम्प्रदायिकता, कम्युनिष्टों, अछूतों के उत्थान, स्वराज्य, स्वाभिमान की रक्षा, दलितों की स्वतन्त्र बस्तियों, स्वतन्त्रता और लोकतन्त्र, एक राष्ट्रीयता की भावना, अछूतों की मुक्ति, राजनीतिक सत्ता पर कब्जा, भारतीय क्रान्ति, भारत के संविधान के मसौदे, हिन्दू कोड बिल, अछूतों के संवैधानिक हक़ों आदि तत्कालीन महत्त्वपूर्ण विषयों पर डॉ. अम्बेडकर ने जो आलेख लिखे हैं, व्याख्यान दिए हैं उन सभी को संकलित किया गया है।

इस खंड में जो व्याख्यान और आलेख हैं उनके अध्ययन से पता चलता है कि उन्होंने दलितों के सवालों पर किसी भी राजनीतिक दल से कोई समझौता नहीं किया था। वे गांधीजी और कांग्रेस को कभी भी दलितों की सही प्रातिनिधिक राजनीतिक पार्टी नहीं मानते थे। उसी प्रकार वे हिन्दू धर्म को दलितों और अछूत जातियों की गुलामी का ध र्म मानते थे। उनके इन आलेखों और अभिभाषणों के अध्ययन से इस बात का भी पता चलता है कि वे दलितों के अधिकारों, पिछड़ी जातियों के अधिकारों, जनजातियों के अधिकारों को भारतीय संविधान के माध्यम से सुनिश्चित और सुरक्षित करना चाहते थे। इस तरह इस खंड में डॉ. अम्बेडकर के महत्त्वपूर्ण आलेख और अभिभाषण संग्रहित हैं।

डॉ. अम्बेडकर के सामाजिक, धार्मिक, राजनैतिक, संवैधानिक विचार निश्चित रूप से आज भी सभी के लिए मार्गदर्शक हैं। उसी प्रकार उनके विचारों में जो गम्भीरता और

गहराई होती है वह भी इस खंड में स्पष्ट रूप से दिखाई देती है। इस खंड में डॉ. अम्बेडकर के कुछ लेख और अभिभाषण बहुत ही विस्तार से दिए गए हैं। उसी प्रकार इस खंड में उनके छोटे लेख, विचार भी संग्रहित हैं। जिस प्रकार उनके हर आलेख का मूल्य है उसी प्रकार उनके हर अभिभाषण का भी मूल्य है। उनके इन लेखों और अभिभाषणों का समाज को, देश को और समाज परिवर्तन के लिए प्रयास करनेवालों को निश्चित रूप से लाभ होगा।

धन्यवाद।

नागपुर (महाराष्ट्र)

–डॉ. एल. जी. मेश्राम 'विमलकीर्ति'

अनुक्रम

शिक्षा को महत्त्व दीजिए

*दि. **2 जनवरी 1945** को कोलकाता में ऑल इंडिया शेड्यूल्ड कास्ट स्टूडेंट्स फेडरेशन की ओर से डॉ. बाबासाहेब अम्बेडकर के सम्मान में एक जंगी सभा का आयोजन किया गया था। इस सभा को सम्बोधित करते हुए डॉ. अम्बेडकर ने कहा–*

शिक्षा अर्जित करने की दृष्टि से छात्र वर्ग की स्थिति काफी खराब है। सरकार ने पिछले साल की तुलना में इस साल काफी पैसा शिक्षा पर खर्च किया है। किन्तु आजकल छात्र वर्ग शिक्षा प्राप्त करने की बजाय राजनीति में ही ज्यादा व्यस्त दिखाई देता है। यह भी मेरी दृष्टि से शिक्षा के क्षेत्र का पतन ही है।

'राजनीति ही छात्र-आन्दोलन का उद्देश्य है', इस तरह की जो कई नेताओं की सोच है उसे मैं कतई नहीं मानता। अखिल भारतीय विद्यार्थी परिषद् कांग्रेस के प्रस्तावों का समर्थन करने के अलावा और कुछ नहीं करती। उनकी बहस के विषयों में कुछ भी नया नहीं है। इसलिए राजनीति से दूर रहने के लिए अछूत वर्ग के छात्रों को अपना स्वतन्त्र संगठन स्थापित करना चाहिए।

अछूत वर्ग के छात्रों को अखिल भारतीय विद्यार्थी फेडरेशन से अपने सम्बन्ध खत्म कर देने चाहिए और छात्रों को अपने कर्त्तव्य की दृष्टि से जो बहुत महत्त्वपूर्ण सवाल है उसकी ओर ज्यादा ध्यान देना चाहिए।

साप्ताहिक 'जनता' के 6 जनवरी, 1945 के अंक में प्रकाशित।

गांधी के बाद कांग्रेस का पतन होगा

*दि. **4 जनवरी 1945** को शेड्यूल्ड कास्ट्स फेडरेशन की पत्रिका साप्ताहिक 'पीपुल्स हेराल्ड' का प्रकाशन कोलकाता में डॉ. बाबासाहेब अम्बेडकर के हाथों हुआ था। इस अवसर पर डॉ. अम्बेडकर ने कहा–*

कांग्रेस की राजनीति का इतना पतन हो चुका है कि गांधी के बाद कांग्रेस टुकड़ों में बँट जाएगी, इसमें कोई सन्देह नहीं। राजनीतिक दृष्टि से और नैतिकता की दृष्टि से अपने अछूत समाज की पार्टी ही इस देश में हमेशा-हमेशा के लिए टिकनेवाली पार्टी रहेगी।

अपनी पार्टी के बारे में हमारे विरोधियों की ओर से जानबूझकर गलत प्रचार किया जाता है। सिर्फ कुछ नौकरियों के लिए और रोटी के टुकड़ों के लिए हमारी पार्टी का आन्दोलन है, इस तरह का आरोप मूर्खतापूर्ण है। उसका कोई अर्थ नहीं है। वास्तव में इस देश में स्वतन्त्रता, समानता और भाईचारा जैसे सिद्धान्तों की स्थापना करने के लिए अछूत समाज की पार्टी ही सचमुच लड़ रही है। इस सम्बन्ध में अपनी पार्टी की विचार-प्रणाली सिर्फ अछूत समाज के ही सवाल हल करने के लिए है, इस सीमित लक्ष्य-सीमा को पार्टी कब की पार कर चुकी है। और उक्त तीन उदार और महान सिद्धान्तों की प्राप्ति के लिए आगे बढ़ रही है।

कांग्रेस की राजनीति में हम लोगों को इन बातों का पूरी तरह से अभाव दिखाई देता है। कांग्रेस देश की आजादी का दावा करती है। किन्तु उसमें पाखंड भरा हुआ है। कांग्रेस सम्पूर्ण स्वतन्त्रता और समानता के लिए बिल्कुल नहीं लड़ रही है। कांग्रेस की स्वतन्त्रता में हम लोगों को स्वतन्त्रता मिलने की कोई उम्मीद नहीं है। उसमें हम लोगों को सामाजिक, राजनीतिक और आर्थिक समानता मिलनेवाली नहीं है। हम लोगों के साथ भाईचारे का व्यवहार नहीं होगा। इसलिए कांग्रेस के इस स्वतन्त्रता आन्दोलन की ढोल की पोल खुलनेवाली है। हजारों सालों तक गुलामी में जकड़े हुए अपने अछूत भाइयों के उत्थान के लिए मैंने अपना जीवन समर्पित कर दिया है। देश की स्वतन्त्रता से भी अछूतों का उत्थान ही मेरे जीवन का सबसे महत्त्वपूर्ण सवाल है। हिन्दुस्तान में अछूतों के उत्थान से बढ़कर महत्त्वपूर्ण और महान और कोई कार्य है, ऐसा मुझे नहीं लग रहा है। मैं जिस समाज में पैदा हुआ हूँ उस समाज के उत्थान के लिए लड़ना ही

मेरा अन्तिम लक्ष्य है। मुझे सबसे पहले अपने समाज के कर्जे से मुक्त होना है; उसके बाद देश का सवाल है। मेरा यह जीवन-कार्य सबसे महान है; इसके बारे में मेरे मन में कोई सन्देह नहीं है।

सवर्ण हिन्दुओं के बारे में कहा जा सकता है कि देश के लाखों नहीं बल्कि करोड़ों, शोषित, उत्पीड़ित, सताए गए लोगों का खून चूसकर उनकी मेहनत पर मौज करने और फोकट में खानेवाले हिन्दू लोगों का एक षड्यन्त्र है। इस तरह के पूँजीवादी लूटखसोट करनेवालों के हाथों में देश की आजादी जानेवाली हो तो इसका हमें और देश की जनता को कोई लाभ होनेवाला नहीं है। यदि सवर्ण हिन्दुओं के हाथों में देश की सत्ता गई तो वे अछूत समाज को और दलित-उत्पीड़ित जनता को और भी अधिक क्रूरता से तड़पाने का प्रयास करेंगे, इसके बारे में मेरे मन में बिल्कुल सन्देह नहीं है। इसलिए आप लोगों को इनसे सचेत रहना जरूरी है। यदि इस समय हम लोगों ने अपना संगठन मजबूत नहीं किया तो अमेरिका के संविधान में काले लोगों के साथ जो हुआ है, वही हाल हमारा होगा इसमें कोई सन्देह नहीं है। इसके बारे में सभी लोगों को पूरा भरोसा होना चाहिए। अमेरिका जैसे प्रगत राष्ट्र में इस बीसवीं सदी में भी काले लोगों के हक़ों का कोई स्थान नहीं है। क्योंकि उनमें एकता नहीं है, उनका संगठन नहीं है इसलिए उनका यह हाल है। आप लोग काले लोगों की तरह अपना हाल मत होने दीजिए। इसका एक ही उपाय है कि अपनी तमाम अछूत जातियों, सभी छोटे-बड़े लोगों, नर-नारियों को अपनी शेड्यूल्ड कास्ट फेडरेशन के एक झंडे के तले संगठित होना चाहिए। हम लोगों ने यदि इस प्रकार से मजबूत संगठन बनाया तो हम अपने हक़ों की रक्षा कर सकते हैं और सवर्ण हिन्दू लोगों के षड्यन्त्र को बेनकाब कर सकते हैं।

आज के युग में अखबार का बड़ा महत्त्व है। अपनी पार्टी का प्रचार करने के लिए अन्य राजनीतिक पार्टियाँ हजारों रुपए खर्च करके अखबार चलाती हैं। जनता के सामने अपनी राजनीतिक और नैतिक विचारधारा रखने के लिए और अपने चुने हुए प्रतिनिधियों के कार्य की जानकारी देने के लिए हमें अखबारों की जरूरत है। इस आन्दोलन की विचारधारा लोगों तक पहुँचाने के लिए आज हमें हर प्रान्त में कई अखबारों की जरूरत है। इस दृष्टि से अछूत समाज की ओर से यहाँ से शुरू किया जा रहा साप्ताहिक 'पीपुल्स हेराल्ड' अपना पक्ष निर्भीकता के साथ रखने का कार्य अच्छी तरह करेगा, इस बात का मुझे पूरा यकीन है। मैं साप्ताहिक 'पीपुल्स हेराल्ड' की दिन-ब-दिन प्रगति की कामना करता हूँ।

साप्ताहिक 'जनता' के 13 जनवरी, 1945 के अंक में प्रकाशित।

अपनी गुलामी का मूल कारण हिन्दू धर्म

*दि. **30 जनवरी 1945** को कानपुर में अखिल भारतीय शेड्यूल्ड कास्ट्स फेडरेशन के द्वारा डॉ. बाबासाहेब अम्बेडकर की आमसभा आयोजित की गई थी। इस सभा को सम्बोधित करते हुए डॉ. अम्बेडकर ने कहा–*

हमारी आज की यह सभा प्रातिनिधिक सभा है। यहाँ हिन्दुस्तान के अधिकांश प्रान्तों से प्रतिनिधि आए हैं। बंगाल और असम के प्रतिनिधि जापान के साथ चल रहे युद्ध में आपातकालीन महत्त्वपूर्ण कार्य कर रहे हैं इसलिए वे लोग सभा में नहीं आ सके। इस सभा में इतने बड़े जनसमूह को देखकर मुझे बड़ी खुशी हुई है। लेकिन इस जनसमुदाय में महिलाओं की संख्या कम है। हमारे महाराष्ट्र में और सी.पी.[1] में किसी भी सभा में महिलाएँ हजारों की संख्या में उपस्थित रहती हैं। हमारे यहाँ महिलाएँ घूँघट या पर्दा नहीं करतीं। पति और पत्नी दोनों ही समान रूप से सामाजिक कार्य में हिस्सा लेते हैं। उसी तरह आप लोगों को भी सामाजिक कार्य में पूरे उत्साह के साथ हिस्सा लेना चाहिए। इसके बिना हमारे समाज का उत्थान होनेवाला नहीं है।

हम लोगों ने आज जो आन्दोलन शुरू किया है वह बहुत बड़े पैमाने पर होना चाहिए। उसी प्रकार हम लोगों को इस बात को समझ लेना चाहिए कि हमारे आन्दोलन का बुनियादी सिद्धान्त क्या है। आप सभी लोग अछूतों की स्थिति को अच्छी तरह जानते हैं। पिछले दो हजार साल से हमारी इतनी खराब स्थिति होने की वजह क्या है? अपना पतन कब से हुआ है और वह कब तक होता रहेगा? अपने पतन की ओर इस तरह गुलामी की स्थिति की सबसे अहम वजह हिन्दू धर्म ही है। हिन्दू धर्म में छूने-न-छूने को धर्म कहा जाता है। और वही हिन्दू धर्म की बुनियाद मानी जाती है। हिन्दू धर्म में अछूतों के पढ़ने-लिखने का सख्त विरोध है। यहाँ अछूतों का शिक्षा हासिल करना मुश्किल काम है। हर किसी आदमी को इस देश का पहरेदार बनना चाहिए। साफ-सुथरे कपड़े पहनने चाहिए और हर तरह की धार्मिक असमानता समाप्त होनी चाहिए। लेकिन अछूतों के लिए वैसी स्थिति नहीं बनी है। हिन्दू धर्म में अछूतों का साफ-सुथरे कपड़े पहनना बुरा माना जाता है। अछूत लोग पाँव में चप्पल पहनकर गाँव के भीतर से नहीं गुजर सकते। और जो अछूत इस तरह से गुजरते हैं उन पर कई

1. सेन्ट्रल प्रॉविंस अर्थात मध्य प्रान्त।

तरह के जुल्म होने के कई उदाहरण मेरे पास हैं। अछूतपन अपने पतन का सबसे बड़ा कारण है। जिस धर्म में पतन है उस धर्म को केवल मूर्ख लोग ही मानते हैं। हिन्दू धर्म के मुताबिक अछूतों ने अपने कानों से वेद सुना तो उनके कानों में लोहा पिघलाकर डालना चाहिए, उन्होंने अपनी जुबान से वेदों का उच्चारण किया तो उनकी जुबान काट देनी चाहिए, इस तरह की बातें हिन्दू धर्मग्रन्थों में लिखी गई हैं। शम्बूक अछूत था। इसलिए राम ने उसकी हत्या कर दी। लेकिन उसी राम को हिन्दू धर्म देव मानता है। और आश्चर्य इस बात का है कि जिस धर्म ने हमें इतना बर्बाद किया है, जिस धर्म ने आप लोगों को इनसानियत के हक़ों से हमेशा के लिए दूर रखा, तबाह किया, उसी धर्म से हममें से कुछ लोग चिपके हुए हैं। हम लोग अपने घर-परिवार की परवाह किए बगैर गंगा-स्नान करने में लगे हुए हैं। हमें अपने इस पतन को रोकना है तो हम लोगों को पूरी तरह से हिन्दू धर्म को त्याग देना होगा। हिन्दू धर्म का त्याग किए बगैर अपना दुख कभी खत्म होनेवाला नहीं है।

इस व्यावहारिक जीवन में हम लोग कैसे जी सकते हैं, इस बात पर हमें गम्भीर रूप से सोचना होगा। भावी स्वराज्य में शासनकर्ती जमात बनना यही हमारा लक्ष्य होना चाहिए, जिसकी वजह से स्वराज्य सभी का और हमारा भी होगा। सभी को शिक्षा और नौकरियाँ मिलेंगी। आज मजदूर वर्ग को किसी भी प्रकार का सुख प्राप्त नहीं है। उनके बदन पर कपड़े नहीं हैं। उन्हें आधा पेट खाकर रहना पड़ता है। और रहने के लिए उनके पास अच्छे मकान नहीं हैं। इस प्रकार से आज के मजदूरों के जो हालात हैं वे खत्म होने चाहिए। यदि राजनीतिक सत्ता हमारे हाथ में आई तो हम हर मजदूर को कम-से-कम 30 रुपए वेतन देंगे। हमारे राज में रहने के लिए अच्छे मकान मिलेंगे और मजदूर वर्ग को पेंशन मिलेगी। हमारे राज में बीमारी के दिनों में मजदूरों को भत्ता मिलेगा और कोई भी आदमी बेकार नहीं रहेगा। लेकिन ब्राह्मण लोग हमारे हाथ में सत्ता नहीं आने देते। जब मुस्लिम राज था उस समय ब्राह्मण लोगों ने 'अल्ला हो अकबर' कहकर दिन गुजारे। आज वे अंग्रेजों की सेवा कर रहे हैं। ब्राह्मणों ने अंग्रेजों की 'जी-हुजूरी' करके सभी महत्त्वपूर्ण नौकरियाँ हड़प ली हैं। इसलिए हम लोगों को इस स्थिति को बदलकर राजसत्ता अपने हाथ में लेनी चाहिए। उसके लिए हम लोगों को अपनी शक्ति और बल को बढ़ाना चाहिए। कांग्रेस और लीग की तरह धन-दौलत हमारी पार्टी के पास नहीं है। स्वराज्य में दूसरों का राज हम पर कायम होगा, इसके लिए हम लोगों को अपना सारा मनुष्य-बल संगठित कर अपनी शक्ति बढ़ानी चाहिए। हिन्दू लोगों का एक अलग गुट है। मुस्लिमों का एक अलग गुट है और हमारा एक अलग गुट है। इस तरह से इस देश में मुख्य तीन अलग-अलग गुट हैं। इस देश की राजसत्ता इन तीनों गुटों में समान रूप से बाँटी जानी चाहिए। जब तक राजसत्ता का समान बँटवारा नहीं होगा तब तक इस देश को स्वराज्य नहीं मिलेगा। अंग्रेज लोग मुस्लिमों को बड़ा मानते हैं और उन्हें सरकार की ओर से सुविधाएँ भी मिलती हैं। आज मुस्लिमों की पाकिस्तान (50 प्रतिशत) की माँग है। कांग्रेस के लोग बाहर आएँगे और 50 प्रतिशत मुस्लिमों को देंगे।

किन्तु हमारी माँगें हमारी शक्ति के बगैर नहीं मिलेंगी। कांग्रेस और मुस्लिमों को ऐसा बिल्कुल नहीं लगता कि अछूतों की माँगें पूरी हों। इसीलिए मैंने अखिल भारतीय शेड्यूल्ड कास्ट फेडरेशन की स्थापना की है। अब हिन्दुस्तान के सभी अछूतों को इकट्ठा होकर संग्राम के लिए तैयार हो जाना चाहिए।

अपने सम्मान के लिए और नेतृत्व के लिए भूखे लोग बहुत हैं। लेकिन फाइल या कागजों में नेतृत्व नहीं होता है। अखबारों में नाम छप जाने से आदमी नेता नहीं बनता। सी.आई.डी. ऑफिस बहुत बड़ा है। उसमें हर नेता के कार्य की डायरी रखी जाती है। आपकी उस तरह की डायरी लिखी जानी चाहिए। अच्छा काम कीजिए। अपने हक़ों के लिए कुर्बानी दीजिए। गवर्नर को नेताओं से डर लगना चाहिए। गवर्नर को इस बात का डर होना चाहिए कि नेताओं की बात नहीं सुनी गई तो नेता जिस समाज का है, उस समाज के लोग उसे जूते मारेंगे। इसी को कहते हैं सच्चा नेतृत्व।

अछूत समाज में संगठन नहीं है। अछूत लोग आज भी आपस में छुआछूत मानते हैं। ब्राह्मणों से भी बड़ी बीमारी हमारे लोगों में है। हम लोगों को अपने बीच से जाति धर्म खत्म कर देना चाहिए। मैं जाति-पाँति को नहीं मानता। जो जाति को मानता है वह नेता नहीं हो सकता, यह मेरा पच्चीस साल का अनुभव है।

समता सैनिक दल हमारी राजनीतिक शक्ति है। अपने लड़ाकू सिपाहियों के बगैर कोई भी पार्टी ताकतवर नहीं हो सकती। हम लोगों को बड़े-बड़े लोगों से मुकाबला करना है। इसलिए हम लोगों को समता सैनिक दल की ताकत बढ़ानी चाहिए। समता सैनिक दल को बढ़ाना, हर नेता की जिम्मेदारी है। कानपुर और अन्य सभी जगहों पर समता सैनिक दल की स्थापना कीजिए। हर माह दल के सदस्यों की ओर से एक आना चन्दा लीजिए। हमारे मुम्बई शहर में समता सैनिक दल का कार्य बड़े पैमाने पर हो रहा है। सभा के बाद अपना कार्य रुक जाता है, ऐसा मत होने दीजिए। कार्य लगातार होते रहना चाहिए। लोगों को जगाइए। युवाओं को संगठित कीजिए।

यहाँ मुझे कई संस्थाओं की ओर से जो सम्मान-पत्र दिया गया है, उसके लिए मैं उनका आभारी हूँ लेकिन मुझे उस तरह के सम्मान-पत्र नहीं चाहिए। मैं सिर्फ काम करना चाहता हूँ। मैं यदि सम्मान पाने के लिए ही काम करना चाहता तो मैं कांग्रेस जैसे बड़े संगठन का अध्यक्ष बन गया होता। मैं आप लोगों से यही कहना चाहता हूँ कि आप लोग काम कीजिए तो आपका सम्मान आपके पीछे दौड़कर आएगा।

मैं अछूत समाज को राजनीतिक अधिकार दिलवाने के लिए काम कर रहा हूँ। मुझे कई लोग इस तरह से पूछते हैं कि मैं सम्पूर्ण देश की स्वतन्त्रता के लिए काम क्यों नहीं कर रहा हूँ? पंडित जवाहरलाल नेहरू को देश के लिए हजारों कॉलेज छात्र मिल सकते हैं। लेकिन अछूतों के कार्य के लिए पंडित नेहरू की बात कोई कॉलेज छात्र सुनने के लिए तैयार नहीं है। फिर इस कार्य को कौन करेगा? यह हमारा काम है, इस काम को हम लोगों को ही करना चाहिए। देश का काम करने के लिए बहुत लोग हैं। अछूतों के लिए हमारे अलावा कोई नहीं है, मैं इसी काम को करता रहूँगा। जिस कार्य में आठ

करोड़ पददलित, उत्पीड़ित लोगों का उत्थान है, वही असली स्वराज्य हासिल करने का कार्य है।

छात्रों ने मुझे जो सम्मान-पत्र दिया उसके लिए मैं उनका आभारी हूँ। मैं अछूत वर्ग के छात्रों से एक सवाल पूछना चाहता हूँ। आप लोग डिग्री लेकर नौकरी पाने के बाद अपने समाज के लिए क्या करेंगे? आप लोगों को अपने जीवन में मस्त रहने की बजाय, आप लोग जिस समाज से आए हैं उस समाज को बदलने के लिए कार्य करना चाहिए। उस समाज में परिवर्तन के लिए अपनी नौकरी से जितना सम्भव हो उतना पैसा देना चाहिए। मैंने हिन्दुस्तानी सरकार से अपने छात्रों की उच्च शिक्षा के लिए हर साल तीन लाख रुपए मंजूर करवा लिए हैं। उसका ज्यादा से ज्यादा उपयोग कीजिए और महत्त्वपूर्ण सरकारी पदों को हासिल कीजिए। आप लोगों ने यदि उसका उपयोग नहीं किया और महत्त्वपूर्ण सरकारी पद हासिल नहीं किए तो अन्त में आप लोगों को पछताना पड़ेगा। मेरे लिए दूसरी और एक बात महत्त्वपूर्ण है कि अछूत वर्ग के पढ़े-लिखे छात्र अपने समाज की लड़कियों के साथ शादी-ब्याह नहीं करते, फिर उनके साथ कौन ब्याह करेगा? इस बात पर आप लोगों को सोचना चाहिए।

अब मैं अन्त में आप लोगों को इतना ही कहना चाहता हूँ कि हम लोगों ने जो लड़ाई शुरू की है, वह बहुत बड़ी लड़ाई है और सबसे महत्त्वपूर्ण है। अपने समाज का उत्थान होने तक हम लोगों को उस लड़ाई को छोड़ना नहीं चाहिए।

साप्ताहिक 'जनता' के 10 फरवरी, 1945 के अंक में प्रकाशित।

मैं जनवादी हूँ, मुझे व्यक्ति-पूजा पसन्द नहीं

डॉ. बाबासाहेब अम्बेडकर को **14 अप्रैल 1945** *को 55 वर्ष पूरे हो गए थे। इसलिए मद्रास के दलितों द्वारा प्रकाशित 'जयभीम' पत्रिका ने अपना विशेषांक प्रकाशित किया था। उस पत्रिका के लिए डॉ. अम्बेडकर ने यह लेख भेजा था।*

मेरे पचपनवें जन्म दिन के अवसर पर प्रकाशित होनेवाले आपके विशेषांक के लिए आप लोगों ने मुझे सन्देश भेजने के लिए कहा है। भारत में राजनीतिक नेता को किसी धर्मसंस्थापक के स्थान पर स्थापित किया जाता है, यह बड़ी खतरनाक बात है। अन्य राष्ट्रों में लोग अपने-अपने धर्म-संस्थापकों की जयन्ती बड़े उत्साह के साथ मनाते हैं। किन्तु सिर्फ भारत में धर्म-पुरुषों की तरह राजनीतिक नेताओं की जयन्ती के अवसर पर उत्सव मनाए जाते हैं, ऐसा होना बड़ी गम्भीर बात है। मेरा जयन्ती मनाना मुझे खुद अच्छा नहीं लगता। मैं इतना ज्यादा जनतन्त्रवादी हूँ कि मुझे व्यक्ति-पूजा बिल्कुल पसन्द नहीं है। क्योंकि व्यक्ति-पूजा जनतन्त्र के खिलाफ है। कोई नेता सम्मान के, प्रेम के, आदर के और प्रशंसा के योग्य हो तो उस नेता के सम्बन्ध में इस तरह की भावनाएँ व्यक्त करना उस नेता के लिए और लोगों के लिए भी पर्याप्त है। लेकिन नेता की पूजा के लिए निश्चित तौर पर खुली छूट नहीं दी जा सकती। यह बात दोनों को नीतिभ्रष्ट करनेवाली है। फिर भी यह मूल मुद्दे के बाहर की चीज है ऐसा मैं मानता हूँ। किसी नेता को आप लोगों ने धर्मसंस्थापक के स्थान पर एक बार स्थापित कर दिया तो फिर उसे धर्मसंस्थापक का अभिनय करना ही पड़ेगा और धर्मसंस्थापकों ने अपने अनुयायियों को जो सन्देश दिया वह सन्देश भी उसे अपने अनुयायियों को देना ही पड़ेगा!

मैं अपने अछूत भाइयों को कौन-सा सन्देश दे सकता हूँ? मैं उन्हें सन्देश-वन्देश नहीं दे सकता। किन्तु उन्हें मैं ग्रीक पौराणिक साहित्य की एक कहानी बताना चाहता हूँ और उसके तत्त्व की ओर निर्देश करना चाहता हूँ। यह कहानी होमर के स्त्रोत्र में ग्रीक देवता डिमेटर के सम्बन्ध में है। कहानी इस तरह है कि महान देवता डिमेटर अपनी लड़की की तलाश में भटकता रहता है। उसकी बेटी किलौस एक दिन राजा के दरबार में आई। उसने अपने बच्चे को गोद में लिया हुआ था। वह अपने स्तन का दूध पिलानेवाली एक गरीब धात्री के रूप में थी इस कारण उसे कोई पहचान नहीं सका। रानी मिटोनेरिया ने अपने डेमोफून नाम के नवजात बच्चे को देखभाल के लिए

उसके हवाले कर दिया। वही लड़का बाद में ट्रिप्टोलिमस नाम से दुनिया में प्रसिद्ध हुआ।

हर शाम घर में चारों ओर खामोशी छा जाने के बाद डिमेटर अपने कमरे का दरवाजा बन्द कर देता था। डिमेटर उस बच्चे को बहुत प्यार करता था। उसे देवत्व प्राप्त हो, ऐसी उच्चाकांक्षा उसके मन में पैदा हो गई थी। इसलिए वह उस छोटे से डेमोफून को उसके सुखदायी झूले से बाहर निकालता था और बनावटी गुस्से से उसके सारे कपड़े उतारकर एक चमकते बिछौने पर उसे रख देता था। वह नवजात बच्चा डेमोफून उस बिछौने के पास ही दहकते कोयले की आग को बर्दाश्त करता था। उस अग्नि-परीक्षा से उसे नई शक्ति प्राप्त होती थी। उसमें अलौकिक शक्ति यानी कुछ मानव शक्ति से बाहर के तत्त्वों की बढ़ोतरी होने लगी। किन्तु यह कहानी आगे यह बताती है कि एक दिन रानी मिटोनेरिया अस्वस्थ थी और रात में जब यह प्रयोग जारी था तभी वह अचानक डिमेटर के कमरे में घुस आई और उसने गुस्से में अग्निपरीक्षा से अतिमानव बनानेवाले देवता को धक्के मारकर उसे कमरे से निकाल दिया। उसने बच्चे को उठा लिया और अंगारे दूर हटा दिए। उसका परिणाम यह हुआ कि उसने बच्चे को तो बचा लिया किन्तु उसने अतिमानव और अलौकिक रूप धारण करने जा रहे देवता को खो दिया।

यह कहानी क्या सन्देश देती है? सिर्फ मेहनत और त्याग से ही महानता प्राप्त होती है, यही इस कहानी का सन्देश है। मनुष्यता या देवत्व अग्निपरीक्षा में सफल होने के बाद ही प्राप्त होता है। अग्नि शुद्ध करती है। अग्नि शक्ति देती है। उसी प्रकार वह पीड़ा और कष्ट भी देती है। पीड़ा और कष्ट को बर्दाश्त करने के लिए तैयार रहे बगैर कोई भी दलित आदमी महानता हासिल नहीं कर सकता। अपने भविष्य के निर्माण के लिए उसे अपने वर्तमान के सुख का और जरूरतों का त्याग करने के लिए तैयार रहना चाहिए। बाइबिल की भाषा का इस्तेमाल करते हुए कहा जा सकता है कि जीवन की प्रतियोगिता में सभी आमन्त्रित होते हैं। लेकिन बहुत ही कम लोगों को चुना जाता है। क्यों? वजह साफ है। इस प्रतियोगिता में महानता हासिल करने के लिए अधिकांश पददलित लोग हार जाते हैं। क्योंकि उनके भविष्य की जरूरतों के लिए वर्तमान के सुख का त्याग करने का साहस उनके पास नहीं होता है और स्थिर-निश्चय भी उनके पास नहीं होता।

इस पौराणिक कथा के सन्देश से बढ़कर अच्छा और महान सन्देश क्या और कोई हो सकता है? कम-से-कम मुझे तो इससे बढ़कर बढ़िया सन्देश और कोई नहीं लगता। मेरी राय में अछूतों के लिए सबसे बढ़िया और सुयोग्य यही सन्देश है। उन्हें जो कष्ट और पीड़ाएँ बर्दाश्त करनी पड़ रही हैं उन्हें मैं अच्छी तरह से जानता हूँ। अपनी स्वतन्त्रता के आन्दोलन में उन्होंने मुझसे भी अधिक लड़ाई लड़ी और कष्ट बर्दाश्त किए, इस बात को भी मैं अच्छी तरह से जानता हूँ। इन सारी बातों को जानते हुए भी मैं उन्हें अन्य कोई सन्देश नहीं दे सकता। मेरा सन्देश है संघर्ष, इन्कलाब! और अधिक

संघर्ष!! त्याग! और अधिक त्याग!! त्याग और पीड़ा की परवाह किए बगैर किया गया संघर्ष ही उन्हें मुक्ति और स्वतन्त्रता दिला सकता है। अन्य कोई रास्ता नहीं है जो उन्हें मुक्ति दिला सकता हो।

अछूतों को विद्रोह करने और प्रतिकार करने की सामूहिक इच्छा-शक्ति में परिवर्धन करना चाहिए। उनके कार्य की पवित्रता पर उनका पूरा और स्थिर विश्वास होना चाहिए। अपना लक्ष्य हासिल करने के लिए उन सभी को एक साथ स्थिर निश्चय करना चाहिए। उनका कार्य इतना महान और उनका उद्‌देश्य इतना विशाल है कि सभी अछूतों को इकट्‌ठा होकर यह प्रार्थना करनी चाहिए, ''जिस समाज में हमारा जन्म हुआ उनका उद्धार करने के अपने कर्त्तव्य में जो लोग व्यस्त हैं वे धन्य हैं! गुलामी के खिलाफ चल रही मुहिम को आगे बढ़ाने के लिए जो लोग तन, मन और धन से तथा अपनी उमड़ती हुई तरुणाई को कुर्बान करने की कसम खाते हैं, वे लोग धन्य हैं!! अछूतों को उनके इनसानियत के हक़ पूरी तरह से हासिल होने तक जो लोग अच्छे-बुरे की परवाह किए बगैर, सुख और दुख की परवाह किए बगैर, खतरे-तूफान, मान-सम्मान की परवाह किए बगैर काम करते रहेंगे, वे धन्य हैं!!!''

साम्प्रदायिक गतिरोध और उसे हल करने का रास्ता

*दि. **5** और **6 मई 1945** को अखिल भारतीय दलित फेडरेशन का तीसरा सम्मेलन मुम्बई में हुआ था। यह सम्मेलन परल के 'नरे पार्क' के विशाल मैदान पर हुआ था। इस महासम्मेलन के मैदान को 'रमाबाई अम्बेडकर नगर' नाम दिया गया था और महासम्मेलन के विशाल मंच पर तथागत भगवान बुद्ध की सुन्दर, गम्भीर मुद्रावाला चित्र लगाया गया था। यह सम्मेलन प्रो. एन. शिवराज की अध्यक्षता में हुआ था। इस महासम्मेलन को उद्घाटन के सत्र में सम्बोधित करते हुए डॉ. बाबासाहेब अम्बेडकर ने अपने भाषण में कहा–*

अध्यक्ष महोदय,

ऑल इंडिया शेड्यूल्ड कॉस्ट्स फेडरेशन के इस वार्षिक सम्मेलन में भाषण देने के लिए आपने मुझे निमन्त्रित किया है इसलिए मैं आपका बहुत आभारी हूँ। अनुसूचित जातियों के लोगों की इतनी बड़ी संख्या देखकर मुझे खुशी हो रही है। फेडरेशन की स्थापना के बाद बीते इस अल्प समय की ओर ध्यान दिया जाए तो फेडरेशन का विकास हर दृष्टि से उत्साहवर्द्धक है। सम्पूर्ण भारत की अनुसूचित जातियाँ फेडरेशन में इकट्ठा हुई हैं और उनका इस संस्था को एकमात्र प्रातिनिधिक संस्था मानने का यह बड़ा प्रमाण है। रास्ते की कठिनाइयों की ओर ध्यान न दें तो इतने कम समय में फेडरेशन का जो विस्तार हुआ है उसका असली महत्त्व समझ में नहीं आएगा।

हमारे लोगों को झूठे प्यार-मोहब्बत से, झूठे आश्वासनों से और पाखंडी प्रचार के जाल में फँसानेवाले अन्य राजनीतिक दलों के दलाल पहरा दे रहे हैं। अपने लोग अज्ञानी हैं और हम जिस आपातकाल से गुजर रहे हैं उस बात की उन्हें कोई समझ नहीं है। यही नहीं अपना राजनीतिक लक्ष्य हासिल करने के लिए संगठन का क्या महत्त्व है, इस बात को भी वे नहीं जानते। हमारे पास जो साधन हैं वे बहुत अपर्याप्त हैं। पूरे देश में हमारे लोगों पर रात-दिन बेहिसाब जुल्म और ज्यादतियाँ हो रही हैं लेकिन अखबारों में उनकी कोई चर्चा नहीं हो रही है। यही नहीं, हमारे राजनीतिक और सामाजिक विचार

पत्रकारों के संगठित षड्यन्त्र से दबाए जाते हैं। हमारे लोगों की मदद करने के लिए, उन्हें पढ़ाने के लिए, संगठन के लिए, संघर्ष के लिए तथा किसी सक्रिय संस्था को चलाने के लिए हमारे पास पैसा नहीं है। इसलिए आज हमारे पास जो साधन हैं उन्हीं से हमें सन्तोष करना पड़ेगा। इतनी भयंकर कठिनाइयाँ होने के बावजूद भी फेडरेशन का इतना अधिक विस्तार हुआ है, इस सफलता के हक़दार वास्तव में हमारे कार्यकर्त्ता ही हैं। क्योंकि उन्होंने इस संस्था को खड़ा करने के लिए अपने स्वार्थ की बलि चढ़ाकर मेहनत से इस कार्य के लिए अपने आपको समर्पित किया है। मुझे इस बात का यकीन है कि मुम्बई शहर विभाग के हमारे अध्यक्ष मान्यवर गणपत माधव जाधव ने इस कार्य को अंजाम देने के लिए जो मेहनत की है, उसके लिए उनका आभार मानने में आप सभी लोगों को खुशी होगी। हममें से सभी लोग इस बात को जानते हैं कि उनमें गौर करने लायक संगठन-शक्ति है। और इस सभा के सफल आयोजन की सफलता के हक़दार वे और उनके सहयोगी साथी ही हैं।

आम तौर पर ऐसी सभा में अनुसूचित जातियों के राजनीतिक या सामाजिक सवालों के सम्बन्ध में मुझे बोलना चाहिए, यही आपकी इच्छा होती है और मैं भी उसी विषय पर अपनी बात रखता हूँ किन्तु फिलहाल इस तरह के एकपन्थी विषय पर बोलने का मेरा इरादा नहीं है। आज मैं एक आम और एक अधिक व्यापक विषय 'भारत के भावी संविधान का स्वरूप' पर बोलना चाहता हूँ।

आज मैंने इस तरह का निर्णय क्यों लिया है, इस बात को स्पष्ट करना उचित होगा। फिलहाल शेड्यूल्ड कास्ट्स फेडरेशन का नेतृत्व सँभालने और उसके दैनिक कार्य की जिम्मेदारी मेरे कन्धों पर नहीं है। मैं अपने ऑफिस की जिम्मेदारी की वजह से फिलहाल फेडरेशन के बाहर हूँ। और उस जिम्मेदारी को मुझे स्वीकारना चाहिए, ऐसी मेरी इच्छा भी नहीं है। इसलिए सिर्फ अनुसूचित जातियों से सम्बन्धित एकपन्थी विषय पर आज बात न करने का मैंने फैसला किया है, इसका एक कारण है।

मुझ पर हमेशा इस बात का आरोप लगाया जाता है कि अनुसूचित जातियाँ सिर्फ अपनी ही भलाई के बारे में सोचती हैं इसीलिए वे स्वार्थी हैं और सारे भारतवर्ष का राजनीतिक सवाल हल करने के लिए उनके पास कोई रचनात्मक सुझाव नहीं है। हक़ीकत यह है कि इस तरह का आरोप पूरी तरह से झूठ पर आधारित है। यदि उसमें कुछ सच्चाई हो तो उसके लिए सिर्फ अछूतों को ही दोषी नहीं ठहराया जा सकता। भारत के कई लोग रचनात्मक सुझाव देने के लायक हैं। भारत में रचनात्मक विचारों के लोग बिल्कुल नहीं हैं, ऐसी बात नहीं है। किन्तु सारा रचनात्मक विचार कैद हो जाता है, इस बात की मुख्य वजह यह है कि कांग्रेस के जाल से बाहर निकले बगैर किसी भी विचार के प्रति आस्था या अनास्था का प्रचार आम लोगों के दिलो-दिमाग पर गहराई से थोप दिया गया है। इस देश के सभी रचनात्मक विचार इस प्रवृत्ति के कारण खत्म कर दिए गए हैं। किन्तु इसी के साथ अनुसूचित जाति के लोग भी आम राजनीति के सम्बन्ध में रचनात्मक विचार दे सकते हैं, इस बात को मुझे प्रत्यक्ष व्यवहार से दिखाना चाहिए

और अनुसूचितों पर लगाए गए इस आरोप को मुझे सापेक्ष ढंग से गलत सिद्ध करना चाहिए, ऐसा मुझे लगता है। यदि मेरे विचारों पर देश गौर करना चाहता है तो जरूर करे। मैंने इस अवसर पर आम हित-सम्बन्धों के विषय को क्यों चुना, इसका यह दूसरा कारण है।

2. संविधान-निर्माण की जिम्मेदारी

संविधान के बारे में मेरे मन में जो निश्चित योजना है उसे आप लोगों के सामने रखने से पहले मैं बुनियादी ढंग के दो मुद्दे रखना चाहता हूँ। पहला यह कि भारत का संविधान किसे बनाना चाहिए? इस सवाल को उठाने का कारण यह है कि अंग्रेज लोगों को भारतीय जाति का राजनीतिक सवाल हल करके भारत के लिए संविधान बनाना चाहिए, ऐसी उम्मीद कुछ लोग कर रहे हैं। इस विचारधारा के पीछे खुल्लमखुल्ला गलत तर्क होने की वजह से उस बात का खुलासा करने की कोई जरूरत नहीं है। अंग्रेज लोग संविधान बनाएँ और उसे भारत पर थोपें, इस तरह की बात भूतकाल में उचित थी। किन्तु भारतीयों की उम्मीदों से मेल खानेवाले सांविधान को ध्यान में रखा जाए तो थोपा गया संविधान टिक नहीं पाएगा, यह बात साफ तौर पर दिखाई देगी।

भारत का भूतकालीन संविधान और भावी संविधान में जो फर्क है वह बुनियादी तौर पर है। जो लोग आज भी भारतीय संविधान के लिए अंग्रेजों पर निर्भर हैं उन्होंने इस फर्क को पहचाना है, इस तरह की बात नहीं दिखाई देती। इन दोनों के बीच के फर्क का मतलब है भूतकालीन संविधान में विघटन का प्रावधान (break down clause) शामिल था। किन्तु भारत के भावी संविधान में इस प्रकार के विघटन का प्रावधान नहीं हो सकता। भारत के लोग 1935 के भारत सरकार के 13वें परिच्छेद के नाम से पहचाने जानेवाले विघटन के परिच्छेद के खिलाफ लगातार अपना रोष व्यक्त कर रहे हैं। किन्तु यह परिच्छेद इस एक्ट में क्यों रखा गया इसके कारणों से परिचित न होने की वजह से वे इस तरह चिल्ला रहे हैं। किसी राष्ट्र के राजनीतिक जीवन को नियन्त्रित करनेवाली दो बातों की ओर ध्यान दिया जाए तो उसका महत्त्व स्पष्ट हो जाएगा। इन दोनों में से पहली बात यह है कि सुरक्षा और सुव्यवस्था राजनीतिक जीवन की दवा हैं। और जब राजनीतिक जीवन में कुछ विकृतियाँ पैदा हो जाती हैं, उस समय इसी दवा से इलाज किया जाना चाहिए। यह बात इतनी महत्त्वपूर्ण है कि उचित समय पर यह उपाय नहीं किया गया तो संस्कृति और समाज के विरोध में वह एक बड़ा गुनाह होगा। दूसरी बात यह है कि किसी भी सरकार को राज करने का पैदाइशी अधिकार नहीं होता है, यह बात सच है, लेकिन यह भी सच है कि सरकार की जरूरत कभी खत्म नहीं होती। कम-से-कम सुरक्षा और सुव्यवस्था को सँभालने के लिए दूसरी अन्य अच्छी सरकार के गठन होने तक पहले की पुरानी सरकार बर्खास्त नहीं हो सकती। विघटन

के परिच्छेद की वजह से ये दो बातें हासिल होती हैं। इस कारण लोगों की सुरक्षा के लिए और शान्ति के लिए उसका बहुत महत्त्व होता है। देश को अराजकता से बचाने के लिए वही एकमात्र उपाय है। क्योंकि जब कानून के द्वारा गठित सरकार का पतन होता है उस समय कम-से-कम सरकार का कार्य सँभालने का अधिकार इस विघटन के परिच्छेद से ही मिलता है।

भूतकाल में कानूनी सरकार और उसके असफल होने पर उसका स्थान ले सकनेवाली सरकार इन दोनों के बीच का फर्क यह एक सम्भव योजना थी। इसके सम्भव होने की वजह यह है कि यदि अंग्रेज सरकार ने कानूनी शासन का अधिकार भारतीयों को दिया है तब भी आपातकाल में शासन का अधिकार उन्होंने अपने पास सुरक्षित रखा है। भविष्य में कानूनी भारतीय सरकार यदि असफल हुई तो इस तरह का फर्क इससे आगे रखना उचित नहीं होगा। भारतीयों को कानूनी सरकार का अधिकार देकर यदि यह सरकार असफल हुई तो राज्य की सत्ता हासिल करने का अधिकार ब्रिटिश सरकार आगे प्राप्त नहीं कर पाएगी। इसका कारण एकदम साफ है। भारत के भूतकाल में संविधान के अनुसार भारत एक सार्वभौम राष्ट्र नहीं है किन्तु भावी संविधान में भारत एक सार्वभौम राष्ट्र के रूप में अपने कदम आगे बढ़ानेवाला है। विघटन की धारा या कानूनी शासन का पतन होने पर उसका स्थान दूसरी सरकार द्वारा लेने की व्यवस्था सिर्फ सार्वभौम सत्ता न होनेवाले राज्य में ही सम्भव है। किन्तु दो सरकारों की कल्पना सार्वभौम राज्य पर लागू नहीं हो सकती। सार्वभौम राष्ट्र या स्वतन्त्र राष्ट्र के सम्बन्ध में या तो कानूनी शासन हो सकता है या उसका स्थान विद्रोही शासन ले सकता है।

इसका मतलब क्या है? इसका मतलब यही है कि विघटन की धारा के साथ भारत के लिए संविधान बनाना अब आगे सम्भव नहीं है। इसी बात को दूसरे शब्दों में कहा जाए तो अब जो नया संविधान बनेगा उसकी सिर्फ आज्ञा पालन करने से ही काम नहीं चलेगा। सभी लोगों में उसके प्रति सम्मान की भावना भी होनी चाहिए। यदि सभी का उसके प्रति आदर सम्भव न हो तो राष्ट्र जीवन के महत्त्वपूर्ण जनसमूहों का उसे समर्थन होना चाहिए। उस संविधान को मानने के लिए वे तैयार होने चाहिए। यदि भारतीय लोगों ने भारतीय लोगों के लिए संविधान बनाया तो भारतीय लोगों का उसे अपनी इच्छा से स्वीकार करने पर ही यह सम्भव हो सकता है। यदि ब्रिटिश सरकार ने संविधान बनाकर भारतीयों पर लादने का प्रयास किया और किसी जनसमूह ने उसे स्वीकार नहीं किया या दूसरे ने उसका विरोध किया तो देश में संविधान का विरोध करनेवालों का गुट पैदा होगा। और वह गुट सही ढंग से काम करे इसलिए नहीं बल्कि असन्तोष पैदा हो इसके लिए प्रयास करता रहेगा। संविधान विरोधी पार्टी संविधान के पतन को अपना मूल उद्देश्य मानेगी और लैटिन अमेरिका की तरह संविधान का रक्षण करनेवालों के विरोध में आन्दोलन करेगी। संविधान का रक्षण करने के लिए अब आगे अंग्रेजी लोग यदि तैयार नहीं हैं तो उनके द्वारा भारत का संविधान बनाना व्यर्थ है। भारत के किसी प्रभावी गुट ने या इस तरह के गुटों के गठबन्धन ने अन्य गुटों पर यदि संविधान लादने

का प्रयास किया तो भी उक्त प्रकार का ही परिणाम सामने आएगा। मतलब यदि भारतीयों को सार्वभौम सत्ता चाहिए तो उनके लिए संविधान तैयार करने की जिम्मेदारी टालना उचित नहीं होगा, इस बात का मुझे पूरा यकीन है। इस प्रकार की न टल सकनेवाली स्थिति भी है।

3. संविधान समिति

यहाँ मुझे जो दूसरा सवाल उठाना है वह यह है कि क्या संविधान बनाने के लिए किसी संविधान समिति का निर्माण करना जरूरी है? आज हर किसी के मुँह से इस संविधान समिति का नाम सुनाई दे रहा है। कांग्रेस मन्त्रिपरिषद् की बैठक में एक प्रस्ताव पास करके इस तरह की माँग की गई है कि भारतीयों द्वारा बनाई गई संविधान समिति ही भारत का संविधान तैयार करे। क्रिप्स योजना में भी संविधान समिति को शामिल किया गया है। सप्रू समिति को भी यह योजना मंजूर है।

मैं यहाँ साफ तौर पर कहना चाहता हूँ कि मैं पूरी तरह से इस संविधान समिति के विरोध में हूँ। यही नहीं, यह बात देश को शीतयुद्ध की खाइयों गें धकेलने का कारण बनेगी, वह इतनी भयंकर है। पहली बात यह है कि संविधान समिति की कोई जरूरत है, ऐसा मुझे बिल्कुल नहीं लगता। अमेरिका का संविधान उसके निर्माताओं ने तैयार किया इस पर अमेरिकन लोगों की जो स्थिति थी वैसी स्थिति फिलहाल भारतीयों की नहीं है। उन्हें एक स्वतन्त्र राष्ट्र के संविधान के लिए नए आदर्शों का निर्माण करना था। नमूने के लिए उनके पास संविधान के प्रकार मौजूद नहीं थे। लेकिन भारतीयों की यह स्थिति नहीं है। संविधान के प्रकार और आदर्श उनके पास मौजूद हैं। इसके अलावा भिन्नता के बहुत कम अवसर हैं। हमें संविधान के दो-तीन प्रकारों में से किसी एक का चुनाव करना है। तीसरी बात यह है कि संविधान से सम्बन्धित भारतीयों में मतभेद की कोई बात होगी भी या नहीं, इस बारे में कुछ नहीं कहा जा सकता है। किन्तु भावी संविधान संयुक्त हो इस बात को सभी स्वीकार करते हैं। कौन-से विषय राज्य के पास हों और कौन-से विषय केन्द्र के पास होने चाहिए, यह भी लगभग तय है। राज्य सरकारों और केन्द्र सरकार के पास कौन-कौन-से आपके विभाग होने चाहिए इसके बारे में भी कोई विवाद नहीं है। यही नहीं, मतदान के अधिकार के सम्बन्ध में या न्याय विभाग, संसद और शासक आदि के अधिकारों के बारे में भी किसी प्रकार का कोई विवाद नहीं है। सुरक्षित विभाग किसके पास होने चाहिए, वे राज्य सरकारों के पास हों या केन्द्र सरकार के पास हों, इस पर विवाद चल रहा है। किन्तु यह कोई विशेष चिन्ता का विषय नहीं है। मौजूदा भारत सरकार के कानून में जो प्रावधान हैं, उन्हें उपायों के रूप में निश्चित तौर पर स्वीकार किया जा सकता है।

इस वजह से संविधान बनाने के लिए संविधान समिति की जरूरत क्या है, यह

मेरी भी समझ में नहीं आ रहा है। भारत सरकार के 1935 के कानून में ही भारतीय संविधान के बारे में इतना अधिक उल्लेख है कि वही बात पुनः करने के लिए किसी संविधान समिति का गठन करना महज गैरजरूरी है। भारत सरकार के 1935 के कानून का जो हिस्सा सार्वभौम राष्ट्र पर लागू नहीं हो सकता उतना हिस्सा अलग करने का कार्य शेष बचा हुआ है।

संविधान समिति को अब सिर्फ एक कार्य करना है। वह कार्य है जाति राजनीति का सवाल हल करना। अभी तक संविधान समिति के बारे में जो विचार हुआ है उसमें सापेक्षता से सोचते हुए यह कहा जा सकता है कि जाति राजनीति के सवाल पर उसमें विचार नहीं हुआ है। सप्रू कमेटी द्वारा सुझाई गई संविधान समिति की रचना पर सोचिए। कुल सदस्यों की संख्या 160 तय की गई है। प्रान्तीय विधानसभाओं के सदस्यों द्वारा संयुक्त रूप से यह चुनाव प्रमाणबद्ध प्रतिनिधित्व की प्रणाली से होना है। और संविधान समिति के फैसले वहाँ उपस्थित और मतदान करनेवालों के 3-4 बहुमत से होने हैं। समिति की निष्पक्षता के सन्दर्भ में अल्पसंख्यक लोग संरक्षण की दृष्टि से क्या उस पर पूरी तरह से भरोसा रख पाएँगे? इन सवालों के जवाब आगे के दो सवालों के जवाब पर निर्भर करते हैं। क्या संविधान समिति में अल्पसंख्यकों के चुने गए प्रतिनिधि उनके असली प्रतिनिधि होंगे? और क्या किसी अल्पसंख्यक जमात के हित-सम्बन्धों के बारे में इस समिति द्वारा लिया गया निर्णय प्रत्यक्षतः अल्पसंख्यकों पर लादा गया निर्णय नहीं होगा। क्या इस बात का यकीन दिलाया जा सकता है? मुझे यकीन है कि इन दो बातों के बारे में अल्पसंख्यक लोगों को डरने की कोई वजह नहीं है, ऐसा नहीं कहा जा सकता। इन दो सवालों पर सोचने से पहले मैं क्रिप्स योजना और सप्रू योजना में फर्क बताने का प्रयास कर रहा हूँ। वह संक्षेप में इस प्रकार हैं–

1. संविधान समिति के लिए सप्रू कमेटी ने सदस्यों की कुल संख्या 160 तय की है। स्टैफर्ड क्रिप्स ने ऐसी कोई संख्या तय नहीं की है। किन्तु राज्य विधानसभाओं में कुल सदस्यों की 1/10 संख्या होनी चाहिए ऐसा उनकी योजना में है। असल में यह संख्या सामान्य तौर पर 158 होती है, जिसमें सिर्फ दो का फर्क है।

2. सप्रू योजना के मुताबिक संविधान समिति का चुनाव संयुक्त मतदाता संघ के द्वारा प्रमाणबद्ध प्रतिनिधित्व की प्रणाली के द्वारा होनेवाला है और इसमें सप्रू योजना और क्रिप्स योजना में कोई फर्क नहीं है।

3. क्रिप्स योजना में जातियों के लिए किसी प्रकार के आरक्षित स्थान नहीं हैं। सप्रू योजना में कुछ विशेष जातियों के लिए एक निश्चित संख्या में आरक्षित स्थान सुझाए गए हैं इसलिए उसका स्वरूप क्रिप्स योजना से कुछ अलग है। किन्तु यह फर्क बहुत मामूली किस्म का है। क्योंकि क्रिप्स योजना इस प्रकार का आँकड़ा निश्चित नहीं कर रही है, फिर भी प्रमाणबद्ध प्रतिनिधित्व की चुनाव-प्रणाली के मुताबिक अन्त में स्वतः ही आरक्षित स्थान मिलनेवाले हैं। जाति के मुताबिक स्थानों की संख्या का फर्क आगे दी गई तालिका से मालूम हो जाएगा :

जाति और खास हित-सम्बन्धी	संविधान समिति में जाति-आधारित स्थानों की संख्या	
	क्रिप्स योजना	सप्रू योजना
हिन्दू	77	51
मुस्लिम	50	51
अनुसूचित जाति	15	20
सिख	3	8
भारतीय ईसाई	2	7
एंग्लो इंडियन	1	2
यूरोपियन	6	1
आदिवासी	2	3
ख़ास हित-सम्बन्धी	–	16
अन्य	2	1
	कुल 158	**160**

सप्रू कमेटी ने संविधान सभा में हर जाति के प्रतिनिधियों की सिर्फ संख्या तय की है, ऐसी बात नहीं है। उसने मुस्लिमों को हिन्दुओं के बराबर स्थान दिए हैं। इस भ्रष्टता के लिए कमेटी का खुलासा इस प्रकार है कि इस योजना पर विचार-विमर्श करते समय ही कमेटी ने संयुक्त मतदाता संघ को ही संविधान समिति के चुनाव का आधार माना है। इस सम्बन्ध में सप्रू कमेटी ने क्रिप्स योजना के प्रावधानों को पूरी तरह से गलत समझा है, यही कहा जाना चाहिए। क्रिप्स योजना में संयुक्त मतदाता संघ का प्रावधान पहले ही किया जा चुका है। उसका एक परिच्छेद इस तरह है, ‘‘राज्य विधानसभा के सदस्यों का एकमात्र मतदाता संघ होना चाहिए।’’ यह चुनाव संयुक्त मतदाता संघ के द्वारा हो, इस बात को सुझाने का सिर्फ दूसरा तरीका है। इसलिए सप्रू समिति ने एक गुट को लाभ पहुँचाकर अन्य जातियों को कठिनाई में डाल दिया है।

4. क्रिप्स योजना के मुताबिक उपस्थित रहनेवाले और मतदान करनेवाले सदस्यों के मामूली बहुमत से संविधान समिति के निर्णय मंजूर किए जाएँगे। और सप्रू योजना के मुताबिक उपस्थित रहनेवाले और मतदान करनेवालों के 3/4 बहुमत से निर्णय मंजूर किए जाएँगे।

अब हम पिछले दो सवालों की ओर ध्यान दें। पहले सवाल के बारे में किस तरह की स्थिति है? इस सवाल पर अपना अभिमत प्रकट करने से पहले राज्य विधान-सभाओं में जाति के मुताबिक विभाजन किस तरह से हुआ है, इस बात को पहले समझ लेना चाहिए। अगले पृष्ठ पर दी गई तालिका में इस जानकारी को संक्षेप में बताया गया है :

राज्य विधानसभाओं में जाति के मुताबिक सदस्यों की संख्या[1]

जाति का नाम	सामान्य सदस्य	महिलाएँ	विश्व-विद्यालय	मजदूर संगठन	व्यापारिक संस्थाएँ	जमींदार	कुल
1. हिन्दू	651	26	7	33	31	22	770
2. मुस्लिम	482	10	1	5	6	13	517
3. अनुसूचित जाति	151	–	–	–	–	–	151
4. भारतीय ईसाई	20	1	–	–	–	–	21
5. एंग्लो इंडियन	11	1	–	–	–	–	12
6. सिख	34	1	–	–	–	1	36
7. यूरोपियन	26	–	–	–	19	1	46
8. आदिवासी	24	–	–	–	–	–	24
कुल	**1399**	**39**	**8**	**38**	**56**	**37**	**1577**

क्या सप्रू योजना में प्रत्यक्ष सुझाई गई और क्रिप्स योजना में सम्मिलित न की गई जाति के आरक्षित स्थानों की व्यवस्था कुछ उपयोगी है? कोई जाति चुनाव में दूसरी जाति पर दबाव डालने में कहाँ तक सबल हो सकती है यह इस पर निर्भर करता है। इस बारे में क्या अपेक्षाएँ की जा सकती हैं? यह निम्न तालिका से स्पष्ट हो सकता है।

आरक्षित स्थानों के सन्दर्भ में मतदाताओं का संख्या-बल

जाति का नाम	संविधान समिति के लिए मतदाताओं की संख्या	संविधान समिति में आरक्षित स्थानों की संख्या	आरक्षित स्थान चुनने के लिए आवश्यक मतदाताओं की संख्या	+ आवश्यकता से ज्यादा मत - आवश्यकता से कम मत
1. हिन्दू	778	51	561	+217
2. मुस्लिम	517	51	561	+44
3. अनुसूचित जाति	151	20	220	- 69
4. भारतीय ईसाई	21	7	77	- 56
5. सिख	36	8	88	- 62
6. यूरोपियन	46	1	11	+ 35

1. (1) विश्वविद्यालय, (2) मजदूर संगठन, (3) व्यापारिक संस्थाएँ, (4) हर जाति के जमींदारों की संख्या। ये प्रत्यक्ष संख्याएँ नहीं हैं बल्कि मौजूदा स्थिति को देखते हुए हर जाति से वे कितने हो सकते हैं सिर्फ इस बात का अनुमान मात्र हैं।

पूर्व पृष्ठ पर दी गई तालिका से निम्न निष्कर्ष निकलते हैं :

1. कुल मत 1577 और जो चुनने हैं उन कुल स्थानों की संख्या 160 मान ली जाए तो प्रमाणबद्ध प्रतिनिधित्व की चुनाव-प्रणाली के मुताबिक आवश्यक मतों की संख्या (quata) ऊपरी तौर पर 10+1=11 होती है।

2. यदि 11 की संख्या को जरूरी मान लिया जाए तो हिन्दुओं के 217, मुस्लिमों के 44 और यूरोपियनों के 35 अधिक मत बचते हैं जबकि अनुसूचित जातियों के 69, भारतीय ईसाइयों के 56 और सिखों के 52 मत अपने आरक्षित स्थान को चुनने के लिए कम पड़ जाते हैं।

इसी बात को दूसरे ढंग से इस तरह रखा जा सकता है।

1. हिन्दू अपने 217 अधिक मतों के बल पर अपने इशारे पर चलनेवाले 20 अहिन्दू चुन सकते हैं। मुस्लिम अपने 44 अधिक मतों के बल पर अपने प्रभाव से ऐसे 4 गैरमुस्लिम सदस्य चुन सकते हैं। और यूरोपियन अपने 35 अधिक मतों के बल पर ऐसे 3 गैरयूरोपियन सदस्य चुन सकते हैं।

2. अनुसूचित जातियाँ 69 मतों की कमी में अपने मतों के बल पर अपने आरक्षित स्थानों में से सिर्फ 13 सदस्य चुन सकती हैं। और अपने शेष 7 स्थानों के लिए उन्हें हिन्दू, मुस्लिम या यूरोपियन मतदाताओं पर निर्भर रहना पड़ेगा। भारतीय ईसाइयों को 56 मतों के अभाव में अपने मतदाताओं के बल पर सिर्फ 2 स्थान हासिल हो सकते हैं और शेष 5 स्थानों के लिए उन्हें हिन्दू, मुस्लिम या यूरोपियन लोगों पर निर्भर रहना पड़ेगा। उसी प्रकार सिखों को 52 मतों की जरूरत पर वे अपने मतदाताओं के बल पर सिर्फ 3 स्थान हासिल कर सकते हैं और शेष 5 स्थानों के लिए उन्हें हिन्दू, मुस्लिम या यूरोपियन लोगों के मतदाताओं पर निर्भर रहना पड़ेगा।

इस सच्चाई के कारण छोटी अल्पसंख्यक जातियों को दिए गए ज्यादा स्थान सिर्फ दिखावा बनकर रह जाते हैं। उनका प्रतिनिधित्व दूसरों पर इतना निर्भर कर दिया गया है कि किसी भी अर्थ में उसे सही प्रतिनिधित्व नहीं कहा जा सकता।

अब हम दूसरे सवाल की ओर आएँ। क्या सप्रू कमेटी ने संविधान समिति के निर्णयों के लिए जो नियम बनाए हैं वे नियम उचित हैं या नहीं? क्रिप्स योजना ने सिर्फ सामान्य बहुमत के नियम का सुझाव दिया है। यह सुझाव इतना नादान है कि कोई जानकार व्यक्ति उसके अनुसार कुछ कर नहीं सकता। सिर्फ सामान्य बहुमत के आधार पर संविधान से सम्बन्धित निर्णय लेने की परम्परा दुनिया में कहीं है, इस बात की मेरे पास कोई जानकारी नहीं है।

अल्पसंख्यकों के हित-सम्बन्धों के संरक्षण की व्यवस्था और कहीं सुझाई गई है इसलिए इस तरह के सामान्य बहुमत के निर्णय का सुझाव दिया गया है, इस बात का समर्थन क्रिप्स योजना ने किया है। भारतीय अंग्रेज सरकार अपनी प्रभुत्वसम्पन्न सत्ता छोड़कर भारत को एक प्रभुत्वसम्पन्न स्वतन्त्र राष्ट्र का अधिकार देने से पहले अंग्रेज राजा और भारतीय संविधान समिति में इस सम्बन्ध में विचार-विमर्श के बाद इस योजना

को एक समझौते का रूप प्राप्त होनेवाला है। यदि यह समझौता संविधान से बड़ा होता तो उसे कुछ महत्त्व प्राप्त हो गया होता। किन्तु वैसी कोई सम्भावना नहीं है। क्योंकि क्रिप्स योजना के मुताबिक भारत आगे अपनी इच्छा से प्रभुत्वसम्पन्न या स्वतन्त्र राष्ट्र बननेवाला है। भारत के प्रभुत्वसम्पन्न राष्ट्र बनने के बाद इस समझौते का दबाव संविधान पर किसी भी तरह से नहीं रहेगा, ऐसा कानून पास करने का अधिकार उसे स्वतः हासिल हो जाता है। यदि ऐसा हुआ तो इस समझौते को अल्पसंख्यक लोग किसी कैलेंडर से ज्यादा मूल्यवान नहीं समझेंगे। यदि उन्हें लगे तो वे भले ही उसे अपने मकानों की दीवारों पर टाँगकर रख दें। आयरिश समझौते के बारे में बिल्कुल यही हुआ था। जब तक आयरलैंड को एक प्रभुत्वसम्पन्न राष्ट्र का स्थान प्राप्त नहीं हुआ था तब तक आयरिश समझौते की सत्ता आयरिश के संविधान पर लागू थी। किन्तु जिस क्षण आयरलैंड एक प्रभुत्वसम्पन्न राष्ट्र बना उसी पल स्वतन्त्र आयरलैंड की संसद ने एक मामूली व छोटे से कानून के द्वारा समझौते की संविधान पर सत्ता स्थापित करने की शक्ति को हटा दिया और उस पर ब्रिटिश संसद ने कुछ नहीं किया क्योंकि उसे यह मालूम हो गया था कि आयरलैंड एक स्वतन्त्र राष्ट्र बन गया है, इसलिए ब्रिटिश संसद कुछ नहीं कर सकी। अल्पसंख्यक लोगों की सुरक्षा के बारे में इस प्रकार की बचकानी योजना इतने ख्यातिप्राप्त आदमी की ओर से क्यों रखी गई यह मेरी भी समझ में नहीं आ रहा है।

लगता है सप्रू योजना में कुछ सुधार किया गया है। किन्तु ऐसा सुधार क्या सही है? वह सुधार नहीं है, इस बात का मुझे पूरा यकीन है। 160 सदस्यों में से 3/4 का बहुमत, इसका मतलब यही है कि कोई निर्णय लेने के लिए 120 सदस्यों का समर्थन मिलना चाहिए। यह सुधार है इस बात को स्वीकार करने के पहले यह 120 का गुट कैसे बन सकेगा इस बात की कल्पना करनी चाहिए। यदि हिन्दू और मुस्लिमों में समझौता हुआ तो उनकी संख्या 102 होगी और 120 की संख्या पूरी होने के लिए उन्हें सिर्फ 18 सदस्यों की जरूरत पड़ेगी। खास हितसम्बन्धियों के अधिकांश सदस्य और अन्य कुछ इस समझौते से सहज हाथ लग सकते हैं। यदि ऐसा हुआ तो उनके द्वारा मंजूर किया गया निर्णय अनुसूचित जाति, सिख, भारतीय ईसाई आदि पर जबरन लादा हुआ रहेगा, इसमें कोई सन्देह नहीं। उसी प्रकार यदि मुस्लिमों को समझौते से अलग रखा गया तो निर्णय वास्तव में संविधान समिति का संयुक्त निर्णय नहीं रहेगा बल्कि वह मुस्लिमों पर गैरमुस्लिमों द्वारा लादा गया निर्णय रहेगा। कुछ जातियों पर इस तरह के बन्धन लगाए जाएँगे या नहीं, जातियों को बहिष्कृत करके उन पर अन्य लोगों के समझौते द्वारा या संविधान समिति के निर्णय लादे जाएँगे, इस सम्भावना को सप्रू कमेटी ने ध्यान में नहीं रखा, यह बड़े खेद का विषय है। हर इकाई में से कम-से-कम 50 प्रतिशत सदस्यों का समर्थन इन 3/4 मतों के अनुसार लिए गए निर्णय को होना ही चाहिए इस प्रकार का प्रावधान सप्रू समिति ने किया होता तो कुछ सुरक्षा हुई होती।

यूनाइटेड स्टेट्स का संविधान बनाते समय उन्होंने जो सावधानी बरती उस तरह

की सावधानी बरतते हुए अल्पसंख्यकों की भलाई के सम्बन्ध में लिए गए निर्णयों के बारे में संविधान समिति के बाहर के अल्पसंख्यकों के प्रतिनिधियों के मत भी आजमाकर देखने का प्रावधान भी सप्रू समिति कर सकती थी। किन्तु सप्रू समिति ने जो संविधान समिति की योजना बनाई उसमें ऐसे किसी प्रावधान को स्थान दिया हो, ऐसा बिल्कुल नहीं दिखाई दे रहा है। परिणामस्वरूप इस संविधान समिति का मतलब अल्पसंख्यकों के लिए फैलाया गया एक जाल है।

इसके अलावा संविधान समिति की योजना के विरोध में कई तर्क दिए जा सकते हैं। उनमें से मुझे जो ज्यादा महत्त्वपूर्ण लगता है उसका मैं यहाँ उल्लेख करना चाहता हूँ। मैंने स्कॉटलैंड और इंग्लैंड की एकता का इतिहास पढ़ा है। स्कॉटलैंड की संसद की सम्मति प्राप्त करने के लिए जो प्रयोग किए गए उन्हें पढ़कर मुझे आश्चर्य हुआ। स्कॉटलैंड की सम्पूर्ण संसद को खरीद लिया गया। कुछ गुटों की भलाई के वांछित निर्णय पर समर्थन हासिल करने के लिए भ्रष्टाचार के मुद्दे को लांच करने का प्रयोग भारतीय संविधान समिति कर सकती है। इससे सदस्यों को खरीद लिए जाने की सम्भावना बहुत है। इसके परिणामों को नजरअंदाज नहीं किया जा सकता, यदि ऐसा हुआ तो सिर्फ संविधान सभा ही हास्यास्पद नहीं होगी बल्कि देश में उसके निर्णयों को अमल में लाने का प्रयास होने पर अन्त में शीतयुद्ध शुरू होगा, इस बारे में मेरे मन में बिल्कुल सन्देह नहीं है। संविधान समिति की योजना भलाई की बजाय खतरनाक ज्यादा है और उसे बर्दाश्त नहीं किया जाना चाहिए, यही विचार-विमर्श के बाद मेरी राय बनी है।

4. नई सोच की आवश्यकता

मुझे ऐसा पूछा जा सकता है कि यदि संविधान समिति की नियुक्ति सही सोच पर आधारित नहीं है, तो उसके लिए दूसरा विकल्प क्या है, इस सवाल से जूझना पड़ेगा, इस बात को मैं अच्छी तरह जानता हूँ। किन्तु अपनी सोच पर मुझे पूरा यकीन है कि जाति राजनीति के सवाल की वजह से यह सवाल भयावह है न कि इस वजह से कि अभी तक हम संविधान समिति की योजना नहीं बना सके। बल्कि यह कठिनाई इस वजह से बढ़ी है कि उसे हल करने के लिए गलत रास्ता अपनाया गया है। फिलहाल सोच का बुनियादी दोष यह है कि सिद्धान्तों के आधार पर आगे बढ़ने के बजाय केवल पद्धति के मार्ग से आगे बढ़ा जा सकता है। इस सोच का बुनियादी सिद्धान्त यही है कि यहाँ किसी सिद्धान्त का अभाव है। यहाँ एक के बाद एक पद्धति अपनाई जाती है। एक पद्धति (Method) असफल होने पर दूसरी पद्धति से प्रयास किया जाता है। एक पद्धति से दूसरी पद्धति तक छलाँग लगाने की वजह से जाति राजनीति का सवाल तलवार की धार पर होनेवाले नृत्य की तरह रहस्यमय बन गया है। इन प्रयासों के पीछे किसी प्रकार का सिद्धान्त न होने के कारण कोई विशेष पद्धति क्यों

असफल हुई इस बात की जानकारी देनेवाला कोई रहा नहीं है। सिद्धान्तों का अभाव होने की वजह से नई पद्धति सफल होगी ही, इस बात का यकीन नहीं दिलाया जा सकता।

जाति का सवाल हल करने के प्रयास का किसी बदमाश को बातों से डराने के कायर प्रयास या सिर्फ हुक्म देनेवाले बदमाश के प्रयासों जैसे सिद्ध हुए हैं। जब कोई जाति बलशाली बनती है और कुछ विशेष राजनीतिक हक़ माँगने लगती है, तब उसकी सदेच्छा हासिल करने के लिए उसे सुविधाएँ दी जाती हैं। उसकी माँगों की उचित जाँच-पड़ताल नहीं की जाती या योग्यता के मुताबिक उसे न्याय नहीं दिया जाता। विशेष सहूलियतों का भी कोई बन्धन नहीं रहा है। अल्पसंख्यकों के लिए स्वतन्त्र मतदाता संघ होना चाहिए इससे बात शुरू हुई और उसे स्वीकार कर लिया गया। उसके बाद यह माँग आगे आई कि कोई जाति अल्पसंख्यक हो या बहुसंख्यक, उसे स्वतन्त्र मतदाता संघ मिलना चाहिए। उसे भी मंजूर किया गया। बाद में जनसंख्या के अनुपात में आरक्षित प्रतिनिधित्व होना चाहिए, ऐसी माँग की गई। उसे भी स्वीकार कर लिया गया। उसके बाद प्रतिनिधित्व में ज्यादा हिस्सेदारी के नाम पर प्रतिनिधियों की संख्या बढ़ाने की माँग की गई। उसे भी स्वीकार कर लिया गया। उसके बाद अन्य सभी अल्पसंख्यकों से कानून के द्वारा उसका बहुमत होना चाहिए और स्वतन्त्र मतदाता संघ बरकरार ही रहना चाहिए, इस तरह की माँग की गई, उसे भी स्वीकार कर लिया गया। इसके बाद माँग की गई कि अन्य जातियों के बहुमत से निर्णय हुआ तो उसे स्वीकार नहीं किया जाएगा। इसीलिए अपने बहुमत से सरकार चलाने का उनका अधिकार बरकरार रखना चाहिए और जुल्मी जाति का बहुमत कम करके उसे अन्य जातियों की बराबरी में लाया जाना चाहिए। इस बेहिसाब तुष्टीकरण की नीति से अधिक घटिया बात और कोई नहीं हो सकती। बेहिसाब माँगें और बेतरतीब ढंग से उन्हें पूरा करने की नीति उचित नहीं है।

ईमानदारी के साथ कहूँ तो मैं इस तरह की हरकतों में रुचि रखनेवाली जाति को बिल्कुल दोष नहीं दे रहा हूँ। वह जाति इस तरह से मौज करती है, इसका कारण यह है कि उसे इससे लाभ होता है, इस बात को वे अच्छी तरह से जानते हैं। उसका इस तरह की नीति का समर्थन करने का कारण यह है कि इस बात पर रोक लगानेवाली कोई शक्ति उसके पीछे नहीं है। उस जाति को इस बात का यकीन हो चुका है कि अधिकारपूर्वक इससे भी अधिक माँगा जा सकता है और प्राप्त भी किया जा सकता है। इससे एकदम अलग एक इस तरह की जाति भी है, जो आर्थिक दृष्टि से दरिद्र, सामाजिक दृष्टि से नीच समझी जानेवाली, शिक्षा की दृष्टि से अशिक्षित, उत्पीड़ित, सताई गई, बेरहम अन्याय का शिकार, जिस पर किसी को भी दया न आए, समाज द्वारा बहिष्कृत, सरकार द्वारा उपेक्षित की गई, और जिसके जीवन-निर्वाह का कोई आधार नहीं, जिसके साथ न उचित बर्ताव किया जाता है और न उसे विकास का समान अवसर प्राप्त है, फिर भी इस जाति को बताया जाता है कि उसे सुरक्षा के प्रावधानों की कोई जरूरत नहीं है।

उस जाति के पास अपना पक्ष रखने के लिए आधार नहीं हैं ऐसी बात नहीं बल्कि उसका कारण यह है कि जिन बदमाशों को अपने हक़ों से सम्बन्धित प्रारूप रखने का अधिकार प्राप्त है वे देखते हैं कि यह जाति राजनीतिक दृष्टि से संगठित न होने की वजह से अपनी माँगों को मंजूर करवाने लायक शक्ति नहीं रखती है, और इसीलिए उसे बदमाश लोग गुमराह कर सकते हैं। इस जातीय राजनीति के सवाल में सम्मिलित सभी जातियाँ एक तरह से अनुबन्धित हो सकें, और वह अनुबन्ध सभी को स्वीकार हो ऐसा भी कोई सिद्धान्त इस कार्यवाई में न होने की वजह से अलग-अलग तरह का बर्ताव किया जा रहा है। सिद्धान्तों के अभाव की वजह से एक अन्य घातक परिणाम सामने आ चुका है। इससे जनमत को अपने कार्य का निर्वाह करने का अवसर असम्भव हुआ है। जनता को सिर्फ पद्धति और सुविधाएँ मालूम होती हैं। उसे सिर्फ इतना मालूम होता है कि एक पद्धति असफल हो गई और अब दूसरी सुझाई गई है। जनता को इस बात का बिल्कुल पता नहीं होता है कि एक पद्धति क्यों असफल हुई और दूसरी सफल होगी, ऐसा कैसे कहा जा सकता है? इसका परिणाम यह हुआ है कि बदमाश और दुष्ट लोगों को उचित रास्ते पर लाने के लिए जनता को सक्रिय करने के बजाय जब इस जातीय सवाल पर बात होती है तब किसी नाटक के दर्शक की तरह सभी लोग इस बहस का मजा लेते हुए आराम से बैठे रहते हैं।

इसलिए इस जातीय राजनीति का हल खोजने के लिए मैं जो सलाह दे रहा हूँ वह दो बातों पर आधारित है–

1. इस जातीय राजनीति के सवाल को हल करने के लिए उसके मूल में जो बुनियादी सिद्धान्त हैं, उनका सबसे पहले विश्लेषण करना जरूरी है और अन्तिम निर्णय लेते समय इन सिद्धान्तों को आधार मानना चाहिए। और

2. फिर जो सिद्धान्त बुनियादी समझे जाएँगे वे बगैर किसी डर या बिना किसी परवाह के सबको समान रूप से अमल में लाने चाहिए।

जाति राजनीति का सवाल हल करने के लिए सुझाव

कुछ खास बुनियादी मुद्दों के बारे में अपनी भूमिका स्पष्ट करने के बाद अब मैं इस विषय पर सुझाव देना चाहता हूँ।

जाति राजनीति की समस्या से तीन सवाल पैदा होते हैं :

(अ) विधानसभाओं में प्रतिनिधित्व का सवाल।

(ब) कार्यकारी परिषद् में प्रतिनिधित्व का सवाल और

(क) सरकारी नौकरियों में प्रतिनिधित्व का सवाल।

(अ) सरकारी नौकरियों में प्रतिनिधित्व

अन्तिम सवाल पर पहले विचार किया जाए। यह विवाद का विषय है, इस तरह से शायद कहा जा सकता है। सरकारी नौकरियों में सभी जातियों को नियोजित प्रतिशत में प्रतिनिधित्व मिलना चाहिए और किसी एक जाति को सभी अधिकार न मिलें इस सिद्धान्त को भारत सरकार ने स्वीकार किया है। इस सिद्धान्त को स्थायी रूप देकर भारत सरकार के 1934 और 1943 के कानून में उसे सम्मिलित कर लिया गया है और उस पर अमल किया जाए इस प्रकार का निर्णय लिया गया है। इतना ही नहीं, इस सिद्धान्त के खिलाफ यदि किसी की नियुक्ति की गई तो उसे रद्द कर दिया जाए, इस प्रकार की भी व्यवस्था की गई है। अब कानून के मुताबिक शासन को संचालित करने का जरूरी कार्य बच गया है। भारत सरकार के इस कानून में एक परिशिष्ट जोड़कर इस काम को किया जा सकता है। इस कानून में पिछला प्रस्ताव तो रहेगा ही, इसके अलावा अलग-अलग प्रदेशों के लिए इस प्रकार की कोई व्यवस्था उसमें मिला दी जाए और इस परिशिष्ट को संविधान के कानून का एक हिस्सा मान लिया जाए।

(ब) कार्यकारी परिषद् में प्रतिनिधित्व

इस विषय में तीन मुद्दे उपस्थित होते हैं–

(1) कार्यकारी परिषद् में प्रतिनिधियों की संख्या का प्रमाण।

(2) कार्यकारी परिषद् का स्वरूप।

(3) कार्यकारी परिषद् में स्थान भरने की पद्धति।

1. प्रतिनिधियों की संख्या का प्रमाण

इस सवाल को हल करने के लिए निम्न प्रकार के सिद्धान्तों को स्वीकार किया जाना चाहिए–हिन्दू, मुस्लिम और अनुसूचित जाति के प्रतिनिधित्व की संख्या संसद में उनके प्रतिनिधियों की संख्या के अनुपात में होनी चाहिए।

सिख, भारतीय ईसाई और एंग्लो इंडियन जैसे अन्य अल्पसंख्यकों के बारे में उनकी संसद में प्रतिनिधियों की संख्या के प्रमाण में कार्यकारी परिषद् में पूरी तरह से प्रतिनिधित्व देना मुश्किल है। उनकी संख्या कम होने की वजह से इस तरह की दिक्कत खास तौर पर पैदा होती है। यदि उन्हें संसद में उनके प्रतिनिधियों के अनुपात में कार्यकारी परिषद् में प्रतिनिधित्व देना तय किया गया तो मन्त्रिमंडल की संख्या को बेहिसाब बढ़ाना पड़ेगा। इसलिए इस सम्बन्ध में इतना ही किया जा सकता है कि उनके प्रतिनिधि के लिए एक या दो स्थान सुरक्षित रखे जाएँ और नया संविधान अमल में आने के बाद संसदीय सचिव के जो स्थान निर्मित होनेवाले हैं उनमें उन्हें अधिक से अधिक स्थान मिल सकें, इस प्रकार की परम्परा निर्मित करनी चाहिए।

2. कार्यकारी परिषद् का स्वरूप

कार्यकारी परिषद् (मन्त्रिपरिषद्) की रचना में निम्न प्रकार के सिद्धान्त अमल में लाए जाएँ, यह मेरा सुझाव है।

1. जहाँ बहुसंख्यक लोग और अल्पसंख्यक लोगों में एक-दूसरे के बारे में सनातन निराशा पैदा हुई है और उसकी वजह से बहुसंख्यकों की ओर से अल्पसंख्यकों का बहिष्कार करने पर जहाँ दहशत लगातार बढ़ रही है ऐसे देश में कानूनी शक्ति की बजाय अल्पसंख्यकों को कार्यकारी सरकार की शक्ति की अधिक आवश्यकता है, इस बात को समझ लेना चाहिए।

2. जिस पार्टी को चुनाव में बहुमत प्राप्त हुआ, उसे संसद में उसके बहुमत की वजह से मन्त्रिमंडल बनाने का अधिकार है, ऐसा मानने का रिवाज, उपरोक्त सिद्धान्त को ध्यान में रखते हुए, भारत की स्थिति के मुताबिक स्थाई साबित नहीं होगा। भारत का बहुमत जातीय बहुमत है, वह राजनीतिक बहुमत नहीं है। यह फर्क होने की वजह से इंग्लैंड की संकल्पना भारत की स्थिति में लागू होगी, ऐसा सम्भव नहीं है।

3. संसद में बहुमत पानेवाले दल का मन्त्रिमंडल बनाने का रिवाज खत्म होना चाहिए। उसे इस ढंग से बनाया जाना चाहिए कि उसका संसद में सिर्फ बहुसंख्यकों की ही आज्ञा का पालन करने से काम नहीं चलेगा। उसे संसद के अल्पसंख्यकों की आज्ञा का पालन करने के लिए भी मजबूर होना चाहिए।

4. संसद के कार्यकाल से पहले मन्त्रिमंडल को बर्खास्त नहीं किया जाना चाहिए। मतलब एक दृष्टि से वह मन्त्रिपरिषद् असंसदीय होनी चाहिए।

5. मन्त्रिपरिषद् के सदस्य संसद से चुने जाने चाहिए और उन्हें संसद की बैठक में उपस्थित रहने का, बोलने का, मत देने का और जवाब देने का अधिकार होना चाहिए। इस दृष्टि से मन्त्रिमंडल संसदीय मंडल होना चाहिए।

3. मन्त्रिमंडल में स्थान भरने की व्यवस्था

इस सन्दर्भ में मैं निम्न प्रकार के सिद्धान्त सुझा रहा हूँ।

अ. प्रधानमन्त्री मुख्य शासक होने की वजह से उस पर सम्पूर्ण संसद का विश्वास होना चाहिए।

ब. मन्त्रिमंडल में किसी विशेष जाति के सदस्य पर संसद के उस जाति के सभी सदस्यों का विश्वास होना चाहिए।

क. संसद द्वारा मंजूर किए गए भ्रष्टाचार या विश्वासघात के आरोप के बगैर मन्त्रिमंडल के सदस्य को नहीं निकाला जाना चाहिए।

इन सिद्धान्तों के तहत मेरा यह सुझाव है कि प्रधानमन्त्री और मन्त्रिमंडल के अन्य सदस्यों का चुनाव संसद के सभी सदस्यों द्वारा (Single Transferable Vote System)

इकहरी बदलती मतदान प्रणाली से होना चाहिए। और मन्त्रिमंडल के विभिन्न अल्पसंख्यकों के सदस्यों का चुनाव उन विशेष जातियों के संसद-सदस्यों द्वारा इकहरी बदलती मतदान प्रणाली से होना चाहिए।

(क) संसद में प्रतिनिधित्व

यह बहुत ही पेचीदा सवाल है। इस सवाल के हल में ही सारी बातें निर्भर हैं। इससे दो मुद्दे उपस्थित होते हैं :

1. प्रतिनिधि की संख्या का प्रमाण और
2. मतदाता संघ का स्वरूप।

1. प्रतिनिधि की संख्या का प्रमाण

सबसे पहले मैं अपनी योजनाओं को आपके सामने रख रहा हूँ और उसके बाद वे कौन से सिद्धान्तों पर आधारित हैं इसका विश्लेषण करूँगा। योजनाएँ निम्न तालिका में दर्शाई गई हैं। तालिका में भारत की विभिन्न जातियों के केन्द्रीय संसद और प्रदेश विधान-सभाओं में संख्या के प्रमाण दर्शाए गए हैं।

संसद में प्रतिनिधियों की संख्या का प्रमाण

(सूचना : निम्न तालिका में दर्शाए गए जनसंख्या के आँकड़े आदिवासियों की संख्या को कम करके दिखाए गए हैं इसलिए ये आँकड़े जनगणना के आँकड़ों से अलग हैं।)

1. केन्द्रीय संसद

जाति का नाम	कुल जनसंख्या से उस जाति की जनसंख्या का प्रतिशत	प्रतिनिधित्व का प्रतिशत
1. हिन्दू	54.68	40
2. मुस्लिम	28.50	32
3. अनुसूचित जाति	14.30	20
4. भारतीय ईसाई	1.16	3
5. सिख	1.49	4
6. एंग्लो इंडियन	.05	1

2. मुम्बई

जाति का नाम	कुल जनसंख्या से उस जाति की जनसंख्या का प्रतिशत	प्रतिनिधित्व का प्रतिशत
1. हिन्दू	76.42	40
2. मुस्लिम	9.98	28
3. अनुसूचित जाति	9.64	28
4. भारतीय ईसाई	1.75	2
5. एंग्लो इंडियन	.07	1
6. पारसी	.44	1

3. मद्रास

जाति का नाम	कुल जनसंख्या से उस जाति की जनसंख्या का प्रतिशत	प्रतिनिधित्व का प्रतिशत
1. हिन्दू	71.20	40
2. मुस्लिम	16.53	30
3. अनुसूचित जाति	7.98	24
4. भारतीय ईसाई	4.18	5
5. एंग्लो इंडियन	.06	1

4. बंगाल

जाति का नाम	कुल जनसंख्या से उस जाति की जनसंख्या का प्रतिशत	प्रतिनिधित्व का प्रतिशत
1. मुस्लिम	56.50	40
2. हिन्दू	30.03	33
3. अनुसूचित जाति	12.63	25
4. भारतीय ईसाई	.19	1
5. एंग्लो इंडियन	.05	1

5. संयुक्त प्रान्त (उत्तर प्रदेश)

जाति का नाम	कुल जनसंख्या से उस जाति की जनसंख्या का प्रतिशत	प्रतिनिधित्व का प्रतिशत
1. हिन्दू	61.29	40
2. अनुसूचित जाति	21.40	29
3. मुस्लिम	15.30	29
4. भारतीय ईसाई	.24	1
5. एंग्लो इंडियन	.03	1

6. पंजाब

जाति का नाम	कुल जनसंख्या से उस जाति की जनसंख्या का प्रतिशत	प्रतिनिधित्व का प्रतिशत
1. मुस्लिम	57.06	40
2. हिन्दू	22.17	28
3. सिख	13.22	21
4. अनुसूचित जाति	4.39	9
5. भारतीय ईसाई	1.71	2

7. मध्य प्रान्त और बेरार

जाति का नाम	कुल जनसंख्या से उस जाति की जनसंख्या का प्रतिशत	प्रतिनिधित्व का प्रतिशत
1. हिन्दू	72.20	40
2. अनुसूचित जाति	20.23	34
3. मुस्लिम	5.70	25
4. भारतीय ईसाई	.36	1

8. बिहार

जाति का नाम	कुल जनसंख्या से उस जाति की जनसंख्या का प्रतिशत	प्रतिनिधित्व का प्रतिशत
1. हिन्दू	70.76	40
2. मुस्लिम	15.05	30
3. अनुसूचित जाति	13.80	28
4. भारतीय ईसाई	1.71	2

9. असम

जाति का नाम	कुल जनसंख्या से उस जाति की जनसंख्या का प्रतिशत	प्रतिनिधित्व का प्रतिशत
1. हिन्दू	45.60	40
2. मुस्लिम	44.59	39
3. अनुसूचित जाति	8.76	19
4. भारतीय ईसाई	.48	2

10. उड़ीसा

जाति का नाम	कुल जनसंख्या से उस जाति की जनसंख्या का प्रतिशत	प्रतिनिधित्व का प्रतिशत
1. हिन्दू	70.80	40
2. अनुसूचित जाति	17.66	36
3. मुस्लिम	2.07	22
4. भारतीय ईसाई	.37	2

11. सिन्ध

जाति का नाम	कुल जनसंख्या से उस जाति की जनसंख्या का प्रतिशत	प्रतिनिधित्व का प्रतिशत
1. हिन्दू	23.08	40
2. मुस्लिम	71.30	40
3. अनुसूचित जाति	4.26	19
4. भारतीय ईसाई	29	1

6. अल्पसंख्यकों के प्रतिनिधित्व का परिणाम

अब भारत सरकार के 1935 के कानून के मुताबिक अलग-अलग अल्पसंख्यकों के लिए निश्चित किए गए स्थान और हमारी उक्त योजना में सुझाए गए स्थानों में परिवर्तन तालिका के स्वरूप को दर्शाना जरूरी है।

मुस्लिमों के प्रतिनिधित्व का परिणाम

संसद का नाम	जनसंख्या का प्रतिशत	प्रतिनिधित्व का प्रतिशत	
		भारत सरकार के 1935 के कानून के मुताबिक	उक्त सुझाई गई योजना के मुताबिक
1. केन्द्रीय	28.50	32.00	32
2. मद्रास	8.00	13.49	24
3. मुम्बई	20.00	17.40	28
4. उत्तर प्रदेश	15.30	28.95	29
5. मध्य प्रदेश	5.70	12.50	25
6. बिहार	15.00	26.32	28
7. असम	44.60	31.48	38
8. उड़ीसा	2.00	6.66	22

अनुसूचित जाति का परिणाम

संसद का नाम	जनसंख्या का प्रतिशत	प्रतिनिधित्व का प्रतिशत	
		भारत सरकार के 1935 के कानून के मुताबिक	उक्त सुझाई गई योजना के मुताबिक
1. केन्द्रीय	14.30	7.60	20
2. मद्रास	16.50	13.90	30
3. मुम्बई	9.60	8.50	28
4. मध्य प्रदेश	12.62	12.00	25
5. उत्तर प्रदेश	21.40	8.00	29
6. पंजाब	4.40	4.00	9
7. मध्य प्रदेश	20.22	17.80	34
8. बिहार	13.80	9.80	28
9. असम	8.70	6.50	20
10. उड़ीसा	17.60	10.00	36
11. सिन्ध	4.20	नहीं	19

भारतीय ईसाइयों का परिणाम

संसद का नाम	जनसंख्या का प्रतिशत	प्रतिनिधित्व का प्रतिशत	
		भारत सरकार के 1935 के कानून के मुताबिक	उक्त सुझाई गई योजना के मुताबिक
1. केन्द्रीय	1.16	3.00	3
2. मद्रास	4.10	4.20	5
3. मुम्बई	1.70	1.70	2
4. बंगाल	.19	.80	1
5. उत्तर प्रदेश	.24	.90	1
6. पंजाब	1.70	1.15	2
7. मध्य प्रदेश	.35	नहीं	1
8. बिहार	1.70	.66	2
9. असम	.48	.90	2
10. उड़ीसा	.37	.16	2
11. सिन्ध	.29	नहीं	1

सिखों का परिणाम

संसद का नाम	जनसंख्या का प्रतिशत	प्रतिनिधित्व का प्रतिशत	
		भारत सरकार के 1935 के कानून के मुताबिक	उक्त सुझाई गई योजना के मुताबिक
1. केन्द्रीय	1.50	2.40	4
2. पंजाब	13.20	18.29	21

हिन्दुओं का परिणाम

संसद का नाम	जनसंख्या का प्रतिशत	प्रतिनिधित्व का प्रतिशत	
		भारत सरकार के 1935 के कानून के मुताबिक	उक्त सुझाई गई योजना के मुताबिक
1. बंगाल	30.00	22.00	33
2. पंजाब	22.12	20.00	28
3. सिन्ध	12.82	61.60	40

7. मेरी योजना के लिए सहायक सिद्धान्त

यह विभाजन जिन सिद्धान्तों पर आधारित है, उसका विश्लेषण करना जरूरी है। इस सिद्धान्त का विश्लेषण निम्न प्रकार है–

1. बहुमत पर आधारित शासन-प्रणाली सैद्धान्तिक तौर पर स्वीकार करने योग्य नहीं है और व्यवहार की दृष्टि से भी समर्थन करने योग्य नहीं है। किसी जाति के साथ तुलना करके किसी जाति के प्रतिनिधियों की संख्या सापेक्ष रूप से बहुमत में होने की बात स्वीकार की जा सकती है। किन्तु संसद में पूरी तरह से बहुमत होगा इतना प्रतिनिधित्व नहीं दिया जा सकता।[1]

2. किसी बहुसंख्यक जाति को दिए गए सापेक्ष (Relative) बहुमत का प्रतिनिधित्व भी उन्हें किन्हीं कम अल्पसंख्यकों के प्रतिनिधियों से गठबन्धन करके अपनी सरकार स्थापित करना सम्भव न हो इस हिसाब से देना चाहिए।

3. प्रतिनिधित्व के स्थानों का विभाजन इस हिसाब से किया जाना चाहिए कि बहुसंख्यक जाति के सभी प्रतिनिधि और अल्पसंख्यकों में से किसी एक जाति के प्रतिनिधियों का गठबन्धन हुआ तो अन्य अल्पसंख्यकों की भलाई की दृष्टि से वह अहितकर सिद्ध न हो, इस बात का ध्यान रखना चाहिए।

4. स्थानों का विभाजन इस प्रकार से हो कि यदि सभी अल्पसंख्यकों ने गठबन्धन किया और बहुसंख्यकों पर निर्भर रहने की बजाय अपनी सरकार बनानी तय की तो वे उस तरह से कर सकें।

5. बहुसंख्यक जाति को दी जानेवाली सहूलियतों के झुकाव (Weightage) को कम कर अल्पसंख्यक जातियों में उनके सामाजिक आर्थिक तथा शिक्षा सम्बन्धी-स्थितियों में सुधार किया जाना चाहिए। मतलब, यदि कोई अल्पसंख्यक जाति बहुत बड़ी हो और उसे सामाजिक, शिक्षा-सम्बन्धी और आर्थिक स्थिति अच्छी प्राप्त हो तो उसे जिस अल्पसंख्यक जाति की जनसंख्या कम है और जिसकी आर्थिक, सामाजिक, शिक्षा-सम्बन्धी स्थिति सापेक्ष रूप में कम है, इस तुलना में इस बँटवारे में उसे कम स्थान मिलेंगे।

इस तरह ऐसा ही प्रतिनिधित्व सही है, इसे विधिवत प्रतिनिधित्व कहा जा सकता है। सिर्फ संख्या में अधिक होने के कारण कोई जाति दूसरी जाति पर अनाधिकार न जता सके इस प्रकार की स्थिति उसे प्रदान की गई है। केन्द्रीय और प्रादेशिक दोनों सरकारों में से मुस्लिमों का हिन्दुओं के बहुमत से और हिन्दू तथा सिखों का मुस्लिमों के बहुमत से जो विरोध है उसे पूरी तरह से खत्म कर दिया गया है।

---

1. मैंने वायव्य प्रान्त के लिए प्रतिनिधित्व की योजना तैयार नहीं की है क्योंकि वहाँ के अल्पसंख्यकों की संख्या इतनी कम है कि सापेक्ष बहुमत का सिद्धान्त भी वहाँ विशेष रूप से उपयोगी नहीं हो सकता।

8. मतदाता संघ का स्वरूप

मतदाता संघ के सवाल पर निम्न सुझाव स्वीकार किए जाने चाहिए।

1. स्वतन्त्र मतदाता संघ हों या संयुक्त मतदाता संघ हों, यह सिर्फ वांछित लक्ष्य हासिल करने की प्रणाली मात्र है। यह कोई सिद्धान्तों का सवाल नहीं है।

2. उसका उद्देश्य किसी अल्पसंख्यक जाति को अपना सिर्फ नामजद नहीं बल्कि सही प्रतिनिधि चुनना सम्भव हो, यही है।

3. यद्यपि स्वतन्त्र मतदाता संघ की वजह से किसी अल्पसंख्यक जाति को सिर्फ अपने भरोसे का प्रतिनिधि चुनने का सही अवसर मिल रहा हो तब भी संयुक्त मतदाता संघ की वजह से इस तरह का संरक्षण प्राप्त होता हो तो उसे नजरअंदाज नहीं करना चाहिए।

4. इसके लिए चार सदस्यों का संयुक्त मतदाता संघ तैयार किया जाना चाहिए। अल्पसंख्यक जाति को दो मत देने का अधिकार दिया जाना चाहिए। और चुने जाने के लिए एक निश्चित अनुपात में उस विशेष अल्पसंख्यक जाति के मत को अनिवार्य मान लेना चाहिए। मतलब स्वतन्त्र मतदाता संघ के स्थान पर उसके बारे में सोचा जा सकता है।

9. कुछ अन्य विषय

1. खास सुरक्षा का सवाल

कुछ विशेष अल्पसंख्यक जाति की ओर से अन्य कुछ माँगें रखी गई हैं, वे इस प्रकार हैं–1. अल्पसंख्यक जाति का सर्वेक्षण कर जानकारी देनेवाले ख़ास अफसरों की नियुक्ति।

2. राज्य सरकार की ओर से शिक्षा-सम्बन्धी सहायता प्राप्त होने की संवैधानिक व्यवस्था।

3. स्वतन्त्र बस्तियों की कानूनी योजना। किन्तु इस तरह की माँगें राजनीतिक हक़ों से सम्बन्धित नहीं हैं। इसलिए इस विषय पर मैं ज्यादा समय लेना उचित नहीं समझ रहा हूँ।

2. आदिवासी जमातें

आप लोगों को यह साफ तौर पर दिखाई देगा कि मेरी योजना में आदिवासियों को सम्मिलित नहीं किया गया है जब कि आदिवासियों की संख्या सिख, एंग्लो-इंडियन, भारतीय ईसाई और पारसी जातियों से भी अधिक है। मैंने अपनी योजना से उन लोगों

को क्यों दूर रखा, उसका कारण बताना उचित होगा। वे राजनीतिक हक़ों का उचित उपयोग कर सकें इतनी राजनीतिक सूझबूझ उनमें अब तक नहीं आई है। और इसी कारण वे आसानी से किन्हीं बहुसंख्यकों या किन्हीं अल्पसंख्यकों के हाथ का खिलौना बन सकते हैं। इस तरह से अपनी जमात की किसी प्रकार की भलाई करने के बजाय बेमतलब ही वे सन्तुलन बिगाड़ सकते हैं। फिलहाल उनके सामाजिक सुधार के क्रम में जिस तरह दक्षिण अफ्रीका के संविधान में व्यवस्था की गई है, उसी प्रकार 'एकान्तिक प्रदेश' नाम से संविधान में एक विभाग बनाया जाए और उस पर अमल करने के लिए एक कानूनी मंडल नियुक्त किया जाए, ऐसा मुझे उचित लगता है। जिस प्रान्त में इस प्रकार से 'एकान्तिक प्रदेश' होगा उन प्रान्तों को इस क्षेत्र के उचित सुधार के लिए हर साल एक निश्चित रकम खर्च करनी चाहिए, इस तरह की जिम्मेदारी उनकी तय कर देनी चाहिए।

3. भारतीय रियासतें, राजे-रजवाड़े

आप लोगों को यह बात भी साफ तौर पर दिखाई देगी कि मेरी योजना में भारतीय संस्थानों को बिल्कुल सम्मिलित नहीं किया गया है। यदि संस्थानों को इस योजना में निम्न शर्तों पर सम्मिलित करना हो तो उसमें मेरा विरोध नहीं है।

1. ब्रिटिश भारत और भारतीय संस्थानों के बीच प्रभुत्वसम्पन्न सत्ता को विभाजित कर प्रभुत्वसम्पन्नत्व के टुकड़े करने का काम बन्द होना चाहिए।

2. आज भारतीय संस्थान और ब्रिटिश इंडिया के बीच जो राजनीतिक और न्याय विभाग की जो सीमाएँ हैं वे खत्म हो जानी चाहिए। इसके बाद ब्रिटिश इंडिया और भारतीय संस्थान अलग-अलग ऐसी संज्ञाएँ बिल्कुल नहीं रहनी चाहिए। बल्कि उसके बजाय 'भारत' ही एकमात्र संज्ञा होनी चाहिए।

3. संस्थानों को सम्मिलित करने की वजह से भारत को एक प्रभुत्वसम्पन्न राष्ट्र के अधिकार मिलने में किसी शर्त की या प्रावधान की रुकावट नहीं होनी चाहिए। भारतीय संस्थान और ब्रिटिश इंडिया के मिलाप के लिए मैंने एक योजना बनाई है उससे इस विषय का ज्यादा खुलासा होगा। उस योजना का विवरण देकर मैं अपने भाषण को और अधिक बढ़ाना नहीं चाहता। आज की स्थिति में भारतीय संस्थानों के सवाल से उलझने के बजाय ब्रिटिश इंडिया ने अपने लक्ष्य की ओर आगे कदम बढ़ाया तो ज्यादा उपयुक्त होगा।

10. इस योजना के सन्दर्भ में पाकिस्तान

मेरे सुझाव एकसंघ भारत के लिए हैं। मैंने इसी उम्मीद से उन्हें तैयार किया है कि पाकिस्तान से मुस्लिमों को जितनी सुरक्षा प्राप्त हो सकती है, उससे ज्यादा सुरक्षा उन्हें

इस योजना से प्राप्त हो सकेगी इस बात का उन्हें पूरा यकीन हो सकेगा और उसे वे अपनी पहली पसन्द मानेंगे। मैं पाकिस्तान के विरोध में नहीं हूँ। मुझे ऐसा लगता है कि वह स्वयं निर्णय के सिद्धान्त पर आधारित है। इसी के कारण पाकिस्तान के बारे में सन्देह पैदा करने के लिए अब काफी देर हो चुकी है। यदि मुस्लिम लोग उस प्रदेश के अल्पसंख्यक गैरमुस्लिमों को स्वयं निर्णय के सिद्धान्त का लाभ देने के लिए तैयार होंगे तो पाकिस्तान को मंजूरी प्रदान करने के लिए मैं तैयार हूँ। फिर भी मुझे ऐसा लगता है कि उससे अधिक सुरक्षित और उत्तम योजना की ओर मुस्लिमों का ध्यान आकर्षित करना मेरी जिम्मेदारी है। पाकिस्तान की योजना से मेरी योजना ज्यादा अच्छी है, यह मेरा दावा है। अपने विचारों के सन्दर्भ में मैं कुछ मुद्दे उपस्थित कर रहा हूँ, वे इस प्रकार हैं :

1. पाकिस्तान की माँग के मूल में जाति बहुमत का खतरा ही मूल रूप से है। इसलिए मैंने उस खतरे को अपनी योजना से हटा दिया है।

2. फिलहाल मुस्लिमों के हिस्से में जो ज्यादा स्थान आए हैं उनमें मैंने कोई काट-छाँट नहीं की है।

3. पाकिस्तान के अलावा अन्य प्रान्तों के मुस्लिमों का प्रतिनिधित्व बढ़ाया गया है, जिसकी वजह से उनकी स्थिति ज्यादा मजबूत हुई है। यदि पाकिस्तान अस्तित्व में आया तो उन्हें ऐसी स्थिति हासिल तो नहीं होगी किन्तु इसके विपरीत उनकी इस स्थिति से अधिक खतरनाक स्थिति होगी।

11. हिन्दुओं के लिए दो शब्द

हिन्दुओं ने यह जिद पकड़ ली है कि 'बहुमत का राज एक पवित्र व्यवस्था है और उसके लिए चाहे जो कीमत देनी पड़े, उसकी पहरेदारी करनी चाहिए।' इस जातीय राजनीति के सवाल में कई कठिनाइयाँ पैदा हो गई हैं। जहाँ व्यक्ति और राष्ट्र के हित-सम्बन्धों में विवाद खड़े हुए वहाँ और भी एक नियम के लागू होने की हक़ीकत की ओर हिन्दुओं ने ध्यान दिया हो, ऐसा नहीं लगता। और वह नियम है 'एकमत से सत्ता', हिन्दुओं ने वास्तविकता की जाँच-परख की तो यह नियम एक कपोल-कल्पना नहीं बल्कि एक हक़ीकत है, ऐसा उन्हें दिखाई देगा। उन्हें पंच प्रणाली (Jury System) को उदाहरण के तौर पर लेना चाहिए। 'पंच प्रणाली' में निर्णय का सिद्धान्त 'एकमत' ही है। यदि पंचों का फैसला एकमत से हो तो वह जजों के लिए बन्धनकारी होता है। उन्हें लीग ऑफ नेशन्स के दूसरे उदाहरण की जाँच-पड़ताल करके देख लेनी चाहिए। लीग ऑफ नेशन्स के फैसलों का नियम क्या था? उसमें 'एकमत से निर्णय' का नियम ही लागू किया गया था। इससे यह बात स्पष्ट होगी कि हिन्दुओं ने संसद में और कार्यकारी परिषद् में निर्णय लेने के 'एक मत से निर्णय' के सिद्धान्त को स्वीकार किया तो भारत में 'जाति का सवाल' नाम का सवाल ही शेष नहीं रहेगा।

हिन्दुओं को कोई भी यह पूछ सकता है कि यदि अल्पसंख्यक जाति की सुरक्षा-व्यवस्था स्वीकार करने के लिए वे तैयार नहीं हैं तो क्या यह 'एकमत से निर्णय' स्वीकार करने के लिए वे तैयार हैं? दुर्भाग्य से इन दोनों में से किसी एक को भी स्वीकार करने के लिए वे तैयार नहीं हैं।

'बहुमत का शासन' इस निर्णय की कुछ सीमाएँ होनी चाहिए, इस बात को स्वीकार करने के लिए हिन्दू समाज तैयार नहीं है। उसे यही लगता है कि हमारा ही स्पष्ट बहुमत होना चाहिए। सापेक्ष बहुमत से उसे सन्तोष नहीं होगा। किन्तु इस स्पष्ट बहुमत के बारे में आग्रह का मतलब क्या एक न्याय पर आधारित योजना है, और क्या राजनीतिक सिद्धान्तविद उसे स्वीकार कर पाएँगे, इस बात पर भी उन्हें सोचना चाहिए। जिस 'बहुमत के शासन' के सिद्धान्त के लिए यह हिन्दू समाज इतना दुराग्रह कर बैठा है, उस नियम को यूनाइटेड स्टेट्स के संविधान का भी समर्थन नहीं है, इस बात की जानकारी उसे बिल्कुल नहीं है।

मैं यहाँ यूनाइटेड स्टेट्स के संविधान के कुछ मुद्दों का विश्लेषण करना चाहता हूँ। यहाँ मौलिक अधिकारों से सम्बन्धित परिच्छेद पर विचार करेंगे। क्या है इस परिच्छेद का अर्थ? उसका अर्थ यही है कि इन मौलिक हक़ों में जिन बातों को सम्मिलित किया गया है वे बातें इतने ऊँचे दर्जे की हैं कि सिर्फ मामूली बहुमत का निर्णय उसमें परिवर्तन करने के लिए पर्याप्त समर्थ सिद्ध नहीं हो सकता। यूनाइटेड स्टेट्स के संविधान से भी एक उदाहरण लीजिए। इस संविधान के अनुसार, इस संविधान का कोई भी हिस्सा 3/4 मतों के बहुमत से उस तरह का निर्णय लिए बगैर और राज्य की विधानसभाओं का उसे समर्थन दिए बगैर बदलना नहीं चाहिए। इससे क्या प्रतीत होता है? कुछ विषयों के बारे में सिर्फ मामूली बहुमत से लिए गए निर्णय उचित नहीं समझे जा सकते, इस बात को यूनाइटेड स्टेट्स का संविधान स्वीकार नहीं करता, यह बात इस उदाहरण से स्पष्ट होती है। इस तरह के उदाहरण कई हिन्दुओं को मालूम हैं। किन्तु उससे वे सही शिक्षा हासिल नहीं कर रहे हैं, यही इस सम्बन्ध में सबसे बड़ी दुख की बात है। यदि उन्होंने इससे कुछ सीख हासिल की तो 'बहुमत का निर्णय एकदम पवित्र नियम है' इस तरह की उनकी जो राय बन चुकी है, वह वैसी नहीं है, यह उनकी समझ में आ जाएगा। 'बहुमत का निर्णय' एक सिद्धान्त के रूप में नहीं बल्कि एक नियम के रूप में स्वीकार किया जाता है। और उसे क्यों स्वीकार किया जाता है, इस बात को भी मैं स्पष्ट करना चाहता हूँ। उसे दो कारणों से स्वीकार किया जाता है : (1) बहुमत हमेशा राजनीतिक बहुमत होता है। और (2) राजनीतिक बहुमत के निर्णय में अल्पमत के गुटों के इतने मुद्दे स्वीकार और सम्मिलित किए जाते हैं कि राजनीतिक अल्पमत का गुट उस निर्णय के विरोध में विद्रोह करे भी तो वह इसकी परवाह नहीं करता।

भारत का बहुमत सही अर्थ में राजनीतिक बहुमत है ही नहीं, भारत का बहुमत जन्म पर आधारित होता है और वह जानबूझकर राजनीति के लिए तैयार किया गया बहुमत है ही नहीं। यही राजनीतिक बहुमत और जाति बहुमत के बीच का मुख्य फर्क

है। राजनीतिक बहुमत स्थिर या हमेशा के लिए बहुमत नहीं होता है। उसे हमेशा तैयार किया जाता है। उसे तोड़ा भी जाता है और पुनः तैयार भी किया जाता है। किन्तु जाति बहुमत हमेशा के लिए होता है और उसकी सोच सनातन और स्थिर होती है। कोई आदमी उसे खत्म कर सकता है लेकिन उसमें परिवर्तन नहीं कर सकता। यदि मामूली राजनीतिक बहुमत के निर्णय का इतना विरोध किया जाता है तो इस प्रकार के जाति बहुमत के नियम का कितना जबर्दस्त विरोध किया जाना चाहिए?

1930 में बैरिस्टर जिन्ना ने 14 सूत्री योजना बनाई थी जिसमें एक माँग में उन्होंने 'बहुमत का शासन' सिद्धान्त का जबर्दस्त समर्थन किया था। उसमें उन्होंने इस तरह का आग्रह किया था कि दूसरों के धड़े का ज्यादा मत देते समय किसी बहुसंख्यक जाति के कुल प्रतिनिधित्व का बहुमत नष्ट न हो या उनको दूसरों की बराबरी में खड़ा न किया जाए। बैरिस्टर जिन्ना ने उस समय इस तरह क्यों उल्लेख किया यह सवाल पूछने के लिए हिन्दू लोग स्वतन्त्र हैं। यदि जिन्ना का यह मत है कि बहुसंख्यक मुस्लिम प्रदेशों में मुस्लिमों का बहुमत होना चाहिए तो फिर केन्द्रीय संसद में हिन्दुओं का बहुमत होना चाहिए इस बात के लिए बैरिस्टर जिन्ना का विरोध क्यों होना चाहिए? इस प्रकार का सवाल जिन्ना को पूछने के लिए हिन्दू स्वतन्त्र हैं। किन्तु हिन्दुओं को इस बात का ध्यान होना चाहिए कि इन पेचीदे सवालों का निष्कर्ष इतना ही निकलता है कि जिन्ना की भूमिका बेमेल है। इस पर यह निष्कर्ष नहीं निकल सकता कि 'बहुमत की सत्ता' का सिद्धान्त सही है।

'बहुमत से शासन' इस नियम को राजनीति से बाहर कर दिया गया तो हिन्दुओं के जीवन के अन्य कार्यकलापों पर उसका खास प्रभाव नहीं पड़ सकता। वे सामाजिक जीवन की एक ईकाई के रूप में बहुसंख्यक ही रहनेवाले हैं। व्यापार में फिलहाल उनका एकाधिकार है ही और आगे भी वह बरकरार रहनेवाला है। धन-दौलत का एकाधिकार आज की तरह बाद में भी उन्हीं के पास रहनेवाला है। मैं हिन्दुओं के 'एकमत से शासन' सिद्धान्त को स्वीकार करने के लिए अपनी योजना को सुझाव के रूप में नहीं रख रहा हूँ। मैं हिन्दुओं को 'बहुमत से शासन' इस सिद्धान्त का पूरी तरह से त्याग करने के लिए अपनी योजना नहीं समझा रहा हूँ। मैं उन्हें इतना समझा रहा हूँ कि सिर्फ सापेक्ष बहुमत को स्वीकार कीजिए। इस सिद्धान्त को स्वीकार करने में उन्हें किस बात की परेशानी है?

इस प्रकार से हिन्दू लोग किसी भी प्रकार का त्याग करने के लिए तैयार नहीं होंगे तो उन्हें बाहरी दुनिया में यह बताने का कोई अधिकार नहीं कि अल्पसंख्यक लोग भारत के स्वराज्य को रोकना चाहते हैं। इस प्रकार के झूठे प्रचार से कुछ लाभ होनेवाला नहीं है क्योंकि अल्पसंख्यक लोग ऐसा कोई कार्य नहीं कर रहे हैं। उन्हें मामूली सन्तोष योग्य सुरक्षा की सहूलियत मिली तो वे स्वराज्य को उसमें सम्भावित सम्मिलित खतरे के साथ स्वीकार करने के लिए तैयार हैं। अल्पसंख्यकों की इस तैयारी के लिए उन्हें धन्यवाद देने की कोई जरूरत नहीं ऐसा हिन्दुओं को नहीं समझना चाहिए। आयरलैंड में जो कुछ

घटित हुआ उसकी रोशनी में इस बात को परख लेना जरूरी है। एक बार आयरिश राष्ट्रवादियों के नेता श्री रेडमंड ने अल्स्टर के नेता श्री कर्जन से कहा, "आप अखंड आयरलेंड को मंजूरी दीजिए। आप किसी भी सुरक्षा-व्यवस्था की माँग कीजिए वह आपको दी जाएगी।" इस सम्बन्ध में यह बताया जाता है कि इस पर उन्होंने अपना मुँह दूसरी ओर घुमा लिया। और कहा, "आप चूल्हे में डाल दीजिए अपनी सुरक्षा व्यवस्था को। आपका राज हम पर हो, यह बात हमें मंजूर नहीं है।" लेकिन भारत के अल्पसंख्यक लोगों ने आज तक इस तरह का जवाब नहीं दिया है। वे लोग सिर्फ सुरक्षा-व्यवस्था पर सन्तोष करने के लिए तैयार हैं। मैं हिन्दुओं से पूछना चाहता हूँ कि क्या इससे उन्हें अधिक लाभ नहीं हो रहा है? लेकिन मैं इस बात को महसूस कर रहा हूँ।

12. निष्कर्ष

जाति राजनीति की समस्या को हल करने के लिए मेरे मन में जो सुझाव आए हैं उनमें से कुछ का जिक्र मैंने यहाँ किया है। वे सुझाव ऑल इंडिया शेड्यूल्ड कास्ट्स फेडरेशन के लिए बन्धनकारी नहीं हैं। यही नहीं, मेरे ये सुझाव मेरे लिए भी बन्धनकारी नहीं हैं। उनकी यहाँ चर्चा करने का मेरा उद्देश्य एक नई राह की खोज करना है। सीधे सूचनाओं की बजाय अपने निर्देशित सिद्धान्तों पर मेरा अधिक झुकाव है। यदि तथ्यों को स्वीकार किया गया तो भूतकाल में इस जाति सवाल ने जिस प्रकार से हंगामा मचाया है, भविष्य में उस प्रकार से हंगामा नहीं मचेगा, इस बात का मुझे पूरा यकीन है।

इस भारतीय गुत्थी को हल करने की समस्या आसान नहीं है। 1937 में जर्मनी संघराज्य के स्थापित होने से पहले वहाँ की स्थिति का वर्णन करते हुए एक इतिहासकार ने उसे 'ईश्वर प्रदत्त हंगामा' कहा था, ऐसा मुझे याद आ रहा है। वह जर्मनी के लिए सच था या नहीं, किन्तु उसमें भारत की आज की स्थिति से कई मायनों में समानता थी। एकदम नहीं किन्तु कदम-दर-कदम पिछले विश्वयुद्ध तक जर्मनी इस 'ईश्वरप्रदत्त हंगामे' से बाहर निकल गया। और अन्त में एकराष्ट्र मन, विचार और श्रद्धा से एक संघ बन गया।

किन्तु भारत इस हंगामे से अभी तक बाहर निकलने में और सुव्यवस्था निर्मित करने में सफल नहीं हो सका। इस बात के लिए उसे अवसर मिला ही नहीं ऐसी बात नहीं है। हक़ीकत में उसे इस तरह के कई अवसर मिले हैं। 1928 में पहली बार जब बर्कन फील्ड ने भारतीयों को अपना संविधान पेश करने का आह्वान किया था उस समय ऐसा पहला मौका मिला था। उस आह्वान को स्वीकार कर लिया गया था और संविधान बनाने के लिए एक समिति बनाई गई। उसे 'नेहरू संविधान' के नाम से जाना जाता है। फिर भी भारतीयों की ओर से उसे पूरी तरह स्वीकार नहीं किया गया। और बगैर किसी शोक-संवेदना के उसको दफ़न कर दिया गया।

जब 1930 में भारतीय लोग गोलमेज परिषद् में इकट्ठा हुए उस समय उन्हें ऐसा मौका स्वतः ही प्राप्त हुआ था। वहाँ भी अपनी जिम्मेदारी निभाने और अपना संविधान बनाने में वे सफल नहीं हुए। इसी प्रकार तीसरा प्रयास हाल ही में सप्रू समिति की ओर से किया गया। इस समिति की योजना भी जमींदोज हो गई। अब इससे आगे अन्य प्रयास के लिए उत्साह या उम्मीदें भी नहीं बचीं। भाग्य पर भरोसा रखकर पहला प्रयास किया गया, वह असफल हुआ। इस वजह से हर प्रयास की नियति ऐसी ही तो नहीं होगी, यह डर पैदा हो गया है। फिर भी किसी भी भारतीय को हिम्मत नहीं हारनी चाहिए या किसी मरे हुए कुत्ते को वहीं सड़ने देना नहीं चाहिए, उसी प्रकार जाति राजनीति के कीड़ों को उसी जगह सड़ते नहीं रहने देना चाहिए। और इस तरह से भी नहीं कहना चाहिए कि देश में जो राजनीतिक चालबाजों का युद्ध चल रहा है, उससे मुझे कुछ लेना-देना नहीं है, मैं केवल मजा लेता रहूँगा। किसी को भी पिछली असफलता से घबराने की कोई जरूरत नहीं है। कम-से-कम मैं तो उससे बिल्कुल नहीं घबरा रहा हूँ। क्योंकि आज तक जातीय सवालों से सम्बन्धित समझौते के सभी प्रयास असफल हुए हैं, तब भी इस प्रकार की असफलता कुछ हिन्दुओं के किसी बुनियादी दोष की वजह से नहीं आई है बल्कि गलत रास्ते को अपनाने की वजह से आई है, ऐसा मुझे लगता है। यदि मेरी योजनाओं पर गम्भीर रूप से विचार किया गया तो उन्हें निश्चित तौर पर स्वीकार किया जा सकता है, इस बात का मुझे पूरा यकीन है। उसमें नया मार्ग अपनाया गया है और इसलिए मैं उन्हें अपने देशभाइयों के हाथों में सौंप रहा हूँ।

अपनी बात समाप्त करने से पहले मैं अपने आलोचकों को सूचित करना चाहता हूँ कि मेरे सुझावों की कुछ बातों में वे परिवर्तन कर सकते हैं किन्तु उन्हें पूरी तरह से नकारना आसान काम नहीं है। यदि वे इस योजना को नकारना चाहेंगे तो उन्हें सबसे पहले मेरी योजनाएँ जिन सिद्धान्तों पर आधारित हैं उन सिद्धान्तों का खंडन करना होगा।''

इस सम्मेलन में डॉ. अम्बेडकर के व्याख्यान के बाद कुछ महत्त्वपूर्ण प्रस्ताव भी मंजूर किए गए थे।

[मूल भाषण 'Communal Deadlock and Way to Solve it' शीर्षक से अंग्रेजी में साप्ताहिक 'जनता' में प्रकाशित हुआ था।]

कांग्रेस-कम्युनिस्टों को आज ही हमसे इतनी हमदर्दी क्यों हुई?

दि. 6 मई 1945 को अ.भा. शेड्यूल्ड कास्ट फेडरेशन के महासम्मेलन के समापन के अवसर पर विशाल जनसमुदाय को सम्बोधित करते हुए डॉ. बाबासाहेब अम्बेडकर ने कहा–

इस विशाल जनसमुदाय को देखकर किसी भी सामाजिक काम करनेवाले आदमी को आश्चर्य होगा, इसमें कोई सन्देह नहीं। सामाजिक कार्य करनेवाले कार्यकर्ता को विशेष ज्ञान या बुद्धि की जरूरत होती है, ऐसी बात नहीं है। यदि काम करने की सही हमदर्दी हो, त्याग करने की इच्छा हो तो कोई भी आदमी अच्छा काम करके दिखा सकता है। इस तरह के लोग अपने समाज में हैं और आगे भी पैदा होंगे, इस बात की मुझे पूरी उम्मीद है। हमारा काम बहुत कठिन है। कांग्रेस, मुस्लिम लीग या हिन्दू महासभा की तरह हमारे पास पैसा नहीं है। इसलिए वेतन पर काम करनेवाले लोगों की नियुक्ति करके हम समाज-जाग्रति का कार्य कर नहीं सकते। अपने लोग बेहद अज्ञानी और सीधे-सादे हैं इस वजह से कांग्रेस या हिन्दू महासभा के लोगों ने उन्हें लालच दिया तो लोग उनके गुलाम बन जाते हैं। इतना ही नहीं, कांग्रेस या हिन्दू महासभा के प्रचारक बनकर अपने आन्दोलन में दरार पैदा करने का प्रयास करते हैं। अपने आन्दोलन का प्रचार करने के लिए हमारे पास अखबार नहीं हैं। कांग्रेस के अखबार हमारी खबरें छापते नहीं हैं। अगर खबरें छापें भी तो उन्हें तोड़-मरोड़कर छापते हैं। इस विशाल जनसमुदाय की ओर देखने पर कोई भी यह कह सकता है कि यहाँ सवा लाख डेढ़-लाख से भी अधिक लोग इकट्ठा हुए हैं। किन्तु एक मराठी अखबार ने खबर छापी है कि यहाँ सिर्फ छह सौ लोग इकट्ठा हुए हैं!

लॉर्ड वेव्हेल साहब इंग्लैंड गए हुए हैं। वे क्यों गए हैं? इस बात को कोई नहीं जानता, किन्तु जो खबरें फैलाई गई हैं उससे इस बात का पता चलता है कि हिन्दुस्तान के नए निर्माण से सम्बन्धित विचार-विमर्श के लिए लॉर्ड वेव्हेल साहब इंग्लैंड गए हैं। भोलाभाई देसाई और कांग्रेस के अखबारों ने ही इस तरह की खबरें फैलाई हैं इसलिए ऐसा लगता है कि उसमें कुछ सच्चाई होनी चाहिए, इस सम्बन्ध में मैंने दो बातें कहने

का निश्चय किया है। मेरा भाषण अंग्रेजी में लिखा गया है। मातृभाषा की बजाय अंग्रेजी में भाषण लिख लाने का मुझे खेद है। किन्तु यह राजनीतिक भाषण होने की वजह से सरकार को और अन्य सब प्रकार के लोगों को अपनी बात समझाने के लिए भाषण अंग्रेजी में ही लिखना पड़ा। आप लोगों की जानकारी के लिए मेरे इस अंग्रेजी भाषण का मराठी अनुवाद हमारे अखबार साप्ताहिक 'जनता' से प्रकाशित होगा।

आज कई लोग अछूत वर्ग की ओर आँख फाड़कर देख रहे हैं। एक समय था जब कोई अछूतों को पूछता तक नहीं था। 1928 में साइमन कमीशन नियुक्त किया गया। उस समय लॉर्ड बर्कन हेड ने हिन्दी लोगों से कहा कि आप अपने राजनीतिक संविधान का निर्माण कीजिए! लॉर्ड बर्कन हेड के कहने पर कांग्रेस ने 1928 में 'नेहरू कमेटी'[1] का गठन किया। इस कमेटी ने हिन्दी राजनीति के सम्बन्ध में जो रिपोर्ट दी वह पढ़ने लायक है। अछूतों को उसे जरूर पढ़ना चाहिए। इस 150 पृष्ठों की रिपोर्ट में सिर्फ तीन वाक्यों में अछूतों का फैसला कर दिया है। नेहरू कमेटी ने इन तीन वाक्यों में कहा है कि अछूतों का सवाल राजनीतिक नहीं बल्कि धार्मिक है। सिर्फ सिख, ईसाई आदि के बारे में कुछ सवाल हल करने पड़ेंगे। इससे क्या सिद्ध होता है? 1928 में कांग्रेस 7 करोड़ अछूतों को शून्य समझती थी।

दो साल बाद गोलमेज परिषद् हुई, वहाँ अछूतों ने बहुत ज्यादा कुछ न किया हो फिर भी शून्य को दस बना दिया गया। एक पर शून्य चढ़ा दिया। (तालियाँ) किन्तु गांधी ने पुनः दस का शून्य करने की कसम खाई। लेकिन उनकी एक न चली। (हँसी)

पिछले कुछ वर्षों में सभी के मेल-मिलाप के लिए सप्रू समिति का गठन किया गया। उस समिति ने नया गठबन्धन किस तरह का हो, इस बारे में एक योजना तैयार की है। सप्रू समिति के मुताबिक 10 का आँकड़ा 50 पर ले जाना चाहिए। इसका मतलब यह है कि अछूतों का उत्थान 0 से 50 पर आया है। (तालियाँ)

कांग्रेस, रायवादी और कम्युनिस्ट लोग हम लोगों से निकटता दिखाने का प्रयास करते हैं। इसमें उनका उद्‌देश्य अपने आन्दोलन को किरकिरा करना होता है। कम्युनिस्टों का सन्देश पत्र ही इस बुरे उद्‌देश्य से आया था। कल उस सन्देश-पत्र का पाठ बीच में ही रोक दिया गया था।

1920 से आज तक कांग्रेस के साथ हमारी लड़ाई जारी है। वह लड़ाई कब खत्म होगी, कुछ नहीं कहा जा सकता। पिछले कई सालों से कांग्रेस के साथ हमारी घमासान लड़ाई चल रही थी किन्तु ये कम्युनिस्ट और रायवादी सभी मूक दर्शक बनकर देख रहे थे। और हमारा मज़ाक उड़ा रहे थे। हम लोगों को राजनीतिक दृष्टि से सुरक्षा मिलनी चाहिए, इस सन्दर्भ में इन लोगों ने पिछले 20 सालों में कुछ नहीं किया है। फिर आज ही उन्हें इतनी हमदर्दी क्यों होने लगी है?

रायवादी कहते हैं कि अछूतों को हमारे साथ क्यों नहीं आना चाहिए? कम्युनिस्ट कहते हैं हमारे साथ क्यों नहीं आना चाहिए? कांग्रेस की महिलाएँ महारों की बस्तियों

1. पंडित मोतीलाल नेहरू की अध्यक्षता में बनाई गई कमेटी।

में जाकर हमारी महिलाओं के सिर से जूएँ निकालती हैं, उनकी साड़ियाँ धोती हैं, बच्चों को नहलाने का काम करती हैं। अभी कुछ ही दिनों पहले कांग्रेस की कार्यकर्ता महिलाओं ने पुणे के मातंग मोहल्ले में जाकर हमारे बच्चों को दूध पिलाया। लेकिन दूसरे ही दिन उन बच्चों को दस्त की बीमारी लग गई, ऐसी खबर फैली थी ! (हँसी) वे लोग इस प्रकार का अपनापन और प्यार क्यों जताते हैं, इस बात को आप सभी लोगों को अच्छी तरह समझ लेना चाहिए।

हमारे युवा छात्र कामरेडों और रायवादियों के बहकावे में आ जाते हैं किन्तु जिन लोगों ने हमारा हमेशा विरोध किया है, उन्हें आज हमसे इतनी हमदर्दी क्यों है, इस बात को समझ लेना चाहिए। गुड़ की ढेली को चींटियाँ लग जाती हैं, वे उस गुड़ की ढेली को यत्न से बचाने के लिए नहीं बल्कि खाने के लिए लगती हैं। अछूत लोग गुड़ की ढेली हैं। इसलिए कम्युनिस्ट, रायवादी जैसे चींटे गुड़ खाएँगे ही इस बात को सभी लोगों को अच्छी तरह से समझ लेना चाहिए।

स्वराज्य का मतलब क्या है इस बात को हम अच्छी तरह जानते हैं। कम्युनिस्ट या अन्य कोई बताएँगे तब हमारी समझ में आएगा, ऐसी भी बात नहीं है। हम लोग कांग्रेस को राजनीति पढ़ा सकते हैं। हम अपने प्रयासों से और हिम्मत से देश के लिए और अपने लिए जो कुछ करना चाहते हैं उसे स्वतन्त्र रूप से करेंगे। हम लोगों को किसी के भी सहयोग की कोई जरूरत नहीं है। बहुत दिनों से मैं यह सुन रहा हूँ कि इस देश में हिन्दू और मुस्लिम समझौता करके राष्ट्रीय सरकार स्थापित करने का प्रयास कर रहे हैं। उन्होंने 40 प्रतिशत मुस्लिम, शेष अन्य ऐसा फार्मूला किन सिद्धान्तों के आधार पर बनाया है, यह बात अभी भी मेरी समझ में नहीं आई है। 22 प्रतिशत मुस्लिमों को 40 प्रतिशत किया गया, अछूत और सिख 30 प्रतिशत होते हुए उन्हें 20 प्रतिशत दिखाया गया! यह कहाँ का न्याय है? मुझे हिन्दू लोगों पर दया आती है। हिन्दू लोगों को अच्छी तरह मालूम है कि अछूत समाज गरीब, उत्पीड़ित और पिछड़ा हुआ समाज है, ऐसी स्थिति होने पर उन्हें सिर्फ 20 प्रतिशत ही और जो राजवंश से सम्बन्धित हैं उन्हें 40 प्रतिशत, क्या सचमुच इसे न्याय कहा जाएगा?

एक नौजवान आदमी को अपनी बीवी से चार बच्चे हुए। बीवी के मरने के बाद वह आदमी साधु हो गया, उसने अपना नाम गुरुघंटाल रखा, उसका एक शिष्य और एक वामनभट नाम का मित्र था। चार बच्चों सहित उसका 6-7 व्यक्तियों का परिवार था। एक बार उसे एक आदमी ने श्राद्ध के नाम पर भोजन का निमन्त्रण दिया। गुरुघंटाल ने यजमान को आठ रोटियाँ पकाने के लिए कहा। स्वयं के लिए 4 रोटियाँ, वामनभट के लिए 2, शिष्य के लिए 1 और शेष 1 रोटी चारों बच्चों के लिए! ऐसा ही न्याय राष्ट्रीय सरकार बनानेवालों ने किया तो क्या परिणाम सामने आएगा? कांग्रेसवाले हिन्दू कहते हैं हमें 3 रोटियाँ, मुस्लिमों को 3 और शेष 2 रोटियाँ अन्य दूसरों के लिए।

हम लोगों को अपनी तैयारी रखनी चाहिए। अब जो संविधान बनेगा वह अन्तिम

ही रहेगा। इस समय हम लोगों को अपनी लड़ाई तेज कर देनी चाहिए। यह अन्तिम मौका है। आज तक हमारा कांग्रेस और हिन्दुओं से ही झगड़ा था किन्तु अब हमें मुस्लिमों से भी लड़ना पड़ेगा। सप्रू समिति के निर्णय से मुस्लिम लोगों की ओर से अखबारों के द्वारा अछूतों की आलोचना हो रही है। मुस्लिम कहते हैं कि अछूत हिन्दू ही हैं। हिन्दुओं के स्थान कम करके अछूतों को दिए गए तो उसमें हमारा कौन-सा लाभ है? मुझे मुस्लिमों की इस सोच पर दुख हो रहा है। मैं उनसे लड़ना नहीं चाहता। मुस्लिमों ने 1907 में मांटेग्यू को जो सम्मान-पत्र दिया था, उसमें उन्होंने ही सबसे पहले अछूतों को हिन्दुओं से अलग करने की माँग की थी। उस समय से अछूतों के स्वतन्त्र मतदाता संघ आदि माँगों को मुस्लिम लोग समर्थन देने लगे। किन्तु वे ही आज हमारे खिलाफ हो गए हैं। इस प्रकार की स्थिति में हमें ताकत के साथ आन्दोलन करना पड़ेगा। हम लोगों ने यह लड़ाई जीत ली है, अभी ऐसी बात किसी को भी नहीं करनी चाहिए। अन्त में आन्दोलन को मजबूत करने के लिए सभी कार्यकर्ताओं को अपनों से बड़े लोगों की बात बगैर शिकायत के मान लेनी चाहिए। मेरे अंग्रेजी भाषण का मराठी अनुवाद आपको साप्ताहिक 'जनता' में पढ़ने को मिलेगा। इसमें जो विचार हैं वे मेरे निजी विचार हैं। इनसे आप प्रतिबन्धित नहीं हैं। अपने इस सुन्दर सपने को मैंने अपनी डायरी में दर्ज किया है।

आप सभी लोगों ने जो इतना अधिक उत्साह दिखाया और अपनी ताकत का प्रदर्शन किया उसके लिए मैं आप सभी लोगों को धन्यवाद देता हूँ और अपना भाषण समाप्त करता हूँ। (तालियाँ)

साप्ताहिक 'जनता' के 12 मई, 1945 के अंक में प्रकाशित।

अछूत समाज के उत्थान के लिए मैंने अपने आपको समर्पित कर दिया है

*टाइम्स ऑफ इंडिया के सम्पादकीय में डॉ. अम्बेडकर की आलोचना की गई थी। **17 मई, 1945** को उसके जवाब में वे लिखते हैं–*

प्रति,

सम्पादक, 'टाइम्स ऑफ इंडिया'।

साम्प्रदायिक गतिरोध को हल करने के लिए मैंने जो योजना सुझाई है उसकी 'टाइम्स ऑफ इंडिया' के 17 मई, 1945 के सम्पादकीय में समीक्षा की गई है। इस समीक्षा में सम्पादक महोदय लिखते हैं, ''मुख्य योजना पर हिन्दू और मुस्लिम यही राय देंगे कि अछूतों की भलाई के लिए यह अछूतों को बेहिसाब अधिकार देनेवाली योजना है। डॉ. अम्बेडकर की इस योजना का गहराई से अध्ययन करें तो यह दिखाई देगा कि अछूतों को केन्द्रीय और प्रादेशिक विधिमंडल में जो स्थान दिए जानेवाले हैं, उससे उन्हें दो बड़ी जमातों पर अपना प्रभाव कायम करने का मौका मिलेगा, योजना में यही व्यवस्था की गई है। इस प्रकार यह चतुराई से अनैतिक मार्ग का इस्तेमाल करके अनादिकाल से पददलित रहते आए लोगों को अभिनव जमातों का स्थान दिलवाने का प्रयास किया गया है...हमारी राय में डॉ. अम्बेडकर की योजना आम तौर पर रचनात्मक होने के बावजूद उनकी योजना में वही अवास्तविकता अधिक दिखाई पड़ रही है, हिन्दू-मुस्लिमों की ओर से जिस अवास्तविकता की अछूत नेता हमेशा तीव्र आलोचना करते रहते हैं।''

मुझे यह कहने में बुरा लगता है कि मेरी योजना को इस तरह से गलत समझा गया है। इसकी वजह यह है कि सापेक्षिक बहुमत के सिद्धान्त का अर्थ ही सम्पादक की समझ में नहीं आया है।

मेरी योजना के बारे में जो गलत धारणाएँ फैलाई गई हैं उनका खंडन करने के लिए निम्न बातों को प्रकाशित करेंगे, इस बात की मुझे पूरी उम्मीद है।

सम्पादक महोदय इस बात को भूल गए हैं कि यदि एक बार सापेक्षिक बहुमत के लिए सिद्धान्त को स्वीकार कर लिया गया जिस बात से सम्पादक सहमत दिखाई दे रहे

हैं–तो सम्पूर्ण बहुमत और सापेक्षिक बहुमत में जो फर्क रहेगा उतने ही स्थान शेष रहेंगे। उन बचे हुए स्थानों को ईंट-पत्थर समझकर नजरअंदाज करना उचित नहीं होगा। उन पर उचित निर्णय लेने का एक ही उपाय है और वह है अल्पसंख्यक लोगों में उसका उचित बँटवारा किया जाए। अब सवाल यह बचेगा कि उसका बँटवारा किस प्रकार से किया जाए?

यह बचे हुए सभी स्थान मुस्लिमों की भलाई के काम में लगाने चाहिए या किसी संयुक्त सिद्धान्त के आधार पर अल्पसंख्यक लोगों में उनका बँटवारा किया जाए? यदि सम्पादक को पहली बात मंजूर हो तो उसका सीधा अर्थ होगा कि मुस्लिमों को 50 प्रतिशत माँगों को उनका (सम्पादक) समर्थन प्राप्त है। लेकिन उन्होंने पहली की बजाय दूसरी बात को मंजूर किया और उससे अन्त में उनको अछूतों को मिलनेवाले प्रतिनिधित्व से भी ज्यादा प्रतिनिधित्व मिला तो मेरी योजना में अछूतों को इन्द्र का स्थान प्राप्त कराने की व्यवस्था जानबूझकर की गई है, इस तरह से कैसे कहा जा सकता है? और संयुक्त योजना के मुताबिक स्थानों का बँटवारा करने की वजह से अछूतों को उनका उचित हिस्सा मिलता हो तो निष्पक्ष व्यक्ति उस पर कैसे आपत्ति उठा सकता है? यह बात मेरी समझ में नहीं आ रही है। मैंने अपनी योजना में जिन स्थानों का बँटवारा किया है वह केवल सापेक्षिक बहुमत के सिद्धान्त और संयुक्त बँटवारे के सामान्य नियम के आधार पर है।

–बी. आर. अम्बेडकर

['साम्प्रदायिक गतिरोध और उसे हल करने का रास्ता' इस भाषण पर 'टाइम्स ऑफ इंडिया' के सम्पादकीय में आलोचना की गई थी, उसके जवाब में डॉ. अम्बेडकर का यह पत्र साप्ताहिक 'जनता' के 26 मई, 1945 के अंक में प्रकाशित हुआ था।]

ठक्कर बाप्पा की आलोचना पर डॉ. अम्बेडकर का जवाब

सम्पादक महोदय,

टाइम्स ऑफ इंडिया

मेरी योजना की मान्यवर ठक्कर जी ने जो आलोचना की है उसके जवाब के रूप में इस पत्र को आप प्रकाशित करेंगे, मुझे ऐसी उम्मीद है।

जाति प्रारूप पेश करते समय 'मैंने आदिवासियों (ॲबॉरिजिन्स) के हक़ों को कुचल दिया है।' यह आरोप उस जमात की ओर से मान्यवर ठक्कर बाप्पा ने मुझ पर लगाया है। इस आरोप को पुख्ता करने के लिए उन्होंने 'पददलितों का उत्पीड़ित लोगों का हमदर्द' मुझे ऐसे विशेषण दिए हैं। मैं मान्यवर ठक्कर बाप्पा को यह बताना चाहता हूँ कि 'मैं पददलित मानव जाति का प्रभुत्वसम्पन्न नेता हूँ' ऐसा मैंने कभी नहीं कहा है। अपनी हैसियत के मुताबिक मेरे पास अछूत समाज का पर्याप्त कार्य है और आपके तथा गांधी के जाल से मैं अछूतों को मुक्त कर सका तो मुझे बेहद खुशी होगी।

किसी भी कार्य का महत्त्व कम समझने की मेरी इच्छा नहीं है। किन्तु उम्र की सीमा को ध्यान में रखा जाए तो ताउम्र एक आदमी एक ही काम कर सकता है, इस बात को ध्यान में रखते हुए मान्यवर ठक्कर कहते हैं 'जिन्हें जंगली लोग भी अपने से दूर रखते हैं, ऐसे अछूत समाज के कार्य के लिए मैंने अपने आपको समर्पित कर दिया है।' अखबारों में प्रकाशित हुए मेरे भाषण के कुछ अंशों पर निर्भर रहकर मान्यवर ठक्कर जैसे लोग जब मेरी आलोचना करते हैं, तब मुझे उन पर रहम करने की इच्छा होती है। यदि उन्होंने मेरा सम्पूर्ण भाषण पढ़ने का प्रयास किया होता तो उन्हें इस बात का पता चल गया होता कि मैंने अपनी योजना में आदिवासी लोगों को नजरअंदाज तो किया ही नहीं बल्कि प्रभावी ढंग से और अच्छी तरह से उनके हक़ों का रक्षण किया है। मुख्य योजना के छोटे-बड़े मुद्दों की चर्चा करने के लिए यहाँ पर्याप्त जगह नहीं है। मेरे जैसे आदमी पर पक्षपाती होने और घटिया मानसिकता का आरोप लगाने से पहले आदिवासी जमातों की दृष्टि से मेरी योजना पर सोचिए।

विधिमंडल में स्थानों का बँटवारा करते समय मैंने उसमें आदिवासी जमातों को सम्मिलित नहीं किया है। इसका कारण मेरी उनके साथ कोई दुश्मनी है, ऐसी बात नहीं है। बल्कि उनके पास राजनीतिक मनोबल नहीं है, इस बात का मुझे पूरा यकीन है।

इसलिए मैं मान्यवर ठक्कर से यह पूछना चाहता हूँ कि क्या आपने आदिवासी जमातें किस स्थिति में हैं इस बात की समझ बढ़ाने के लिए, राजनीतिक सत्ता के बल पर हिन्दुओं की बराबरी का दर्जा प्राप्त कराने और शिक्षा में आस्था बढ़ाने के लिए अपने पैसा कमाऊ समाज-सेवा के काल में कुछ किया है? बीस साल के समाज सेवा के काल में मान्यवर ठक्कर बाप्पा आदिवासी समाज में एक भी डिग्रीधारी नहीं बना पाए। यह बात उनकी समाज-सेवा को कलंकित करनेवाली है।

दूसरी बात यह है कि इस जमात को विधिमंडल में ज्यादा प्रतिनिधित्व दिया जाना चाहिए, इस तरह की बात अचानक मान्यवर ठक्कर के मन में कैसे आई इस बारे में क्या वे कुछ बता सकते हैं? इस जमात की जनसंख्या का प्रमाण देखा जाए तो 1935 के कानून में उनका जनप्रतिनिधित्व एकदम मामूली है। फिर मान्यवर ठक्कर ने इस कानून के खिलाफ क्या कभी कोई शिकायत की है? क्या उन्होंने सप्रू समिति के खिलाफ कहीं कोई टिप्पणी दर्ज की है? वास्तव में मुझसे मान्यवर ठक्कर बाप्पा की जो नफरत और घृणा है वह दूसरों से नहीं है, यही उसका असली कारण है।

तीसरी बात यह है कि आदिवासी जमातों को विधिमंडल में उनकी जनसंख्या के अनुपात में या ज्यादा स्थान मिलने चाहिए इस प्रकार की यदि मान्यवर ठक्कर की इच्छा हो तो उसके लिए मुस्लिमों के स्थानों में कटौती की गई तो तभी यह सम्भव है। फिर आदिवासियों की लड़ाई लड़ने के लिए मुस्लिमों से मुकाबला करने के लिए क्या मान्यवर ठक्कर तैयार हैं? वे अछूतों के स्थानों में कटौती करके अछूतों के प्रति अपनी हमदर्दी व्यक्त नहीं कर सकते।

आज तक जिन लोगों को उनकी जनसंख्या के अनुपात में प्रतिनिधित्व नहीं मिला ऐसे दुर्बल अछूत समाज के खिलाफ षड्यन्त्र करके वे (मान्यवर ठक्कर) अपना मर्दानापन दिखाना चाहते हैं। यदि वे मुस्लिमों को मिल रहे अधिक अधिकारों में से कुछ अधिकार आदिवासी जमातों को दिला सकें तो उनका उनके प्रति प्रेम और नायकत्व सिद्ध होगा।

–बी. आर. अम्बेडकर

कांग्रेस की राजनीति में बुद्धिमानों के लिए कोई स्थान नहीं है

दि. 3 अक्तूबर 1945 को पूना 'अहिल्याश्रम' की जगह पर 'अम्बेडकर स्कूल ऑफ पॉलिटिक्स' नाम की संस्था का उद्घाटन सभारम्भ डॉ. बाबासाहेब अम्बेडकर के हाथों सम्पन्न हुआ था। इस अवसर पर उन्होंने अपने व्याख्यान में कहा–

राजनीति का अध्ययन करने के जिस उद्‌देश्य से इस संस्था की स्थापना की गई है, उस उद्‌देश्य का मैं समर्थक हूँ। आप लोगों का मुझ पर अधिक विश्वास है इसलिए आज मैं अपने विचार आप लोगों के सामने खुले दिल से रखना चाहता हूँ।

किसी भी पीढ़ी के लोगों के सामने उनके समय के जो भी महत्त्वपूर्ण सवाल होंगे वे सवाल स्वतन्त्र रूप से सोच-विचार कर हल करने की स्वतन्त्रता उन लोगों को होनी ही चाहिए। जो समाज गुलामी में जकड़ा गया हो उस समाज को अपनी स्वतन्त्रता के लिए लगातार लड़ाई लड़नी ही चाहिए।

कुछ विशेष विचारों को पवित्र मानकर उन्हें लगातार कई पीढ़ियों तक स्वीकार किया जाएगा। इस प्रकार के नैतिक बन्धन, लादी हुई विचारधारा समाज के कतरे-कतरे में घुल-मिल गई तो वह समाज अन्त में पतन की ओर बढ़ेगा, इसमें कोई सन्देह नहीं है। मोहम्मद पैगम्बर, ईसा मसीह जैसे लोग महान दार्शनिक हो सकते हैं। पैगम्बर का 'कुरान', येशु का 'बाइबिल' और कृष्ण की 'गीता' इन धर्मग्रन्थों के बारे में सोचिए। कुरान में मोहम्मद पैगम्बर ने जो कहा है, बाइबिल में ईसा मसीह ने जो कुछ कहा है, और गीता में कृष्ण ने जो निवेदन किया है वही सारा हमेशा-हमेशा के लिए सत्य और बुनियादी प्रमाण माना जाए इस प्रकार के बन्धन की वजह से मनुष्य की बुद्धि को हमेशा के लिए कैद करके रखा गया है। जिसके कारण सत्य क्या है, असत्य क्या है, अपने उत्थान का रास्ता कौन-सा है, पतन की ओर ले जानेवाला रास्ता कौन-सा है, इस बात को समझने का भी प्रयास कोई नहीं कर सकता। इस तरह की बात बहुजन समाज और देश की दृष्टि से भी पूरी तरह से खतरनाक है। आप लोग मुझे देवता नहीं मानते इस बात को मैं अपना सौभाग्य मानता हूँ। मैंने आज तक आप लोगों को जो कुछ बताया है

वे बातें आपको पूरी तरह से पसन्द आएँ, इसी तरह की बातें बताई हैं। मैंने आज तक उन्हीं बातों का प्रतिपादन किया है जो बातें मेरी बुद्धि की कसौटी पर सही साबित हुई हैं। मेरा धर्म कानून पर या कुछ विशेष सिद्धान्तों की बुनियाद पर भले ही खड़ा न हो किन्तु उसमें आपको निश्चित तौर पर 'हकीकत' नजर आएगी।

हर किसी आदमी को यह बात जरूर ध्यान में रखनी चाहिए कि हर पीढ़ी के सामने जो अलग-अलग सवाल होते हैं, उन सवालों को हल करने के लिए पहले की पीढ़ी के लोगों के विचारों को आधार मानने की बात स्वीकार कर ली गई तो उसका कुछ उपयोग होनेवाला नहीं है। आप लोग इस तरह से सोचिए कि यदि हमें किसी राजनीतिक सवाल को हल करना हो और यदि तिलक होते तो वे उस सवाल को किस प्रकार हल करते, इस बात को देखकर यदि हम लोगों ने अपने सामने आज का सवाल हल करने का प्रयास किया तो वह सवाल अच्छी तरह से हल नहीं हो सकता, इस बात का मुझे पूरा यकीन है।

मनुष्य को पैदा होते ही राजनीति का ज्ञान होता है, इस तरह की बात यदि कोई कहे तो उसका यह कहना पूरी तरह से गलत है। बल्कि मैं तो यह कह सकता हूँ कि मनुष्य में राजनीतिक दृष्टि पैदा करना बहुत मुश्किल काम है। मेरे इस कथन की गवाही इंग्लैंड के इतिहास के पन्ने देंगे। हर व्यक्ति की स्वतन्त्रता को तौलने का बुनियादी नाम ही राजनीति है।

हिन्दी राजनीति में घुसने से पहले गांधी को देश में राजनीति का पाठ पढ़ानेवाली दो विचारधाराएँ थीं। एक रानडे-गोखले जैसे उदारवादियों की (Liberal School of Thoughts) और दूसरी बंगाल के क्रान्तिवादियों की (School of Revolutionaries) उदारवादियों के स्कूल में बुद्धिहीन लोगों को नहीं लिया जाता था। और क्रान्तिवादियों के स्कूल में सिद्धान्तहीन लोगों को प्रवेश नहीं मिलता था। रानडे-गोखले के स्कूल में बुद्धिवादियों को ही लिया जाता था। ज्ञान-प्राप्ति और अध्ययनशीलता पर ही उनका ज्यादा जोर था। राजनीति में माहिर लोगों को ही उदारवादियों के स्कूल में स्थान प्राप्त होता था। क्रान्तिवादियों के स्कूल के बड़े कठोर नियम थे। समय आने पर अपनी जान तक कुर्बान करने की प्रतिज्ञा करनेवालों को ही उस स्कूल में लिया जाता था। किन्तु गांधी द्वारा जो स्कूल शुरू किया गया उसका दरवाजा सिर्फ बुद्धिहीन और सिद्धान्तहीन लोगों के लिए ही हमेशा खुला रखा गया। कांग्रेस की राजनीति में बुद्धिमान लोगों का कोई महत्त्व नहीं है। इसलिए बुद्धिवाद और अध्ययनशीलता से कांग्रेसवाले कोसों दूर चले गए, इस बात को कहने में कोई आपत्ति नहीं है।

कांग्रेस श्रेष्ठियों को राजनीति किस चिड़िया का नाम है, इस बात का बिल्कुल ज्ञान नहीं है। इसी कारण कांग्रेस की राजनीति को समय-समय पर जबर्दस्त ठोकरें लगी हैं और उसी की वजह से देश का और बहुजन समाज का कभी न पूरा होनेवाला नुकसान हुआ है। आज तक जाति-सुलह का सवाल जो धूल खाता रहा वह कांग्रेसियों की बुद्धिहीनता, अध्ययनहीनता और सिद्धान्तशून्यता की वजह से ही ऐसा रहा है। गवर्नमेंट

ऑफ इंडिया एक्ट में व्यापार से सम्बन्धित सुरक्षा के बारे में जो 51वीं धारा है वह सिर्फ एक आदमी की शुद्ध मूर्खता की वजह से है।

हर पार्टी को अपने लक्ष्य-प्राप्ति के लिए लगातार लड़ते रहना चाहिए। हर राजनीतिक पार्टी में बुद्धिवादी लोग होने ही चाहिए। ज्ञान तो सबसे जरूरी चीज है। मैं रानडे-गोखले की विचारधारा का हूँ। इस वजह से मुझे उस पर गर्व होता है।

साप्ताहिक 'जनता' के 13 अक्तूबर, 1945 के अंक में प्रकाशित।

राजनीतिक सत्ता पर कब्जा कीजिए

दि. 2 से 4 अक्तूबर 1945 *तक ऑल इंडिया शेड्यूल्ड कास्ट्स फेडरेशन के वर्किंग कमेटी की बैठक पूना के अहिल्याश्रम के हॉल में आयोजित की गई थी। वर्किंग कमेटी की बैठक पार्टी अध्यक्ष प्रो. एन. शिवराज की अध्यक्षता में शुरू हुई थी। इसमें कुछ महत्त्वपूर्ण प्रस्ताव भी पास किए गए थे।* **दि. 4 अक्तूबर 1945** *को शाम को अहिल्याश्रम के मैदान पर एक विराट सभा का आयोजन किया गया था। प्रो. एन. शिवराज इस सभा के अध्यक्ष थे। इस विराट जनसभा को सम्बोधित करते हुए डॉ. अम्बेडकर ने कहा–*

भाइयो तथा बहनो,

अभी यहाँ जो व्याख्यान हुए हैं उन सभी का उद्देश्य आनेवाले चुनाव के लिए जरूरी चेतना और जाग्रति पैदा करना है। यहाँ जो भाषण हुए हैं, वे बहुत ही प्रभावी हुए हैं, इसमें कोई सन्देह नहीं। क्योंकि उस तरह के भाषण करनेवाले लोगों में उम्मीदवार होने की भी सम्भावना है। इसीलिए उनमें ऐसा उत्साह दिखाई देता है। किन्तु मैं उम्मीदवार नहीं हूँ। फिर भी इस प्रान्त का मामूली नेतृत्व मैं भी करता रहा हूँ। इसलिए मैं इस विषय में कुछ शब्द बोलना चाहता हूँ। चुनाव तो एक मालामाल होने का धन्धा है। उसमें कुछ लोग हाथ मार लेते हैं। लेकिन अछूत वर्ग ऐसे गलत रास्ते का इस्तेमाल नहीं करता, यह बात साफ है। एक समय ऐसा था जब इस देश की राजनीति की समझ ब्राह्मणों को ही थी, इस तरह की आम धारणा रही है। क्योंकि लोकल बोर्ड, विधिमंडल, स्थानीय स्वराज्य संस्थाएँ और सार्वजनिक कार्यक्रमों में ब्राह्मणों की ही संख्या ज्यादा थी। लेकिन यह बताने में मुझे गर्व है कि पिछले 10 सालों में अछूत वर्ग की राजनीति की वजह से स्थिति में काफी परिवर्तन हुआ है। अब मेरा यह निश्चित मत है कि कम-से-कम मुम्बई इलाके में राजनीति ब्राह्मण और अछूतों के अलावा किसी तीसरे की समझ में नहीं आती।

यहाँ की जनता को 1937 के चुनाव में हिस्सा लेने का और मतदान के अपने हक़ को प्रयोग करने का पहली बार मौका मिला। हिन्दुस्तान में जनसत्ता प्रणाली 1892 में शुरू हुई थी। उससे पहले नियुक्त सरकार प्रणाली थी। 1892 से ही हिन्दू, मुस्लिम और ईसाइयों को मतदान का हक़ प्राप्त हुआ। लेकिन 1935 तक अछूत वर्ग को चुनाव और

उसका परिणाम क्या होता है इस बारे में कुछ भी मालूम न था। 1937 में अछूतों का मुम्बई इलाके के अलावा अन्यत्र कोई बड़ा संगठन नहीं था। मुम्बई के संगठन की वजह से स्वतन्त्र मजदूर संगठन को कुल 15 आरक्षित स्थानों में से दो स्थान गँवाने पड़े। लेकिन कांग्रेस-विरोधी स्वतन्त्र मजदूर पार्टी ने स्वतन्त्र दो सीटें जीती हैं। मतलब इससे कांग्रेस कुछ ही सीटों से आगे रही। यह हमारी पार्टी की बड़ी सफलता है। उस समय जिन्हें राजनीति और चुनाव के बारे में कुछ भी मालूम न था, जिनके पास पैसा भी नहीं था उन्होंने पहली बार राजनीति और चुनाव के अर्थ को समझकर एक भी सीट हाथ से नहीं जाने दी। उन्हें आज कुछ नया सिखाने की जरूरत नहीं है। फिर भी जब कांग्रेस ने चुनाव लड़ने की घोषणा की है तब समय को देखते हुए आप लोगों को कुछ नई जानकारी देना जरूरी है।

कांग्रेस हिन्दुओं की ही है

कांग्रेस संगठन पिछले 50-60 सालों से इस देश की राजनीति चला रहा है। मुझे लगता है कि लोगों को इस समय कांग्रेस से क्या पाया और क्या खोया, इस बात की जानकारी हासिल करना जरूरी है। व्यापारी लोग जिस तरह दीवाली के समय साल के नफा-नुकसान का हिसाब-किताब करते हैं उसी तरह हर आदमी को कांग्रेस से हिसाब पूछना चाहिए। बार-बार यह कहा जाता है कि कांग्रेस जैसी राजनीतिक संस्था पूरे देश की संस्था है। लेकिन सच्चाई यह है कि उसमें बहुसंख्यक हिन्दुओं की संख्या ही ज्यादा है। इसलिए हिन्दुओं को ही कांग्रेस का हिसाब लेना है, यह उनका कर्त्तव्य है। वास्तव में कांग्रेस जैसी राजनीतिक संस्था मुस्लिम, ईसाई और अछूतों की है ही नहीं। कांग्रेस ने इससे पहले कई बार यह कहा कि फलाँ समय में हम देश को स्वराज्य दिलवा देंगे, लेकिन वह आश्वासन अभी तक पूरा नहीं हुआ। हिन्दू लोग इस बात पर सोचें या न सोचें क्योंकि यह उनका सवाल है। लेकिन जब कांग्रेस यह कहती है कि लोगों को कांग्रेस में आना चाहिए तब जिन्हें कांग्रेस पसन्द है उन्हें तो कम-से-कम इस बात पर सोचना चाहिए। यदि मैंने इस बात की चर्चा करनी शुरू की तो मुझे इस चर्चा में कई दिन लग सकते हैं इसलिए इस समय मैं इस बारे में कुछ बातें ही आप लोगों के सामने रखने की कोशिश करूँगा।

पग-पग पर हार हुई

कांग्रेस की राजनीति आखिर क्या है और उसके कारनामे क्या हैं? मैं यदि इस बारे में बताने लगा तो कांग्रेसवाले कहेंगे कि यह आलोचक के अपने दिमाग की उपज है।

लेकिन मुझे जो लगता है उन बातों को आपके सामने रखे बगैर मुझे तसल्ली नहीं हो सकती। यदि मैं दो शब्दों में कांग्रेस की राजनीति का वर्णन करूँ तो यह कह सकता हूँ कि 'पग-पग पर हार' यही कांग्रेस की राजनीति है। कांग्रेस कभी सफल नहीं हुई। कांग्रेस ने जिनके खिलाफ घोषणाएँ कीं उसे उन्हीं के जूते चाटने की जरूरत पड़ी। 1920 में गांधी ने असहयोग आन्दोलन शुरू किया। उनका उद्देश्य यह था कि कम-से-कम इससे तो सरकार होश में आएगी। उस समय कुछ लोग उत्साह में उस अवज्ञा आन्दोलन में कूद पड़े। लेकिन उसका अन्त अच्छा नहीं हुआ। उसके बाद गांधी ने 1921 से 1930-31 तक कोई आन्दोलन नहीं किया। बाद में एक जगह पुलिस स्टेशन जलाने के बाद वे लोग डर गए। ऐसी स्थिति में गांधी और कांग्रेस ने नमक सत्याग्रह, जंगल सत्याग्रह, चर्खा चलाना आदि आन्दोलन हाथ में लिए। लेकिन उनका कोई खास प्रभाव नहीं पड़ा। बाद में गोलमेज परिषद् हुई। जब गांधी इस परिषद् से लौटकर आए तो उन्हें यरवदा जेल में डाल दिया गया। उस समय गांधी इतने बेहाल हुए कि उन्हें विलिंग्डन साहब से सिर्फ मिलने के लिए ही जी-हुजूरी करनी पड़ी। लेकिन उन्होंने गांधी को मिलने से साफ तौर पर इनकार कर दिया। बाद में गांधी ने अपने दक्षिण अफ्रीका के एक मित्र जनरल स्मट्स को पत्र लिखा, जिसमें उन्होंने आग्रह किया कि, 'आप वायसराय साहब से मेरी भेंट करवा दीजिए' ऐसे समय में सफेद टोपी के सैनिक भी कुछ नहीं कर सके। इतना ही नहीं, गांधी को विलिंग्डन से लेकर वेव्हेल साहब के बार-बार चक्कर काटने पड़े।

भारत छोड़ो आन्दोलन

1939 में दूसरा महायुद्ध शुरू हुआ फिर 1942 का साल आया। तिलक ने कहा था कि, 'साम्राज्य की कठिनाइयाँ ही हमारा मौका' इसका अनुकरण करके कांग्रेस को लगा कि युद्ध-स्थिति का लाभ उठाना चाहिए और मैदान फतेह कर लेना चाहिए। इसलिए उन्होंने 'अंग्रेजो भारत छोड़ो' की घोषणा की। कांग्रेस कहने लगी कि हमें कुछ दीजिए तब हम आपकी मदद करेंगे। लेकिन चर्चिल साहब ने कहा कि, "अब तो यह हमारा जीने-मरने का ही सवाल है, इसलिए इस समय हिन्दुस्तान को कुछ देना सम्भव नहीं है, और हम इस समय हिन्दुस्तान के लिए कुछ कर भी नहीं सकते। युद्ध खत्म होने के बाद ही कुछ किया जा सकता है।" इस जवाब में शायद पाखंड भी होगा और है भी। लेकिन आज इससे हमारा कुछ लेना-देना नहीं है। किन्तु जब से युद्ध शुरू हुआ तब से कांग्रेस ने मतलब 1939, 1940, 1941 और 1942 तक कुछ नहीं किया। लेकिन अचानक कांग्रेस ने 8 अगस्त, 1942 को 'अंग्रेज सरकार वापस जाओ' का प्रस्ताव पास किया और सरकार को लिखित नोटिस दिया। उसका परिणाम क्या हुआ? सरकार ने नेताओं को गिरफ्तार करने की योजना बनाई और उसी रात 12 बजे वारंट कर जारी दिए। पौ फटने

से पहले ही सभी नेताओं को गिरफ्तार किया गया और उन्हें जेल भेज दिया गया। जिन्हें गिरफ्तार नहीं किया और जो जेल के बाहर रहे उन्होंने उनके बिजली और टेलीफोन के तार काट दिए, मकान और बँगले जलाए, गाँवों की चौपालों को वीरान कर दिया। इसके अलावा उन्होंने जो तबाहियाँ कीं, उनके बारे में आप जानते ही हैं, लेकिन यह सब करके उन्होंने क्या हासिल किया?

सरकार का नुकसान नहीं हुआ

विनाश की इन घटनाओं से पता चलता है कि किसी भी अंग्रेज अफसर के नुकसान की बात नहीं सुनाई दी। बल्कि जो नुकसान हुआ वह हिन्दी लोगों का ही हुआ। जिन्हें हम दुश्मन मानते हैं उनका कुछ नुकसान नहीं हुआ। जो नुकसान हुआ वह गरीबों का और जो परेशानियाँ उठानी पड़ीं, वे गरीबों को उठानी पड़ीं।

राजनीतिक कैदियों का ऐशोआराम

गरीब लोग जेल गए लेकिन उन्हें जेल में कौन-सी सुविधाएँ दी गईं। अमीर लोग जेल गए तो उन्हें कैसी सुविधाएँ मिलीं? पटेल, नेहरू आदि को 'ए' क्लास और दूसरों को 'सी' क्लास की सुविधाएँ दी गईं। जो लोग 'ए' क्लास में थे उनके लिए अच्छे किस्म के चावल दिल्ली से आते थे। पटेल और नेहरू नगर के किले में ऐशोआराम की नींद ले रहे थे। वहाँ उन्हें सभी प्रकार की सुख-सुविधाएँ उपलब्ध थीं। इस तरह यह उनकी सरकारी बँगले की जेलयात्रा थी। यह बात शायद कुछ लोगों को मालूम न हो लेकिन सच्चाई यही है। अब ऐसी जेल भोगते समय गांधी ने क्या किया वह देखिए। उन्होंने लॉर्ड वेव्हेल साहब को पत्र लिखा कि मुझे मुलाकात के लिए समय दीजिए। लेकिन उस पत्र का जवाब इनकार में था। क्या यह आश्चर्य नहीं कि 'भारत छोड़ो' का नोटिस देनेवाला आदमी खुशामद के साथ वायसराय से यह विनती करे? छह माह तक विनती करने के बाद भी सरकार ने गांधी की एक न सुनी। यह ऐशोआराम से जेल भोगनेवालों की स्थिति है।

शिमला-सम्मेलन का क्या हुआ?

कांग्रेसवाले वेव्हेल साहब को दोष दे रहे थे पर वे लोग ही उनकी शिमला-सम्मेलन के समय दिल खोलकर तारीफ करने लगे। वेव्हेल साहब के पत्र के बाद कोई गाड़ी से, कोई

घोड़े और खच्चर पर सवार होकर शिमला की राह पर चलने लगे। उनमें कौन आगे पहुँचता है यह होड़ लगी हुई थी। वे सभी शिमला पहुँचे और उन्होंने वहाँ सारे स्थान घेर लिए। खैर! केन्द्रीय एसेम्बली में यह रिवाज है कि वायसराय के सन्देश पर उनके सम्मान में सभी कौन्सिलर्स खड़े होते हैं। लेकिन कांग्रेस के लोग 'वायसराय हमारा कुछ नहीं' कहकर खड़े नहीं होते। उसी तरह कांग्रेस के लोग गवर्नर आदि द्वारा दी गई पार्टी में नहीं जाते। लेकिन चमत्कार देखिए, यही कांग्रेसवाले लोग इस शिमला-सम्मेलन के समय वायसराय लॉर्ड वेव्हेल और लेडी वेव्हेल द्वारा दी गई चायपार्टी में उपस्थित रहने में अपना सम्मान समझने लगे। इतना ही नहीं, एशिया में वेव्हेल जैसा बड़ा आदमी कोई दूसरा नहीं है। वे इस तरह उनकी तारीफ करते रहे। उस समय कांग्रेसवालों ने इतनी नाक घिसी कि उसका वर्णन करना मुश्किल है। इस पर मैं पूछता हूँ कि इस तरह परस्पर-विरोधी बातें करनेवाले गांधी से क्या हो सकता है? इस देश में अपार धन बर्बाद कर दिया गया और कांग्रेस के लिए जिन लोगों ने त्याग किया उनका क्या हुआ? कुछ नहीं, हम जहाँ थे वहीं हैं। गांधी जैसे आदमी के लिए अकूत धन है। और उतने ही सेवक भी हैं। यह सब होने पर भी उन्हें सफलता क्यों नहीं मिली? इस बात से यही निष्कर्ष निकलता है कि गांधी सठिया गए हैं। ऐसे लोगों के पीछे-पीछे चलने से क्या फायदा? मैं साफ तौर पर कहना चाहता हूँ कि कांग्रेस की राजनीति केवल असफलता की राजनीति है। इसका अर्थ यही है कि कांग्रेसवाले अपनी परीक्षा में उत्तीर्ण नहीं हुए हैं।

राजनीति का दूसरा पहलू

अब मैं आपको राजनीति के दूसरे पहलू से अवगत कराना चाहूँगा। इस देश में अनगिनत जाति और धर्म हैं। इसमें सामाजिक समानता नहीं है और न मजबूत संगठन है। यहाँ जाति-जाति के बीच रोटी-बेटी व्यवहार नहीं होता। इस देश की राजनीति के बारे में कोई छोटा बच्चा भी बता सकता है कि जातिभेद और धर्मभेद को समाप्त करके विश्वास और निश्चय से सब मिलकर एक माँग करें तभी हमारी माँगों को सफलता मिलेगी। इस सम्बन्ध में अधिक कुछ कहने की जरूरत नहीं। लेकिन इस बारे में कांग्रेस की नीति क्या है? चारों ओर निराशा है। कांग्रेस के पुराने इतिहास को देखिए। जिस समय कांग्रेस संगठन शुरू हुआ उस समय जो इसके संचालक थे उनका स्पष्ट ध्येय भेदभाव नष्ट करने का था। वे इस सवाल पर गम्भीर थे। कांग्रेस के इस आरम्भिक इतिहास को देखने पर मालूम होता है कि समय-समय पर कांग्रेस के अध्यक्ष मुस्लिम, फारसी और ईसाई थे। मतलब इन सभी लोगों में कांग्रेस के प्रति अपनापन था। लेकिन 1920 से यह स्थिति बदल गई। गांधी की राजनीति शुरू हो गई। गांधी के समय में मौलाना आजाद के अलावा कोई भी अहिन्दू उसमें नहीं है। हिन्दुओं की भीड़ लगी हुई है। और आज स्थिति

क्या है ? स्थिति खतरनाक है। पहले जातिभेद की वजह से लोग घबराते थे लेकिन उस समय राजनीतिक दलभेद नहीं था। आज हर एक जाति और वर्ग दूसरी जाति और वर्ग का दुश्मन बन गया है। एक समय था जब हिन्दू और मुस्लिम केवल धर्मभेद थे लेकिन अब उनका रूपान्तरण राजनीतिक भेदभाव में हुआ है। सभी को कांग्रेस का डर है। ऐसा क्यों है? आज कांग्रेस में सिर्फ तीन मुख्य मुस्लिम हैं–और वे हैं आजाद, आसफअली और किदवई। कांग्रेस की राजनीति बड़ी चमत्कारिक राजनीति है जिसकी वजह से सभी को कांग्रेसी हिन्दुओं से डर लगता है। कांग्रेस का आज का रूप भस्मासुर का है। किसी को भी कांग्रेस के सहारे खड़े होने की इच्छा नहीं होती। मैं पूछना चाहता हूँ कि क्या यही कांग्रेस का प्रभाव है? अभी-अभी आयोजित अखिल भारतीय कांग्रेस कमेटी में सीटों के बँटवारे का तरीका बहुत घिनौना था। इसी की वजह से जिन्ना की लीग कांग्रेस के खिलाफ हो गई। कांग्रेस में मुस्लिमों की संख्या कम होने लगी है। राष्ट्रीय भावना के मुस्लिम भी कांग्रेस छोड़कर लीग में जा रहे हैं। जब कांग्रेस की स्थापना हुई थी उस समय लोगों को क्या सपना आया होगा कि भविष्य में झगड़ा पैदा होगा और आधा देश बाँट लेने की जरूरत एक जमात के लोगों को महसूस होगी? इस बदलती स्थिति को देखते हुए मैं यह कह सकता हूँ कि कांग्रेस की राजनीति सड़ी-गली-मैली राजनीति के अलावा और कुछ नहीं है।

राजनीतिक सत्ता हाथ में आनी चाहिए

अब मैं दूसरे मुद्दे को स्पष्ट करना चाहता हूँ। यदि अछूत समाज को स्वतन्त्रता, समानता और इनसानियत चाहिए तो आप लोगों को राजनीति पर अपना कब्जा करना चाहिए। फिलहाल हमारे पास कोई साधन नहीं हैं। मराठा लोग संख्याबल में ज्यादा हैं। इसलिए हर गाँव में वे ही लोग सत्ताधारी होते हैं, और मनचाही बातें करते हैं। बनिया-व्यापारियों के पास धन होता है इसलिए गाँवों में उनका प्रभाव होता है। ब्राह्मणों के पास शिक्षा और धार्मिक सत्ता होती है। लेकिन हमारे पास कुछ भी नहीं है। इसीलिए हमारा पतन और विनाश हुआ है। आज हमारे पास खड़े होने की भी ताकत नहीं रही है। हमारी संख्या भी कम है। और वह भी बिखरी हुई है। इस सारी स्थिति को बदलने के लिए ही हमारे हाथ में राजनीतिक सत्ता आनी चाहिए, इसके अलावा और कोई विकल्प नहीं है।

सत्ता पाने के फायदे

सत्ता हाथ में आने के बाद मनुष्य क्या कर सकता है, इसका एक बढ़िया उदाहरण मैं आपको बताना चाहता हूँ। मैं वायसराय के जिस कार्यकारी मंडल में गया उस मंडल

के 15 सदस्य हैं। मैं वहाँ अकेला ही हूँ। लेकिन इस बात को दो साल बीत चुके हैं। इन दो सालों में यहाँ रहकर मैंने क्या किया है इसके बारे में मैंने आप लोगों को बताया तो आपकी समझ में आ जाएगा कि राजशक्ति कितनी प्रभावी होती है। पहले केन्द्रीय सरकार ने अछूतों की शिक्षा की कोई जिम्मेदारी अपने हाथ में नहीं ली थी। लेकिन केन्द्रीय (ब्रिटिश) सरकार ने मुस्लिमों के अलीगढ़ विश्वविद्यालय को 20 लाख रुपए का और बनारस हिन्दू विश्वविद्यालय को 19 लाख रुपए का अनुदान देकर सहयोग किया था। इसके अलावा इन दोनों संस्थाओं को हर साल 3 लाख रुपयों की मदद दी जा रही है। मेरे वहाँ जाने के बाद सरकार ने पिछले साल से दलित वर्ग के लिए 3 लाख रुपयों की सहायता शुरू की है। इसके अलावा 300 कॉलेज छात्रवृत्तियाँ, हर छात्र को 60 रुपए के हिसाब से देनी मंजूर की है। विद्यार्थियों की पर्याप्त सहायता करनी चाहिए यह नीति निश्चित की गई है। इसी साल 30 विद्यार्थी ऊँची शिक्षा के लिए यूरोप जाएँगे। अब इस तरह की व्यवस्था की गई है कि 2 साल में कम-से-कम 15 विद्यार्थी नियमित शिक्षा के लिए यूरोप जाते रहेंगे। इस प्रकार की व्यवस्था इससे पहले नहीं थी जो आज है। अब नौकरी के सम्बन्ध में देखिए। सरकारी नौकरियों में मुस्लिमों के लिए 20 प्रतिशत आरक्षण है, और ईसाइयों को 8½ प्रतिशत। लेकिन दलितों को इस तरह का आरक्षण इससे पहले नहीं था। सिर्फ इतनी सिफारिश की गई थी कि उनकी ओर भी ध्यान दिया जाए। मतलब हमारे पक्ष में शून्य प्रतिशत आरक्षण था। लेकिन सरकार ने अभी-अभी मेरी माँग को स्वीकार कर लिया है और सरकारी नौकरियों में हमारे आरक्षण का प्रतिशत 8.33 रखा गया है। उससे पहले मेरे विभाग में हमाल भी अछूत नहीं थे। लेकिन अब दो डिप्टी सैक्रेटरीज, एक अंडर सैक्रेटरी और तीन एग्ज्यूकेटिव इंजीनियर हैं। इस तरह अछूत वर्ग के लोगों की भर्ती की गई है। कुछ लोग मेरे बारे में कहते हैं कि मैं महारों के बारे में ही सोचता हूँ। मैं महार जाति में पैदा हुआ हूँ, इसमें मेरा क्या दोष है? मेरे बारे में जो शिकायत की जाती है वह गलत है। मैं कुछ ही दिनों में प्रान्तवार जाति के अनुसार सरकारी कर्मचारियों की संख्या पर चार्ट प्रकाशित करने जा रहा हूँ। उससे यह बात स्पष्ट हो जाएगी कि किस जाति के कितने लोग नौकरी में लिए गए हैं, और किसको कितनी छात्रवृत्तियाँ दी गई हैं। मेरे विभाग में शिमला में 28 कर्मचारियों में से 18 भंगी हैं। यूरोप जानेवाले लोगों में 1 मातंग, 1 भंगी और कई चमार हैं। कहने का उद्‌देश्य यह है कि राजनीतिक सत्ता हाथ में होने पर मनुष्य क्या कर सकता है, यह स्पष्ट करना है। मैं अकेला होने पर भी इतना कर सकता हूँ तो मेरे साथ और भी 2-3 लोग हों तो हम इससे भी अधिक काम क्यों नहीं कर सकते? इसीलिए मेरा आग्रह है कि राजनीतिक सत्ता हथियाने के लिए लगातार संघर्ष करते रहना ही हमारी जिम्मेदारी है।

चुनाव की मुहिम

राजनीतिक सत्ता पर कब्जा करने के लिए चुनाव एक प्रभावी हथियार है। अब जो प्रादेशिक चुनाव होनेवाले हैं उस समय मैं शायद यहाँ नहीं रहूँगा। इसलिए सभी प्रदेशों में पार्लियामेंटरी बोर्ड्स का गठन किया जाएगा। उम्मीदवार के चयन का काम उन्हीं का है। उस पर निगरानी अखिल भारतीय दलित वर्ग फेडरेशन के कार्यकारी मंडल की रहेगी। पार्टी का अनुशासन सही ढंग से पालन करने पर ही भविष्य की सफलता निर्भर करेगी। मुम्बई विधिमंडल में हमारा संगठन मजबूत है। इसीलिए कांग्रेस के नेता बार-बार कहते थे कि, "कांग्रेस को सिर्फ स्वतन्त्र मजदूर पार्टी का डर है।" अपनी ख्याति बरकरार रहनी चाहिए। व्यक्ति के कार्य की कीमत नहीं होती लेकिन पार्टी के कार्य का ज्यादा महत्त्व होता है, इस बात को भूलिए मत। इसलिए मैं आप लोगों से साफ तौर पर कहना चाहता हूँ कि फेडरेशन के झंडे तले संगठित हो जाइए और पार्लियामेंटरी बोर्ड जो कहे या केन्द्रीय वर्किंग कमेटी जो तय करे उसी उम्मीदवार को अपना मत देकर चुनकर लाइए। इसी में आपकी भलाई है। अपनी दुश्मन है कांग्रेस और उसके पास बेहिसाब पैसा है, परिवहन के साधन हैं, अन्य साधन हैं, लेकिन वे साधन हमारे पास नहीं हैं। आप इस प्रकार के किसी भी साधनों की उम्मीद मत कीजिए। पार्टी का काम समझकर पैदल घूमिए। और जिन्हें मत देने का अधिकार है उन्हें बिना किसी उम्मीद के फेडरेशन के उम्मीदवारों को ही अपना मत देना चाहिए। यही उनका महान कार्य है। इसके लिए मुझे चुनाव-प्रचार के लिए सारे हिन्दुस्तान में चुनावी दौरा करना है। मैं आप सभी से अन्तिम आग्रह के साथ कहना चाहता हूँ कि अपनी पार्टी के उम्मीदवारों को ही अपना मत देकर विजयी बनाइए।

विद्यार्थियों को सलाह

छात्र और छात्राओं से मेरा यह कहना है कि उन्हें छात्र जीवन में प्रत्यक्ष राजनीति में हिस्सा नहीं लेना चाहिए। क्योंकि शायद उससे उनका जीवन बर्बाद भी हो सकता है। लेकिन मैं साथ ही यह भी कहूँगा कि चुनाव का माहौल देखते हुए 'अपवाद' के तौर पर काम करने में मुझे कोई आपत्ति नहीं है। क्योंकि यह चुनाव बहुत महत्त्वपूर्ण है। कांग्रेस पार्टी शायद हमारे खिलाफ कुछ लोगों को खड़ा करके हमारा विरोध करेगी। इसके लिए पढ़े-लिखे और समझदार लोगों को पोलिंग बूथ पर एजेंट के रूप में नियुक्त करके नजर रखने की व्यवस्था करनी जरूरी है। मैं इसके लिए छात्रों को ज्यादा जिम्मेदारी दे रहा हूँ क्योंकि वे जानकार हैं। यह साधारण चुनाव नहीं है। मेरी दृष्टि से इस चुनाव का बड़ा महत्त्व है। यह चुनाव हिन्दुस्तान के इतिहास में स्मरणीय होगा, इसमें कोई सन्देह नहीं।

संविधान समिति की घोषणा

इस चुनाव को महत्त्व देने की वजह यह है कि हिन्दुस्तान की सरकार में राज्यविधिमंडल से जो लोग चुनकर जाएँगे उनमें से संविधान समिति गठित की जानी है। इस समिति की ओर से जो संविधान बनेगा वह बहुत दिनों तक अस्तित्व में रहेगा। और शायद वह स्थायी होगा। यदि कांग्रेस ने हमारी कुछ सीटें ले लीं तो हमारा नुकसान होगा। हम अपने स्वतन्त्र लक्ष्य को कभी हासिल नहीं कर पाएँगे। इसलिए दिन-रात मेहनत करके सभी सीटों को हासिल करने की कोशिश की जानी चाहिए। इसके लिए दलित फेडरेशन की वर्किंग कमेटी ने प्रस्ताव मंजूर करके सबको इस कार्य के लिए सचेत रहने का संकेत दिया है। उसी के अनुसार आप लोगों का व्यवहार होना चाहिए। यदि आप लोग सो गए तो आपका और अपनी पीढ़ी का नुकसान होगा, इस बात को ध्यान में रखिए और पूरी तरह से सचेत रहिए।

कर्त्तव्य के प्रति सचेत रहिए

अन्त में आप लोगों से मैं इतना ही कहना चाहता हूँ कि यह चुनाव हमारे लिए जीने-मरने का सवाल है। इसलिए इसे जीतकर हम लोगों को हमारा बुनियादी फर्ज अदा करना चाहिए। अपने मजबूत संगठन की ताकत सारी दुनिया को दिखा देनी चाहिए। मतलब फेडरेशन के सभी उम्मीदवारों को सफल बनाकर हमें अपने राजनीतिक हक़ हासिल करने चाहिए। मैंने अपने कर्तव्य का निर्वाह किया है। उसी प्रकार आप लोगों को भी अपनी सारी ताकत लगाकर सजगता से अपने कर्तव्य का निर्वाह करना है। इसी बात का मैं आप लोगों से पुनः आग्रह कर रहा हूँ।

4 अक्तूबर, 1945 को पूना में डॉ. बाबासाहेब अम्बेडकर का भाषण।

सा. जनता : 6 और 13 अक्तूबर 1945

हम अपना उत्थान स्वयं कर सकते हैं

*दि. **29** और **30 नवम्बर 1945** को अहमदाबाद में मुम्बई राज्य शेड्यूल्ड कास्ट्स फेडरेशन का पहला अधिवेशन आयोजित किया गया था। यह सम्मेलन साबरमती नदी के किनारे पर लाल दरवाजे के पास बनाए गए भव्य पंडाल में आयोजित किया गया था और इस सम्मेलन स्थल को 'बुद्ध नगर' नाम दिया गया था। इस सम्मेलन में भाऊराव गायकवाड, पी.एन. राजभोज आदि मान्यवर नेता उपस्थित थे। **30 नवम्बर** को इस सम्मेलन को सम्बोधित करते हुए डॉ. बाबासाहेब अम्बेडकर ने कहा—*

भाइयो तथा बहनो,

आज इस अवसर पर माननीय अध्यक्ष जी ने मुझसे कहा कि मुझे गुजराती में बोलना चाहिए। मैं गुजराती में बोल सकता हूँ। लेकिन अब मुझे गुजराती भाषा में बोलने की आदत नहीं रही। इसलिए उन्होंने गुजराती की बजाय मुझे हिन्दी में बोलने के लिए कहा होता तो ज्यादा अच्छा होता, ऐसा मुझे लगता है। यह होते हुए भी मैंने आप लोगों के आग्रह पर आज गुजराती में ही बोलना तय किया है।

बीस साल पहले की स्थिति

आज यहाँ आप लोगों की उपस्थिति देखकर मुझे एक पुरानी बात याद आ रही है। मैं 1926 में अछूत विद्यार्थी छात्रावास के किसी काम के बहाने इस शहर में आया था। उस समय मेरे परिचित कुछ लोगों ने मुझसे आग्रह किया था कि आप यहाँ एक सभा को सम्बोधित करें और अपने अछूत भाइयों को कुछ जानकारी दें, उनका मार्गदर्शन करें। मैंने उनसे कहा कि इस शहर में कांग्रेसी लोग हैं, यह शहर कांग्रेस का गढ़ समझा जाता है। फिर ऐसी जगह पर मेरे जैसा कांग्रेस-विरोधी आदमी क्या कह सकता है? उन्होंने फिर आग्रह किया कि कुछ भी हो, लेकिन आपको आना है। मैंने उनकी जिद पर सभा में आने और भाषण देने की बात को स्वीकार कर लिया।

उस सभा का आयोजन एक बड़े हॉल में था। इस सभा का अध्यक्ष अपने समाज

के एक पुराने कार्यकर्त्ता को बनाया गया था। उस सभा में मैंने अपने विचार साफ शब्दों में रखे थे। लेकिन सभा के अध्यक्ष को मेरे विचार पसन्द नहीं आए। मतलब उन्होंने मुझे सीधे शब्दों में कहा कि, ''यहाँ के सभी लोग गांधी के प्रजाजन हैं और आपने उनके खिलाफ कुछ कहा तो उसका परिणाम अच्छा नहीं होगा।'' उस समय कहे गए ये शब्द आज भी मुझे अच्छी तरह याद हैं। आज यहाँ जो लोग उपस्थित हैं इनमें से कुछ लोग उस समय भी उपस्थित रहे होंगे। उन्हें निश्चित तौर पर मेरी इस बात में सच्चाई दिखाई देगी।

समय बदल गया है

मैंने आप लोगों को बीस साल पहले की स्थिति बताई है, वह स्थिति अब बदल गई है। आज यहाँ उपस्थित विशाल जनसमुदाय को देखकर मुझे यकीन हो गया है कि आज अछूत समाज कांग्रेस का मुकाबला करने के लिए पूरी तरह तैयार है। आखिर सत्य की विजय होती ही है। आज हमारी सच्चाई प्रकट हुई है। आज अहमदाबाद शहर में अछूत जनता अपने हक़ के लिए कांग्रेस से सीधा मुकाबला कर रही है। इसी में सत्य की विजय है।

अछूत-विरोधी षड्यन्त्र

आज मैं आप लोगों के सामने खास तौर पर विधिमंडल के चुनाव के बारे में अपने विचार रखना चाहूँगा। इस विषय पर बोलते हुए किसी की बेमतलब आलोचना हो यह मेरा उद्‌देश्य नहीं है। लेकिन पिछले 20 सालों में अछूत वर्ग का स्वतन्त्र संगठन बर्बाद करने के लिए गांधी ने जो षड्यन्त्र किए और घिनौनी राजनीति का जो जाल बिछाया उसका इतिहास बताना बहुत जरूरी है। उसके बगैर मेरे कहने का उद्‌देश्य आपकी समझ में नहीं आएगा। इसीलिए वही बातें मैं आपके सामने रखना चाहूँगा। अछूतों के उत्थान के लिए गांधी प्रयास कर रहे हैं, इस तरह का प्रचार किया जाता है। मैं इन बातों की ओर बीस साल से पैनी नजरों से देख रहा हूँ। गांधी किस तरह अछूतों का उत्थान करेंगे? क्या उनकी यह वास्तविक चिन्ता है? इस सवाल पर गम्भीर विचार होना चाहिए। गोलेमज परिषद् के समय गांधी ने घोषणा की कि, ''अछूतों का उत्थान राजनीतिक विकास से नहीं होगा बल्कि वह सामाजिक सुधार से होगा।'' लेकिन गांधी की यह सोच उन्हें ही कहाँ तक पसन्द है, इस बात को भी वे समझ सकते हैं। मेरी यह मान्यता है कि अछूतों का उत्थान सामाजिक सुधार से नहीं होगा बल्कि वह राजनीतिक हक़ हासिल करने से ही होगा। यहाँ और एक बात की जानकारी देनी उचित

है कि 1919 में गांधी ने कांग्रेस की सदस्यता स्वीकार की। बाद में 1920 में असहयोग आन्दोलन हुआ। उन्होंने बार्दोली सत्याग्रह के समय लाखों रुपयों का चन्दा इकट्ठा किया और अंग्रेज लोगों के खिलाफ इस देश से चले जाने का नारा दिया। इस बात को सभी जानते हैं। उसी तरह गांधी ने उस समय यह आम घोषणा की थी कि हिन्दू-मुस्लिम एकता हुए बिना और अछूतपन का उन्मूलन हुए बिना हिन्दुस्तान को स्वराज्य भी नहीं मिलेगा। इस दृष्टि से गांधी ने क्या किया? उन्होंने शब्दों की बनावटी हमदर्दी दिखाने के अलावा और कुछ नहीं किया है। गांधी और कांग्रेस ने अछूतपन उन्मूलन के लिए एक साधारण समिति गठित की। लेकिन इस समिति ने भी अपना काम हिन्दू महासभा को सौंप दिया। यह एक तरह का चमत्कारिक कार्य है।

गांधी और कांग्रेस ने क्या किया है

गांधी और कांग्रेस ने लाखों रुपए खर्च किए हैं। लेकिन अछूतोद्धार के कार्य के लिए कुल 30 हजार रुपए खर्च हुए हैं। इस सच्चाई को देखने के बाद गांधी और कांग्रेस का अछूत समाज के प्रति कैसा प्रेम था और है, इस बात की कल्पना की जा सकती है। मैंने अभी-अभी 'गांधी और कांग्रेस ने अछूतों के लिए क्या किया है?' इस नाम से एक अंग्रेजी पुस्तक प्रकाशित की है। उसमें मैंने कांग्रेस और गांधी के कारनामों की विस्तार से चर्चा की है। गांधी और कांग्रेस ने 1920 से 1932 तक अछूतपन उन्मूलन का कोई काम नहीं किया है बल्कि काम करने का प्रदर्शन किया है। कांग्रेस ने अछूत वर्ग की राजनीतिक माँगों के विरोध में तीव्र आपत्तियाँ उठाई हैं। इस तरह की राजनीतिक माँगों के लिए ही 1932 में पूना पैक्ट हुआ था। उस समय गांधी और कांग्रेस ने मेरे साथ झगड़ा किया। गांधी ने यरवदा जेल में इसलिए अनशन किया था कि राजनीतिक दृष्टि से अछूत वर्ग हिन्दू समाज से अलग किया गया तो हिन्दू समाज का बल घटेगा। उस प्रकरण का अन्त समझौते में होने के बाद हरिजन सेवक संघ की स्थापना की गई। यही असली सच्चाई है। इस संघ ने भी तेरह साल में क्या किया! लेकिन मैंने जो काम किया है वह आप लोगों के सामने है। मैंने केन्द्रीय सरकार से वार्षिक 3 लाख रुपए की व्यवस्था करवाई थी वह अब 5 लाख रुपए हो जाएगी। इसमें 500 छात्र कॉलेज की शिक्षा प्राप्त कर रहे हैं और 30 छात्र यूरोप गए हुए हैं। इस कार्य में और हरिजन सेवक संघ के कार्य में अन्तर है। तीन-चार टके की छात्रवृत्तियों का कितना प्रदर्शन किया गया है। और मन्दिर-प्रवेश का कितना प्रचार किया गया है, क्या यही हरिजन सेवा है? स्वाभिमानी अछूत लोग इस तरह के काम की ओर नजरें उठाकर के भी नहीं देखते। त्रावणकोर मन्दिर-प्रवेश के अलावा अन्य मन्दिर-प्रवेश की ओर देखने से क्या दिखाई देता है? जहाँ कुत्ते और गधे भी नहीं बैठ सकते इस तरह के मन्दिर खुले किए गए। क्या यह समाज-सुधार की तौहीन नहीं है?

राजनीतिक कार्य की मिसाल

अब हम यह देखना चाहेंगे कि गांधी और कांग्रेस ने कौन-से राजनीतिक कार्य किए हैं। जब गोलमेज परिषद् का काम शुरू हुआ था उस समय मैंने माँग की थी कि मुस्लिम, ईसाई और अन्य अल्पसंख्यक लोगों की तरह अछूतों को भी राजनीतिक हक़ मिलने चाहिए। इस सच्चाई के बावजूद कुछ अधकचरे और बदमाश लोग जनता को गुमराह करने के लिए झूठा प्रचार कर रहे हैं और कह रहे हैं कि, ''जो कुछ हासिल हुआ है वह गांधी की वजह से हासिल हुआ है।'' लेकिन इसमें कोई सच्चाई नहीं है। अछूतों को जो कुछ मिला था उसे मैंने हासिल करवाया है। मेरी माँग के मुताबिक स्वतन्त्र मतदाता संघ मिला था। लेकिन आप जानते हैं कि गांधी ने आमरण अनशन करके उसमें खतरे पैदा किए हैं। उस समय कई कांग्रेसजन मेरी खुशामद करने के लिए आए थे। और मुझसे बार-बार यह कहा जा रहा था कि ''डॉ. अम्बेडकर, आप कृपा कीजिए, गांधीजी मर रहे हैं, उन्हें बचाइए।'' लेकिन उस समय मेरे सामने गांधी के प्राणों से बढ़कर दस करोड़ अछूतों की जिन्दगी का सवाल था। गांधी को भी मेरी गरज महसूस हुई। गांधी ने कहा, ''अम्बेडकर, मेरी जान तुम्हारे हाथों में है।'' मैंने सोचकर गांधी तथा कांग्रेसजनों की भावना का सम्मान किया और 'पूना पैक्ट' को स्वीकार कर लिया।

कांग्रेस की बेईमानी

फिलहाल हमारे समाज पर जुल्म हो रहे हैं। एक भी दिन बगैर जुल्मों के नहीं गुजरता। यहाँ से नजदीक के एक गाँव की हकीकत सुनकर आपके मन में गुस्से की आग भड़क उठेगी, इसमें कोई सन्देह नहीं। सामाजिक बहिष्कार की वजह से यहाँ के अछूतों की बुरी हालत हुई है। उन्हें 21 दिनों तक सताया गया। और अन्त में धमकी दी गई कि ''उन्हें मरे हुए जानवर उठाने ही चाहिए। और यदि यह न किया तो उन पर 50 रुपए जुर्माना किया जाएगा।'' इसके अलावा उनको रास्ता दुरुस्ती के लिए मुफ्त में काम करना होगा। और उन्होंने यह काम करने से इनकार किया तो उनका गाँव में रहना मुश्किल कर दिया जाएगा। यह एक गाँव की हक़ीकत है। और दूसरे एक अन्य गाँव की हक़ीकत को भी देखिए। कविठा गाँव के सवर्णों ने अछूतों की झोंपड़ियों को जलाया। उनके पीने के पानी के कुँओं में मिट्टी का तेल डाल दिया। और उन्हें कई तरह से सताया गया। वहाँ के अछूतों ने इस अन्याय के खिलाफ गाँधी के पास शिकायत की और उनके पास जाकर सारी हक़ीकत बयान की। गांधी ने उन्हें क्या जवाब दिया? गांधी ने कहा, ''गाँव छोड़कर बाहर चले जाओ?'' उन्होंने अन्याय के खिलाफ लड़ने की सलाह नहीं दी। क्या यही गांधी की नीति है?

अपना उत्थान हम स्वयं कर सकते हैं

हम लोगों पर होनेवाली जुल्म-ज्यादतियों को दूसरा कोई खत्म करनेवाला नहीं है। उन्हें हम ही नष्ट कर सकते हैं। इसलिए हमको विधिमंडल में अपने प्रतिनिधि भेजने चाहिए। वे वहाँ जाकर अपने हक़ों के लिए झगड़ेंगे, जुल्म-ज्यादतियों के खिलाफ कानूनी संरक्षण की माँग करेंगे। कांग्रेस की ओर से विधिमंडल में गए हरिजन उम्मीदवारों से पूछिए कि 2 साल 7 माह के काल में आपने अछूतों के लिए कौन-सा काम किया है? क्या उसने कभी एक भी सवाल पूछा है? जब वहाँ इस तरह से कुछ कर नहीं कर सकते तो आप वहाँ चुनकर क्यों जाते हैं? केन्द्रीय सरकार में अछूत वर्ग का एक प्रतिनिधि लेने की नई घोषणा वायसराय ने की है। लेकिन अछूत वर्ग के प्रतिनिधि के बारे में गांधी ने मुसीबत खड़ी की है। मुझे वहाँ से निकालने के लिए उनकी दौड़-धूप चल रही है। इन सभी स्थितियों के बारे में आप लोग सोचिए। समय कठिन है। हजारों साल की गुलामी की जंजीरें तोड़ने के लिए हमें तैयार रहना चाहिए। और उसके लिए राजनीतिक हक़ हासिल करने के लिए हमें सजग रहना चाहिए। आप लोग गांधी और कांग्रेस के पाखंडी दिलों पर भरोसा मत कीजिए। हमारा आन्दोलन स्वतन्त्र रूप से ही चलना चाहिए। यह आन्दोलन कौरव-पांडवों की लड़ाई की तरह है। यह सवर्ण हिन्दू और अछूतों के बीच की लड़ाई है। इस चुनावी संग्राम से ही संविधान सभा का जन्म होना है। इस सभा पर ही देश का भविष्य निर्भर है। इसीलिए विधिमंडल में चुने जानेवाले प्रतिनिधि हमारे बीच से होने चाहिए। भावी संविधान के समय कांग्रेस और हिन्दू महासभा आपस में समझौता कर लेंगी और सदियों से चली आ रही जुल्मी परम्परा को ही हम पर लादेंगी, इस बात को आप ध्यान में रखिए। कांग्रेस के लोग स्वराज्य की माँग करते हैं। लेकिन मेरा उनसे यह सवाल है कि उस स्वराज्य में हमारा क्या स्थान है? हम पर चलनेवाला राज किसका होगा? जमींदार-धनवानों का या पूँजीपतियों या सवर्ण हिन्दुओं का होगा? मैं यह सवाल अक्सर पूछता हूँ। लेकिन आज तक मुझे इसका जवाब नहीं दिया गया। हम लोगों को भी भावी स्वराज्य में उचित प्रतिनिधित्व मिलना चाहिए। महायुद्ध शुरू होते ही कांग्रेस ने सरकार के साथ असहयोग शुरू किया। उन्होंने सरकार से कहा कि लड़ाई खत्म होते ही हमें स्वराज्य देने का वादा सरकार को करना चाहिए तब कहीं हम सरकार को मदद करेंगे। इसी न्याय से हम लोग भी कांग्रेस को यह पूछना चाहते हैं कि "आप लोग हमारी सुरक्षा का वादा कीजिए।" लेकिन वे ऐसी बात करने के लिए तैयार नहीं हैं। मतलब यही है कि उस मामले में उनकी नीयत साफ नहीं है, इसमें कोई सन्देह नहीं है।

झूठे वादों से सावधान रहिए

मेरे गुजराती भाइयो, मुझे आप लोगों की भी अधिक चिन्ता है। महाराष्ट्र के बारे में उतनी चिन्ता नहीं है, क्योंकि वह इलाका अब सचेत हो गया है। गुजरात में अछूतों के लिए जो चार सीटें हैं उन पर फेडरेशन अपने प्रतिनिधि खड़े करनेवाली है। हमारे जो दुश्मन हैं कांग्रेसी लोग, उनके पास बेहिसाब पैसा है और प्रचार के साधन भी हैं। यह सब सही होने के बावजूद भी हम इस संग्राम में लड़नेवाले हैं। आप लोगों को कांग्रेस की प्रचार-प्रणाली और भ्रष्टाचार को ठुकरा देना चाहिए। दलित फेडरेशन ही हमारी एक अकेली संस्था है। उसके लिए हुए आदेशों को सीने से लगाकर अपने उम्मीदवारों को चुनिए। इस शहर में हमारे मजदूरों की संख्या भी काफी है। यहाँ मजदूर प्रतिनिधियों के लिए दो सीटें दी गई हैं। पिछले चुनाव के समय कांग्रेसवादी मजूर महाजन संगठन ने इन दो सीटों पर अपने उम्मीदवार खड़े किए थे। इस समय ये सीटें भी अछूतों को हासिल करनी चाहिए। आप पूँजीपतियों और कांग्रेस के प्रचार पर भरोसा मत कीजिए। अन्त में मैं आप लोगों को यही सलाह देना चाहूँगा कि भविष्य पर नजर रखकर अपनी गुलामी को समाप्त करने के लिए चुनाव में सफलता हासिल कीजिए।

सा. जनता : 8 दिसम्बर 1945।

Dr. Babasaheb Ambedkar Writing and Speeches, vol. 18, part-II, pp. 561-567

आपका स्वराज्य ही हमारी गुलामी है

*दि. **9 दिसम्बर 1945** को मनमाड में डॉ. बाबासाहेब अम्बेडकर की विराट जनसभा का आयोजन किया गया था। इस सभा में नासिक, अहमदनगर, पश्चिम ख़ानदेश और पूर्व खानदेश से दलित जनता इकट्ठा हुई थी। इस सभा में मुम्बई राज्य शे.का.फे. के अध्यक्ष भाऊराव गायकवाड और आन्ध्र प्रदेश शे.का.फे. के सेक्रेटरी सूर्यप्रकाश राव भी उपस्थित थे। इस विशाल जनसभा को सम्बोधित करते हुए डॉ. अम्बेडकर ने कहा–*

भाइयो तथा बहनो,

आज छह-सात सालों के अन्तराल के बाद मैं यहाँ आया हूँ। इसकी वजह यह है कि सम्पूर्ण हिन्दुस्तान में अछूत समाज के कार्यों और संघर्ष में महाराष्ट्र सबसे अधिक जाग्रत प्रदेश है। इसीलिए इस क्षेत्र में बार-बार आने की मुझे खास जरूरत महसूस नहीं हुई। फिर भी मैं आज यहाँ किसी खास वजह से आया हूँ।

आज इस देश में कांग्रेस, मुस्लिम लीग, हिन्दू महासभा आदि जैसी कई राजनीतिक पार्टियाँ हैं। इनमें हर पार्टी की अपनी दृष्टि से राजनीतिक माँगें हैं। मुस्लिम लोग पाकिस्तान की माँग कर रहे हैं। कांग्रेस स्वराज्य माँग रही है। हमें भी स्वराज्य चाहिए। स्वराज्य के बारे में कांग्रेस और हमारा कोई मतभेद नहीं है। कांग्रेस के लोग अंग्रेजों से कह रहे हैं कि हिन्दुस्तान हमारा है। इसलिए हिन्दुस्तान की राजनीति की चाबियाँ हमारे हाथ में होनी चाहिए और अंग्रेजों को हिन्दुस्तान से चले जाना चाहिए। लेकिन मैं पिछले बीस सालों से कांग्रेस से एक सवाल पूछ रहा हूँ। मेरे उस सवाल का जवाब न तो गांधी दे रहे हैं और न कांग्रेसवाले दे रहे हैं।

मेरा मतलब यह है कि आप लोग जिस स्वराज्य की माँग कर रहे हैं, उस स्वराज्य में किसका किस पर राज्य होगा? राज कौन करेगा? क्या इरादा यह है कि हिन्दुओं को अछूतों पर राज करना है? जो स्वराज्य मिलनेवाला है वह किसका होगा? शायद तुम्हें तुम्हारा स्वराज्य मिलेगा लेकिन तुम्हारे स्वराज्य का मतलब हमारी गुलामी तो नहीं?

मैं यही सवाल कांग्रेस के लोगों और गांधीजी को पिछले बीस सालों से पूछ रहा हूँ। वे इस सवाल का जवाब नहीं दे पा रहे हैं। वे लोग इस सवाल का जवाब नहीं दे रहे हैं, इसका मतलब उनकी नीयत में कुछ बेईमानी है, इसमें कोई शक नहीं।

जो स्वराज्य मिलनेवाला है उस स्वराज्य में आप लोगों को क्या मिलेगा, इस बात पर सोचने की आज जरूरत है।

आज हम लोगों को किस तरह के काम करने के लिए मजबूर किया जा रहा है? झाड़ू मारना, नालियाँ साफ करना आदि। यदि कांग्रेस के हाथ में राजनीति की चाबियाँ आईं तो हमारी परम्परा से चली आ रही गुलामी की जंजीरें और भी मजबूत होंगी। झाड़ू मारना, नालियाँ साफ करना, इन कामों के लिए हमें मजबूर किया जाएगा और हमारी बदहाली किस मुकाम पर पहुँचेगी इस बारे में कुछ नहीं कहा जा रहा है।

आज मैंने इतनी दौड़धूप करके सालाना 3 लाख रुपए अपने समाज के बच्चों को विदेश में उच्च शिक्षा हासिल करने के लिए सरकार की ओर से खर्च करने की व्यवस्था की है। और मैं आज 3 लाख की राशि को 5 लाख करने की कोशिश में जुटा हूँ। उसी प्रकार अपने पढ़े-लिखे लोगों को सरकारी नौकरियों में करीब-करीब 8 प्रतिशत स्थान मिलने की व्यवस्था की गई है। आज अपने उत्थान के लिए ऐसी अन्य जो सरकारी सहूलियतें और सरकारी मदद मिल रही है वे सारी सुविधाएँ कांग्रेस के लोगों के हाथ में राजनीति की चाबियाँ आने के बाद समाप्त हो जाएँगी।

मैं यह सारी दौड़धूप क्यों कर रहा हूँ? हम लोगों को महत्त्वपूर्ण और अधिकार की नौकरियाँ हासिल करनी हैं। किले फतह करने हैं। उसके बगैर हमारी मुक्ति नहीं है। किले के ऊपर से ही दुश्मन की फौज को निशाना बनाया जा सकता है और जबर्दस्त वार किया जा सकता है। दुश्मन ने सारे प्रदेश को घेर लिया है। जब तक किले कब्जे में आते हैं तब तक किसी प्रकार का डर मन में रखने की कोई जरूरत नहीं होती।

यहाँ पेशवाई के जमाने में अंग्रेजों की सत्ता नहीं थी। या मुस्लिमों की भी सत्ता नहीं थी। उस समय पूरी तरह स्वराज्य था। उस स्वराज्य में हमारी स्थिति क्या थी?

अछूत जाति के आदमी को रास्ते में थूकना नहीं चाहिए। इसलिए उसके गले में हंडी टाँग दी गई थी। उसी तरह रास्ते में चलते समय उसके पाँव के निशान दिखाई न दें इसलिए उसकी कमर पर झाड़ू बाँध दी गई थी। जिस प्रकार पेशवाओं के स्वराज्य में अछूतों के बेहाल हुए उसी प्रकार हिन्दुओं के हाथ में स्वराज्य आने के बाद उनकी हालत होगी, इस बात को किसी को भूलना नहीं चाहिए। आज भी देखिए भिक्षा की झोली लेकर घूमनेवाले ब्राह्मण लोग अफसर से लेकर क्लर्क तक सारे सरकारी पदों पर अपना कब्जा जमाए हुए हैं।

किसी गाँव में मुस्लिमों का एक परिवार होने पर भी उस गाँव में रहनेवाले सैकड़ों सवर्ण उनकी कितनी जी-हुजूरी करते हैं। उनके सामने किसी की कुछ कहने की हिम्मत नहीं होती। और उसी गाँव में स्वधर्मी पाँच-दस अछूतों को ये हिन्दू लोग ठोकरें मारते हैं। अंग्रेजी राज में स्वराज्य माँगनेवाले इन सवर्णों के हाथ में यदि स्वराज्य आया तो हमारी हालत क्या होगी, इसके बारे में आप लोग सोचिए।

हिन्दुस्तान में यूरोपियन, मुस्लिम, सिख, एंग्लो इंडियन, फारसी, ईसाई आदि अलपसंख्यक जातियाँ हैं। राजनीति समझनेवाला कोई भी आदमी आपको यह बता

सकता है कि इन सभी जातियों में संरक्षण की सबसे ज्यादा जरूरत किसे होगी। वह अछूत जाति के लोगों को होगी। यह सब होने पर भी कांग्रेस के लोग आज तक क्या करते रहे हैं ? 1930-32 में इंग्लैंड में गोलमेज परिषद् हुई थी उसमें अछूत समाज की ओर से मैं गया था। फिर आमरण अनशन करनेवाले गांधी ने अछूत समाज के लिए क्या किया?

ईसाई, यूरोपियन, फारसी, सिख, मुस्लिम आदि अल्पसंख्यक लोगों ने राजनीतिक संरक्षण के लिए गांधी के पास निवेदन भेजे। मुस्लिमों को छोड़कर सभी की माँगें मंजूर कर ली गई थीं। मैंने भी निवेदन भेजा था। उस समय गांधी को डर था कि ये सभी लोग इकट्ठा हो जाएँगे। ऐसा हुआ तो कांग्रेस तबाह हो जाएगी और ये लोग हमारी मिठाई को हड़प लेंगे। इसलिए गांधी ने मुस्लिमों के साथ गुप्त समझौता किया। उन्हें बताया गया कि आपकी जो 14 माँगें हैं, वे सब मंजूर कर ली गई हैं। लेकिन अछूतों की जो माँगें हैं उनका विरोध करना चाहिए। हक़ीकत में मुस्लिम लोगों की जनसंख्या और अछूतों की जनसंख्या में कोई ज्यादा फर्क नहीं है। उसी प्रकार मुस्लिमों की बजाय दलितों को राजनीतिक सुरक्षा की ज्यादा जरूरत है। लेकिन गांधी ने इस तरह से सभी दलों के निवेदन मंजूर किए और मुस्लिमों के साथ गुप्त समझौता किया। उन्होंने मेरा निवेदन नामंजूर कर दिया। यही गांधी की छद्मी राजनीति है। कुछ दिन पहले शिमला में जिस सम्मेलन का आयोजन किया गया था उस समय गांधी ने क्या किया?

परिषद् के बारे में सरकार की नीति घोषित करनेवाला पत्र वायसराय ने प्रकाशित करवाया था। उसमें उन्होंने राजनीतिक दृष्टि से 'अछूत और गैर अछूत हिन्दू' इस तरह हिन्दू समाज को दो भागों में बाँटनेवाले शब्दों का प्रयोग किया था। अछूत लोग धार्मिक दृष्टि से सचमुच भिन्न हैं या नहीं यह अलग बात है। लेकिन अछूत समाज राजनीतिक दृष्टि से सवर्ण हिन्दू समाज से अलग समझा गया। तमाम राजनीतिक आन्दोलनों से और वायसराय साहब के पत्र से गांधी की 'भीतरी आवाज' जाग उठी और उस आवाज के मुताबिक गांधी ने एक पत्र प्रकाशित कर घोषणा की कि, 'अछूत और गैर अछूत हिन्दू या सवर्ण हिन्दू' ऐसे शब्द प्रयोग राजनीतिक दृष्टि से हिन्दू समाज को टुकड़ों में बाँटनेवाला और गैरवाजिब है।

इसके मूल में क्या है? आप लोगों को कौरव-पांडवों के युद्ध की कुछ जानकारी तो होगी ही। कौरव सौ थे और पांडव पाँच थे। कौरवों ने राज्य-सत्ता को हथिया लिया था। राज्य का कुछ हिस्सा पांडवों को मिलना चाहिए और इस युद्ध को टाला जाए इसके लिए कृष्ण मध्यस्थता के लिए कौरवों के नेता दुर्योधन के पास गए। उन्होंने कौरवों से कहा कि आधा राज्य पांडवों को दे दीजिए। लेकिन दुर्योधन ने उस बात को स्वीकार नहीं किया। उस पर कृष्ण ने कहा कि कम-से-कम इस राज्य का दंडकारण्य तो पांडवों को दे दीजिए।

उस पर दुर्योधन का जवाब था कि दंडकारण्य तो क्या मैं सूई की नोक भर जितनी जमीन भी नहीं दूँगा। अछूतों के बारे में गांधी और कांग्रेस की यही मानसिकता है।

इसकी वजह यह है? गांधी और उनके समर्थक इस बात को अच्छी तरह जानते हैं कि राजनीतिक दृष्टि से हिन्दू समाज का बँटवारा होने से मुस्लिमों की तरह अछूतों को भी राजनीति में स्वतन्त्र अधिकार प्राप्त होनेवाले हैं।

केन्द्रीय एसेम्बली के चुनाव के नतीजे आए बहुत दिन नहीं हुए। इस चुनाव में मुस्लिमों का स्वतन्त्र मतदाता संघ होने की वजह से मुस्लिम लोग मुस्लिम लीग की ओर से भारी मतों से चुनकर आए। और कांग्रेस में लड़ने का बल नहीं रहा। लेकिन इस चुनाव में नवगठित राजनीतिक दल और जस्टिस पार्टी, हिन्दू महासभा आदि राजनीतिक दलों के बुरे हाल हुए। सफलता या असफलता पूरी तरह से अपने हाथ में नहीं है। फिर भी एक बात ध्यान में रखनी होगी कि लड़ते-लड़ते असफलता मिलने से निराश होने की जरूरत नहीं है। लेकिन कुछ दलों ने अपनी राजनीति लपेटने का काम शुरू कर दिया है। इससे क्या दिखाई देता है? अब जो अगले चुनाव होनेवाले हैं उस चुनाव में असली मुकाबला शेड्यूल्ड कास्ट फेडरेशन और कांग्रेस पार्टी के बीच होगा।

इसके लिए आप लोगों को क्या करना चाहिए? आप लोगों को मन से फैसला करना चाहिए। हम लोगों को अपने ताकतवर दुश्मन से मुकाबला करना है। और इसके लिए तैयार रहने की जिम्मेदारी आप सभी पर है। कांग्रेस ने सभी राजनीतिक दलों को मटियामेट करने की राजनीति तय की है। सभी दलों को तोड़ दिया है। यह समय नींद में रहने का नहीं है या दो-चार रुपयों से जेब भरने का भी नहीं है। हमें लड़ाई लड़नी है। इसके लिए आप लोगों को संकल्प करना चाहिए। इस संकल्प से हमें इस लड़ाई को जीतना आसान होगा। चुनाव के दिन हर आदमी को सुबह ही मतदान केन्द्रों पर जाना चाहिए। हमारे पास पैसा नहीं है या मोटरगाड़ियाँ भी नहीं हैं, लेकिन निश्चय है। जहाँ इस प्रकार की सुविधाएँ नहीं होंगी वहाँ किसी का इन्तजार करने के बजाय आप लोगों को पैदल जाकर अपने फेडरेशन के उम्मीदवारों को ही अपना मत देना चाहिए।

अलग-अलग दलों की ओर से उम्मीदवार खड़े किए गए हैं। केन्द्रीय एसेम्बली में कांग्रेस के टिकट पर गाडगिल चुने गए हैं। राजनीति के मैदान में मराठा लीग टिक नहीं पा रही, इस बात को जानते हुए मिस्टर हिरे भी कांग्रेस के टिकट पर चुने गए हैं, जो इसे टिकट कहते हैं वे उसका मतलब भी जानते हैं? गाडगिल के साथ यह दूसरा परजीवी व्यक्ति है यही उसका मतलब है।

किसी ने मुझे यह बताया कि अमृतराव रणखांबे को कांग्रेस का टिकट मिला है। लेकिन कांग्रेस के इस टिकट का मतलब क्या है? आपको मालूम होगा कि म्यूनिसपैलिटी की ओर से कुत्ते के गले में टाँगने के लिए एक बिल्ला दिया जाता है। वह किस काम के लिए दिया जाता है? उस बिल्ले का मतलब होता है कि उस कुत्ते का मालिक कौन है। इसी बिल्ले की तरह कांग्रेस का यह टिकट है। अगले चुनाव के लिए उम्मीदवारों के नाम साप्ताहिक 'जनता' में प्रकाशित हुए हैं। उनके बारे में कई लोगों के मन में कई प्रकार की शंकाएँ पैदा हो रही हैं। फलाँ उम्मीदवार को टिकट दिया गया, उस दूसरे को क्यों नहीं दिया गया। लेकिन यह सब देखने का आपका काम नहीं है। आप लोगों

को अपनी जिम्मेदारी, अपना कर्त्तव्य अच्छी तरह समझ लेना चाहिए। जिस पार्टी की ओर से ये उम्मीदवार खड़े किए गए हैं उस पार्टी की भूमिका क्या है? उस पार्टी की सोच क्या है, उसका रास्ता क्या है? उसका लक्ष्य क्या है? इन बातों को समझ लेना तुम्हारी जिम्मेदारी है। कोई ऐसा कह सकता है कि मुम्बई प्रदेश के अधिकांश जिलों से पहले खड़े किए गए उम्मीदवारों को ही इस बार खड़ा किया गया है।

आप सभी लोग जानते हैं कि हमें कांग्रेस से मुकाबला करना है। कांग्रेस के पास बेहिसाब पैसा है। वे किसी भी उम्मीदवार को दो-चार हजार रुपए देकर आसानी से खरीद सकते हैं। जिस प्रकार किसी फौलादी खम्भे को जमीन में गाड़ देने के बाद उस पर धूप, हवा, बारिश आदि का कोई असर नहीं होता, वह झुकता या टूटता नहीं, उसी प्रकार ये उम्मीदवार भी फौलादी खम्भे हैं। मुझे पूरा यकीन है कि वे न तो झुकेंगे और न टूटेंगे।

इस समय आप लोगों को एक बात ध्यान में रखनी चाहिए। और वह यह कि यह जिम्मेदारी एक-दो आदमियों की नहीं है बल्कि आप सभी की जिम्मेदारी है। कोई आदमी इसलिए रूठ जाता है कि मेरे भाई को टिकट नहीं दिया गया। तो कोई अपने बाप के लिए रूठता है। कोई इसलिए रूठ जाता है कि मेरे किसी रिश्तेदार को उम्मीदवार नहीं बनाया गया। मेरे दो बच्चे हैं। वे भी समाज-कार्य करते हैं। यह जानकारी मुझे कुछ लोगों ने दी है। इतना ही नहीं, कुछ लोगों ने यहाँ तक कहा है कि उनमें से किसी एक को चुनाव में खड़ा कीजिए। लेकिन मेरा यह निर्णय है कि अधिकार के बल पर मैं अपने बच्चों को ऊपर लाया, ऐसा आरोप कोई मुझ पर न लगा सके यह मेरी कोशिश है।

आनेवाले चुनाव के लिए मैंने जो उम्मीदवार खड़े किए हैं उनमें यदि कोई कमियाँ हों तो उन्हें दूर करने में मैं समर्थ हूँ। जिस दिन मुझे ऐसा लगा कि इस नैय्या को उस पार ले जाने के लिए अब मेरे पास बल नहीं है उस दिन मैं राजनीति से हट जाऊँगा।

सा. जनता : दि. 15 दिसम्बर 1945।

अपने स्वाभिमान की रक्षा कीजिए

*दि. 9 और 10 **दिसम्बर** 1945 को वरहाड प्रदेश शे.का.फे. का पहला अधिवेशन अकोला में आयोजित किया गया था। इस परिषद् में अमरावती, बुलठाणा, यवतमाल, अकोला और मध्यप्रान्त से दलितजन इकट्ठा हुए थे। 10* ***दिसम्बर*** *को इस परिषद् को सम्बोधित करते हुए डॉ. बाबासाहेब अम्बेडकर ने कहा–*

भाइयो तथा बहनो,

मैं आज खास तौर पर आनेवाले चुनाव के बारे में बोलनेवाला हूँ इसलिए अन्य बातों की चर्चा विस्तार से करने की कोई जरूरत नहीं। इस समय यह चुनाव 1937 के चुनाव से भी महत्त्वपूर्ण है। इस बात को आप जानते ही हैं। इस चुनाव में अछूत वर्ग के जीने-मरने का सवाल है। इस सवाल को हम लोगों को कुशलता के साथ हल करना है। यही हमारी मूल जिम्मेदारी है और उसी पर हमारा भविष्य निर्भर करता है। हम लोगों को अपना संगठन मजबूत करके उसके बल पर फेडरेशन के उम्मीदवारों को विजयी बनाना है। हमें अपने अभेद्य संगठन की मजबूती को सारी दुनिया को दिखा देना है। हम लोगों को इस चुनावी लड़ाई को राजनीतिक सत्ता हासिल करने के लिए लड़ना चाहिए। आप लोगों को इस बात की अच्छी समझ है कि राजनीतिक सत्ता हाथ में होने से क्या नहीं किया जा सकता। मैंने ढाई साल में कितना काम किया है इस बात को भी आप अच्छी तरह जानते हैं। मेरे कुछ आलोचक मुझ पर आरोप लगाते हैं कि मैं सिर्फ महार लोगों के हित की बात करता हूँ। लेकिन उनकी इस आलोचना में कोई दम नहीं है। मैं शिमला में घटी एक घटना के बारे में आप लोगों को बताना चाहता हूँ। एक मलिन भंगी अछूत वर्ग के उम्मीदवार की हैसियत से बोर्ड के इंटरव्यू में आया था। लेकिन उसे देखकर बोर्ड निश्चित तौर पर उसकी उम्मीदवारी को नामंजूर करेगा यह बात जब मेरे सामने आई तब मैंने अपने प्रभाव से उसका चयन करवाया। फिलहाल वह उम्मीदवार विदेश में है। यह बात मैंने अपना बड़प्पन दिखाने के लिए नहीं बताई है। कहने का मतलब यह है कि हाथ में सत्ता होने पर आदमी क्या कर सकता है, इस बात की आप कल्पना कर सकते हैं, इस बात को समझिए।

छात्रों को सलाह

इस अवसर पर मैं विद्यार्थियों से भी कुछ कहना चाहूँगा। उन्हें अपनी जिम्मेदारी निभाने के लिए हमेशा सचेत रहना चाहिए। गांधी ने अछूत वर्ग के स्वाभिमान को विद्यार्थी-जीवन में ही खत्म करने के लिए 1934 में हरिजन सेवक संघ की स्थापना की। इस संघ के द्वारा अछूत विद्यार्थियों को छात्रवृत्ति देने की योजना बनाई गई है। उनका उद्देश्य यही है कि युवा विद्यार्थियों को आर्थिक लालच देकर उन्हें स्वतन्त्र संगठन से खींचकर अपने समूह में लाया जा सके। इस सम्बन्ध में मैं विद्यार्थियों से इतना ही कहना चाहता हूँ कि उन्हें ऐसे प्रलोभनों का जितना लाभ सम्भव हो उतना ही उठाना चाहिए, लेकिन अपना स्वाभिमान और स्वतन्त्रता नहीं खोनी चाहिए। इस बात के समर्थन में मैं आपको पुराण की एक कहानी सुनाना चाहूँगा। देव और राक्षसों में जो युद्ध हुआ उस युद्ध में देवताओं ने विजय के लिए तरकीब सोची। उन्होंने कच को संजीवनी विद्या पढ़ने के लिए भेजा। इस तरह उन्होंने अपने लक्ष्य को हासिल किया। उसी प्रकार आप लोगों को भी कच की तरह दृढ़-निश्चय करके किसी भी लालच से मुक्त होकर ज्ञान को हासिल करना चाहिए। अपने समाज की मुक्ति के लिए अपनी जिम्मेदारी को पहचानिए। सचेत हो जाइए। मैं आप लोगों से इतना ही आग्रह करना चाहता हूँ।

अनगिनत जातियाँ और धर्म

अछूत समाज के उत्थान के रास्ते में कई कठिनाइयाँ हैं। अपने देश में कई जातियाँ और धर्म हैं। उसी की वजह से समाज में समानता और संगठन नहीं है। जाति-जाति के बीच रोटी-बेटी का व्यवहार नहीं हो सकता। इस परम्परा के विरोध में यदि विवाह-सम्बन्ध स्थापित हुआ भी तो उसे अपवाद मानना चाहिए। यदि महार के लड़के ने ब्राह्मण की लड़की के साथ शादी की या ब्राह्मण के लड़के ने महार की लड़की से शादी कर ली तो उस पर मुझे कोई आश्चर्य नहीं होगा। इस सम्बन्ध में मैं साफ तौर पर कहना चाहता हूँ कि क्या इस तरह के शादी-ब्याह से अछूतों का अछूतपन समाप्त होगा? क्या दलितों की लड़कियाँ काली हैं या नाटी हैं? अपने समाज में भी सुन्दर लड़कियाँ हैं तो फिर सवर्ण समाज की लड़की के साथ विवाह करने की जिद हमारे युवाओं को क्यों करनी चाहिए ? और इस तरह की जिद करने का उनका उद्देश्य क्या है?

कांग्रेस का स्वार्थी प्रचार

अब हम लोगों को कांग्रेस के प्रचार के बारे में भी सोचना चाहिए। कांग्रेसवाले कहते हैं कि देश के अल्पसंख्यक लोगों के मन का डर दूर करने के लिए ही हम लोग प्रयास

कर रहे हैं, लेकिन हमारा अनुभव तो इससे अलग है। देश में यह जो प्रचार चल रहा है कि कांग्रेस पूरे देश की प्रतिनिधि है, यह प्रचार झूठा है। यदि कांग्रेस को अल्पसंख्यक वर्ग के हक़ों का रक्षण करना है तो उस पर विचार-विमर्श करने के लिए कांग्रेस हिन्दी गोलमेज परिषद् का आयोजन क्यों नहीं कर रही है? कांग्रेस ने सभी राजनीतिक दलों को नजरअंदाज करके सारी सत्ता अपने हाथ में लेने का जो षड्यन्त्र रचा है उसे बेनकाब कर देना चाहिए। हम लोगों को कांग्रेस की यह नीति बिल्कुल पसन्द नहीं है। मेरी यह मान्यता है कि कांग्रेस से अलग रहने में ही दलितों की मुक्ति है, इसमें किसी भी प्रकार का कोई सन्देह नहीं है।

स्वाभिमान की रक्षा कीजिए

हम लोगों को अन्याय के खिलाफ लड़ने के लिए ताकत की जरूरत है। इसलिए हम लोगों को स्वाभिमानी और आत्मनिर्भर होना चाहिए। आज सुबह एक आदमी मेरे पास आया और उसने कहा, हम लोगों को पूरी तरह से सवर्णों की मदद पर निर्भर रहना पड़ता है। फिर हम उनके खिलाफ शिकायत कैसे कर सकते हैं? और यदि शिकायत की तो सवर्ण अफसर उसे सुनने के लिए भी तैयार नहीं हैं। इसका क्या इलाज है? मैं कहता हूँ कि आप लोग भेड़ बनकर कब तक जिएँगे? आज नहीं तो कल आप लोगों को अन्याय के खिलाफ लड़ना ही होगा। यदि हम लोगों ने अन्याय का प्रतिरोध नहीं किया तो उससे हमारी मुक्ति कभी नहीं होगी। मैं कोट, पेंट पहनकर आपके सामने खड़ा हूँ। मेरी कलाई पर सोने की घड़ी है। क्या कोई मुझे महार कहकर पुकारने की हिम्मत कर सकता है? यह सब होने पर भी मैं महार हूँ। यदि मैंने प्रयास नहीं किया होता या अन्याय के खिलाफ जंग न छेड़ी होती तो क्या आप मानते कि आज की स्थिति मुझे प्राप्त हो सकती थी? कहने का मतलब यह है कि अन्याय के खिलाफ हम लोगों को लड़ना ही पड़ेगा। अन्त में मैं आप लोगों को यह बताना चाहता हूँ कि आगे का समय खतरनाक है। इसलिए हमें अपना स्वतन्त्र लक्ष्य हासिल करना चाहिए। हम लोगों को फेडरेशन के सभी उम्मीदवारों को भारी बहुमत से चुनना चाहिए, यही मेरा आप सभी से अनुरोध है।

सा. जनता : दि. 22 दिसम्बर 1945।

कम्युनिस्टों से बचकर रहिए

*दि. **12 दिसम्बर 1945** को नागपुर में डॉ. बाबासाहेब अम्बेडकर की विराट दलित जनसभा आयोजित की गई थी। डॉ. अम्बेडकर अपना रायपुर दौरा पूरा कर शाम को नागरपुर पहुँचे थे। कस्तूरचन्द पार्क में सभा का आयोजन किया गया था। अपने प्रिय नेता को सुनने और देखने के लिए दूरदराज से दलित लोग आए थे। नागपुर रेलवे स्टेशन पर डॉ. अम्बेडकर का जोरदार और शानदार स्वागत किया गया था। कस्तूरचन्द पार्क की सभा में डॉ. अम्बेडकर ने कहा–*

सभी पार्टियों को स्वराज्य चाहिए। मतभेद सिर्फ एक ही बात पर है और वह इस पर है कि अंग्रेजों के हिन्दुस्तान छोड़कर जाने के बाद यहाँ कौन राज करेगा ? बात यही है और कांग्रेस के नेता कह रहे हैं कि कांग्रेस के अलावा अन्य किसी भी पार्टी को स्वराज्य नहीं चाहिए। किन्तु यह पूरी तरह झूठा प्रचार है।

मैं तमाम दलित वर्ग की ओर से आप लोगों को आगाह कर देना चाहता हूँ कि इसके बाद हिन्दुस्तान में जो सरकार बनेगी उसमें अछूतों को दोयम दर्जा दिया गया तो इस बात को कतई बर्दाश्त नहीं किया जाएगा। हमें हमारे राजनीतिक हक़ मिलने ही चाहिए। और उन्हें पाने के लिए हम लोगों ने संघर्ष की तैयारी कर ली है।

कांग्रेस गलत सलाह दे रही है

पिछले तीन सालों में कांग्रेस ने हमारे जैसे अल्पसंख्यक लोगों में विश्वास पैदा करने की कोशिश नहीं की। कांग्रेस अपने आपको देश का प्रतिनिधि मानती है। लेकिन यह बात सही नहीं है। सच्चाई यह है कि लोगों को समर्थन पाने के लिए कांग्रेस के नेता जानबूझकर इस तरह गलत प्रचार करके लोगों को गुमराह कर रहे हैं।

कांग्रेस ने ईमानदारी से प्रयास नहीं किया

उदाहरण के तौर पर सम्पूर्ण अछूत समाज कांग्रेस के पीछे नहीं है बल्कि वह ऑल इंडिया शेड्यूल्ड कॉस्ट फेडरेशन के बैनर तले संगठित है। अंग्रेजों के हिन्दुस्तान छोड़ने के बाद केन्द्रीय सरकार में किसके कितने स्थान होने चाहिए इस सम्बन्ध में विवाद समाप्त करने के लिए कांग्रेस को सभी अल्पसंख्यक दलों के नेताओं की एक बैठक का आयोजन कर सभी के दिलों का अविश्वास समाप्त करने का प्रयास करना चाहिए था। किन्तु यह करने के बजाय कांग्रेस ने यह दिखाने की कोशिश की है कि देश में अन्य राजनीतिक पार्टियों का कोई अस्तित्व नहीं है। और यह कहा कि इसलिए सारी सत्ता हमारे हाथों में सौंप दी जाए।

अलग संगठित अस्तित्व चाहिए

मैं सभी को अपने अछूत समाज की ओर से यह कहना चाहता हूँ कि कांग्रेस को हमारे प्रतिनिधित्व का कोई अधिकार नहीं है। और मैं आप सभी समाजभाइयों से कहता हूँ कि हमको अपनी पार्टी स्वतन्त्र राजनीतिक पार्टी के रूप में ही संगठित करनी चाहिए। अपने उचित राजनीतिक हक़ों के लिए लड़ते रहने से ही अपना कल्याण होगा।

उचित हिस्सेदारी मिलनी ही चाहिए

आनेवाला चुनाव इस दृष्टि से बहुत महत्त्वपूर्ण है। इसलिए आनेवाले चुनाव में अपनी आरक्षित चौदह सीटों पर शेड्यूल्ड कॉस्ट फेडरेशन के उम्मीदवार चुने जाएँ इस बात की पूरी कोशिश कीजिए। अपने हाथ में सत्ता आए बगैर राज्यव्यवस्था में हमारे रहने का कोई महत्त्व नहीं रहेगा। सारी तकलीफों को बर्दाश्त कीजिए, निडर रहिए, हीनता की भावना को हटा दीजिए और अपने देश की राज्यव्यवस्था में हमें अपना उचित हिस्सा मिलना चाहिए, इसका आग्रह कीजिए।

आनेवाला चुनाव अपने समाज की दृष्टि से बहुत महत्त्वपूर्ण है। हम लोग यदि अपना उत्थान करना चाहते हैं तो हमें राजनीतिक सत्ता मिलनी चाहिए। हम अपने राजनीतिक हक़ों के लिए किस प्रकार की इच्छाएँ रखें, इस बात की सलाह देने का अन्य किसी भी राजनीतिक पार्टी को कोई अधिकार नहीं है। या किसी भी प्रकार की राजनीतिक सत्ता हमें उससे पीछे हटने के लिए मजबूर नहीं कर सकती। मुझे पूरा यकीन है कि अब आगे कोई नेता अछूतों को दोयम दर्जा देने की कोशिश नहीं करेगा। इस बात को हम कभी भी बर्दाश्त नहीं करेंगे।

गांधी की कांग्रेस असफल रही

जिस तरह कांग्रेस को अल्पसंख्यक समाज का विश्वास प्राप्त करने में सफलता नहीं मिली उसी प्रकार सवर्ण हिन्दू समाज पर कांग्रेस का विशेष प्रभाव है ऐसी भी बात नहीं है। गांधी के नेतृत्व में कांग्रेस ने अछूतपन समाप्त करने का और मन्दिर-प्रवेश का जो आन्दोलन चलाया उसमें उसे पूरी असफलता मिली है। उनके आन्दोलन का लोगों पर कुछ भी असर नहीं पड़ा है। मैं कुछ दिन पूर्व जगन्नाथपुरी गया था। मुझे वहाँ के जगन्नाथ मन्दिर को दूर से ही देखना पड़ा। उस मन्दिर के भीतर जाकर मैं जगन्नाथ की मूर्ति को नहीं देख सका। इससे साफ समझ में आता है कि अपने हक़ हासिल करने के लिए हमें अपने ही संगठन पर भरोसा रखना चाहिए और सैकड़ों साल से हम हिन्दुओं का जो उत्पीड़न भोग रहे हैं उससे अपनी मुक्ति पा लेनी चाहिए।

कम्युनिस्टों से बचके रहो

मैं आप लोगों को आगाह करना चाहता हूँ कि आप कम्युनिस्टों से बचके रहिए क्योंकि अपने पिछले कुछ सालों के कार्य से वे कामगारों का नुकसान कर रहे हैं बल्कि वे उनके दुश्मन हैं, इस बात का मुझे पूरा यकीन हो गया है। कम्युनिस्ट कहते हैं कि कांग्रेस पूँजीपतियों की संस्था है। और साथ ही वे कामगारों को उसमें जाने की सलाह भी देते हैं। हिन्दुस्तान के कम्युनिस्टों की अपनी कोई नीति नहीं है, उन्हें सारी चेतना रूस से मिलती है।

कम्युनिस्टों में भारतीय कामगारों के लिए क्या वास्तविक हमदर्दी है, जैसाकि वे कहते हैं? यदि ऐसा होता तो उन्होंने भारतीय कामगारों की एक स्वतन्त्र राजनीतिक पार्टी का गठन किया होता। उन्होंने कामगारों को यह उपदेश नहीं दिया होता कि आज तक वे जिस तरह करते आए हैं वैसा ही कांग्रेस में जाकर कीजिए।

अब तक कांग्रेस ने उन्हें भगा दिया, वे अब हमारे संगठन में घुसकर अपनी हरकतें करने लगे हैं। इसलिए मैं आप लोगों से यही कहना चाहता हूँ कि आप लोग कम्युनिस्टों से बचके रहिए। उन्हें अपने शेड्यूल्ड कॉस्ट फेडरेशन का उपयोग अपने प्रचार के लिए मत करने दीजिए।

शेड्यूल्ड कॉस्ट फेडरेशन ही भारतीय अछूतों की सही प्रतिनिधि है। उसकी शक्ति अपने प्रदेश में बढ़ रही है यह बात यहाँ इकट्ठा हुए विराट जनसमूह से सिद्ध हो रही है। आप मेरी बातों को बड़ी शान्ति के साथ सुन रहे हैं इसलिए मुझे बड़ी खुशी हो रही है। और जिन सैकड़ों स्वयंसेवकों ने यह व्यवस्था बनाए रखी उन्हें मैं धन्यवाद देता हूँ। सभी नौजवानों को फेडरेशन में आकर काम करना चाहिए। आनेवाले चुनाव में बगैर

किसी स्वार्थ के काम करने के लिए बड़ी संख्या में आगे आना चाहिए, यही मेरा आपसे निवेदन है।

आप लोग इसी तरह सहयोग करेंगे तो भारत की राज्यव्यवस्था में जिस दिन हमें अपना उचित हिस्सा मिलेगा, वह दिन दूर नहीं है।

सा. जनता : दि. 8 और 22 दिसम्बर 1945।

बकवास करने की बजाय काम करने की जरूरत है

*दि. **14 जनवरी 1946** को सोलापुर नगरपालिका और जिला लोकल बोर्ड की ओर से डॉ. बाबासाहेब अम्बेडकर को हरिभाई देवकरण हाई स्कूल के रा.ब. मुले स्मारक सभागृह में सम्मान-पत्र अर्पण सभारम्भ आयोजित किया गया था। इस सभारम्भ में डॉ. अम्बेडकर ने कहा–*

आप लोगों ने मुझे सम्मान-पत्र देकर मेरा सम्मान किया है, इसलिए मैं आपका बहुत एहसानमन्द हूँ। मैं सोलापुर शहर के लिए अपरिचित नहीं हूँ। मैं यहाँ कई बार आया हूँ। मैंने यहाँ राजनीति और समाज-परिवर्तन का प्रचार भी किया है। वास्तव में मैंने अपने सामूहिक कार्य की शुरुआत इसी सोलापुर शहर से की है। डॉ. रा.ब. मुले ने अछूतों के लिए होस्टेस शुरू किया और उन्हीं का कार्य उनके भाई डॉ. भालचन्द्रराव अर्थात काकासाहब मुले ने अच्छी तरह से आगे बढ़ाया है, यह बड़ी खुशी की बात है।

केन्द्रीय सरकार की प्रगति

हिन्दुस्तानी सरकार का आज तक का इतिहास देखा जाए तो टैक्स वसूल करना, कानून और व्यवस्था देखना। यही दो लक्ष्य उसके सामने रहे हैं। लेकिन आजकल उनमें कुछ परिवर्तन हुआ है। इस देश की दरिद्रता का दुनिया के इतिहास में कोई मुकाबला नहीं है। इस दरिद्रता को समाप्त करने का लक्ष्य हमने रखा है, इस बात को कोई भी अस्वीकार नहीं कर सकता। दिल्ली में यह काम बड़े जोरों पर चल रहा है। रहने की व्यवस्था, शिक्षा, व्यापार, उद्योग आदि के लिए केन्द्रीय सरकार की 90 प्रतिशत शक्ति खर्च हो रही है। लोकल बोर्ड, म्यूनिसपैलिटी आदि की मदद से इन बातों को अमल में लाने की नीति तैयार की जाएगी।

अपनी प्रशंसा नहीं बल्कि सच्चाई

मैं आज भी मन्त्री हूँ। केन्द्रीय सरकार के द्वारा मजदूरों की भलाई की ओर ज्यादा से ज्यादा ध्यान दिया जा रहा है। 1930 में इस सवाल के लिए एक रॉयल कमीशन नियुक्त

किया गया था। इस कमीशन ने कई सुझाव दिए थे। 1930 से 1941 तक का इतिहास देखें तो इस दृष्टि से कुछ नहीं हुआ है। किन्तु 1942 के बाद मतलब मेरे मन्त्रिपद सँभालने के बाद आज 1946 तक इन तीन सालों में प्रगति हुई है। यह अपनी प्रशंसा नहीं बल्कि सच्चाई है। 1920 से आज तक केन्द्रीय एसेम्बलियों में मजदूर वर्ग का एक प्रतिनिधि लिया जाता था। आज नई एसेम्बली में आपको मजदूर वर्ग के तीन प्रतिनिधि उपस्थित दिखाई देंगे। कौन्सिल ऑफ स्टेट्स में आज तक एक भी मजदूर प्रतिनिधि नहीं लिया जाता था। किन्तु अब आगे एक मजदूर प्रतिनिधि वहाँ भी लिया जाएगा।

मजदूरों की भलाई के कानून

अगली केन्द्रीय एसेम्बली की मीटिंग में मजदूरों की भलाई के 10 बिल पेश होंगे और मैंने ही उन्हें ड्राफ्ट किया है। इससे आपको इस बात का पता चल जाएगा कि देश में किस तरह से सामाजिक और आर्थिक दरिद्रता दूर करने के प्रयास चल रहे हैं!

क्या किया है स्वतन्त्रता का हंगामा खड़ा करनेवालों ने?

देश की सामाजिक स्थिति बड़ी अजीबोगरीब है। देश में 6 करोड़ मनुष्यों से अछूतपन का बर्ताव किया जाता है। जीवन-निर्वाह के लिए गुनाहगारी करनेवाले 25 लाख लोग इस देश में हैं। इतिहास कहता है, हमारी संस्कृति आठ हजार साल पुरानी है। कपड़े किस तरह से पहनने चाहिए? किस तरह का भोजन करना चाहिए यह भी जिन्हें मालूम नहीं, ऐसी स्थिति में रहनेवाले करोड़ों लोग इस देश में हैं। दुनिया के किसी भी देश में ऐसी स्थिति नहीं होगी, इतनी भयंकर स्थिति हमारे देश में है। जिनमें क्षमता है, वे ही इस बात के लिए जिम्मेदार हैं। देश को स्वतन्त्रता चाहिए ऐसी गप्पें मारनेवाले लोगों पर इस बात की अधिक जिम्मेदारी है। जिसमें करोड़ों लोग अछूत और गुनाहगार समझे जाते हैं उन्हें क्या सचमुच स्वतन्त्रता की माँग करने का हक़ है? पर इस जिम्मेदारी को टाला नहीं जा सकता।

कांग्रेस में क्यों नहीं जाते?

स्वराज की माँग करना आसान काम है। मुझसे सवाल पूछा जाता है, ''डॉक्टर साहब, आप कांग्रेस में क्यों सम्मिलित नहीं हो जाते? मानसम्मान तो मिलेगा ही और अखबारों में रोज नाम छपकर भी आएगा।'' किन्तु मुझे इस तरह की बातें पसन्द नहीं हैं। बकवास करने की बजाय काम की जरूरत है। मैं कहीं भी जाऊँ, फिर भी ये बातें मन में असन्तोष पैदा करनेवाली हैं। अछूतपन खत्म करने का असली काम मैं ही कर रहा हूँ।

वास्तव में देखा जाए तो इस कार्य को सवर्ण समाज के नेताओं को करना चाहिए।

अंग्रेज लोगों के पास स्वराज्य माँगनेवाले लोगों को अपने देश में फैले हुए अछूतपन को खत्म करने का काम पहले करना चाहिए। स्वराज माँगनेवाले लोगों के बारे में अंग्रेज लोग मन से किस तरह की बातें करते हैं, इस बात को मैं अच्छी तरह जानता हूँ। जितनी जल्दी अछूतपन खत्म होगा उतनी जल्दी स्वराज हाथ में आएगा। उसके बगैर स्वराज नहीं मिलेगा, इसमें कोई सन्देह नहीं।

साप्ताहिक 'जनता' के 19 जनवरी, 1946 के अंक में प्रकाशित।

मुझे वफ़ादार लोग चाहिए, ज्ञान की कमी मैं पूरी करूँगा!

__दि. 14 फरवरी 1946__ को सोलापुर में डॉ. बाबासाहेब अम्बेडकर की चुनाव प्रचार सभा आयोजित की गई थी। इस चुनाव प्रचार सभा को सम्बोधित करते हुए डॉ. अम्बेडकर ने अपने भाषण में कहा–

चुनाव के बारे में मुझे अपने अछूत भाइयों को दो शब्द कहने की भी जरूरत महसूस नहीं हो रही है। किन्तु कुछ लोगों के आग्रह के कारण मुझे बोलना पड़ रहा है। मेरा अपने समाज पर पूरा भरोसा है। अछूत समाज अन्य किसी को कुछ समझता ही नहीं, अछूत समाज में इतनी जागरूकता आई है। उसे अपना भला-बुरा समझ में आता है। हमारा संगठन इतना मजबूत है कि मैं दिल्ली में बैठकर घंटा बजाकर संकेत करूँ तो मेरा समाज मेरे दिए हुए हुक्म का पालन बड़े विश्वास के साथ करेगा।

मध्यप्रान्त में अछूतों के छह स्थान कांग्रेस को कैसे मिले, यह सवाल पूछा जाता है। किन्तु इसके लिए मेरा जवाब यह है कि मैदान में उतरने का मतलब राज हासिल कर लेना, यह कैसे कहा जा सकता है? हमारे अछूतों का मजबूत किला मुम्बई प्रान्त में है। उसे यदि विरोधी दलों ने जीत लिया तो वे टोपी उतारकर शरण में आएँगे। हमारा शेड्यूल्ड कास्ट फेडरेशन लीग से भी ज्यादा संगठित है। लीग के लोग किले के भीतर रहते हैं इसलिए उनकी संगठन-शक्ति होगी, लेकिन अछूत लोग गाँवों से बाहर रहते हैं, फिर भी वे दुश्मन से मुकाबला करते हैं। इस तरह की स्थिति में यह कहना कि अछूतों को राजनीति की समझ नहीं, बड़ी मूर्खता है।

आज कांग्रेस का प्रचार हवाई जहाजों, रेलवे और मोटरगाड़ियों की सहायता से बड़े जोर-शोर से चल रहा है। मैं उन्हें पूछना चाहता हूँ कि देश की तमाम जनता हमारे पीछे है, इस तरह की डींग हाँकनेवाले लोग हवाई जहाज से क्यों घूम रहे हैं? पूरे देश के चप्पे-चप्पे में क्यों घूम रहे हैं ? इतना शोर-शराबा क्यों कर रहे हैं? मैं चुनाव-प्रचार के लिए सिर्फ चार-पाँच जगहों पर गया हूँ। यदि जनता कांग्रेस के पक्ष में है तो रुपया-पैसा, हवाई जहाज, मोटरगाड़ियाँ लेकर पोतराज की तरह घूमने की कोई जरूरत नहीं है।

मेरा अछूत समाज पर पूरा भरोसा है। सारा अछूत समाज आज शेड्यूल्ड कास्ट

फेडरेशन के पीछे है, इस बारे में मेरे मन में कोई सन्देह नहीं है। अगला चुनाव कोई बच्चों का खेल नहीं है। आनेवाला चुनाव एक संग्राम है, एक युद्ध है। कौरव-पांडवों की तरह यह युद्ध लड़ा जाएगा।

कौरवों और पांडवों का युद्ध टालने के लिए कृष्ण ने बिचौलिए का काम किया। किन्तु सुई की नोक भर जमीन भी उन्हें नहीं दी जाएगी, ऐसा अहंकारी जवाब दुर्योधन ने कृष्ण को दिया था। युद्ध टाला जाए इसलिए मैंने गांधीजी को एक पत्र लिखकर समझौते का प्रयास किया। अपने मान-सम्मान को जेब में रखकर मैंने समाज की भलाई के लिए नेतृत्व की परवाह किए बगैर गोलमेज परिषद् के मुकाबले को दोहराया न जाए, मतभेद बढ़े नहीं, इसके लिए दोनों को राजनीतिक माँगों की व्यवस्था करनी चाहिए इसलिए गांधीजी को पत्र लिखा गया। उस समय गांधीजी ने जवाब दिया, ''आपकी और हमारी समान दृष्टि नहीं है।'' यह कहकर उन्होंने समझौते की माँग को ठुकरा दिया।

मेरे पत्र लिखने से पहले यही गांधी कुछ माह तक जिन्ना के घर जाकर उन्हें गले लगाकर बातें कर रहे थे। मैंने सोचा गांधी जिन्ना को मिलने जाते हैं तो मुझे भी मिलने आएँगे। गांधी और जिन्ना में कौन-सी समान दृष्टि थी इस बात को राजनीतिज्ञ अच्छी तरह जानते हैं!

आपने अकेले राज्य नहीं बनाया है, राज्य दोनों ने मिलकर बनाया है यह सच्चाई होने पर भी दुर्योधन की तरह सुई की नोक भर जमीन देने के लिए भी गांधी तैयार नहीं हैं। यह प्रयास खत्म होने के बाद कृष्ण ने दुर्योधन से कहा, आप अपना पक्ष सँभालिए। गांधी ने दुर्योधन की भूमिका अपनाई इसलिए अछूत समाज में यदि कुछ वीरता, पुरुषत्व हो तो इस युद्ध में उन्हें शेड्यूल्ड कास्ट फेडरेशन के उम्मीदवारों को ही चुनना चाहिए। और 'आप अपना पक्ष सँभालिए हम हमारा पक्ष सँभालते हैं' गांधी और कांग्रेस को सीधा जवाब देना चाहिए।

भावी संविधान को बनाते समय अछूतों का पक्ष हम लोग ही प्रभावी ढंग से रखनेवाले हैं। यह चुनाव सीधा-सादा नहीं है। मास्टरों की तनख्वाह, जमीन का लगान कम करना, बूँदी का भोजन आदि बातों को हासिल करने के लिए यह चुनाव नहीं है। बल्कि अंग्रेज सरकार के यहाँ से जाने के बाद सत्ता किसके हाथ में रहेगी, इस बात को सवैधानिक रूप से तय करना है। चुनाव का लाभ उठाकर कई खोखले घोषणा-पत्र जारी किए गए हैं। लेकिन उनका कुछ मतलब नहीं है। घोषणा-पत्रों की तरह यदि इन धोखेबाजों ने कुछ नहीं किया तो हम अछूत लोग उनका क्या बिगाड़ सकते हैं? हम लोग किसके पास जाकर रोएँगे? यह लड़ाई सत्ता के लिए है। टुकड़ों के लिए दूसरों के मुँह देखने का मौका समाज के सामने न आए, पेट-पानी का सवाल हल हो, सम्मान से रहने का मौका मिले इसीलिए राजनीतिक सत्ता की जरूरत होती है और उसे हासिल करने के लिए हम लोग लड़ रहे हैं।

गाँव के मुखिया ने मारा तो पुलिस से लेकर कलेक्टर तक एक-दूसरे के जातभाई होने के कारण बेचारे अछूतों की बात को सुननेवाला कोई नहीं है। दीवान भी उसी की

जाति का होता है। क्या हमेशा के लिए हमारा समाज गुलामी में ही रहेगा? जो अंग्रेज राज में हो रहा है वह भविष्य के भारत में न हो इसलिए हम लड़-झगड़ रहे हैं। जब तक हिन्दुओं के हाथों में राजनीतिक सत्ता रहेगी तब तक इस प्रकार की गुलामी खत्म होनेवाली नहीं है। इस चुनाव में हमारा शेड्यूल्ड कास्ट फेडरेशन 'दान दो, संकट टालो' की तरह मतों की भीख नहीं माँग रहा है।

हमारा भविष्य बेहतर हो इसलिए हमें सत्ता चाहिए। उसे मतों के द्वारा समाज को हमारे हाथों में देना चाहिए। यह हमारा हक़ है। मुस्लिम जो भी माँग करेंगे हिन्दू उनकी माँग पूरी कर देते हैं, क्या यह आश्चर्य नहीं है? उन्होंने 1834 में 25 प्रतिशत की मांग की और उन्हें साढ़े तैंतीस प्रतिशत दिया गया। अब वे 50 प्रतिशत की माँग कर रहे हैं। इस माँग को पूरा करने के लिए वे शिमला सम्मेलन के समय तैयार हो गए। हम अपने उचित और न्यायपूर्ण हक़ माँगते हैं, लेकिन उनकी भाषा होती है कि सुई की नोंक भर जितनी मिट्टी भी नहीं मिलेगी।

इस समय अछूत समाज जाग्रत नहीं हुआ तो पेशवाई की तरह कमर में झाड़ू और गले में थूक की हाँडी लटकाने की नौबत आएगी, इसमें कोई सन्देह नहीं है। दलित फेडरेशन द्वारा खड़ा किया उम्मीदवार बहाना मात्र है। उम्मीदवार से व्यक्तिगत मतभेदों को भूलकर दिया गया मत उम्मीदवार को नहीं बल्कि फेडरेशन को दिया गया मत है। इस बात को सब लोगों को ध्यान में रखना चाहिए। फेडरेशन के उम्मीदवार का मतलब मैं ही उम्मीदवार हूँ, यह समझिए।

मेरी राजनीति कभी असफल नहीं हुई

इस एसेम्बली में अन्य बलशाली जातियों के प्रतिनिधियों की बराबरी में 15-20 अछूत लोग सम्मान के साथ बैठ सकते हैं, इस तरह का पद मैंने आप लोगों के लिए मुहैय्या कराया है। इस मजबूत संगठन को चूना, सीमेंट लगाकर उसे और मजबूत करने का मेरा प्रयास है। हिन्दू और मुस्लिम दोनों मिलकर कितनी भी कोशिश करें फिर भी हमारा किला मजबूत रहेगा। उसे आँच भी न लगे इस तरह की व्यवस्था मैंने की है। किसी के निजी दोषों की ओर किसी को ध्यान देने की जरूरत नहीं है। कहते हैं कि अछूतों में मतभेद हैं, किन्तु सच्चाई यह नहीं है। मुम्बई के पिछले प्राथमिक चुनाव में महार मतदाताओं की संख्या ज्यादा होने के बावजूद भी चमार जाति के उम्मीदवार को खड़ा किया गया और उसे चुना गया।

कांग्रेस का उम्मीदवार होने के बावजूद ब्राह्मण, ब्राह्मण उम्मीदवार को और मराठा, मराठा उम्मीदवार को ही मत देता है। किन्तु हमारी फेडरेशन इस प्रकार का कोई भेदभाव नहीं रखती। मन्त्री बनाएँगे, यह बनाएँगे, वह बनाएँगे इस तरह के लालच से दूर हमारा समाज हमारी फेडरेशन के पीछे खड़ा है, यह बात सिद्ध हो चुकी है। हमारे

उम्मीदवार के खिलाफ तरह-तरह का गलत प्रचार किया जाता है लेकिन इस बात को ध्यान में रखिए, मैंने कसौटी पर परखकर उम्मीदवारों का चयन किया है। वे लोग सिद्धान्तों के लिए मर-मिटनेवाले हैं। बिकाऊ लोगों की फौज का क्या काम है?

पूर्व कांग्रेस मन्त्रिमंडल का कार्यकाल 2 साल 7 माह तक चला। उस समय 'स्वतन्त्र मजदूर पार्टी' के 15 आस्थावान सदस्य किसी के सामने नहीं झुके। उनको तोड़ने की कोशिशें की गईं!

विद्वान लोग न हों तब भी चल जाएगा, किन्तु मुझे आस्थावान लोग चाहिए। ज्ञान के अभाव को पूरा करने में मैं समर्थ हूँ। जो बेचा जाता है, लालच में फँस जाता है, उसका कोई उपयोग नहीं है। हम पर और हमारी भावी पीढ़ी पर आनेवाले खतरों को नष्ट कर अगली पीढ़ी का रास्ता आसान कर देना अपनी जिम्मेदारी है। पिछले दो हजार साल से हमारे पूर्वज इस जुल्म को बर्दाश्त करते आ रहे हैं। हर पीढ़ी को आगे की पीढ़ी के खतरों को समाप्त करने का प्रयास करना चाहिए। मुस्लिमों को 20 साल तक कोशिश करने के बाद जितना मिला उतना हमने दो साल में हासिल किया है। क्या यह कम महत्त्वपूर्ण बात है? गुलामी की जंजीरों को तोड़ने की कोशिश में कितने लोग मरे, कितने घायल हुए, इस बात की परवाह नहीं करनी चाहिए।

मरने का डर किसे है?

मुझे गोली मारकर खत्म करने के कितने ही पत्र मिलते हैं। सब लोगों को बगैर किसी परवाह के इस चुनाव में गुलामी की जंजीरों को तोड़ने के लिए फेडरेशन के उम्मीदवार को ही चुनना चाहिए।

मैं फिलहाल दिल्ली में रह रहा हूँ। मेरी मेज पर एक घंटी है। उस घंटी को बजाते ही सिपाही तुरत हाजिर हो जाता है, उसी प्रकार जब मैं दिल्ली में स्विच दबाता हूँ तो पलभर में मुम्बई में रोशनी हो जाती है। मेरा यह जो आत्मविश्वास है वह झूठा नहीं है, यह सच है। वह वास्तविकता के धरातल पर खड़ा है। मुम्बई के कल के चुनाव को देखिए शेड्यूल्ड कास्ट फेडरेशन के भंडारे को 12,8,99 मत मिले हैं, और देवरूखकर को 11,3,34 मत मिले हैं। लेकिन कांग्रेस के उम्मीदवार को धूल चाटनी पड़ी। मुम्बई का यह चुनाव भारत के इतिहास में हमेशा याद किया जाएगा।

लोगों को ऐसा लगता है कि मुस्लिम लीग संगठित है। मुस्लिम लीग के ज्यादा उम्मीदवार चुने गए हैं। मैं यह कहना चाहता हूँ कि फेडरेशन की शक्ति मुस्लिम लीग से अधिक है। इसकी वजह यह है कि मुस्लिम लोग किले के अन्दर रहते हैं, और हम लोग किले से बाहर रहकर भी दुश्मन को बुरी तरह पराजित कर सकते हैं।

आज असली लड़ाई किससे है? अंग्रेज सरकार के इस देश से चले जाने के बाद यहाँ कौन राज करेगा? हिन्दू? मुस्लिम? या हिन्दू और मुस्लिम मिलकर? हम लोगों को

बड़े-बड़े लालच दिए जाते हैं। किन्तु आप लोगों को असली लड़ाई की ओर ध्यान देना चाहिए। हमारी यह लड़ाई सत्ता की लड़ाई है। हमें सत्ता चाहिए। हमें हिन्दुस्तान का राज नहीं चाहिए। भीख नहीं चाहिए। हमें असली स्वराज चाहिए। हमारी असली लड़ाई कांग्रेस से है। मुस्लिम लोग जो माँगते हैं, कांग्रेस उन्हें दे देती है। मुस्लिम लोग पच्चीस प्रतिशत हैं। उन्हें साढ़े तैंतीस प्रतिशत स्थान दिए गए हैं। ये लोग उन्हें कल-परसों तक 50 प्रतिशत स्थान देने के लिए तैयार थे और हमारा उचित हक़ होने पर भी हमारे लिए जवाब है कि सूई की नोंक जितनी मिट्टी भी हमें नहीं मिलेगी। अब पुनः पेशवाई न आए इसलिए आप लोगों को सचेत रहना चाहिए। मैंने मुम्बई एसेम्बली के लिए आपके जिले में जिवाप्पा ऐदाड़े को खड़ा किया है। जिवाप्पा एक बहाना मात्र हैं। वह मैं हूँ, मुझे चुनिए (तालियाँ)। विधिमंडल में मैंने अपने 15 लोग मारवाड़ी ब्राह्मणों की बगल में बैठने के लिए भेजे हैं। अपना किला मजबूत रहे ऐसा हमारा बर्ताव होना चाहिए। हिन्दू और मुस्लिम दोनों ने मिलकर यदि हमला किया तब भी घबराने की कोई बात नहीं है। मैंने उसकी व्यवस्था कर रखी है। परस्पर आलोचना और नफरत मत कीजिए। आप लोग अपना मत फेडरेशन को दे रहे हैं, इसमें अधिक सोचने की जरूरत नहीं है।

मैं जातिभेद के एकदम खिलाफ हूँ। मैं जातिभेद का सख्त दुश्मन हूँ। हमारे आपरा में जातिभेद जल्दी खत्म हो, यही मेरी मान्यता है। जातिभेद ब्राह्मणों ने पैदा किए हैं। मेरे फेडरेशन में जातिभेद को दफना दिया गया है। मातंग, भंगी, चमार आदि के साथ मेरा समानता का व्यवहार है। मैं महार जाति में पैदा हुआ हूँ, यह मेरा दोष नहीं है। मुम्बई में 90 प्रतिशत महार थे। किन्तु मुम्बई में हमने चमार समाज के देवरूखकर को खड़ा किया है। बढ़ई बढ़ई को मत देगा, कसार कसार को मत देगा इस तरह की बातें अब बिल्कुल नहीं चलनी चाहिए। सभी को शेड्यूल्ड कास्ट फेडरेशन के उम्मीदवार को मत देना चाहिए। दूसरा उदाहरण, नासिक जिले में भंगी को खड़ा किया गया है। वहाँ 90 प्रतिशत महार मतदाता थे। वहाँ महारों ने भंगी को ही चुना है।

खानदेश में एक मातंग उम्मीदवार को टिकट दिया गया था। दुर्भाग्य से बेचारे की रास्ते में गाड़ी खराब हो गई। नामांकन पत्र दाखिले के समय वह स्वयं उपस्थित नहीं हो सका। पिछले दो माह पहले इंग्लैंड में उच्च शिक्षा के लिए हमारे 30 छात्र भेजे गए। उनमें मातंग, महार, ढोर और भंगी हैं। मेरे पास जातिभेद के लिए कोई जगह नहीं है।

इस समय मेरा वीजापुर, अहमदनगर और बेलगाँव जैसे स्थानों पर जाना असम्भव है। भारत के सभी प्रदेशों के लोग चिल्लाते हैं कि आप हमारे प्रदेश में अब तक क्यों नहीं आए? मुझे यह कहने में गर्व होता है कि मुम्बई इलाके में जबर्दस्त राजनीतिक जाग्रति आई है। ऐसा दिखाई पड़ रहा है कि वीजापुर जिले के कुछ लोग यहाँ आए हैं। उन्हें भी मान्यवर काले जी को अपना मत देना चाहिए। और अहमद नगर के मतदाताओं को अपना मत मान्यवर रोहन को देना चाहिए।

मैंने जो उम्मीदवार खड़े किए हैं वे कांग्रेस के किसी लालच के सामने झुके नहीं हैं। वे कसौटी पर कसकर तैयार किए गए हैं। यहाँ पैसों में बिकनेवाले लोगों की क्या

जरूरत नहीं है। हम लोग मुम्बई एसेम्बली में 2 साल 7 माह तक रहे। हमारे 15 लोग वाद-विवाद में, अनुशासन में, राजनीति में, लक्ष्य प्राप्ति के लिए आस्थावान थे। यदि बौद्धिक दृष्टि से देखें तो मैं ही उसके लिए पर्याप्त हूँ। (तालियाँ) हम लोगों को आनेवाली पीढ़ी का रास्ता आसान करना है। दो हजार सालों से हमारे पूर्वज गुलामी को चुपचाप बर्दाश्त कर रहे हैं। क्या आज भी हम उसी गुलामी को बर्दाश्त करते रहेंगे? (नहीं! नहीं ! की आवाज) मुस्लिमों को जिन बातों को पाने में 20 साल लड़ना पड़ा उन बातों को हमने दो साल में हासिल किया है।

गुलामी की जंजीरें तोड़ेंगे

कौन डरता है मौत से? एक चोखाजी गांगुर्डे मर गया तो क्या हुआ? शेष 300 लोग घायल हैं, वे भी मर गए होते तो भी कोई बात नहीं थी। मुझे हर साल-छह महीने में 'गोली से मार देंगे, कत्ल कर देंगे' इस प्रकार के बेनामी खत मिलते हैं। आप लोग इस बात को ध्यान में रखिए कि यह अखिल भारतीय अछूतों की लड़ाई है। जिस प्रकार फौज में बिगुल बजने के बाद सभी फौजी तुरन्त इकट्ठा होते हैं, उसी प्रकार हर नर-नारी को पोलिंग बूथ पर इकट्ठा होकर अपने उम्मीदवार को मत देना चाहिए।

साप्ताहिक 'जनता' के 19 जनवरी, 2 फरवरी 1946 के अंक में प्रकाशित।

कुर्बानी की तैयारी से हम युद्धभूमि में उतर आए हैं

*दि. **17 फरवरी 1946** को शाम को पाँच बजे जी.आई.पी. रेलवे परल वर्कशाप के सामने रमाबाई अम्बेडकर नगर (नरे पार्क) में डॉ. बाबासाहेब अम्बेडकर को निधि अर्पण सभारम्भ आयोजित किया गया था। इस सभारम्भ में समता सैनिक दल की ओर डॉ. अम्बेडकर को 'गार्ड ऑफ ऑनर' दिया गया था। इस सभारम्भ को सम्बोधित करते हुए उन्होंने अपने भाषण में कहा–*

आनेवाले मार्च महीने की 11 तारीख को मुम्बई एसेम्बली का चुनाव होने जा रहा है। उसमें आप लोगों की जिम्मेदारी क्या है, इस बात को समझने के लिए आज की इस सभा का आयोजन किया गया है। मैंने पिछले दो दिनों में दो सौ मील का सफर बगैर भोजन-पानी के तय किया है इससे मुझे बड़ी थकान महसूस हो रही है। इसलिए मैं आज आप लोगों के सामने अपनी बात संक्षेप में ही रखना चाहूँगा। इससे आप लोगों के मन में किसी प्रकार का सन्देह पैदा नहीं होना चाहिए।

यह जो चुनाव होने जा रहा है उसके बारे में आप लोगों को निराश होने की जरूरत नहीं है। यह एक तरह का संग्राम है। यह अपनी आजादी का अन्तिम संग्राम है। कुरुक्षेत्र में कौरव-पांडवों के बीच जो संग्राम हुआ था उसी प्रकार का यह संग्राम है।

महाभारत में कहा गया है कि जब कौरव और पांडवों की फौज युद्ध के लिए एक-दूसरे के सामने खड़ी थी उस समय अर्जुन को कृष्ण से ऐसे सवाल पूछने चाहिए थे कि हमारी लड़ाई कैसी होनी चाहिए। लड़ाई में कैसे दाँव-पेंच चलने चाहिए, विरोधी फौजों पर किस प्रकार वार करना चाहिए। लेकिन इस तरह के सवाल पूछने के बजाय अर्जुन कृष्ण से आत्मा आदि के सम्बन्ध में सवाल पूछ रहा था। युद्धभूमि पर इस तरह के सवाल पूछना शुद्ध पागलपन है। लेकिन इस तरह की घटना घटित हुई होगी, ऐसा नहीं लगता। युद्ध के समय भगवद्गीता में श्रीकृष्ण ने जो बेतुकी बातें कही हैं वैसी बातें यदि आज कोई करना चाहे तो लोग उसे मूर्ख समझेंगे, इसमें कोई सन्देह नहीं।

मैंने पिछले बीस सालों में आप लोगों को अपना लक्ष्य और उसे हासिल करने का रास्ता बताने की पूरी कोशिश की है। और आज मुझे पूरा यकीन है कि अपने उसी

लक्ष्य के लिए हम सभी लोग पूरी तरह से संगठित होकर तैयार हुए हैं। मैं आज यहाँ अपने पुराने इतिहास को दोहराने के लिए नहीं आया हूँ। बल्कि आनेवाली 11 तारीख को आप लोगों को अपना जो कर्त्तव्य निभाना है उसी के बारे में विशेष तौर पर कुछ कहने आया हूँ।

पिछले चुनाव के समय अपने प्रतिपक्ष के साथ हमारा कोई समझौता नहीं था। उस समय हम लोग आज की तरह संगठित भी नहीं थे। लेकिन अब हमारी शक्ति बढ़ गई है इसलिए हमारा दुश्मन भी बेचैन है। पिछली बार मुम्बई में जो पहला चुनाव हुआ उस समय कांग्रेस के लोगों ने चोखाजी गांगुर्डे नाम के अपने एक कर्मठ कार्यकर्त्ता का कत्ल कर दिया था। दुश्मनों ने उसके शरीर पर तेज हथियार से 21 वार किए थे, ऐसा मैंने सुना है। इस कर्मठ कार्यकर्त्ता की शवयात्रा में भारी संख्या में लोग मौजूद थे। उस समय पुलिस लाठीचार्ज में रामचन्द्र कांबले नामक हमारा एक कर्मठ कार्यकर्त्ता शहीद हुआ। और कई लोग गम्भीर रूप से घायल हुए थे। नागपुर में भी गजभिये और वासनिक नाम के अपने दो कार्यकर्त्ता शहीद हुए। परसों सलारा में भी कांग्रेस के लोगों ने हमारी सभा पर पथराव किया। लेकिन सौभाग्य से हमारा कोई आदमी जख्मी नहीं हुआ बल्कि दुश्मन के लोग ही खून से सन गए।

पिछले चुनाव के समय कांग्रेस मुकाबले में नहीं आई। हम लोगों से सीधा मुकाबला करने के लिए उसकी हिम्मत नहीं हुई। लेकिन फिर आज कांग्रेस हमसे क्यों लड़ रही है? इस बात को हमें अच्छी तरह से समझ लेना चाहिए।

कांग्रेस के लोगों की स्वाभिमानी अछूत वर्ग पर जो तिरछी निगाहें हैं, वह इसलिए नहीं हैं कि हम लोग राजनीति में आ गए हैं या हम लोग चुनाव लड़ रहे हैं बल्कि इसलिए हैं कि उन्हें हमारा फेडरेशन नहीं चाहिए। शेड्यूल्ड कास्ट्स फेडरेशन का काँटा उनकी आँखों में चुभ रहा है। अपने फेडरेशन की भारी जनशक्ति की वजह से कांग्रेसवालों की नींद हराम हो गई है।

कांग्रेसवालों को लगता है कि अछूतों को मुस्लिमों के चुनाव में अलग-अलग गुटों में खड़ा होना चाहिए। उनका समाज बिखरा हुआ रहना चाहिए। और ऐसे बिखरे हुए समाज के लोगों को कांग्रेस में खींचने की उनकी पूरी कोशिश जारी है। यदि कुत्ते के सामने हड्डियाँ फेंक दो तो उसका भौंकना बन्द हो जाता है। उसी प्रकार चिल्लर ढंग से चुनकर आए हुए लोगों को खरीदना कांग्रेस के लिए आसान हो जाता है। किसी को जूतों का, किसी को गाड़ियों का ठेका देकर कांग्रेस का दबैल बनाया जा सकता है। लेकिन किसी सबल संगठन के उम्मीदवार को किसी भी प्रलोभन से दबैल नहीं बनाया जा सकता। इसीलिए कांग्रेस को शेड्यूल्ड कास्ट्स जैसा मजबूत संगठन नहीं चाहिए।

कांग्रेस के नेताओं की मौजूदा राजनीतिक दृष्टि को देखने से इस बात का पता चलता है कि वे अन्य संगठनों के सख्त खिलाफ हैं। और कांग्रेस जैसा एकमात्र संगठन रहना चाहिए, ऐसा उन्हें लगता है। उनकी यह कोशिश भी है कि अन्य संगठनों के लोगों को कांग्रेस में मिल जाना चाहिए। कांग्रेस के लोगों की यह जबर्दस्त कोशिश है कि

कांग्रेस ही एक संस्था, एक नेता और एक मार्ग के बल पर शक्ति हासिल करके अन्य सभी समाजों पर अपनी जबर्दस्त सत्ता कायम करे। वे लोग हमारी शक्ति को तबाह करने के लिए हर तरह के हथकंडे अपना रहे हैं। अभी-अभी हमारे लोगों पर जो हमले हुए हैं और हो रहे हैं, हमारे जिन कर्मठ कार्यकर्त्ताओं की हत्याएँ हुई हैं उसका कारण कांग्रेस की सत्ता लोलुपता है।

इसलिए मुझे आप लोगों से यही कहना है कि आप लोग विरोधी दलों की किसी भी प्रकार की दादागीरी से घबराएँ नहीं। आपकी अपने लक्ष्य के प्रति लगन और ईमानदारी पर मुझे फख्र है। सभी लोगों को आनेवाली 11 तारीख को अपने उम्मीदवार को भारी बहुमत से चुनने की पूरी कोशिश करनी है। आप लोग किसी के डराने-धमकाने से डरिए मत। ऐसे लोगों के सामने झुकिए नहीं।

शहीद गांगुर्डे अपना एक अच्छा कार्यकर्त्ता था। जो अन्य लोग शहीद हुए वे भी अच्छे कार्यकर्त्ता थे। उन सभी के परिवारजनों से मेरा यही कहना है कि आप लोग शोक मत कीजिए। मौत आज नहीं तो कल, निश्चित तौर पर आएगी ही। शहीद गांगुर्डे और अन्य शहीदों की मौत वीरों की मौत है। उनकी मौत से सारा समाज दुखी है। ये वीर शहीद मरे नहीं, अमर हुए हैं। उनकी कुर्बानी कभी बेकार नहीं जाएगी।

कांग्रेसवालों को मैं यह बता देना चाहता हूँ कि इस तरह की धमकियों से, अत्याचारी हमलों से, या उनके डराने से हम लोग डरनेवाले नहीं हैं। हम लोग मरने की तैयारी से ही मैदान में उतरे हैं। हम लोग मुकाबले के लिए पूरी तरह तैयार हैं। जो भी होना हो, हो जाएगा। अपने समाज की आजादी के लिए हर तरह का स्वार्थत्याग करने की हमारी तैयारी है। हम लोग अपमानित होकर उनकी शरण में नहीं जाएँगे। अपनी शक्ति पर हमें पूरा यकीन है। हम दुश्मन को भागने के लिए मजबूर कर देंगे। (भारी तालियाँ) अन्त में विजय हमारी ही होगी।

द्रोण जाति का एक ब्राह्मण था। वह अमीरों की बस्ती में रहता था। उसके बच्चे का नाम अश्वत्थामा था। धनवानों के बच्चे चाँदी के बर्तनों में दूध पीते थे यह देखकर अश्वत्थामा भी अपनी माँ से दूध माँगता था। गरीबी की वजह से उसके घर में गाय नहीं थी, तो चाँदी के बर्तन की तो बात ही दूर थी। फिर अश्वत्थामा की माँ बच्चे को चुप करने के लिए पानी में आटा घोलकर मिट्टी के बर्तन में उसे पीने के लिए देती थी। और अश्वत्थामा भी उस आटे के दूध को अन्य बच्चों के साथ बैठकर पी लेता था। इसी में वह सन्तोष कर लेता था। एक दिन द्रोण ने इस दृश्य को देखा। अपना बच्चा अन्य बच्चों के साथ मिट्टी के बर्तन में आटे का दूध पीकर सन्तोष कर रहा है, यह देखकर द्रोण को बहुत बुरा लगा। उसने सोचा, इस तरह जिन्दा रहने का क्या मतलब है? द्रोण सोचने लगा कि हमें कहीं से गाय लेनी चाहिए। उसने सोचा द्रुपद राजा अपना गुरुभाई है, मैं यदि उसके पास गया और उसे मैंने गुरुभाई का रिश्ता बताया तो उससे मुझे निश्चित रूप से एक गाय मिल जाएगी। इस उम्मीद से द्रोण द्रुपद नगरी में गया। द्रोण राजमहल के दरवाजे के पास पहुँचा तब पहरेदारों ने उससे पूछा कि

'तू कौन है?' द्रोण ने कहा कि, 'मैं राजा का गुरुभाई हूँ?' इसके बदन के कपड़ों पर तो थेगलियाँ लगी हैं फिर यह राजा का गुरुभाई कैसे हो सकता है, पहरेदारों ने सोचा। इसलिए पहरेदार जोर-जोर से हँसने लगे और द्रोण का मजाक उड़ाने लगे। अन्त में किसी समझदार आदमी ने दरबार में जाकर राजा को खबर पहुँचाई कि आपका कोई गुरुभाई बाहर खड़ा है। और वह आपसे मिलना चाहता है। राजा ने उसे अन्दर लाने के लिए कहा। द्रोण अन्दर आया। उसने अपने गुरुभाई होने की पहचान के लिए राजा को पिछला सारा इतिहास कह सुनाया और राजा से गाय देने की प्रार्थना की। राजा द्रुपद को लगा कि यह भिखारी आदमी मुझसे रिश्ता बनाकर मेरे बड़प्पन को नीचा दिखाने की कोशिश कर रहा है। इसलिए द्रुपद को गुस्सा आया और उसने अपने नौकरों के द्वारा द्रोण को भरे दरबार से बाहर निकाल दिया। दरबार से बाहर निकलते हुए द्रोण ने राजा से कहा, "हे राजा, यदि तुझे गाय नहीं देनी थी तो तू ऐसा कह सकता था। लेकिन तूने भरे दरबार में मेरा अपमान किया है। इस अपमान का बदला लेने के लिए मैं अपने शिष्यों के द्वारा तेरे हाथ-पाँव बँधवाऊँगा। और तुझे शरण माँगने के लिए बाध्य करूँगा। यह मेरी प्रतिज्ञा है। यह कहकर द्रोण दरबार से बाहर निकल आया।

बाद में द्रोण ने कौरव-पांडवों को धनुर्विद्या सिखाई। विद्या हासिल करने के बाद अन्य शिष्यों की तरह अर्जुन ने द्रोण से पूछा कि, "आपको गुरुदक्षिणा में क्या दिया जाए?" द्रोण को जो चाहिए था, उसने वही माँगा। अर्जुन द्रुपद राजा को बाँधकर लाया और उसे द्रोणाचार्य के चरणों में गिड़गिड़ाने के लिए मजबूर कर किया।

भाइयो तथा बहनो, हम अल्पसंख्यक हैं, गरीब हैं, फिर भी हमारा स्वाभिमान है। आप द्रोण की तरह स्वाभिमानी रहिए और अपने ताकतवर दुश्मन को घुटनों के बल शरण में आने के लिए मजबूर कीजिए, यही मुझे आप लोगों से कहना है। मौत को भी पीछे धकेलते हुए अपने समाज की स्वतन्त्रता के लिए पूरे विश्वास के साथ लड़ना ही हमारी प्रतिज्ञा है।

मैं कांग्रेस और हिन्दुओं को यह बताना चाहता हूँ कि हम दंगा-फसाद करके चुनाव नहीं जीतना चाहते। और यदि मुकाबला करने की ही बात हो तो हम लोगों ने चूड़ियाँ नहीं पहनी हैं। हमारे पास बल न भी हो तब भी स्वाभिमान है। जो लोग हम पर हाथ उठाने की कोशिश करेंगे उन्हें हम धूल चटाने में कोई कसर बाकी नहीं रखेंगे। (तालियाँ)

मैं हिन्दुओं से सिर्फ एक ही बात कहना चाहता हूँ कि जैसे आपकी राजनीति अंग्रेजों से मुक्त होने के लिए है वैसे ही हमारी राजनीति हिन्दुओं से मुक्त होने के लिए है। हमें हिन्दुओं की सत्ता बिल्कुल नहीं चाहिए जैसे आप लोगों को अंग्रेजों की सत्ता नहीं चाहिए। अंग्रेज गए तो हिन्दुओं को स्वराज्य मिलेगा। अंग्रेज गए तो उनके स्थान पर हिन्दू लोग आएँगे। आज केन्द्रीय मन्त्रिमंडल में कुछ यूरोपियन लोग हैं। बाद में उनके स्थान पर ब्राह्मण, कायस्थ, बनिया होंगे। लेकिन इन लोगों पर हमारा भरोसा नहीं है। पिछले दो हजार सालों से हिन्दुओं ने हमारा शोषण किया है। हजारों साल से हिन्दू नाम का भयंकर अजगर हमारे चारों ओर कुंडली मारकर बैठा है। और जिस दिन उसकी

कुंडली खुल जाएगी वही दिन हमारे लिए आजादी का दिन होगा। अपनी स्वतन्त्रता के लिए हमारा हिन्दुओं की सत्ता से जबर्दस्त विरोध है। जिन्होंने हजारों साल तक हमारा शोषण किया वे लोग सत्ताधारी बनने के बाद हम पर रहम करेंगे, इस बात पर हमारा विश्वास नहीं है। जो लोग हमारे छू जाने से अपवित्र हो जाते हैं वे लोग हमारा उत्थान करेंगे इस तरह की बात को कोई पागल आदमी भी कबूल नहीं कर सकता। इस देश की सत्ता यदि हिन्दुओं को ही मिली तो यह एक तरह से हमारे साथ धोखा है। इसलिए इस देश की राजसत्ता में हमें हमारी हिस्सेदारी मिलनी ही चाहिए। सत्ता हासिल करने के लिए ही हमारा संघर्ष है। हिन्दुओं ने कितना भी षड्यन्त्र किया तब भी इस देश का सत्ताधारी होने की हमारी प्रतिज्ञा को हम कामयाब बनाएँगे, इसमें कोई सन्देह नहीं।

फिलहाल जिस अकाल की सम्भावना है उसको कैसे टाला जाए, यह हम सबके सामने एक विकट सवाल है। जब हम हिन्दुओं से पूछते हैं कि इस अकाल को किस तरह से टाला जाए तो उनका जवाब होता है कि बगैर राष्ट्रीय सरकार के इस सवाल का समाधान नहीं हो सकता। और राष्ट्रीय सरकार आने का मतलब है फिलहाल तीन यूरोपियन मन्त्रियों के स्थान पर हिन्दू मन्त्रियों की नियुक्ति होना। इस तरह से बनी राष्ट्रीय सरकार से कौन-से नए दीये जलनेवाले हैं, यही बात मेरी समझ में नहीं आ रही है। यह धोखे में रखने का खेल है। सत्ता हथियाने के लिए हिन्दू लोग हर तरह के हथकंडे अपना रहे हैं। आज का समय अछूतों के भविष्य की दृष्टि से बहुत ही महत्त्वपूर्ण है। हिन्दू लोग हमारे हक़ छीनना चाहते हैं लेकिन हमसे मरने का हक़ कोई नहीं छीन सकता। (तालियाँ) यदि हमारे हक़ हमें नहीं मिले तो हमारा अपने हक़ों के लिए जान कुर्बान करने का पक्का इरादा है। गांधीजी कितनी ही नाक-भौं सिकोड़ने की कोशिश करें, वल्लभभाई पटेल भी चीखते-चिल्लाते रहें, और जवाहरलाल नेहरू भी आगबबूले होते रहें तब भी अछूत वर्ग उनकी अधिक परवाह नहीं करेगा।

हमारी माँगें मुस्लिमों की तरह बेबुनियाद नहीं हैं। हमारी माँगें हमारे उत्थान के लिए, हमारे अस्तित्व के लिए बिल्कुल उचित हैं। उनमें रत्ती भर भी इधर-उधर नहीं हो सकता। यदि कांग्रेसजनों और हिन्दुओं को लगता हो कि हमारी माँगें बेबुनियाद हैं, अनुचित हैं तो मेरा उनसे निवेदन है कि उन्हें हमारी माँगों का फैसला करने के लिए एक अन्तर्राष्ट्रीय न्यायालय का गठन करना चाहिए। न्यायालय जो फैसला देगा उसे स्वीकार करने के लिए हम लोग तैयार हैं। उन लोगों को भी अदालत का निर्णय स्वीकार करने के लिए तैयार रहना चाहिए।

आप लोग हमारी न्यायोचित माँगें स्वीकार करने के लिए तैयार नहीं हैं। और कोर्ट के गठन के लिए भी तैयार नहीं हैं तो फिर जो भी होना हो, उसके लिए हम तैयार हैं।

भाइयो तथा बहनो, आप लोग हिन्दू लोगों पर किसी भी प्रकार का भरोसा मत कीजिए। जैसे कांग्रेस ने पिछली बार जो आश्वासन दिया था और बेईमानी की उसी प्रकार आगे होगा। हिन्दू समाज में समझदारी नहीं है। और जो कुछ है उसे मैं

नाना फड़नवीस की मक्कारी मानता हूँ। हम लोगों को अपने न्यायोचित हक़ देश से अंग्रेजों के जाने से पहले ही हासिल कर लेने चाहिए। देश की राजसत्ता में हमें हमारा उचित हिस्सा मिलना ही चाहिए। यह तथाकथित बड़ा भाई दुश्मन से भयंकर दुश्मन है। उस पर किसी भी प्रकार से भरोसा करना खतरनाक है। इसलिए अंग्रेजों के जाने से पहले हमारे हक़ों का फैसला हो जाना चाहिए। यदि बड़ा भाई साम-दाम से सुनना नहीं चाहता और हमारे हितों के खिलाफ जाता है तो अपनी सारी ताकत से हमें उसका विरोध करना चाहिए। हमें अपना न्यायोचित हिस्सा हासिल करने की अपनी प्रतिज्ञा को अमल में लाने के लिए कोई कसर बाकी नहीं रखनी चाहिए।

11 मार्च को जो चुनाव होनेवाला है उसके बारे में मैं कुछ कहना चाहता हूँ। इस विभाग (ई और एफ वार्ड में) में अपने 28 हजार मतदाता हैं। और हिन्दुओं के मतदाता हैं एक लाख चौबीस हजार। जी वार्ड तथा सब अर्बन में अपने 32 हजार मतदाता हैं और हिन्दुओं के एक लाख चौदह हजार मतदाता हैं। आप यदि हिसाब लगाते हैं तो पता चलेगा कि हमारे मतदाताओं की संख्या बहुत कम है। यह एक युद्ध है। महाभारत में बताया गया है कि कौरवों की फौज 11 अक्षौहिणी थी और पांडवों की फौज 9 अक्षौहिणी थी। इसमें कौरवों की विजय होनी चाहिए थी। लेकिन अल्पसंख्यक पांडव ही सफल हुए। वास्तव में हमारे मतदाता कम हैं लेकिन हर किसी को उस दिन बगैर किसी संकोच के अपना मत देना चाहिए क्योंकि हिन्दुओं के मत अधिक हैं। एक-एक कर 1,34,000 मत काजरोलकर को मिले तो उसकी सफलता सुनिश्चित है। वह तो स्वर्ग से भी ऊपर जाएगा। वहाँ क्या है इसकी मुझे कोई जानकारी नहीं है। उस दिन हम सभी लोगों को अपना मत देना चाहिए। जैसे हम लोग पहले के जमाने में श्राद्ध के दिन इकट्ठा होते थे उसी तरह आनेवाले 11 मार्च को मतदान के लिए जाना है। 3 जनवरी को मुम्बई के साधारण चुनाव में अपने दोनों उम्मीदवारों को 11-12 हजार मत मिले और कांग्रेस के उम्मीदवारों को 2-2 हजार मत मिले। ये मत पुरभैय्या लोगों ने महार-मातंगों के नाम पर दिए, इस बात से हमें कुछ सबक सीखना चाहिए। आनेवाले चुनाव में झूठे लोग तुम्हारे नाम से मत ले लेंगे। लेकिन अब यह बात नहीं होनी चाहिए। इसलिए आप लोगों को सुबह ही मतदान केन्द्र पर पहुँच जाना चाहिए अन्यथा सुबह ही लोग आपके नाम का मत देकर चले जाएँगे। आप लोगों को लाने-ले जाने के लिए गाड़ी-घोड़ा आदि कुछ नहीं मिलेगा। कांग्रेस के लोग उस दिन गाड़ियों का इस्तेमाल कर सकते हैं। लेकिन आप लोगों ने पैदल जाकर अपना मत देना है। चुनाव के दिन कांग्रेस के लोग आपको डरा सकते हैं, धमका सकते हैं। इसके लिए समता सैनिक दल के लोगों को तैयार रहना चाहिए। हिन्दू लोग तो हमारे विरोध में हैं ही लेकिन सरकार की पुलिस भी हमारे विरोध में है। इसलिए हमारे लोगों को संरक्षण देने की जिम्मेदारी समता सैनिक दल की है। इससे पहले भी दल ने बहुत अच्छा काम किया है। दल को इस बात की भी कोशिश करनी चाहिए कि हमारे लोगों को किसी भी प्रकार की परेशानी न हो। इससे पहले समता दैनिक दल ने कई अवसरों पर प्रशंसनीय काम किया है। इस

दल पर अब बड़ी जिम्मेदारी है। कार्य-संचालन की सुविधा के लिए इस चुनाव तक फेडरेशन के अध्यक्ष श्री जाधव के मार्गदर्शन में समता सैनिक दल को अपनी जिम्मेदारी निभानी है।

मुझे पूरा यकीन है कि हमारे उम्मीदवार सिर्फ विजयी नहीं होंगे बल्कि वे प्रतिपक्ष को बहुत भारी मतों से पराजित करेंगे। कांग्रेस के लोग आज लोकतन्त्र की तारीफ करते हुए नजर आ रहे हैं लेकिन क्या उन्हें यह मालूम है कि लोकतन्त्र क्या चीज है? अगर मालूम है तो उन्हें जन से नहीं तो कम-से-कम मन में शर्म आनी चाहिए थी। वे इस बात को समझ गए होते कि जिन्हें 90 प्रतिशत मत मिले वे चुने गए। इस पर उन्होंने होहल्ला नहीं मचाया होता। आप लोग 11 तारीख को अपने विरोधियों को धूल चटाएँगे ऐसी मैं उम्मीद करता हूँ। आप लोगों ने मुझे 17,000 हजार रुपए का चैक दिया उसके लिए मैं आपका बड़ा अहसानमन्द हूँ। ये पैसे चुनाव की चटनी के भी काम नहीं आएँगे। हम लोग अखबारों में पढ़ते हैं कि गांधीजी को 5 लाख की थैली भेंट की गई। नेहरूजी को 3 लाख की थैली भेंट की गई। पैसे कम मिले इसलिए कोई खेद नहीं है। अपनी राजनीति खरीदफरोख्त की राजनीति नहीं है। यह तो दरियादिली की राजनीति है। यह परिवर्तन की राजनीति है। पिछले बीस सालों में मुझे किसी से 5,000 रुपए भी नहीं मिले हैं। लेकिन उसके लिए मुझे कोई खेद नहीं है। हमारे लोग अब हिन्दुओं के कन्धे से कन्धा मिलाकर चलते हैं, बैठते-उठते हैं, इसी की मुझे खुशी है। मेरे लोगों में उत्थान का आत्मविश्वास जाग गया है, इसी बात की मुझे खुशी है।

भाइयो तथा बहनो, मैं अब और ज्यादा कुछ नहीं कहना चाहता। मुझे आपकी प्रतिबद्धता और कर्त्तव्यदक्षता पर पूरा विश्वास है। मैं आपसे इससे ज्यादा और कुछ नहीं माँगना चाहता। मैं दिल्ली जाने के बाद 11 तारीख की विजय की सूचना का इन्तजार करूँगा।

सा. जनता : दि. 9 फरवरी और 2 मार्च 1946।

खून बहाकर हम अपना लक्ष्य हासिल करेंगे

*डॉ. बाबासाहेब अम्बेडकर ने 'पीपुल्स एजूकेशन सोसायटी' की स्थापना कर 'सिद्धार्थ कॉलेज' शुरू किया। सवर्ण हिन्दुओं को इससे बड़ी परेशानी हुई। **दि. 26 मार्च 1946** को केन्द्रिय विधिमंडल में पं. मदन मोहन मालवीय के पुत्र गोविन्द मालवीय ने 'सिद्धार्थ कॉलेज' के बारे में घिनौना सवाल पूछा था। इसका विधिमंडल में जवाब देते हुए डॉ. अम्बेडकर ने कहा—*

अध्यक्ष महोदय,

आपने फाइनेंस बिल पर चल रही चर्चा में हिस्सा लेने का मुझे मौका दिया इसके लिए मैं आपका एहसानमन्द हूँ क्योंकि मैं जिन बातों के बारे में बोलनेवाला हूँ वे बातें मेरे (मजदूर) विभाग के बारे में नहीं हैं। आज तक जो बहस हुई उसमें मेरे विभाग के बारे में किसी भी प्रकार की कोई खास आलोचना नहीं की गई है, इस बात से मुझे सन्तोष है। फिर भी मैं बोलने के लिए खड़ा हुआ हूँ। इसकी वजह यह है कि कल फाइनेंस बिल पर बोलते हुए मेरे मित्र पंडित गोविन्द मालवीय ने अछूतों के लिए खोले जानेवाले कॉलेज की योजना के बारे में बताया है।

शिक्षा विभाग ने कॉलेज की योजना की समीक्षा करके फाइनेंस विभाग द्वारा उसे मंजूरी देने के सम्बन्ध में खुलासा करने का मौका इन विभागों को दिया होता तो अच्छा होता। मैंने उस योजना को सिर्फ प्रेरित किया था। यह हक़ीकत होने के बावजूद मेरे मित्र गोविन्द मालवीय ने जो मुद्दे उठाए हैं उनका जवाब देने का काम फाइनेंस विभाग को सौंपने की बजाय मैंने खुद लिया है। इसकी वजह बस इतनी है कि इस कॉलेज की योजना की आलोचना करते समय उसे राजनीतिक रूप देने का प्रयास मेरे मित्र ने किया है।

इस योजना के बारे में बोलते हुए मेरे मित्र ने शुरू में ही कहा है कि 'इस योजना के बारे में मुझे आश्चर्य हो रहा है', और जब मैंने उनके सम्पूर्ण भाषण को पढ़ा उस समय मेरी समझ में आया कि मेरे मित्र के आश्चर्य का कारण यह है कि उन्हें लगता है कि शिक्षा के क्षेत्र में दलीय राजनीति का भूत घुसेड़ दिया गया है। इस सम्बन्ध में मैं अपने मित्र (पंडित मालवीय) को एक प्रसिद्ध कहावत की याद दिलाना जरूरी समझता हूँ कि, 'काँच के मकान में रहनेवालों को दूसरों के मकान पर पत्थर नहीं फेंकने चाहिए।'

पंडितजी को इस कहावत का अर्थ समझ में आएगा या नहीं, यह तो मैं नहीं जानता किन्तु आश्चर्य की बात यह है कि पंडितजी राष्ट्रवाद की गप्प हाँकने में काफी माहिर हैं। जो अभी हिन्दुओं के हाथ का पानी नहीं पिएगा किन्तु (उनसे क्षेत्र गोत्र न जुड़नेवाले ब्राह्मणों के हाथ का पानी पीने के लिए भी तैयार नहीं) पंडितजी जैसा आदमी मुझे और इस सभा के सदस्यों को राष्ट्रवाद का आख्यान देता है, इस बात पर मुझे बड़ा आश्चर्य हो रहा है।

धर्मान्धता से मलिन पवित्रता को अन्य किसी को नहीं छूना चाहिए इसलिए पूरी सतर्कता बरतनेवाले को राष्ट्रवाद-जातिवाद आदि वादों के नाम से हौवा खड़ा करके दूसरों पर जातिवाद, दलगत राजनीति और पक्षपाती होने का आरोप लगाने से पहले गम्भीर रूप से सोचना चाहिए था। बनारस के बनारस हिन्दू विश्वविद्यालय के साथ पंडितजी का बहुत करीब का सम्बन्ध रहा है, और है। इस बात को पंडितजी को भूलना नहीं चाहिए। मैं पंडितजी से पूछना चाहता हूँ कि क्या बनारस हिन्दू विश्वविद्यालय जाति-निर्देशित संस्था नहीं है? बल्कि मैं तो यह कहना चाहता हूँ कि बनारस हिन्दू विश्वविद्यालय जैसी संस्था सभी हिन्दुओं के लिए नहीं है वह सिर्फ हिन्दू धर्म में आनेवाली एक खास जाति की देख-रेख में खास लोगों के लिए बनाई गई संस्था है। इस विश्वविद्यालय के अध्यापक वर्ग में गैरब्राहाण समाज के लोग करीब-करीब हैं ही नहीं। क्या इस बात को मेरे मित्र अस्वीकार कर सकते हैं?

हिन्दू धर्मशास्त्र का अध्यापकत्व किसी भी (फिर उनकी उस शास्त्र में शिक्षा सम्बन्धी योग्यता कितनी भी ऊँचे दर्जे की क्यों न हो) गैरब्राह्मण समाज के आदमी को न दी जाए, इस प्रकार का अभंग प्रस्ताव क्या 1916 में इस विश्वविद्यालय ने पास नहीं किया था? दूर की बात छोड़ दीजिए, अभी कुछ दिनों पहले की बात है—एक कायस्थ लड़की को ब्राह्मणज्ञान (वेदान्त) के अध्ययन के लिए इस विश्वविद्यालय ने अनुमति नहीं दी, इसलिए उसे अनशन करना पड़ा, शायद इस बात को मेरे मित्र भूले नहीं होंगे। इस प्रकार के उदाहरण क्या साबित करते हैं? क्या यह जाति-अहंकार, धर्मान्धता और पक्षपात नहीं है? क्या इसके लिए पंडितजी के पास कोई जवाब है?

अछूतों के लिए स्वतन्त्र कॉलेज स्थापित करने से सम्बन्धित मैं कल की बहस की कार्यवाही पढ़ रहा था। उसमें मेरे दूसरे मित्र मान्यवर आयंगर के कुछ शब्द पढ़ने को मिले। मान्यवर आयंगर के अपने शहर में कैसी घटनाएँ घट रही हैं उन्हें उन्होंने जानबूझकर नजरअंदाज किया है, ऐसा लग रहा है। मैं उन्हें यह बताना चाहता हूँ कि उन्हें मद्रास से प्रकाशित होनेवाला इस माह की बारह तारीख का 'हिन्दू' अखबार जरूर पढ़ लेना चाहिए। उसमें उन्हें दिखाई देगा कि सालेम में उनके जातिभाइयों ने एक बड़ी सभा का आयोजन करके ख़ास ब्राह्मणों की ऐसी एक बड़ी संस्था स्थापित करना और उस संस्था के द्वारा ब्राह्मणों के हितों का रक्षण, ब्राह्मणों का कॉलेज और ब्राह्मणों के लिए उद्योग-धन्धे आदि बातें करने का निश्चय किया है। ब्राह्मणों की इस परिषद् के अध्यक्ष सर सी.पी. रामास्वामी अय्यर जैसे व्यक्ति हैं।

इस देश में हर आदमी राष्ट्रवाद की गप्प हाँकता रहता है। लेकिन व्यवहार में जातिवादी, पक्षपाती, धर्मान्धता के जाल में फँसा हुआ रहता है।

जिस समाज को अपने भयंकर उत्पीड़न की जुम्मे-जुम्मे समझ आई है वह अछूत समाज इस उत्पीड़न से अपने-आपको मुक्त करने के लिए, ऊँची शिक्षा पाने के लिए शिक्षा संस्था स्थापित करते ही 'जनता के कल्याण की कसम खाकर हम यहाँ आए हैं' ऐसी बातें करते हुए घूमने-फिरनेवाले सदस्य इसे जातिवाद, जातीय राजनीति कहते हुए भौंकना शुरू कर देते हैं।

सभी सदस्यों के सामने मैं एक महत्त्वपूर्ण खुलासा करना चाहता हूँ कि यह कॉलेज पूरी तरह से अछूतों का है, यह कहना पूरी तरह से गलत है। अन्य सभी कॉलेजों की तरह कोई भी इस कॉलेज में आ सकता है। इतना ही नहीं, इस कॉलेज के लिए अध्यापकों का जो चुनाव किया जाएगा उसमें सभी जाति के लोग हैं। उनमें हिन्दू-ब्राह्मण हैं, गैरब्राह्मण हैं, पारसी हैं, ईसाई हैं और मुस्लिम भी हैं। इस बात की ओर सदस्यों का ध्यान आकर्षित करते हुए मुझे बड़ी खुशी हो रही है कि जिस समय इस कॉलेज की मंजूरी के लिए मुम्बई विश्वविद्यालयों में निवेदन पेश किया गया उस समय बगैर किसी सन्देह के तुरन्त मंजूरी दे दी गई। इतना ही नहीं, इस प्रकार की योजना मुम्बई विश्वविद्यालय के सामने इससे पहले कभी नहीं आई थी, इस प्रकार का रिमार्क भी दिया गया। इसमें भी सबसे विशेष महत्त्वपूर्ण बात यह है कि इस कॉलेज की संरचना अध्यापक वर्ग और अन्य व्यवस्था इतनी पसन्द की गई कि मुम्बई विश्वविद्यालय के इतिहास में आज तक किसी भी कॉलेज को इतनी जल्दी ऐसी सुविधाएँ नहीं दी गईं जैसी सुविधाएँ इस कॉलेज को दी गईं। कहने का मतलब यह है कि इस कॉलेज को स्थापित करने की जरूरत क्यों महसूस हुई इस बात की ओर अब मैं आपका ध्यान आकर्षित करना चाहता हूँ।

मुम्बई प्रदेश में छात्रों की संख्या इतनी बढ़ गई है कि उसकी पूरी जानकारी शायद सदस्यों को नहीं होगी। उस तरफ बैठे मेरे मित्र मान्यवर गाडगिल को मालूम है कि पिछले साल सिर्फ एक ही साल में उन्नीस नए कॉलेज शुरू करने के लिए मुम्बई विश्वविद्यालय को अनुमति देनी पड़ी। इससे आप कल्पना कर सकते हैं कि छात्रों का कॉलेज में प्रवेश हासिल करना कितना मुश्किल हो गया है। और इन कठिनाइयों का ज्यादा से ज्यादा असर अछूत वर्ग के छात्रों पर पड़ता है, क्योंकि मैट्रिक पास होने के बाद अछूत छात्रों को किसी भी कॉलेज में प्रवेश मिलना मुश्किल हो गया है। इसलिए अछूत छात्रों की इस कठिनाई को मैंने भारत सरकार के सामने रखा और अछूत छात्रों की इस कठिनाई को दूर करनेवाली संस्था स्थापित करने के लिए कहा। इसलिए हम यहाँ जिस कॉलेज के बारे में बोल रहे हैं उस सिद्धार्थ कॉलेज की योजना के बारे में जो सन्देह उठाए गए हैं उनका कोई मतलब नहीं है।

मेरे मित्रों ने इस बहस में एक अन्य विषय को छेड़ने की कोशिश की थी। उन्होंने इस विषय को क्यों उठाया इस बात का पता लगाना मुश्किल है। वह विषय है

राजनीति। उन्होंने कहा है कि अभी जो चुनाव हुए उसमें मेरी पार्टी का बहुत बुरा हाल हुआ है। यह कहकर वे क्या हासिल करना चाहते हैं, वे ही जानें। किन्तु मुझे ऐसा लगता है कि मेरी बात भारत सरकार को स्वीकार नहीं करनी चाहिए थी, यही उनके कहने का मतलब है। कुछ भी हो, यह कहा जा सकता है कि मेरी स्थिति इस समय सूखे पौधे की तरह है। मैं अपने विरोधियों को बस इतना ही कहना चाहता हूँ कि बसन्त से पहले तक यह स्थिति है। फिर मेरा आन्दोलन अमर है।

कई जगहों पर मतदाताओं को मतदान केन्द्रों पर नहीं जाने दिया गया। इस तरह की बातें सतारा जिले में खारा तौर पर हुई हैं। पत्री सरकार जहाँ अस्तित्व में थी, राज्य के उस सतारा जिले के अधिकांश सदस्यों को जानकारी होगी ही। 363 गाँवों के अछूत मतदाताओं को सवर्ण हिन्दू गाँववासी कचहरी में ले गए और उन्हें डरा-धमकाकर पूछा गया कि 'तुम लोग कांग्रेस को मत दोगे या नहीं?' जब अछूत मतदाताओं ने कांग्रेस को मत देने से साफ इनकार किया तब उन्हें कचहरी में जबर्दस्ती बन्द करके रखा गया। और वे अछूत मतदाता इधर-उधर न जाएँ इसलिए उन पर सख्त पहरेदारी की गई। मैं इस तरह के कई उदाहरण दे सकता हूँ। यह तो कुछ भी नहीं है। किन्तु कांग्रेस का विरोध करने के लिए तैयार अछूत उम्मीदवारों से मारपीट भी की गई। दूर की बात छोड़ दीजिए, कल-परसों चुनाव हुए आगरा शहर का उदाहरण ले लीजिए। अछूतों के पचास घरों को जलाया गया। अछूत मतदाता मत देने के लिए मतदान केन्द्र पर गए, यह देखकर 20 लोगों के घर लूट लिए गए। नागपुर में सात लोगों की हत्या कर दी गई। और यह सब कांग्रेस के सवर्ण हिन्दुओं ने किया। उन्होंने चुनाव जीतने के लिए इस तरह के रास्ते अख्तियार किए हैं। कांग्रेस ने ये स्थान जीते या जिस राजनीतिक दल का मैं प्रतिनिधि हूँ उस शेड्यूल्ड कास्ट्स फेडरेशन ने जीते इस बात को तय करना हो तो सामान्य चुनाव के नतीजों से यह बात तय करनी कोरी बकवास होगी। क्योंकि सामान्य चुनाव में अछूतों का प्रतिशत 5 है और हिन्दुओं का 15 प्रतिशत है। इस प्रकार की स्थिति में कौन किसका प्रतिनिधि है यह कैसे तय किया जा सकता है? इसीलिए चुनाव के नतीजों की असली कसौटी प्राथमिक चुनाव के नतीजों को मानना चाहिए। क्योंकि अछूतों के प्राथमिक चुनाव स्वतन्त्र मतदाता संघ के सिद्धान्त पर हुए हैं। इस प्राथमिक चुनाव के नतीजे किस प्रकार के रहे? मेरे सामने बैठे हुए लोगों को उसका आभास होना चाहिए (और उनकी आँखें एकदम खुल जाएँ), इसलिए मैं यहाँ कुछ जगहों के नतीजे दे रहा हूँ।

पंजाब में तीन जगहों पर प्राथमिक चुनाव हुए हैं। मुम्बई में दो जगह, मध्यप्रान्त में 4 जगह, मद्रास में 40 जगह, और संयुक्त प्रान्त में 2 जगहों पर प्राथमिक चुनाव हुए हैं। प्राथमिक चुनाव होने ही चाहिए, इसमें जबर्दस्ती नहीं हो सकती। जब तक अछूतों के पाँच उम्मीदवार खड़े नहीं होते तब तक प्राथमिक चुनाव नहीं हो सकते। चुनाव में बेहिसाब उड़ाया जानेवाला काले बाजार का पैसा अछूतों के पास न होने की वजह से अछूतों को प्राथमिक चुनाव में कोई ख़ास दिलचस्पी नहीं होती।

कुल मिलाकर 22 जगहों पर प्राथमिक चुनाव हुए हैं। कांग्रेस ने हर जगह अपना उम्मीदवार खड़ा किया था। इन 22 स्थानों में से 19 स्थानों में शेड्यूल्ड कास्ट्स फेडरेशन को सबसे ज्यादा मत मिले हैं। मुम्बई में 2 जगहों पर हुए चुनाव में भायखला संभाग में शेड्यूल्ड कास्ट्स फेडरेशन के उम्मीदवार को 11334 मत मिले और कांग्रेस के उम्मीदवार को कुल 2096 मत मिले। मुम्बई जी और उपनगर विभाग में शेड्यूल्ड कास्ट फेडरेशन के उम्मीदवार को 12899 मत मिले और कांग्रेस के उम्मीदवार को 2088 मत मिले। मैं यहाँ मध्यप्रान्त के सिर्फ दो स्थानों के आँकड़े दे रहा हूँ। नागपुर मतदाता संघ में शेड्यूल्ड कास्ट फेडरेशन के उम्मीदवार को 1933 मत मिले और कांग्रेस के उम्मीदवार को सिर्फ 270 मत मिले। भंडारा जिले में शेड्यूल्ड कास्ट फेडरेशन के उम्मीदवार को 3187 मत मिले और कांग्रेस तथा अन्य स्वतन्त्र उम्मीदवारों को मिलाकर 976 मत मिले। आगरा विभाग में शेड्यूल्ड कास्ट फेडरेशन के उम्मीदवार को 2248 मत मिले और कांग्रेस तथा अन्य स्वतन्त्र उम्मीदवारों को कुल मिलाकर 840 मत मिले। पंजाब में लुधियाना-फिरोजपुर विभाग में शेड्यूल्ड कास्ट फेडरेशन के उम्मीदवार को 1900 मत मिले और कांग्रेस को सिर्फ 500 मत मिले। (जब डॉ. बाबासाहब अम्बेडकर बोल रहे थे उस समय दीवान चमनलाल जो कांग्रेस के सांसद थे, बीच में ही खड़े होकर बोले कि 'डॉ. अम्बेडकर गलत बता रहे हैं।' इस पर डॉ. अम्बेडकर गुस्से से लाल हो उठे और उन्होंने अपना तीव्र विरोध दर्ज किया। उस समय अध्यक्ष ने दीवान चमनलाल की ओर इशारा करते हुए कहा कि, मंत्री महोदय (डॉ. अम्बेडकर) अपनी बात तथ्यों के आधार पर कह रहे हैं, ऐसे समय बीच में खड़े होकर अवरोध पैदा करना उचित नहीं है। उठाए गए मुद्दों पर मन्त्री महोदय की बात शान्ति से सुननी चाहिए। जब मन्त्री महोदय बोल रहे हैं तब किसी भी सांसद का यह कहना कि 'वे गलत बोल रहे हैं' उचित नहीं है। अध्यक्ष की ओर से डाँट पड़ने के बाद दीवान चमनलाल ने अपने शब्द वापस ले लिए। डॉ. अम्बेडकर ने पुनः अपना भाषण शुरू किया।) मद्रास प्रान्त के सिर्फ एक ही स्थान के आँकड़े मैं दे रहा हूँ। आमपुरम विभाग में शेड्यूल्ड कास्ट फेडरेशन के उम्मीदवार को 10540 मत मिले और कांग्रेस के उम्मीदवार को 2383 मत मिले। इस प्रकार प्राथमिक चुनाव के नतीजों के आँकड़े हैं।

इससे एक बात आसानी से सिद्ध होती है कि प्राथमिक चुनाव के परिणाम ही सही, उन्हें प्रतिनिधित्व की कसौटी माना जाना चाहिए।

इस चुनाव में कांग्रेस ने सप्रमाण सिद्ध कर दिखाया है कि यह चुनाव पूरी तरह धोखाधड़ी थी। उसी तरह जिन बातों के लिए मैं आज तक लड़ता आ रहा हूँ कि 'अछूओं को स्वतन्त्र मतदाता संघ मिलना ही चाहिए' मेरी इस लड़ाई को इस चुनाव से बहुत बड़ा आधार प्राप्त हो गया है।

पंडित मालवीय ने दूसरी और एक बात कही है कि अछूतोद्धार की ओर हिन्दू लोग काफी ध्यान दे रहे हैं और अछूतों की नैतिक प्रगति के लिए वे पानी की तरह पैसा बहा रहे हैं। इस पर मैं इतना ही कहना चाहता हूँ कि बाहर की बातों को दूर ही रहने

दीजिए। किन्तु इस सभागृह की चारदीवारी में जो कुछ बातें घटती हैं उन्हीं के आधार पर निश्चित करना हो तो कोई भी निष्पक्ष आदमी यही कहेगा कि मालवीय के उक्त कथन में कोई दम नहीं है। इस सदन में आए हुए मुझे बहुत ज्यादा दिन नहीं हुए हैं, यह बात सही है। किन्तु इस सदन की कार्यवाही के अहवाल को निरन्तर बड़े ध्यान के साथ पढ़ता हूँ। और मैंने जो पढ़ा हूँ उसमें मैंने कुछ भी बाकी नहीं छोड़ा है। उसमें मुझे यह दिखाई दिया है कि अछूतों पर हर रोज होनेवाले अन्याय, ज्यादतियों आदि के बारे में इस सदन में एक भी सदस्य ने एक भी सवाल नहीं पूछा है। अछूतों के लिए कुछ किया जाए इस तरह का एक भी प्रस्ताव किसी भी सदस्य ने इस सदन में रखा हो, इसका उल्लेख आज तक के अहवालों में कहीं नहीं दिखाई दिया। कहने-भर के लिए 1933 में सामने बैठे हुए कुछ सदस्यों ने अछूतपन को समाप्त करने की हिम्मत दिखाई थी, यह सच है। 'मन्दिर-प्रवेश' का एक बिल रखा गया था। लेकिन जिस समय वायसराय ने इस बिल को मंजूरी देने से इनकार किया उस समय कितना हंगामा खड़ा किया गया था। कहा गया था कि, ''इस बिल को मंजूरी नहीं दी गई तो हम आत्महत्या करेंगे।'' कई लोगों ने धमकी दे दी थी। किन्तु जिस समय बिल को मंजूरी दी गई उस समय आप लोगों को क्या हो गया था, क्या इस बात को आप जानते हैं?

उस बिल को वापस ले लिया गया। बेचारे रंगा अय्यर की स्थिति बड़ी विचित्र हो गई थी क्योंकि उन्होंने ही उस बिल को रखा था। जिस समय उनके सहयोगियों ने उन्हें धोखा दिया उस समय वह आदमी काफी आगबबूला हो गया था। उसने उन्हें बहुत गालियाँ दीं लेकिन अन्त में वह बिल मुँह के बल गिरा। और भी दो अवसरों पर अछूतों के सम्बन्ध में सवाल पूछे जाने की बात मुझे मालूम है। उसमें एक 1936 में 'अछूतों की शिकायतों के बारे में एक जाँच समिति' नियुक्त करने के सम्बन्ध में माणेकजी दादाभाई ने प्रस्ताव रखा था। उस समय इस बहस की शुरुआत करनेवाले पंडित गोविन्द मालवीय के पिताजी ने ही इस प्रस्ताव का जबर्दस्त विरोध किया था। दूसरा मौका 1927 का है। उस समय लार्ड बर्कन हेड ने कहा था कि 'अछूत जमात अल्पसंख्यक है उस जमात को संवैधानिक सुरक्षा दी जानी चाहिए' किन्तु...

हम लोग जब स्वयं आन्दोलन करके अपने स्वतन्त्र अस्तित्व की बात करते हैं, उसी समय उस तरफ के सदस्यों में हमारे प्रति बेहद हमदर्दी पैदा हो जाती है। हम जिस समय माँग करते हैं कि 'हम लोगों को स्वतन्त्र मतदाता संघ चाहिए', उसी समय हिन्दुओं की समझ में आ जाता है कि हम लोग (अछूत लोग) जिन्दे हैं। अन्यथा वे लोग इस बात को मानकर चलते हैं कि हम लोग मरे हुए हैं। अन्य किसी समय वे लोग ख्वाब में भी हमारे बारे में बात नहीं करते। हमारे सामाजिक और राजनीतिक हक़ों को कूड़ेदान में फेंकते हुए ये लोग बताते हैं कि 'तुम लोग हिन्दू ही हो' लेकिन भाईचारा दिखाते समय यदि जेब से कुछ जाता हो तो उस समय हम 'चचा के मामा के भांजे के भतीजे'! और जेब से कुछ न जाता हो तो मतलब हमारा इस्तेमाल होता हो तो 'हम भाई, भाई!' वाह! रे भाई! भाई!!

अन्त में मुझे इतना ही कहना है और वह भी हिम्मत के साथ कहना है कि हिन्दुओं के दानधर्म पर जीने की हमारी बिल्कुल इच्छा नहीं है। हमें उनका दान-धर्म नहीं चाहिए। हम इस देश के वासी हैं। सरकारी खजाने पर जिस तरह से दूसरों का हक़ है उसी तरह से हमारा भी हक़ है। हमें गुलामी में रहने के लिए मजबूर करनेवाली, हमें नैतिक दृष्टि से भ्रष्ट करनेवाली आपकी भीख हमें बिल्कुल नहीं चाहिए। हम अपने न्यायिक अधिकारों के लिए लड़-झगड़ रहे हैं। हमारे अधिकार हमें मिलने ही चाहिए। और आप लोगों को मैं सचेत करते हुए कह रहा हूँ कि यदि हमारे न्याय के आन्दोलन का आप लोगों ने विरोध किया तो हम अपना खून बहाकर अपने न्यायिक अधिकारों को हासिल करेंगे, हम अपना लक्ष्य हासिल करेंगे।

साप्ताहिक 'जनता' के 13 और 20 अप्रैल, 1946 के अंक में प्रकाशित।

सोए हुए ज्वालामुखी को ललकारिए मत

प्रधानमन्त्री एटली के निवेदन को डॉ. बाबासाहेब अम्बेडकर की खुली चेतावनी।

अछूत वर्ग को किस प्रकार की सुरक्षा चाहिए, यह तो अछूतों की मर्जी के मुताबिक तय होगा, ऐसा एटली का अल्पसंख्यकों के सम्बन्ध में किए गए निवेदन का अर्थ होना चाहिए। किन्तु ऐसी उम्मीद यदि झूठ साबित हुई तो हम लोगों को अपनी सुरक्षा के लिए ब्रिटेन के अलावा अन्य राष्ट्रों से मदद लेनी पड़ेगी। ब्रिटिश सरकार का सारा ध्यान हिन्दू-मुस्लिम विवाद में ही लगा हुआ है। लगता है उन्हें अछूतों के सवाल की कोई चिन्ता नहीं है। ब्रिटिशों की हिन्दू-मुस्लिम एकता होते ही भारत से भाग निकलने की तैयारी है। ब्रिटिश सरकार भारत के 6 करोड़ अछूत लोगों को नजरअंदाज कर रही है। इस तरह की बात अछूतों के लिए ठीक नहीं है। ब्रिटिश सरकार इस बात का हमेशा प्रचार करती रही है कि हम अछूतों के हितों के रक्षक हैं। हिन्दी राष्ट्रीय जीवन में अछूत वर्ग बहुत महत्त्वपूर्ण इकाई है और उसकी सहमति के बगैर हिन्दुस्तान का भावी संविधान नहीं बनाया जा सकता, ऐसा यकीन भी दिलाया गया था।

किन्तु हिन्दू और मुस्लिमों की खुशामद करते समय ब्रिटिश मुत्सद्दियों को अपने वचन का कोई ध्यान ही नहीं रहा। अछूत लोग ब्रिटिश सरकार की सुरक्षा पर ही आश्रित रह सकें, वे इतने अपाहिज नहीं हैं। ब्रिटिश सरकार और हिन्दी राष्ट्रवादी लोग अछूतों की मदद के लिए तैयार न होने पर भी अछूतों के दुनिया के अन्य राष्ट्रों में दोस्त हैं। अछूतों ने उनकी मदद के लिए यदि आवाज दी तो वह बेकार जानेवाली नहीं है। और उससे ब्रिटिशों तथा हिन्दुओं का नुकसान ही होगा।

ब्रिटिश सरकार ने नए संविधान में अपना भविष्य अपनी इच्छा के मुताबिक तय करने का अधिकार अछूतों को देना चाहिए या हिन्दुओं की सत्ता के संकट को टालने के लिए अछूतों को विदेशी राष्ट्रों के पास मदद माँगने के लिए आवाज देने की स्थिति में खड़े होने देना चाहिए, इस बात का फैसला समय रहते ही कर लेना चाहिए।

साप्ताहिक 'जनता' के 30 मार्च, 1946 के अंक में प्रकाशित।

कांग्रेस अछूत वर्ग का प्रतिनिधित्व बिल्कुल नहीं कर सकती

*दि. **5** अप्रैल **1946** को नई दिल्ली में डॉ. बाबासाहेब अम्बेडकर की ब्रिटिश त्रि-मंत्रिमंडल के साथ एक महत्त्वपूर्ण बातचीत–*

अछूतों का प्रतिनिधित्व फेडरेशन के पास ही

पूना समझौते के संयुक्त मतदाता संघ का फायदा उठाकर हिन्दुओं के विशाल मतदाताओं के बल पर कांग्रेस अछूतों के आरक्षित स्थानों को जीतने का दावा भले ही करे फिर भी कांग्रेस अछूत वर्ग का प्रतिनिधित्व बिल्कुल नहीं कर सकती। अलग-अलग प्रान्तों में जहाँ प्राथमिक चुनाव हुए वहाँ फेडरेशन ने कांग्रेस को पराजित किया है।

कांग्रेस या किसी राजनीतिक संस्था को अछूतों की ओर से बोलने या समझौता करने का बिल्कुल अधिकार नहीं है। उस तरह का अधिकार सिर्फ शेड्यूल्ड कास्ट्स फेडरेशन को ही है।

बहुसंख्यक वर्ग देश के राजनीतिक उत्थान में बड़ा खतरा

यह आरोप लगाया जाता है कि इस देश के राजनीतिक उत्थान में अल्पसंख्यक वर्ग सबसे अधिक खतरे पैदा कर रहा है, इस बात से मैं पूरी तरह इनकार करता हूँ। बल्कि बहुसंख्यक वर्ग ही भयंकर सत्ता लोभ से पागल होकर देश के उत्थान के रास्ते का सबसे बड़ा खतरा है।

संविधान समिति का बुनियादी विरोध

बहुसंख्यक हिन्दुओं के प्रभाव से गठित संविधान समिति एक तरह से अल्पसंख्यक वर्ग का विशेष तौर पर अछूत वर्ग का राजनीतिक 'मौतनामा' है। शेड्यूल्ड कास्ट फेडरेशन का संविधान समिति से बुनियादी तौर पर विरोध है।

स्वतन्त्र मतदाता संघ की माँग

गांधी की हठवादिता की वजह से अछूतों की इच्छा के खिलाफ उन पर पूना समझौता जबरन लाद दिया गया है। इस समझौते के मुताबिक बनाए गए संयुक्त मतदाता संघ का पूरी तरह से अनुचित लाभ उठाकर हिन्दुओं ने अपनी विशाल जनसंख्या के बल पर अछूतों को उनके असली प्रतिनिधि नहीं चुनने दिए। इसलिए अछूतों को अपने हित-सम्बन्धों की सुरक्षा के लिए अपने असली प्रतिनिधि चुनने के लिए स्वतन्त्र मतदाता संघ चाहिए।

स्वतन्त्र बस्तियाँ

हमारे गाँवों की संरचना और मौजूदा स्थिति जब तक बरकरार रहेगी तब तक गाँव-देहातों में प्रचलित समाज-व्यवस्था और मौजूदा व्यवहार बरकरार रहेंगे। इस स्थिति में अछूत अछूत ही रहेंगे। उन्हें हिन्दुओं की जुल्म-ज्यादतियों में ही अपना जीवन गुजारना पड़ेगा। उस कारण अछूतों का उत्थान होना बिल्कुल सम्भव नहीं है। इसलिए अछूतों की स्वतन्त्र बस्तियाँ, गाँवों का निर्माण किया जाना चाहिए। इस महत्त्वपूर्ण माँग का स्वरूप निम्न प्रकार है।

(1) खेती के लिए उपयोगी सरकारी स्वामित्व की बेकार जमीन और जरूरत पड़ने पर अन्य जमीन खरीदकर वहाँ अछूतों के लिए स्वतन्त्र गाँव, बस्तियाँ निर्मित करने की व्यवस्था संविधान के मुताबिक की जानी चाहिए।

(2) अछूतों के लिए स्वतन्त्र गाँव-बस्तियाँ बनाने का कार्य अमल में लाने के लिए एक सेटलमेंट कमीशन गठित करने का प्रावधान संविधान में किया जाना चाहिए।

(3) इस सेटलमेंट कमीशन को अपना नियोजित कार्य अमल में लाने के लिए केन्द्रीय सरकार को हर साल पाँच करोड़ रुपए देने चाहिए, इस तरह संविधान के द्वारा केन्द्रीय सरकार पर निर्बन्ध लगना चाहिए।

विधिमंडल में उचित प्रतिनिधित्व

केन्द्रीय और प्रान्तीय विधिमंडल में अछूत वर्ग को उनकी जनसंख्या, आवश्यकताएँ और महत्त्व को ध्यान में रखकर उचित प्रतिनिधित्व (स्वतन्त्र मतदाता संघ द्वारा) दिया जाना चाहिए। अछूतों के नाम पर झूठे प्रतिनिधि विधिमंडल में भेजने का मतलब अछूतों के साथ धोखेबाजी करनी होगी।

मन्त्रिमंडल में उचित प्रतिनिधित्व

केन्द्रीय और सभी प्रान्तीय मन्त्रिमंडलों में अछूतों को उचित प्रतिनिधित्व दिया जाना चाहिए। जिन अछूतों को मन्त्रिमंडल में भेजा जाएगा वे बहुमतवाले दल के हाथों की कठपुतली न बनें बल्कि वे अछूतों के भरोसे के लोग होने चाहिए।

उच्च अधिकारों के पद

केन्द्रीय और प्रान्तीय सरकार के अधिकार के उच्च पद उचित मात्रा में अछूतों को मिलने की व्यवस्था होनी जरूरी है।

पब्लिक सर्विस कमीशन में प्रतिनिधित्व

केन्द्रीय और प्रान्तीय सरकार के पब्लिक सर्विस कमीशन (लोक सेवा आयोग) में अछूत वर्ग को उचित प्रतिनिधित्व मिलना चाहिए।

उच्च शिक्षा की सुविधा

केन्द्रीय और प्रान्तीय सरकार के सालाना बजट में अछूत वर्ग के छात्रों की पढ़ाई के लिए उचित और पर्याप्त पैसा सुरक्षित रखने की हर सरकार की संविधान द्वारा जिम्मेदारी तय की जानी चाहिए। अछूतों को उनकी दया पर छोड़ देना उचित नहीं है।

अब किसी पर भरोसा नहीं है

पूना समझौते के कारण अछूत वर्ग के साथ विश्वासघात हुआ है, जिसके कारण अछूत वर्ग का किसी भी प्रकार के समझौते पर विश्वास नहीं रह गया है। इसलिए अछूत वर्ग की सुरक्षा की सारी बातें संविधान में ही उल्लिखित होनी चाहिए।

तात्कालिक केन्द्रीय सरकार

तात्कालिक केन्द्रीय सरकार के मन्त्रिमंडल में अछूतों को जब तक उचित मात्रा में प्रतिनिधित्व नहीं दिया जाएगा तब तक तात्कालिक केन्द्रीय सरकार अछूत वर्ग को स्वीकार्य नहीं होगी।

साप्ताहिक 'जनता' के 13 अप्रैल, 1946 के अंक में प्रकाशित।

अछूतों के स्वतन्त्र गाँव जरूरी हैं

डॉ. बाबासाहेब अम्बेडकर का प्रेस से एक मुलाकात के अवसर पर दिया गया वक्तव्य।

जिसमें अनाज पैदा किया जा सकता है ऐसी बहुत सारी जमीन सारे देश में जहाँ-तहाँ पड़ी हुई है। उसे अछूतों को अपनी स्वतन्त्र बस्तियाँ, गाँव बसाने के लिए आरक्षित किया जा सकता है। इस योजना को अमल में लाने के लिए सरकार को एक 'ट्रस्ट' बनाना चाहिए।

इस योजना के कारण अछूतों को गन्दे और घटिया काम करने के लिए कम-से-कम मजदूरी पर काम करवाने का रास्ता बन्द हो जाएगा। और जो लोग इस गुलामी को बरकरार रखना चाहते हैं वे इस योजना का विरोध करेंगे।

अछूतों के लिए स्वतन्त्र बस्तियाँ, गाँव बसाने का सवाल हल होना असम्भव नहीं है। बंगाल जैसे प्रान्त में आज भी इस तरह की स्वतन्त्र बस्तियाँ, गाँव हैं। मुम्बई और मद्रास प्रान्त में अछूतों को बेहद खतरनाक स्थिति में जीना पड़ रहा है। इसीलिए स्वतन्त्र बस्तियों की, गाँवों की अधिक जरूरत है।

यह खेड़ा गाँव आर्थिक इकाई नहीं है, बल्कि सामाजिक इकाई है। इसलिए इस स्वतन्त्र गाँव में आर्थिक घुटन होगी, ऐसा नहीं कहा जा सकता। इस गाँव में पैदा होनेवाला माल जहाँ जरूरी हो, वहाँ भेजा जा सकता है। इस प्रकार की माँग पाकिस्तान पर भी लागू हो सकती है। अभी तक पाकिस्तान को स्थायी रूप प्राप्त नहीं हुआ है। लेकिन उसे स्थायी रूप प्राप्त होने के बाद वहाँ स्वतन्त्र गाँव-बस्तियाँ स्थापित करने का सवाल उठेगा।

चुनाव के नतीजे अछूतों के जाग्रति के सही परिचायक नहीं हैं। चुनाव-प्रणाली के दोषों के कारण अछूत उम्मीदवार बहुमत से नहीं चुने जा सके। प्राथमिक चुनाव में शेड्यूल्ड कास्ट फेडरेशन के उम्मीदवारों ने कांग्रेस द्वारा खड़े किए गए उम्मीदवारों को पछाड़ दिया, इसी में संगठन का बल दिखाई देता है। फेडरेशन ने कांग्रेस जैसी बड़ी और अमीर संस्था से मुकाबला किया। हम लोगों ने नागपुर में तो बन्दूक की गोलियों का मुकाबला किया है।

दक्षिण अफ्रीका के बाँटू और अन्य समूहों की तरह ही भारत में अछूत वर्ग है।

जिस प्रकार अफ्रीकन संविधान में इन समूहों को सुरक्षा प्रदान की गई है उसी प्रकार की सुरक्षा हमें भारतीय संविधान में क्यों नहीं मिलनी चाहिए, यह बात मेरी समझ में नहीं आ रही है। हिन्दी अखबार और खास तौर पर विदेशी पत्रकार अछूतों की भूमिका के बारे में गलत प्रचार करते रहते हैं।

गांधी कितनी भी कोशिश करें लेकिन वे सवर्ण हिन्दुओं के दिलो-दिमाग से अछूतपन को खत्म नहीं कर सकते।

साप्ताहिक 'जनता' के 27 अप्रैल, 1946 के अंक में प्रकाशित।

स्वतन्त्रता के साथ लोकतन्त्र भी चाहिए

पूना के अहिल्याश्रम में दि. 21 जुलाई 1946 को दोपहर 3.30 बजे डॉ. बाबासाहेब अम्बेडकर की सभा का आयोजन पूना के दलित संगठन की ओर से किया गया था। इस विशाल जनसभा को सम्बोधित करते हुए डॉ. अम्बेडकर ने कहा–

आज यहाँ हम सब लोग, जो सत्याग्रह चल रहा है उसके बारे में विचार-विमर्श करने के लिए इकट्ठा हुए हैं। इस सत्याग्रह की कुछ जानकारी समाचार-पत्रों में आपको मिल गई है। लेकिन आप सभी को यह दिखाई देगा कि इन समाचार-पत्रों ने सत्याग्रह के बारे में जो रिपोर्टें प्रकाशित की हैं उनमें सत्याग्रह के बारे में मामूली हमदर्दी या अपनत्व नहीं दिखाया है। उन्होंने अपनी अक्ल के मुताबिक लिखा है कि इस सत्याग्रह में सिर्फ महार लोग ही सम्मिलित हैं क्योंकि मैं सिर्फ महारों का नेता हूँ। उन्होंने यह प्रचार किया है कि दूसरे लोग मेरे साथ नहीं हैं। उनका इस तरह का प्रचार कोई नई बात नहीं है। उनका यह प्रचार काफी दिनों से चल रहा है। मैंने यह अनुभव किया है कि उसका प्रभाव यूरोप में भी पड़ा है। कल पार्लियामेंट में कमीशन की ओर से एक भाषण हुआ है। उसमें यह बताया गया कि मैं हिन्दुस्तान का नेता नहीं हूँ बल्कि मध्यप्रान्त और मुम्बई के कुछ लोग ही मेरे साथ हैं। लेकिन उनका यह कथन झूठा और निराधार है यह तो मेरे बंगाल से चुने जाने से ही सिद्ध हो चुका है।

मेरे साथ हिन्दुस्तान का सारा अछूत समाज है, इसके लिए बंगाल के चुनाव का प्रमाण पर्याप्त है क्योंकि बंगाल में महार लोग नहीं हैं। बंगाल में नामशूद्र जाति है। फिर इन्हीं नामशूद्रों ने मुझे चुनकर भेजा है। अब मैं उनसे पूछना चाहता हूँ कि यदि मैं हिन्दुस्तान के सभी अछूतों का नेता नहीं हूँ, जैसा उनका कहना है तो मुझे बंगाल के लोगों ने क्यों चुना है?

अंग्रेज लोगों ने बार-बार इस तरह की घोषणा की कि अछूत समाज हिन्दुस्तान की एक स्वतन्त्र जाति है। लेकिन कैबिनेट मिशन ने अपनी योजना में अछूत समाज के नाम का उल्लेख तक नहीं किया है। उन्होंने अछूत समाज को नजरअंदाज किया उसी समय मैंने संविधान सभा में जाने का फैसला किया।

अछूत समाज के कल्याण के लिए मेरा संविधान सभा में जाना बहुत ही जरूरी था।

मैं संविधान सभा में चुनकर न जा सकूँ इसके लिए कांग्रेस ने सब जगह ताले लगाए थे। महाराष्ट्र में जो बड़े लोग हैं उनमें ख्याति-प्राप्त लोगों में मेरे नाम का उल्लेख न हो, ऐसी बात करनेवाला आदमी मूर्ख होना चाहिए। कांग्रेस ने श्री जयकर को पत्र भेजा था कि आप संविधान सभा के चुनाव के लिए खड़े हों। कांग्रेस ने श्री के.एम. मुंशी को बुलाया और कई लोगों को निमन्त्रण पत्र भेजे गए। ऐसे माहौल में उन्हें मुझे भी निमन्त्रित करना चाहिए था। लेकिन उन्होंने मुझे पूरी तरह से नजरअंदाज किया। इसलिए मैंने मुम्बई छोड़कर बंगाल से चुनाव लड़ा। वहाँ महार जाति के लोग नहीं होने पर भी मैं वहाँ से चुना गया। इस बात से मेरे दुश्मनों को कुछ सबक सीखना चाहिए।

इस सत्याग्रह में सिर्फ महार जाति के लोग हैं यह बात पूरी तरह से गलत है, क्योंकि सत्याग्रह में गिरफ्तार किए गए लोगों की सूची आप लोगों को अभी-अभी पढ़कर सुनाई गई है। उससे इस बात का पता चलता है कि इस सत्याग्रह में महार, मातंग, चमार आदि जाति के लोग हैं। मुम्बई प्रान्त में अन्य जाति की तुलना में महारों की संख्या ज्यादा है। मतलब अछूत समाज के मुक्ति आन्दोलन में महार लोग बड़ी संख्या में हिस्सा लेते हैं। इस पर किसी को बुरा लगने की कोई बात ही नहीं है।

कई लोग किसी न किसी लालच की वजह से कांग्रेस में चले गए हैं। किसी को चमड़े का व्यापार करना है इसलिए चमड़ा प्राप्त करना है। किसी को मछलियों का व्यापार करना है इसलिए मछलियों के लिए सफेद पतला कागज प्राप्त करना है। किसी को कॉन्ट्रैक्ट्स लेने हैं, किसी को नौकरी पानी है इसलिए वे कांग्रेस में चले गए हैं, लेकिन हमारे आन्दोलन में कोई किसी स्वार्थ के लिए नहीं आया है। हमारे पास देने के लिए नौकरियाँ नहीं हैं। हम किसी को कोई कॉन्ट्रैक्ट्स नहीं दे सकते हैं और न दिलवा सकते हैं। मछलियों के लिए हमारे पास सफेद कागज भी नहीं है। हम सभी लोग निःस्वार्थ से प्रेरित होकर अपने स्वतन्त्रता आन्दोलन में हिस्सा ले रहे हैं। और निःस्वार्थ भावना से हिस्सा लेने में ही हमारे आन्दोलन की विजय है।

हम लोग सत्याग्रह क्यों कर रहे हैं, इसका बड़ा गम्भीर और गहरा मतलब है, ऐसी बात नहीं। इसका अर्थ मामूली और तीसरी पास बच्चे की भी समझ में आएगा। किन्तु मुम्बई प्रान्त के मुख्यमन्त्री श्री खेर को इस बात का अर्थ समझ में नहीं आया इस बात को उन्होंने स्वीकार किया है। लेकिन यह पागलपन दिखाने की कोई जरूरत नहीं है।

पिता के मरने के बाद पिता की सम्पत्ति किसकी होगी, इसका वसीयतनामा बनवाया जाता है। अंग्रेजों ने यह घोषित कर दिया है कि वे लोग अब इस देश को छोड़कर जा रहे हैं। मरनेवाले बाप की तरह उन्होंने अपना वसीयतनामा लिखकर रख दिया है। जिस तरह बाप तय करता है कि अपने मरने के बाद उसकी जायदाद का वारिस कौन होगा उसी प्रकार अंग्रेजों ने भी इस देश का वारिस तय कर दिया है। उन्होंने यह घोषित कर दिया है कि इस देश में ब्रिटिश सत्ता के वारिस दो हैं उसमें एक हिन्दू और दूसरा मुस्लिम। उन्होंने अछूतों का नामोल्लेख भी नहीं किया है।

हमें ऐसा लग रहा था कि इस देश की सत्ता के वारिस तय करते समय हम लोगों

को भी वारिस-हक़ मिलेगा। हम लोग समझ रहे थे कि जब हिन्दुओं को अठन्नी मिलेगी तो हमें उसमें से एक पैसा तो मिलेगा ही। लेकिन छद्मी अंग्रेजों ने अछूत समाज के साथ पूरी तरह से धोखा किया है।

इस देश में सत्ता के वारिस हिन्दू और मुस्लिम हो गए हैं। राजसत्ता का हक़ हिन्दुओं को मिला है। इस राजसत्ता में हमारी हिस्सेदारी क्या है, इस तरह का मामूली सवाल हम हिन्दू समाज से पूछना चाहते हैं। इसका मामूली अर्थ श्री खेर को समझ में नहीं आ रहा, ऐसा कहना पागलपन है। लेकिन इस तरह से पागलपन का स्वाँग रचने का अब कोई मतलब नहीं। इस देश में सुख से रहना है तो हिन्दुओं को हमारे सभी सवालों का जवाब देना ही पड़ेगा। किन्तु हिन्दू लोगों ने इन बातों का जवाब अभी तक नहीं दिया है। इसीलिए हिन्दू लोगों के साथ आज भी हमारा संघर्ष जारी है। अब अंग्रेजों के साथ झगड़ने से क्या फायदा। मरे हुए बाप के साथ वारिसी हक़ के लिए झगड़ने का कोई मतलब नहीं है। हमारा संघर्ष मुस्लिमों से नहीं है क्योंकि वे हमारा विरोध नहीं कर रहे हैं। मुस्लिम बहुसंख्यक प्रान्तों में हमारी माँगें पूरी करने के लिए तैयार हैं।

लेकिन कांग्रेस को हमारे हक़ों के बारे में खुले रूप में बोलना चाहिए। केवल हवा में बात करने से अब काम नहीं चलेगा। कांग्रेस को हमारी माँगों के सम्बन्ध में तुरन्त श्वेत-पत्र जारी करना चाहिए। अन्यथा पूना में जो सत्याग्रह चल रहा है उसकी आग पूरे देश में फैल जाएगी, इसमें कोई सन्देह नहीं। हम लोगों को अपने हक़ हासिल करने के लिए पूरे देश में आन्दोलन शुरू करना होगा।

हमारा आन्दोलन अहिंसक है। क्योंकि हमने अहिंसा के प्रबल हथियार को अपने हाथों में लिया है। किन्तु यह गांधीजी की अहिंसा नहीं है। अहिंसा के बारे में गांधीजी की अपनी परिभाषा है। और अहिंसा की मेरी अपनी परिभाषा है जो गांधीजी से एकदम अलग है। अहिंसा के बारे में सन्त तुकाराम की जो परिभाषा थी, वही मेरी परिभाषा है।

''दया उसी का नाम जीवों का पालन।
और उच्छेदन दुश्मनों का ॥''

यह उनकी परिभाषा थी। हर प्राणी पर दया करनी चाहिए लेकिन जो दुष्ट लोग हैं उनका उच्छेदन भी करना चाहिए। इस प्रकार की मेरी मान्यता है। इस परिभाषा के मुताबिक हम लोग अहिंसा से आन्दोलन चलाएँगे ही लेकिन जो दुश्मन हैं उनका भी उन्मूलन करने में कोई कसर बाकी नहीं रखेंगे।

आज अपने सत्याग्रह का नैतिक दबाव भले ही उन पर न पड़े लेकिन एक न एक दिन उनका सिर हमारे सामने झुक जाएगा, इसमें कोई सन्देह नहीं। उन्हें हमारे स्वतन्त्र मतदाता संघ की माँग को स्वीकार करना ही पड़ेगा।

स्वतन्त्र मतदाता संघ की माँग कांग्रेस के लोगों के पेट में डर का गोला पैदा कर रही है। उन्हें ऐसा लगता है कि यदि हम लोगों को स्वतन्त्र मतदाता संघ मिल गया तो देश का बहुत बड़ा नुकसान होगा। लेकिन उन्हें इस तरह घबराने की कोई बात नहीं।

स्वतन्त्र मतदाता संघ से किसी को भी कोई हानि नहीं होगी। लोगों को स्वतन्त्र मतदाता संघ दिया गया है। उससे देश में कोई विघटन पैदा नहीं हुआ है।

1934 तक जिन्ना कांग्रेस में थे। जब जिन्ना कांग्रेस में थे उस समय कांग्रेस के लोग भगवान की तरह उनकी पूजा करते थे। उनकी देशभक्ति के स्मारक के रूप में कांग्रेस के लोगों ने मुम्बई में जिन्ना हाल के नाम से एक भवन का निर्माण किया। लेकिन वही जिन्ना स्वतन्त्र मतदाता संघ से ही चुने गए हैं, इस बात को किसी को भूलना नहीं चाहिए। यदि जिन्ना के स्वतन्त्र मतदाता संघ से देश का नुकसान नहीं हुआ तो अछूतों को स्वतन्त्र मतदाता संघ देने से देश का बहुत बड़ा नुकसान होगा ऐसा कहने का क्या मतलब है? मैं बीस सालों से इस देश की राजनीति में हूँ। इन बीस सालों की राजनीति में मैंने ऐसा कोई काम नहीं किया जिससे देश का नुकसान हो। मेरे मित्र गोखले इस बात को अच्छी तरह जानते हैं। (श्री गोखले मुझे अपना मित्र समझते हैं या नहीं लेकिन मैं उन्हें अपना मित्र मानता हूँ।) ब्रिटिशों से ऊँची आवाज में सवाल पूछनेवाला मैं अकेला आदमी वायसराय की कौन्सिल में था। इन लोगों ने असली अंग्रेज आदमी नहीं देखा होगा, यदि इन्होंने असली अंग्रेज देखा तो इनकी हालत पतली हो जाएगी।

हमारी लड़ाई हमेशा सिद्धान्त के लिए होती है। छह करोड़ अछूतों की ओर से हमारी लड़ाई है। हमें राजनीतिक संरक्षण चाहिए। हमें इस प्रकार का राजनीतिक संरक्षण चाहिए कि मूर्खों के या धूर्त लोगों के द्वारा हमारा किसी प्रकार का नुकसान न हो। हमारे आन्दोलन में मूर्ख के लिए या धूर्त आदमी के लिए कोई जगह नहीं है। जिसमें बेईमानों को जगह न मिले इस प्रकार का आन्दोलन हमें करना है। अन्य लोगों की तरह हमें भी आजादी चाहिए। हम लोग न तो विदेशियों की और न स्वदेशियों की गुलामी करना चाहते हैं। हमें स्वतन्त्रता चाहिए। लेकिन उसी के साथ हमें लोकतन्त्र भी चाहिए। यदि राजनीतिक सत्ता कुछ गिने-चुने लोगों के हाथ में गई तो हमारे अच्छे दिन आएँगे ही ऐसी बात नहीं, इसलिए हमें इस बात का डर है। और यह डर बेबुनियाद नहीं है। इसलिए राजनीतिक सत्ता सामान्य जनों के हाथ में मतलब किसान-मजदूरों और मेहनतकशों के हाथ में होनी चाहिए, ऐसी हमारी मान्यता है।

दूसरे लोग कुछ भी कहें, हमें सही आजादी चाहिए। इस देश की किसी भी जाति को, जमात को या वर्ग को हम पर अपना वर्चस्व कायम करने की कोशिश नहीं करनी चाहिए। इस देश में हम सभी को मुक्त रूप से रहने की आजादी होनी चाहिए। और हमें राजनीतिक हक़ चाहिए। हम लोगों को गुलामी की जंजीरों को अपनी ताकत से तोड़ देना चाहिए।

इस देश के छह करोड़ अछूतों की लड़ाई सही स्वतन्त्रता की लड़ाई है। फिर भी इस देश का कोई भी आदमी हमारे आन्दोलन का न तो समर्थन कर रहा है और न उसके प्रति मामूली हमदर्दी दिखा रहा है। डाक-तार विभाग की हड़ताल हुई तो उसे सभी लोगों का समर्थन मिलता है। उसी प्रकार रेलवे कर्मचारियों की हड़ताल होती है तो उसे भी हजारों लोगों का समर्थन मिलता है। मेरे कहने का मतलब यह नहीं है कि आप

उन्हें समर्थन न दें। इस देश में कम्युनिस्ट हैं, क्रान्तिकारी विचारधारा रखनेवाले लोग हैं। कोई क्रान्तिकारी हैं, तो कोई प्रतिक्रियावादी हैं। लेकिन इनमें से कोई भी हमारे आन्दोलन के समर्थन में नहीं है।

इसलिए आप लोगों को एक बात ध्यान में रखनी चाहिए कि हम लोगों को किसी का समर्थन न हो तब भी हमें यह लड़ाई जीतनी चाहिए। हमें इस लड़ाई को अपने ही जन-बल पर जीतना है। आप अपनी ताकत पर भरोसा रखिए। हम अपने मजबूत संगठन के बल पर ही सारी कठिनाइयों को पार कर सकते हैं। इस सत्याग्रह की सारी जिम्मेदारी हम लोगों पर ही है। अब आन्दोलन शुरू हो चुका है। जान जाए लेकिन अन्तिम समय तक लड़ने का संकल्प हम लोगों को करना ही होगा।

अब मुझे महिलाओं से कुछ बातें कहनी हैं। महिलाओं ने इस सत्याग्रह में हिस्सा लिया है यह बड़े गर्व की बात है। कांग्रेस के आन्दोलन में महिलाएँ हिस्सा लेती थीं इसलिए उन्हें इस पर गर्व महसूस होता था। लेकिन आज की स्थिति में यह दिखाई देगा कि अछूत समाज की महिलाएँ भी अन्य समाज की महिलाओं से किसी भी दृष्टि से पीछे नहीं हैं। आज अपना आन्दोलन महिलाओं तक जा पहुँचा है। यदि हमारे लिए स्थिति अनुकूल होती तो इससे भी ज्यादा महिलाएँ जेल गई होतीं।

राशनिंग शुरू होने की वजह से कई कठिनाइयाँ पैदा हो गई हैं। इसी की वजह से हम सत्याग्रह में ज्यादा से ज्यादा लोगों को नहीं उतार पा रहे हैं। कांग्रेस सरकार को राशनिंग समाप्त कर देनी चाहिए। मेरा यह दावा है कि मैं कम-से-कम एक लाख लोगों को जेल जाने के लिए तैयार करूँगा।

Dr. Babasaheb Ambedkar Writing and Speeches, vol. 18, part-III, p. 42

सरदार वल्लभभाई पटेल को पत्र

राजगृह, हिन्दू कॉलोनी
दादर, मुम्बई-14
14-10-1946

प्रिय मान्यवर वल्लभभाई पटेल,

इस सन्दर्भ में आप अपने 1 सितम्बर, 1946 के पत्र को पुनः देखें। आपने उसमें जो कुछ सवाल उठाए हैं उनका नकारात्मक जवाब देना अनिवार्य है, इसलिए मैं तुरन्त जवाब देने के झमेले में नहीं पड़ा। मैं विदेश जा रहा हूँ। मैं वापस कब लौटकर आऊँगा यह बताना मुश्किल है। चूँकि इससे पहले आपको जवाब देना जरूरी था इसलिए यह पत्र लिख रहा हूँ।

आपने अपने पत्र में कहा है कि ''मैं कांग्रेस पार्टी के साथ साँठ-गाँठ के लिए तैयार हूँ।'' ऐसा आपको एन.एस. जोशी ने बताया है, ऐसा आपने अपने पत्र में कहा है। लेकिन एन.एस. जोशी ने आपको क्या कहा यह मुझे मालूम नहीं। कांग्रेस के साथ साँठ-गाँठ के लिए मैं तैयार हूँ। लेकिन आपसे मेरी मुलाकात कराई जाए ऐसा मैंने श्री जोशी से कभी नहीं कहा। उसमें सही बात और कुछ है। उनकी और मेरी मुलाकात काफी पुरानी है। आपको उसके बारे में कुछ भी जानकारी नहीं, इसलिए आपको बाद की जानकारी दे रहा हूँ।

आपके कांग्रेस पार्टी के ए.आई.सी.सी. की बैठक सर कावसजी जहाँगीर हॉल में चल रही थी, उस समय शेड्यूल्ड कास्ट फेडरेशन के नेता बी.के. गायकवाड के नेतृत्व में 7 जुलाई, 1946, रविवार को शेड्यूल्ड कास्ट फेडरेशन ने विशाल प्रदर्शन किया था। प्रदर्शनकारियों को गांधीजी से कुछ सवाल पूछने थे इसलिए उनसे भेंट के बाद ही लौटने की प्रदर्शनकारियों की जिद थी। उस समय एस.के. पाटिल बाहर आए और उन्होंने कहा कि, ''आज गांधीजी का 'मौन दिवस' है। बाद में कोई दिन तय करके शेड्यूल्ड कास्ट फेडरेशन के नेताओं के साथ उनकी भेंट करवाएंगे।'' इस यकीन की वजह से हमारे प्रदर्शनकारी वहाँ से लौट गए। 12 जुलाई को एस.के. पाटिल मुझसे मिले। 7 तारीख को तय किए दिन के मुताबिक गांधीजी से कौन-कौन मिलना चाहते हैं, ऐसा उन्होंने पूछा। उस समय मैंने उन्हें बताया कि बी.के. गायकवाड प्रदर्शनकारियों के नेता हैं, यह

आप उनसे मिलकर तय करें तो और भी अच्छा है। उस पर उन्होंने मुझे कहा, 'यदि गांधीजी या अन्य कांग्रेस के बड़े नेताओं से आपकी भेंट तय की गई तो क्या आप उसने मिल सकेंगे?' उस पर मैंने उन्हें बताया कि, इस पर मुझे कोई आपत्ति नहीं है। बाद में 17 तारीख को एन.एस. जोशी मुझसे मिले और उन्होंने कहा कि, 'आपकी और मेरी भेंट करवाने की बात मुझे एस.के. पाटिल ने बताई है। क्या उसके लिए आप तैयार हैं?' मैंने उनसे कहा कि इस पर मुझे कोई आपत्ति नहीं है। बाद में एन.एस. जोशी ने फोन करके मुझे बताया कि आपकी और मेरी मुलाकात का समय 18 तारीख रात 9 बजे तय किया गया है।

मेरी और आपकी जो मुलाकात तय हुई उसके मूल में यही बात है। इससे आपको पता चलेगा कि बैठक की पहल हमने नहीं की थी। वैसा करने का हमें कोई मतलब नहीं दिखाई दे रहा था। जब कांग्रेस का पतन शुरू हुआ तब उसने शेड्यूल्ड कास्ट्स (अछूतों के) साथ साँठ-गाँठ करके देश के हित के लिए उसका समर्थन प्राप्त करने की बुद्धिमानी नहीं दिखाई थी। फिर अब तो कांग्रेस सत्तासीन हो गई है तब वह अछूतों के साथ कैसे समझौता करने के लिए तैयार हो सकती है? इस बात पर हम कैसे यकीन कर सकते हैं कि जिस आदमी के राजनीतिक भविष्य की सभी उम्मीदें समाप्त हो गई हैं, या जो स्वाभिमानहीन बन गया है वह आदमी मौजूदा हालात में कांग्रेस के साथ समझौता करने के लिए तैयार होगा। फिर भी एक दल के नेता को दूसरे दल के नेता के साथ समझौते की चर्चा करने के लिए तैयार होने में कुछ गलत नहीं है। श्री चर्चिल भी युद्ध के समय मदद माँगने के लिए देश-विदेश में घूमे और मदद की अपेक्षा से वे रूस के दरवाजे पर भी गए। उसी तरह अछूतों के कल्याण के लिए मैं भी यह रास्ता अख्तियार कर सकता हूँ—इसलिए कौन किसे मिला और मिलने की बात सबसे पहले किसने की इस तरह का स्वाभाविक सवाल पैदा हुआ तब भी इस सवाल में मुझे कोई ख़ास अर्थ नहीं दिखाई दे रहा है। लेकिन आज कांग्रेसवालों को और कांग्रेस अखबारों को प्रचार की ऐसी आदत पड़ चुकी है कि जो कांग्रेसवाले नहीं हैं, वे भी कांग्रेस के साथ समझौता करने के लिए कांग्रेस की शरण में आते हैं। इसलिए समझौते की चर्चा को कौन कैसे शुरू करता है इस बात की ओर न्यायोचित दृष्टि से ही देखना चाहिए।

मेरा श्री गांधी के साथ जो झगड़ा हुआ उसका जिक्र आपके पत्र में है। मतलब इस मुलाकात के सन्दर्भ में उसका यहाँ कोई मतलब नहीं है। मैंने श्री गांधी की आलोचना की यह बात आपको आज ही मालूम हुई हो, ऐसी बात नहीं है। आप कबूल करें या न करें लेकिन श्री गांधी की मैंने जो आलोचना की है उसके बुनियादी कारण भी हैं। मैं अछूतों के सवाल पर गांधी की आलोचना क्यों करता हूँ यह समझाने के लिए मैंने इस विषय पर एक किताब लिखी है। यदि श्री गांधी ने मेरी बातों को गलत सिद्ध कर दिया तो मैं गांधी पर लगाए गए इलजाम वापस लेने के लिए तैयार हूँ। मुझे यह मालूम है कि कई (भाड़े के टट्टू) दलाल मेरी किताब की स्थापनाएँ गलत सिद्ध करने के लिए लगाए गए थे। लेकिन श्री गांधी की बदनसीबी है कि वे सभी मुँह के बल गिर

पड़े। आपको लगता है कि मैं ही सिर्फ गांधी की आलोचना करता हूँ। मैं जानता हूँ कि सैकड़ों लोग उनकी आलोचना करते हैं। उनमें से कुछ लोग तो गांधी की छावनी के ही हैं और वे आज 'एक्जीक्यूटिव कौन्सिलर' (मन्त्री) के पद पर विराजमान हैं। उनमें और मुझमें बस इतना ही फर्क है कि वे लोग श्री गांधी की निजी तौर पर आलोचना करते हैं और सार्वजनिक तौर पर उनकी तारीफ करते हैं। लगता है आपने गांधी की मेरी आलोचना को अधिक गम्भीरता से लिया है। लेकिन मैं आपको साफ तौर पर पूछना चाहता हूँ कि क्या गांधी आपको देश से भी ज्यादा बड़े लगते हैं? इस सम्बन्ध में मेरी मान्यताएँ एकदम अलग और स्वतन्त्र हैं। किसी भी महान आदमी से देश हमेशा बड़ा होता है। इसलिए आपको हमेशा यही लगता है कि जो आदमी राष्ट्रवादी है वह कांग्रेसी ही होना चाहिए। लेकिन मेरी मान्यता यह है कि गैरकांग्रेसी आदमी भी राष्ट्रवादी हो सकता है। आप मुझे क्षमा कीजिए। मैं अपना ही उदाहरण ले रहा हूँ। मैं किसी भी कांग्रेसी से अधिक बड़ा राष्ट्रवादी हूँ। सिर्फ आज जिसे राष्ट्रीय मोर्चे के नाम से पुकारा जाता है उस मोर्चे में मैं नहीं हूँ। लेकिन उसकी वजह यह है कि श्री गांधी ही अछूतों के राजनीतिक आरक्षण की माँग का विरोध करने का काम कर रहे हैं।

18 जुलाई की बैठक में जो कार्रवाई हुई उसको नजरअंदाज करके मैंने प्रस्तुत निवेदन के साथ माँग-पत्र भी जोड़ दिया है। जातीय स्वतन्त्र मतदाता संघ की बजाय, विभागीय स्वतन्त्र मतदाता संघ पर भी मैंने अपनी सहमति जताई थी। अपने निवेदन में मैंने एक तीसरा विकल्प भी रखा था। एन.एस. जोशी के साथ बातचीत में उनसे आपने कहा था कि इस रास्ते से सफलता हासिल की जा सकती है। इस स्थिति में आपको लगता है कि समझौते का कोई आधार ही नहीं है। मतलब उसके लिए मेरे पास कोई उपाय नहीं है।

मेरी योजना से आपका मतभेद होने पर भी आपने मुझे मुलाकात का निमन्त्रण दिया होता तो उसमें आपकी उदारता ही दिखाई देती। लेकिन अब उसका कोई उपयोग नहीं और उसके लिए मैं भी तैयार नहीं हूँ। इस बारे में आप यदि मुझे कुछ लिखने के इच्छुक हों तो निम्न पते पर लिखने का कष्ट करें।

आपका
बी.आर. अम्बेडकर
राजगृह, दादर, मुम्बई

प्रति,

सम्माननीय सरदार वल्लभभाई पटेल
मेम्बर वायसराय एग्जीक्यूटिव कौन्सिल, नई दिल्ली

एक राष्ट्रीयता की भावना कैसे मजबूत हो?

माननीय अध्यक्ष महोदय,

मेरी दृष्टि से पंडित नेहरू के प्रस्ताव के पहले हिस्से पर चर्चा करने की जरूरत है। जिसमें भावी संविधान के उद्देश्यों पर प्रकाश डाला गया है, उस दूसरे हिस्से पर चर्चा करने की कोई जरूरत नहीं दिखाई पड़ रही है। उसमें पंडितगीरी का प्रतिशत ज्यादा है और अधिकारों की चर्चा कम है। फिलहाल जिस वर्ग का सबसे ज्यादा नुकसान हुआ है, और उन्हें उसकी हीन स्थिति से उबारने की आवश्यकता है उसी के हक़ों के बारे में खास कुछ नहीं कहा गया है। हमारी सरकार कारखानों और भूमि का राष्ट्रीयकरण करेगी इस तरह की स्पष्ट घोषणा संविधान में हो, यही मेरी इच्छा है।

प्रस्ताव के पहले हिस्से में जो तर्क दिए गए हैं वे सभी गणराज्य शब्द पर केन्द्रित हैं। जब डॉ. जयकर ने यह कहा कि लीग की नामौजूदगी में इस प्रस्ताव को आगे बढ़ाना उचित नहीं होगा तब कहीं इस तरह की चर्चा शुरू हुई, इसमें कोई सन्देह नहीं है।

मुझे इस देश के सामाजिक, राजनीतिक, और आर्थिक ढाँचे के विकास के बारे में कोई सन्देह नहीं है। हम लोग आज राजनीतिक, आर्थिक और सामाजिक सवालों से विमुख हो गए हैं, हम लोगों का आपस में वाद-विवाद चल रहा है, इस बात को मैं अच्छी तरह जानता हूँ। मैं भी लड़ाई-झगड़ा करनेवाले इन दलों में से एक का नेता हूँ। लेकिन यह सब होने के बावजूद भी मुझे यकीन है कि यह समय गुजर जाने के बाद और स्थिति बदल जाने के बाद यह देश एकराष्ट्र नहीं हो पाएगा, इस तरह की कोई रुकावट नहीं है। अपनी अलग-अलग विचारधाराएँ और अपने विद्यमान जातिपाँति के भेद बरकरार होने के बावजूद भी हम किसी भी हालत में एकराष्ट्र होंगे, यह कहने में मुझे किसी प्रकार का सन्देह नहीं है। मुझे इस तरह से कहने में भी कोई सन्देह नहीं है कि आज मुस्लिम लोगों की माँग अलग होने की है लेकिन एक दिन ऐसा भी आएगा कि अखंड भारत में ही सभी का कल्याण है, यह बात उनकी समझ में भी आएगी।

अन्तिम लक्ष्य की दृष्टि से हम लोगों को किसी भी प्रकार के सन्देह या डर की कोई जरूरत नहीं है। हमारे सामने कठिनाइयाँ हमारे अन्तिम लक्ष्य में बाधक नहीं बन सकती हैं। हमारे समाज में आज जो बिखराव है उसमें एकता कायम करके सभी एकमत कैसे हों और हम सभी लोग एक-दूसरे के कन्धे से कन्धा मिलाकर एकता की राह पर कैसे आगे बढ़ें, यही सवाल हमारे सामने है।

इसके लिए अपने यहाँ की बहुसंख्यक जमात ने एक प्राथमिक कार्यवाही के रूप में जिन अल्पसंख्यक लोगों के मन में डर की भावना पैदा हुई है और जिसकी वजह से साथ चलने के लिए जो लोग आगे-पीछे देखते हैं, उन्हें कुछ ज्यादा सहूलियतें देने की हमने उदारता दिखाई तो बड़ी समझदारी की बात होगी, यह बात मुझे उचित भी लगती है। इसी उद्देश्य से मेरी आप लोगों से विनती है कि जिन घोषणाओं से लोग डरते हैं, उस तरह की घोषणाएँ बन्द होनी चाहिए। अपने विरोधियों के मन का सन्देह दूर करने के लिए हमें उनको ज्यादा सुविधाएँ देने में कोई आपत्ति नहीं होनी चाहिए। हमें उन लोगों को विश्वास में लेकर एक राष्ट्रीयता के लक्ष्य की ओर उनके साथ कन्धे से कन्धा मिलाकर एकता की राह पर चलने की शुरुआत करनी चाहिए। इसीलिए मैं मान्यवर जयकर के सुझावों का समर्थन कर रहा हूँ। आप लोग जो निर्णय लेनेवाले हैं उनका पुराने कानूनों से मेल है या नहीं या वह बादशाही हुकूकों के अनुकूल है या नहीं, इस बात पर सोचने की हमें कोई जरूरत नहीं है। यह सवाल इतना बड़ा है कि उसे कानून के बन्धनों में बाँधकर रखना सम्भव नहीं है। इन सभी बातों को अलग रखकर जो लोग हमारे साथ आने के लिए तैयार नहीं हैं उन्हें साथ लेने के लिए कोई-न-कोई समझौता करना चाहिए, जिससे कि वे लोग भी हमारे साथ आएँगे। वे लोग हमारे साथ आ सकें ऐसी हमें उनके लिए अनुकूल स्थिति पैदा करनी चाहिए।

जो प्रस्ताव रखा गया है उसका परिणाम शायद यह भी होगा कि मुस्लिम लीग हमें सहयोग नहीं दे पाएगी। मैं अपने इस मत के समर्थन में भावी भारत के संविधान की चर्चा करनेवाले इस प्रस्ताव के तीसरे परिच्छेद की ओर आपका ध्यान आकर्षित करना चाहता हूँ। यदि यह प्रस्ताव मंजूर हुआ तो संविधान समिति को संविधान बनाते समय इसका पालन करने में कठिनाई होगी। मैं जिस परिच्छेद के बारे में बोल रहा हूँ उसमें स्वयंशासित प्रदेश, भारत के राज्य और केन्द्रीय सरकार के बारे में भी चर्चा है। इसमें मध्यकालीन वर्ग-विभाजन की चर्चा नहीं है। बादशाही फरमान और कांग्रेस द्वारा स्वीकृत किया गया वर्धा का प्रस्ताव आदि के बारे में सोचा जाए तो इसमें राज्य-राज्य में भूमि के वर्गीकरण का उल्लेख नहीं है।

जहाँ तक मेरा निजी सम्बन्ध है, मैं वर्गीकरण के खिलाफ हूँ। (हर्ष ध्वनि) मुझे ऐसा लगता है कि 1935 के कानून के मुताबिक केन्द्रीय सरकार जितनी शक्तिशाली हुई, अब हमें केन्द्रीय सरकार को उससे भी ज्यादा मजबूत बनाना चाहिए। (हर्षध्वनि) लेकिन देश की फिलहाल की स्थिति और मेरी इच्छा में कोई तालमेल नहीं हो पा रहा है। अब हम लोग काफी आगे निकल चुके हैं और केन्द्रीय सरकार की सशक्त इमारत जो मेरा आदर्श है उसे तहस-नहस करने के लिए कांग्रेस क्यों राजी नहीं हुई, यह मेरी समझ में नहीं आ रहा है।

कांग्रेस और लीग में मेलमिलाप करने के लिए और भी एक प्रयास होना चाहिए, ऐसा मेरा मत है। जनहित की दृष्टि से यह इतना महत्त्वपूर्ण विषय है कि इस पार्टी या उस पार्टी के स्वाभिमान की ओर ज्यादा ध्यान देने से काम नहीं चलेगा। अपना ध्यान

केवल देशहित और जनता के कल्याण की ओर होना चाहिए। यदि हम लोगों ने सामान्य जनता के भाग्य का फैसला करने के लिए आगे कदम रखा तो हमें कुछ खास नेताओं या पार्टी के स्वाभिमान की चिन्ता करने से काम नहीं चलेगा। इस समस्या को हल करने के सिर्फ तीन रास्ते हैं :

1. किसी एक पार्टी को हार स्वीकार करते हुए दूसरी पार्टी के सामने आत्मसमर्पण करना चाहिए।
2. समझौता करना चाहिए और उसके द्वारा शान्ति स्थापित करनी चाहिए।
3. या फिर खुले रूप में आपस में संघर्ष का रास्ता।

संविधान-निर्माण सभा के कुछ सदस्यों की ओर से मैंने ऐसा सुना है कि वे एक-दूसरे के साथ संघर्ष के लिए तैयार हैं। इस बात को सुनकर मैं बेचैन हो गया हूँ। आपसी राजनीतिक समस्या संघर्ष के द्वारा हल की जा सकती है, इस तरह की बात क्या कोई सोच सकता है? कुछ लोगों का शायद ऐसा कहना हो और उनकी संख्या भी शायद बड़ी हो, और इन लोगों को ऐसा लगता हो कि उनका संघर्ष ब्रिटिश लोगों के विरुद्ध होगा किन्तु यह संघर्ष केवल ब्रिटिशों के साथ ही हो इसके लिए आपने कितना भी प्रयास किया तब भी यह युद्ध क्या सिर्फ ब्रिटिशों के ही विरोध में होगा? मेरी दृष्टि से यदि संघर्ष हुआ तो वह सिर्फ अंग्रेजों तक ही सीमित नहीं रहेगा, वह मुस्लिमों के खिलाफ भी होगा। और उससे भी गलत बात यह कि वह मुस्लिम और ब्रिटिशों की इकट्ठा शक्ति के खिलाफ होगा। वह इससे अलग कुछ होगा इसकी मुझे कोई उम्मीद नहीं दिखाई दे रही है।

यदि कुछ लोग समझते हों कि संघर्ष के द्वारा ऐसा संविधान मुस्लिमों की बगैर इजाजत के उन पर लादा जा सकता है तो इस देश को हमेशा उनके साथ युद्ध करके उन्हें जिताना पड़ेगा। वर्क का कहना है कि, "किसी को शक्ति देना आसान काम है किन्तु अक्ल देना बहुत मुश्किल काम है।" हम लोगों को अपने व्यवहार से यह साबित करना चाहिए कि हममें केवल असामान्य शक्ति ही नहीं है बल्कि, हममें देश के सभी लोगों को साथ लेकर चलने की अक्ल भी है और एकता की दिशा में आगे बढ़ने के लिए हम सबल भी हैं।

17 दिसम्बर, 1946 को नई दिल्ली में संविधान-निर्माण सभा के सामने
डॉ. बाबासाहेब अम्बेडकर का भाषण।

प्राध्यापकों को अध्ययन, अध्यापन और खोज कार्य की ओर विशेष ध्यान देना चाहिए

मुम्बई के सेंट जेवियर्स कॉलेज के पुरातत्त्व शोध और प्राचीन इतिहास विषय के विद्वान प्रो. रेव्हरंड फादर हेरॉस का मुम्बई के सिद्धार्थ कॉलेज में 'मोहनजोदड़ो के लेख पठन' विषय पर व्याख्यान आयोजित किया गया था। उस अवसर पर डॉ. बाबासाहेब अम्बेडकर ने भी वहाँ उपस्थित अध्यापकों को मार्गदर्शन करते हुए अपने व्याख्यान में कहा–

फादर हेरॉस ने बड़ी मेहनत से मोहजोदड़ो में प्राप्त सिक्कों और ईंटों पर अंकित लेखों को किस तरह से पढ़ना चाहिए इस बात की महत्त्वपूर्ण खोज की है जिस पर किसी भी व्यक्ति को खुशी, अभिमान और आश्चर्य होगा, इसमें कोई सन्देह नहीं है। किन्तु मुझे ऐसा लगता है कि जिस तरह हेरॉस ने एक लक्ष्य-प्राप्ति की जिद से इस महत्त्वपूर्ण विषय के लिए अपने-आपको समर्पित कर दिया और बहुत महत्त्वपूर्ण खोज की, वैसा कार्य हमारे भारतीय प्रोफेसरों ने क्यों नहीं किया, यह सवाल मेरे सामने अक्सर उठता है। क्या हमारे भारतीय प्राध्यापकों को उस तरह के काम में कोई दिलचस्पी नहीं है या उनके पास पर्याप्त ज्ञान नहीं है या उनके पास पर्याप्त संसाधन नहीं हैं? इन बातों की वजह क्या होनी चाहिए, इस बात पर हमें गम्भीर रूप से सोचने की जरूरत है।

मुझे ऐसा लगता है कि रुपए कमाने और अपना जीवन सुख में व्यतीत करने के अलावा हमारे प्रोफेसरों का जीवन में कोई लक्ष्य नहीं है। इस लक्ष्य के अभाव में उनके हाथों कोई ठोस कार्य नहीं हो रहा है। वे बीच-बीच में कुछ पाठ्यक्रम की किताबों पर मार्गदर्शिकाएँ लिखते रहते हैं। मार्गदर्शिकाएँ लिखने के अलावा उनका कोई महत्त्वपूर्ण कार्य भी है, इस बात की उन्हें जानकारी है भी या नहीं?

मैं इस बात को स्वीकार करता हूँ कि हमारे विश्वविद्यालयों की शिक्षा-प्रणाली के कारण अच्छे प्रोफेसरों का मिलना असम्भव हो गया है। हमारे अधिकांश प्रोफेसरों को कॉलेजों में शेक्सपियर के नाटक या काव्य पढ़ाना पड़ता है। इस तरह के विषय पढ़ाने से हमारी युवा पीढ़ी या भारत के लोगों को क्या लाभ मिल रहा है? मुझे ऐसा लग रहा है कि इससे कुछ भी लाभ नहीं हो रहा है। जब मुझे नींद नहीं आती तभी मैं शेक्सपियर

या अन्य कवियों की कविताएँ आदि पढ़ता हूँ, ऐसी बात नहीं है। किन्तु वह सिर्फ समय गुजारने के लिए। उन पर सोचना मेरे लिए जरूरी नहीं है।

फिलहाल हमारे कॉलेजों में एकदम सामान्य स्तर की शिक्षा दी जाती है। बी.ए. तक पोंगेपन की शिक्षा है, इसमें कोई दो राय नहीं है। किन्तु उसमें भी हम सुधार नहीं कर सकते। अब आप मुम्बई शहर को ही लें, यहाँ आर्ट्स और साइंस की पढ़ाई के छह बड़े कॉलेज हैं। हर कॉलेज आज की प्रणाली के मुताबिक यूनिवर्सिटी से सम्बद्ध है। बावजूद इसके उनका अस्तित्व स्वतन्त्र विद्यालयों की तरह है, इसमें कोई सन्देह नहीं है। इसका परिणाम यह होता है कि इन छह कॉलेजों में अलग-अलग प्रोफेसरों के द्वारा वही विषय बार-बार पढ़ाए जाते हैं जिससे बेवजह एक ही काम को बार-बार दोहराया जाता है। किन्तु इस प्रणाली के बजाय यदि हमने यह प्रयास किया कि एल्फिस्टन कॉलेज में सिर्फ इतिहास और अर्थशास्त्र विषयों को पढ़ाने की ही व्यवस्था हो और जिन प्रोफेसरों को इन विषयों को पढ़ाना है तो वे एक ही विषय के सात-आठ प्रोफेसर हो जाएँगे। फिर हमें स्वाभाविक तौर पर उनके काम का बँटवारा करना पड़ेगा। एक प्रोफेसर 'प्राचीन भारत' पर ही व्याख्यान देगा, दूसरा प्रोफेसर 'बुद्ध का काल और ईसाई युग का प्रारम्भ' इस विषय पर ही व्याख्यान देगा, तीसरा प्रोफेसर 'मध्य युग' पर ही अपना व्याख्यान देगा। तो चौथा प्रोफेसर 'मराठाओं का काल' विषय पर व्याख्यान देगा और पाँचवाँ प्रोफसर 'अंग्रेजी काल' पर अपना व्याख्यान देगा। उससे विषयों का विभाजन होगा और हर प्रोफेसर को अपने विषय का गहरा अध्ययन करने का मौका मिलेगा। इस वजह से उन्हें अपने विषयों में खोज-कार्य करने की तैयारी का काफी समय मिल जएगा। अन्य प्रकार के सुधार भी मुम्बई विश्वविद्यालय में होने चाहिए इस बात की प्रतीक्षा करने के बजाय हम लोगों को इस तरह के सुधार तुरन्त अमल में लाने के प्रयास करने चाहिए। हर कॉलेज को एक-एक, दो-दो विषयों के लिए अपने-आपको समर्पित करना चाहिए, जिसकी वजह से उस विषय का सम्पूर्ण ग्रन्थ संग्रह उस कॉलेज में हो सकेगा और जरूरी वस्तुसंग्रहालय भी एक जगह रखने की व्यवस्था की जा सकती है। सभी कॉलेजों के प्रोफेसरों को उनकी इच्छा के मुताबिक तय वेतन देने की बजाय विश्वविद्यालय को सभी के लिए एक जैसा वेतन तय करना चाहिए। मतलब मौजूदा स्थिति में सरकारी कॉलेजों में और निजी कॉलेजों के वेतन में जो फर्क है वह नहीं होगा। वेतन की शिकायत दूर होने पर और काम का बँटवारा उचित ढंग से हो जाने पर शिक्षा का कार्य और खोज-कार्य तेजी से शुरू किए जा सकते हैं।

मैं यह कहना चाहता हूँ कि प्रोफेसरों को अपने-आपको अध्ययन तथा अध्यापन के काम में इतना समर्पित कर देना चाहिए कि उन्हें अपने घर की ओर देखने तक का समय नहीं मिलना चाहिए। घर का काम पूरी तरह से उनकी पत्नी के जिम्मे होना चाहिए। प्रोफेसरों को बेवजह के काम अपने जिम्मे लेकर अपनी जिम्मेदारी के क्षेत्र को बढ़ाना मुझे पसन्द नहीं है। अध्ययन और अध्यापन में शोध-कार्य है ही। इसलिए प्रोफेसरों को इन बातों के अलावा अन्य किसी बात की परवाह नहीं करनी चाहिए।

छात्रों में उत्साह पैदा करना, उन्हें प्रेरणा देना ये पूरी तरह से अच्छे प्रोफेसरों के काम हैं। प्रोफेसर के केवल विद्वान होने से काम नहीं चलेगा। वह सभी गुणों से युक्त होना चाहिए। उसकी वाणी शुद्ध होनी चाहिए। उसे स्वयं बेहद उत्साही होना चाहिए। और उसमें इस बात की क्षमता होनी चाहिए कि अपने विषय को वह अधिक से अधिक प्रभावी बना सके तभी छात्र अधिक उत्साही होंगे, इसमें कोई सन्देह नहीं है। इनमें से अधिकांश गुण पैदाइशी होते हैं और कुछ अध्ययन से और कुछ अनुभव से हासिल करने पड़ते हैं।

मैं आप लोगों को अपना ही उदाहरण देना चाहता हूँ। मैं बी.ए. की पढ़ाई तक बिल्कुल सामान्य छात्र था। आगे मैं कुछ शोध-कार्य कर पाऊँगा इस बात की मुझे कोई उम्मीद नहीं थी। और अन्य लोगों को भी मुझसे कोई उम्मीद नहीं थी। मेरी बुद्धि कमजोर थी या मुझे आगे पढ़ने की इच्छा नहीं थी, ऐसी भी बात नहीं थी। किन्तु शोध-कार्य के लिए जो विशेष प्रकार की सोच चाहिए या प्रोफेसरों की ओर से जो एक खास तरह का मार्गदर्शन चाहिए वह मुझे प्राप्त नहीं हुआ। इसलिए मुझमें छिपी हुई शक्ति को किसी प्रकार की प्रेरणा नहीं मिली। बस यही मुख्य बात थी। मेरे पास जो पैदाइशी गुण थे उनका विकास होना जरूरी था।

अमेरिका पहुँचने के बाद मेरे गुणों को विकसित करने का कार्य प्रोफेसर सेलिग्मन और अन्य प्रभावी विद्वानों ने किया, इस बात को स्वीकार करने में मुझे किसी प्रकार का संकोच नहीं होना चाहिए। इन विद्वान प्रोफेसरों के सम्पर्क में आने के बाद मुझे पता चला कि मैं भी स्वतन्त्र रूप से सोच सकता हूँ। एक बार मैंने प्रोफेसर सेलिग्मन से पूछा था कि मुझे शोध-कार्य किस प्रकार करना चाहिए। मेरे इस सवाल का जवाब देते हुए उन्होंने कहा, आप अपना कार्य जारी रखें, आपको अपने आप पता चल जाएगा कि शोध-कार्य किस तरह करना पड़ता है। फिर उस पर मैंने स्वयं सोचना शुरू कर दिया। मैंने विस्तृत अध्ययन किया। तब मुझे इस बात का ज्ञान हासिल हुआ कि अपने बल-बूते पर अपना मार्गदर्शन किस तरह किया जा सकता है। इसमें मुझे एक और चिन्ता थी कि निश्चित समय से पहले मेरा शोध-कार्य पूरा न हुआ तो मुझे बाद की छात्रवृत्ति से हाथ धोना पड़ेगा और मेरा सारा शोध-कार्य रुक जाएगा, इसलिए मुझे अपना काम लगन से, उत्साह से, और तेजी से पूरा करना जरूरी था। उस समय मैंने शोध-कार्य के उपयोगी नोट्स लेने के लिए कार्ड्स भी तैयार किए थे। वे कार्ड्स आज भी मेरे पास हैं। ये कार्ड्स शोध-कार्य करनेवाले प्रोफेसरों के काम आएँ इसलिए मैं उन्हें अपनी लाइब्रेरी में रखने की जल्दी ही व्यवस्था करने जा रहा हूँ। मैंने इतना व्यापक अध्ययन किया है कि कौन-सा सन्दर्भ किस किताब में है यह मुझे तुरन्त याद हो आता है। इसी अध्ययन के कारण मेरी स्मरणशक्ति तेज होती गई।

किताबें लिखते समय वक्त कैसे गुजर जाता है और दिन कैसे बीत जाते हैं, इस बात का मुझे पता ही नहीं चलता। जब मैं लिखने का कार्य शुरू करता हूँ तब मेरी सारी शक्तियाँ एक जगह केन्द्रित हो जाती हैं। मैं भोजन की भी परवाह नहीं करता। मैं

रात-रात भर पढ़ता-लिखता रहता हूँ। उस समय मुझे न थकान महसूस होती है और न मेरा उत्साह कम होता है। किन्तु काम पूरा होने के बाद मैं बेहद थक जाता हूँ और मेरा उत्साह भी गायब हो जाता है, ऐसी स्थिति में मैं असन्तुष्ट रहने लगता हूँ। अपने चार बच्चों के साथ भी मुझे उतना आनन्द नहीं मिलता जितना मुझे अपनी किताब के प्रकाशित होने पर मिलता है।

अस्मितादर्श : वार्षिक विशेषांक, 1995 में पुनर्प्रकाशित। नवयुग, मुम्बई, अम्बेडकर विशेषांक : 13 अप्रैल 1947। इसमें डॉ. अम्बेडकर के व्याख्यान की तारीख नहीं दी गई है।

पंडित नेहरू को पत्र

1 हार्डिंज एवन्यू
नई दिल्ली
18-12-1947

प्रिय पंडित जवाहरलाल नेहरू,

पाकिस्तान से भारत आए अछूत शरणार्थियों की ओर से कई शिकायतें मेरे पास आ रही हैं। और उसी तरह पाकिस्तान से भारत आने की पाबन्दी लगाकर रोक दिए गए अछूतों की ओर से भी मुझे लगातार शिकायतें प्राप्त हो रही हैं जिनकी वजह से इस सवाल की ओर मुझे आपका ध्यान आकर्षित करना ही चाहिए इस तरह की स्थिति बन गई है। आज भारत आए हुए अछूत शरणार्थियों की और पाकिस्तान में फँसे अछूतों की क्या स्थिति है? उनकी मुक्ति के लिए हमें क्या करना चाहिए इस बात को मैं अपने निवेदन में आपके सामने पेश कर रहा हूँ।

[I]

1. पाकिस्तान सरकार अछूतों को अपने प्रान्तों से आने पर रोक लगा रही है। उसमें पाकिस्तान सरकार का यह उद्देश्य है कि अछूतों को पाकिस्तान में रहना चाहिए। उन्हें वहाँ हीन दर्जे के काम करने चाहिए और उसी तरह उन्हें पाकिस्तान में भू-स्वामियों के पास भूमिहीन मजदूर के रूप में ही अपना जीवन व्यतीत करना चाहिए। खास तौर पर मेहतर (भंगी) समाज को तो पाकिस्तान में घेर लिया गया है। उन्होंने आवश्यक काम (Essential Services) करनेवाले वर्गों में ही मेहतर (भंगी) समाज को शामिल करने की घोषणा कर दी है। इसी वजह से एक माह के पूर्व नोटिस दिए बगैर उन्हें काम से मुक्त नहीं किया जाता। इससे उनका भारत लौट आने का सवाल अधिक जटिल बन गया है।
2. अछूत शरणार्थी (एम.ई.ओ.) नामक संगठन भारत में आने के इच्छुक शरणार्थी अछूतों को मदद करने का कार्य कर रहा है। पाकिस्तान सरकार ने एम.ई.ओ. संगठन पर कुछ पाबन्दियाँ लगाकर इस संगठन का और भारत

लौटकर आनेवाले निर्वासितों का सम्बन्ध-विच्छेद कर दिया है। उसी की वजह से भारत में आनेवाले अछूत शरणार्थियों की संख्या काफी कम हुई है। कुछ जगहों पर उनका भारत आने का कार्यक्रम एक तरह से रुक गया है। मुझे इस बात का भी पता चला है कि एम.ई.ओ. संगठन का काम धीरे-धीरे बन्द होने की राह पर है। यदि ऐसा हुआ तो अछूतों को पाकिस्तान से भारत में लाना ही असम्भव हो जाएगा।

3. इसके लिए आपको क्या करना चाहिए ?

(अ) पाकिस्तान सरकार को भारत आने की इच्छा रखनेवाले अछूतों पर किसी भी तरह की रोक नहीं लगानी चाहिए।

(ब) अछूत एम.ई.ओ. संगठन को भारत में आने की इच्छा रखनेवाले अछूतों से पहले की तरह सम्बन्ध रखने की अनुमति दी जानी चाहिए।

(स) सभी अछूतों के पाकिस्तान से भारत आने तक अछूत निर्वासित संगठन का अस्तित्व बरकरार रहना चाहिए।

(द) शरणार्थी-पुनर्वास विभाग के मन्त्री द्वारा आज तक सिर्फ पश्चिम पंजाब में अछूत वर्ग में से एक ही अधिकारी को नियुक्त किया गया है लेकिन पाकिस्तान के सीमा प्रान्त, सिन्ध, भावलपुर में पूरी तरह मनमानी हो रही है, लेकिन वहाँ इस तरह के किसी अधिकारी की नियुक्ति नहीं की गई इसलिए इस विभाग को इन प्रान्तों में खास अधिकारियों की नियुक्ति करने के लिए आदेश दिए जाएँ।

ये खास अधिकारी पाकिस्तानी इलाकों में दौरा करेंगे और भारत में आने की इच्छा रखनेवाले अछूतों को कहाँ-कहाँ रोक करके रखा गया है, इसकी छानबीन करेंगे।

[II]

भारत में आए हुए शरणार्थी अछूतों के सम्बन्ध में–

जो अछूत पाकिस्तान से निर्वासित होकर पूर्वी पंजाब में आए हैं उनकी भी मेरे पास कई शिकायतें आई हैं। और वे शिकायतें पाकिस्तान में रोककर रखे गए अछूतों की शिकायतों से अधिक हैं।

संक्षेप में उनकी शिकायतों का स्वरूप इस प्रकार है–

[I]

1. भारत सरकार ने पूर्वी पंजाब में अछूतों के लिए जो शरणार्थी कैम्प लगाए हैं उनमें अछूत लोग नहीं रहते। इसका कारण यह है कि कैम्प के सरकारी अधिकारी सवर्ण हिन्दू और अछूतों में छुआछूत मानते हैं।

2. शरणार्थी कैम्प में रहनेवाले शरणार्थियों को ही राशन का अनाज और कपड़ा मिलता है, ऐसे निर्वासित और पुनर्वास विभाग के नियम हैं। लेकिन उपरोक्त कारण की वजह से शरणार्थी अछूत लोग कैम्प में नहीं रहते, इसलिए शरणार्थियों के लिए जो सुविधाएँ हैं वे उन्हें नहीं मिलतीं, इसलिए उनके बहुत बुरे हाल हैं।

3. इसके लिए शरणार्थी-पुनर्वास विभाग को अपने ऑफिस के नियमों में परिवर्तन करना चाहिए जिससे कि तमाम अछूत निर्वासितों को दूसरों की तरह सुविधाएँ प्राप्त करने में आसानी होगी।

[II]

1. पूर्वी पंजाब में सरकार परती जमीन का वितरण कर रही है उसमें अछूतों के हितों को पूरी तरह से नजरअंदाज किया जा रहा है। इसकी वजह यह है कि पूर्वी पंजाब में सम्पूर्ण शासनसत्ता सारे सवर्ण हिन्दुओं के हाथ में है। इसी वजह से अछूत शरणार्थियों की बस्तियाँ बसाने के काम में कोई विशेष ध्यान नहीं दे रहा है। इसलिए ऐसे सवालों पर ध्यान देना चाहिए और पूर्वी पंजाब सरकार को अछूतों के हितों की रक्षा करने में दख़ल नहीं देनी चाहिए। इसके लिए भारत सरकार को कुछ विशेष अधिकारियों की नियुक्ति करनी चाहिए।

2. पूर्वी पंजाब में अछूत शरणार्थियों के हितों की रक्षा अन्य शरणार्थियों की तरह करने के लिए और उनमें जमीन का उचित वितरण करने के लिए भारत सरकार को अलग से विशेष अधिकारियों की नियुक्ति करने की आवश्यकता है।

3. ऐसे अधिकारियों के रूप में किनकी नियुक्ति करनी चाहिए, इसके लिए ऐसे काम का जिन्हें अच्छा अनुभव है ऐसे लोगों की एक सूची मैंने सम्बन्धित मन्त्री मान्यवर नियोगी को दी है।

4.(अ) यह बात सभी जानते हैं कि पूर्वी पंजाब में सिख और जाट लोगों का ज्यादा प्रभाव है। इसलिए इन दोनों जातियों के लोग पूर्वी पंजाब में रहनेवाले अछूत वर्ग के लोगों को जोर-जबर्दस्ती, अपने गाँव, घर-मकान, जमीन-जायदाद आदि छोड़ने के लिए मजबूर करते हैं। इसमें उनका उद्देश्य यही होता है कि डर से भाग जाने के बाद वे उनकी जमीन-जायदाद हड़प लेते हैं। उन पर सिख और जाट लोगों की ओर से जो जुल्म हो रहा है उस जुल्म से उन्हें मुक्त कराना बहुत मुश्किल काम है। उनका एक कारण यह है कि पूर्वी पंजाब के मजिस्ट्रेट और पुलिस डिपार्टमेंट में खास तौर पर सिख और जाट ही हैं इसलिए उनका काम उन्हीं के दबाव में रहना और उन्हीं के हितों की रखवाली करना है। दूसरी बात यह है कि अछूत वर्ग पर जुल्म करनेवाले सिख और जाट लोग ही पुलिस और मजिस्ट्रेट के रिश्तेदार होते हैं। इस वजह से वे लोग

अछूत वर्ग की शिकायत पर कोई ध्यान ही नहीं देते।

(ब) इसलिए पूर्वी पंजाब सरकार को अछूत वर्ग के कम-से-कम 200 अधिकारी पुलिस विभाग में भर्ती करने चाहिए, इस तरह से उन पर बन्धन लगना चाहिए।

परसों ही समाचार-पत्र में एक खबर छपी है कि पूर्वी पंजाब सरकार ने पुलिस विभाग में तकरीबन 300 अछूत आवेदकों की भर्ती की है। विस्तृत जानकारी हासिल करने के बाद पता चला कि वह भर्ती प्रदेश सीमा पर पहरेदारी के लिए की गई है। यह भर्ती उन्होंने नागर पुलिस विभाग में नहीं की है। इसलिए पूर्वी पंजाब के नागर पुलिस विभाग में अछूतों के संरक्षण के लिए उनकी भर्ती करनी चाहिए, जिससे उनके हक़ों की रक्षा होगी।

मुझे ऐसा पता चला है कि पूर्वी पंजाब में नागर पुलिस विभाग में (Civil Police Force) में एक भी अछूत की भर्ती नहीं की जाती।

5.(अ) पूर्व पंजाब में लैंड रेवन्यू कानून के अनुसार गाँव को दो वर्गों में विभाजित किया गया है। इसमें एक वर्ग जमींदारों का और दूसरा वर्ग खेत मजदूरों (कामिनाज) का है।

जमींदार वर्ग में वे लोग आते हैं जिन्हें गाँव की सीमा के भीतर की जमीन पर अपना कब्जा करने का अधिकार है। मजदूर (कामिनाज) वर्ग में वे लोग हैं जो जिस गाँव में रहते हैं उस गाँव में उन्हें जमीन खरीदने या जमीन के मालिक बनने का अधिकार नहीं है। जिन मकानों में ये मजदूर रहते हैं वे गाँव जमींदारों के स्वामित्व में होते हैं। ऐसी स्थिति में यदि जमींदारों को लगा कि मजदूर (कामिनाज) जिन मकानों में रहते हैं उन्हें वहाँ से भगा देना चाहिए तो वे वैसा कर सकते हैं। इसी की वजह से पूर्वी पंजाब के गाँव-देहातों में रहनेवाला मजदूर वर्ग पूरी तरह से जमींदारों की मर्जी पर जीता है। पूर्वी पंजाब में रहनेवाला अछूत वर्ग ख़ास तौर पर मजदूर वर्ग से ही आता है। इसीलिए पूर्वी पंजाब का अछूत वर्ग जमींदारों के यहाँ पूरी तरह से गुलाम के रूप में अपना जीवन बिता रहा है।

(ब) इसलिए पूर्वी पंजाब के लैंड रेवन्यू कानून में जमींदार और मजदूर का भेद पूरी तरह से समाप्त करने के लिए पंजाब सरकार को मजबूर करना चाहिए। और वहाँ रैयतवारी प्रणाली की स्थापना करनी चाहिए। इससे गाँव के सभी समाजों के लोग जमीन हासिल करने के समान हक़ प्राप्त कर सकते हैं।

6.(अ) पूर्वी पंजाब में 'लैंड एलीनेशन एक्ट' नामक एक कानून है। इस कानून में महाजनों (साहूकार) से किसानों को संरक्षण दिया गया है। लेकिन कानून का स्वरूप एकदम खराब है। इसकी वजह यह है कि इस कानून में किसान शब्द की परिभाषा का जाति को निर्देशित करनेवाला अर्थ है और उसमें किसान की परिभाषा पेशे पर निर्भर नहीं है। इस कानून के अनुसार सरकार ऐसा

मानती है कि जो आदमी किसान परिवार में पैदा हुआ वही 'किसान' है। सरकार ने किसानों की ऐसी जमात को 'किसान जमात' के रूप में सम्बोधित किया है। अछूत समाज का हर आदमी प्रत्यक्ष में जमीन की जोताई-बोवाई कर रहा हो या खेती कर रहा हो, फिर भी अछूतों को 'किसान' के रूप में सम्बोधित न किए जाने की पूरी कोशिश पंजाब सरकार ने की है। उसका परिणाम यह हुआ कि पूर्वी पंजाब में अछूत जातियों की जमीन खरीदने की या जमीन ग्रहण करने पर पूरी रोक लगा दी गई थी। इसलिए पंजाब में अछूतों को भूमिहीन मजदूर का जीवन बिताना पड़ रहा है। उन्हें हिन्दू, सिख तथा जाट भूस्वामियों की मर्जी पर अपने चरितार्थ के लिए पूरी तरह से निर्भर रहना पड़ रहा है। इसलिए यह कानून पूरी तरह से अमानवीय और खतरनाक साबित हुआ है। इसलिए इस समाज-विनाशी कानून को पूरी तरह से समाप्त कर देना चाहिए।

(ब) उसी प्रकार 'किसान' शब्द की परिभाषा बदलने के लिए पंजाब सरकार को मजबूर करना चाहिए। और आदमी के पेशे के आधार पर किसान की परिभाषा तय करनी चाहिए जिससे कोई भी आदमी फिर उसकी जाति, वंश, कुछ भी क्यों न हो, यदि वह किसान है तो उसे किसान समझना चाहिए। और उसे जमीन खरीदने, मालिक के हक़ के आधार पर जायदाद के रूप में जमीन रखने का अधिकार होना चाहिए।

इसी आधार पर पूर्वी पंजाब के अछूत, अछूत शरणार्थी और पाकिस्तान में रहनेवाले अछूतों की क्या समस्याएँ हैं, उनकी कौन-कौन-सी कठिनाइयाँ हैं और फरियादें हैं इसका मुझे जो पता चला उन्हें मैंने आपके सामने रखा। इस स्थिति से अछूत वर्ग और अछूत निर्वासितों की मुक्ति किस तरह से होनी चाहिए इस बात की उचित सलाह भी दी है। इनमें से अन्याय दूर करने के कुछ मार्ग पूर्वी पंजाब सरकार के हाथ में हैं। यदि भारत सरकार को इस पीड़ा से अछूतों को मुक्त करने की इच्छा हो तो भारत सरकार उस काम को आसानी से कर सकती है। फिर भी कुछ उपाय पूर्वी पंजाब सरकार के हाथ में हैं, उस पर भारत सरकार को खामोश रहने की कोई आवश्यकता नहीं है। यदि निर्वासितों के पुनर्वास के लिए भारत सरकार अपना पैसा खर्च कर रही है तो उसे पंजाब सरकार को अछूतों की मुक्ति का रास्ता अपनाने के लिए मजबूर करने का नैतिक अधिकार है। सभी को समान अवसर और अच्छा बर्ताव मिलना चाहिए और यही भारत सरकार की नीति है।

भारत सरकार ने आज तक सिर्फ मुस्लिम समाज की समस्याओं पर ध्यान दिया है। अछूतों की समस्या अस्तित्व में नहीं है ऐसी सरकार की समझ बन गई है या यह हल करने योग्य समस्या ही नहीं है, ऐसी गलत समझ भी हो सकती है।

कुछ लोगों को अछूत वर्ग के मौजूदा सवालों में दखल करना ही पसन्द नहीं है। लेकिन हमें और हमारे जैसे सोचनेवालों को निश्चित रूप से ऐसा लगता है कि अछूतों

का सवाल मुस्लिमों के सवाल से भी ज्यादा गहरा और महत्त्वपूर्ण है।

मैंने कई बार यह सोचा है कि भारत के और पाकिस्तान के शरणार्थियों के सवालों की भारत सरकार ने उपेक्षा की है। इसलिए इस बात की ओर लोगों का ध्यान खींचना जरूरी है। कई महत्त्वपूर्ण कारणों की वजह से इन बातों की मैंने चर्चा नहीं की। आप भी अन्य कई महत्त्वपूर्ण सवालों में उलझे हुए थे इसलिए अब आप अछूतों के सवालों पर खामोश नहीं रह सकते। ऐसी मैंने भी कोई शिकायत नहीं की। लेकिन अब समय आ गया है कि इस समस्या की ओर अपना ध्यान देना जरूरी है। इसलिए आप स्वयं पुनर्वास विभाग के मन्त्री को आदेश देकर मेरे इस निवेदन के अनुसार अछूतों को उनके उत्पीड़न और जुल्मों से मुक्त करें या इससे भी और अच्छे प्रभावी उपायों को अपनाकर अछूत निर्वासितों को संरक्षण दें।

यदि आपने इस सवाल की ओर तत्काल ध्यान दिया तो मैं आपका बहुत आभारी रहूँगा।

आपका
बी.आर. अम्बेडकर

प्रति,

माननीय प्रधानमन्त्री
जवाहरलाल नेहरू
नई दिल्ली

अछूतों की मुक्ति का सवाल और गांधी

सन् 1948 में पैसिफिक रिलेशन्स परिषद् के सामने प्रस्तुत किया गया डॉ. बाबासाहेब अम्बेडकर का महत्त्वपूर्ण आलेख–

अछूतों की कुल जनसंख्या

हिन्दुस्तान की दस साल पहले की जनसंख्या बहुत मामूली थी। और गणना-विशेषज्ञों के अलावा अन्य कोई उस ओर ध्यान नहीं देता था। किन्तु आज देश की जनसंख्या हर व्यक्ति की दृष्टि में एक महत्त्वपूर्ण सवाल है। व्यवसायी राजनीति करनेवाले लोग ही नहीं बल्कि सामान्य लोग भी इसे महत्त्वपूर्ण विषय मानने लगे हैं। इसका कारण यह है कि हिन्दुस्तान की राजनीति जनसंख्या की राजनीति हो गई है। जनसंख्या के बल पर एक जाति दूसरी जाति पर अपना वर्चस्व कायम करती है। इसलिए जनसंख्या से प्राप्त होनेवाले लाभ के लिए जनगणना के आँकड़े बढ़ा-चढ़ाकर बताए जाते हैं। और आँकड़े बढ़ा-चढ़ाकर बताने में यदि कोई माहिर हैं तो वे हैं हिन्दू, मुस्लिम और सिख। इस धोखेबाजी से अछूत, ईसाइयों का कोई सम्बन्ध नहीं है। क्योंकि जनगणना का काम करनेवाले सरकारी विभाग में उनका कोई महत्त्व नहीं है। बल्कि हर दससाला जनगणना में हिन्दू, मुस्लिम और सिखों की ओर से अछूतों के आँकड़े बढ़ाए-चढ़ाए जाते हैं। 1940 की जनगणना में इस तरह की बातें खास तौर पर हुई थीं। पंजाब के कुछ हलकों में सिखों के रूप में अपना नाम लिखवाने के लिए अछूतों पर सुनियोजित ढंग से जुल्म-ज्यादतियाँ की गईं। उसकी वजह से अछूतों की संख्या कम और सिखों की जनसंख्या बढ़ गई है। जनगणना में हिन्दुओं की ओर से इस तरह का प्रचार किया गया कि किसी को अपनी जाति नहीं लिखवानी चाहिए। जाति की वजह से फलाँ आदमी अछूत है, इस बात का पता दुनिया को लग जाता है। इसलिए जनगणना में अछूतों ने अपनी जाति बताने के बजाय सिर्फ हिन्दू लिखवा दिया, तो अछूत कौन है? इस बात का पता किसी को कैसे लगेगा। उन्हें भी अन्य हिन्दुओं की तरह ही देखा जाएगा, ऐसा उन्हें समझाया गया। अछूत लोग इस षड्यन्त्र के शिकार हुए। और उन्होंने अपने-आपको हिन्दू लिखवाना तय किया जिसकी वजह से अछूतों की जनसंख्या कितनी कम हुई यह बताना मुश्किल है। अन्य जगहों पर भी इसी तरह का षड्यन्त्र किया गया

जिसकी वजह से जनगणना में ब्रिटिश हिन्दुस्तान में अछूतों की कुल जनसंख्या छह करोड़ है, ऐसा यदि कहा जाए तो इसमें कोई खास गलती नहीं होगी।

अछूतों का महत्त्व

दुनिया के अधिकांश हिस्से में दलित लोग हैं। स्पार्टन या ब्रिटिश लोगों में हीन नौकर, अमेरिकन लोगों में काले और जर्मन लोगों में ज्यू थे। उसी प्रकार हिन्दू लोगों में अछूत हैं। लेकिन इनमें से किसी की भी स्थिति यहाँ के अछूतों की तरह खराब नहीं थी। गुलामी तो समाप्त हो गई लेकिन अछूतपन आज भी बरकरार है। और हिन्दू धर्म जब तब जिन्दा रहेगा तब तक अछूतपन भी जिन्दा रहेगा। अछूतों की स्थिति ज्यू लोगों से भी खराब है। ज्यू लोगों की पीड़ाएँ उनकी अपनी वजह से अधिक हैं। लेकिन अछूतों की स्थिति वैसी नहीं है। हिन्दू धर्म ने उन पर मुसीबतें ढाई हैं। ज्यू लोगों से घृणा की गई। लेकिन उनके विकास के अवसर नकारे नहीं गए। यहाँ अछूतों से घृणा की जाती है। इतना ही नहीं, उनको विकास के अवसर नहीं दिए जाते। लेकिन इस बात की ओर किसी का भी ध्यान नहीं जाता है। हिन्दुस्तान की स्वतन्त्रता की लड़ाई में स्वतन्त्रता की सही जरूरत किसी को है, तो वे हैं अछूत। आज हिन्दू और मुस्लिमों की स्वतन्त्रता की नहीं बल्कि सत्ता की लड़ाई है। सत्ता की लड़ाई और स्वतन्त्रता की लड़ाई अलग-अलग होती हैं। स्वतन्त्रता के लिए लड़नेवाले किसी भी दल ने या संस्था ने अछूतों के सवाल की ओर कोई ध्यान नहीं दिया है। इस बात पर मुझे बड़ा आश्चर्य हो रहा है। अमेरिकन और ब्रिटिश सरकार दोनों भारतीय स्वतन्त्रता के समर्थक हैं। लेकिन उनमें से किसी ने भी अछूतों के प्रति कोई हमदर्दी नहीं दिखाई है। हिन्दी राष्ट्रीय सभा के नाम से सम्बोधित हिन्दुओं के संगठन के वे समर्थक हैं। लेकिन हिन्दुओं के अलावा हिन्दुस्तान के अन्य सभी लोगों को यह मालूम है कि कांग्रेस हिन्दू पूँजीपतियों की मदद पर चलनेवाली मध्यवर्गीय हिन्दुओं की संस्था है। भारतीय (हिन्दी) लोगों को आजाद कराना यह उसका लक्ष्य नहीं है बल्कि ब्रिटिशों की सत्ता को नकारते हुए हम ब्रिटिशों के हाथों में जो सत्ता है उस पर अपना स्वामित्व स्थापित करना ही उनका लक्ष्य है। कांग्रेस जिस प्रकार की स्वतन्त्रता चाहती है उस तरह की स्वतन्त्रता उन्हें मिल गई तो हिन्दू लोग पहले की तरह ही अछूतों के साथ बर्ताव करेंगे, इसमें कोई सन्देह नहीं है।

दलित वर्ग की माँगें

दलित वर्ग ने आज तक अखिल भारतीय दलित वर्ग परिषदों के मंच से समय-समय पर अपनी माँगों की घोषणा की है। नागपुर में 18 और 19 जुलाई, 1942 को जो अखिल भारतीय दलित वर्ग परिषद् की सभा हुई थी उसमें जो प्रस्ताव मंजूर किए गए थे उनसे इस बात का पता चलता है। वे माँगें इस प्रकार हैं :

संविधान में अछूत वर्ग को मान्यता देने की आवश्यकता

संविधान में जब तक निम्न बातों की व्यवस्था नहीं होती तब तक दलित समाज को कोई भी संविधान मंजूर नहीं होगा, इस बात की घोषणा परिषद् करती है।

(1) संविधान को दलित वर्ग की मान्यता।

(2) दलित वर्ग हिन्दुओं से भिन्न और स्वतन्त्र है और हिन्दुस्तान के राष्ट्रीय जीवन की महत्त्वपूर्ण इकाई है, इस बात को संविधान में स्वीकार करना चाहिए।

(3) दलित वर्ग अपने-आपको सुरक्षित महसूस करे, ऐसी योजना नए संविधान में होनी चाहिए। आगे के प्रस्ताव में योजनाएँ निम्न प्रकार से दर्ज की गई हैं।

नए संविधान में जरूरी योजनाएँ

दलित वर्ग में सुरक्षा की भावना पैदा करने के लिए नए संविधान में निम्न प्रकार की बातें दर्ज की जानी चाहिए, इस प्रकार की इस परिषद् की माँग है :

(1) हर प्रदेश सरकार का बजट समझौते के मुताबिक तय किया जाए। एक निश्चित रकम दलित वर्ग के बच्चों में प्राथमिक शिक्षा के प्रचार के लिए दी जाए। उसी प्रकार इस वर्ग में ऊँची शिक्षा का प्रचार करने के लिए भी हर साल निश्चित बजट रखा जाए। इस तरह की राशियाँ प्रदेश सरकारों के द्वारा निश्चित की जाएँ।

(2) केन्द्रीय और प्रदेश सरकार का राज्यशासन चलानेवाले सभी कार्यकारी मंडलों में दलितों को प्रतिनिधित्व मिलना चाहिए, इस तरह की व्यवस्था कानून में की जानी चाहिए और उसी प्रकार दलित वर्ग की जनसंख्या, उनकी जरूरतें और महत्त्व को ध्यान में रखते हुए तय की जाएँ।

(3) दलित वर्ग की जनसंख्या, जरूरतें और महत्त्व को ध्यान में रखते हुए सरकारी नौकरियों में दलित वर्ग को प्रतिनिधित्व मिले इस तरह की व्यवस्था कानून में की जाए। न्याय, पुलिस और प्रशासन (मुल्की) आदि महत्त्वपूर्ण विभागों में दलित वर्ग के लिए सुरक्षित स्थान दस सालों के भीतर भरे जाएँ, इस तरह की इस परिषद् की माँग है।

(4) सभी विधिमंडल और स्थानीय स्वराज्य संस्थाओं में दलित वर्ग की जनसंख्या, जरूरतें और महत्त्व को ध्यान में रखते हुए दलित वर्ग को प्रतिनिधित्व मिले, इस बात की कानूनन व्यवस्था होनी चाहिए।

(5) सभी विधिमंडल और स्थानीय स्वराज्य संस्थाओं में दलित वर्ग को स्वतन्त्र मतदाता संघों के द्वारा प्रतिनिधित्व मिले, इस प्रकार की कानूनन व्यवस्था की जाए।

(6) केन्द्रीय और राज्य सरकारों के पब्लिक सर्विस कमीशन में दलित वर्ग को प्रतिनिधित्व मिले, इस प्रकार की कानूनी व्यवस्था की जाए।

स्वतन्त्र बस्तियाँ

इस परिषद् का यह निश्चित मत है कि :

(अ) जब तक अछूत लोग गाँव के बाहर रहते हैं, उनके पास जीवन-निर्वाह के साधन नहीं होंगे और उनकी जनसंख्या हिन्दुओं से कम होगी तब तक वे अछूत ही रहेंगे। उन पर हिन्दुओं की जुल्म-ज्यादतियाँ तथा अत्याचार जारी रहेंगे, और वे लोग स्वतन्त्र तथा सम्पूर्ण जीवन जीने में असमर्थ रहेंगे।

(ब) स्वराज्य का मतलब हिन्दू राज्य ही होगा। उस समय सवर्ण हिन्दुओं की ओर से होनेवाले जुल्म और भी बढ़ जाएँगे। उसमें दलित वर्ग का सही ढंग से संरक्षण होना चाहिए।

(स) दलित वर्ग में मानवता का पूरा विकास होना चाहिए। उन्हें आर्थिक और सामाजिक संरक्षण मिलना चाहिए। अछूतपन का उन्मूलन होना चाहिए। इसलिए गहन सोच के बाद इस परिषद् की राय है कि हिन्दुस्तान में प्रचलित ग्राम-व्यवस्था के ढाँचे में बुनियादी परिवर्तन होना चाहिए। क्योंकि पिछली कई सदियों से इस व्यवस्था के कारण दलित वर्ग को जो पीड़ाएँ बर्दाश्त करनी पड़ रही हैं उसके लिए यही व्यवस्था जिम्मेदार है।

संविधान में परिवर्तन के साथ ही प्रचलित समाज-पद्धति में निम्न प्रकार के परिवर्तन होना जरूरी है, यही इस परिषद् का कहना है।

(1) अछूत वर्ग की बस्ती आज जहाँ है वहाँ से हटाकर हिन्दुओं के गाँवों से दूर हो, इस प्रकार स्वतन्त्र बस्तियाँ बसाने की व्यवस्था संविधान में होनी चाहिए।

(2) नए देहातों में अछूत वर्ग की बस्ती बसाने के लिए एक सेटलमेंट कमीशन की स्थापना संविधान द्वारा की जानी चाहिए।

(3) जो जमीन फिलहाल किसी के उपयोग में न हो, अनाज पैदा करने योग्य जमीन अछूत लोगों की नई बस्तियाँ बनाने के लिए कमीशन के अधीन की जानी चाहिए।

(4) अछूत वर्ग की स्वतन्त्र बस्तियों की योजना के लिए लैंड एक्वीजीशन कानून के तहत निजी मालिकों की ओर से अन्य जमीन खरीदने का अधिकार कमीशन को होना चाहिए।

(5) कमीशन को अपना काम करने के लिए केन्द्रीय सरकार को हर साल कम-से-कम एक करोड़ रुपए की ग्रांट देनी चाहिए।

अछूतों का सवाल बहुत बड़ा सवाल है। पिछले कुछ दिनों से मैं इन सवालों का विश्लेषण करनेवाली एक पुस्तक लिखने में व्यस्त हूँ। यह पुस्तक सैकड़ों पन्नों की होगी।

अछूतों के सवालों का स्वरूप और उस पर स्वयं अछूतों द्वारा सुझाए गए समाधानों के बारे में सोच रहा हूँ। इसके लिए मैं नागपुर में 18 और 19 जुलाई, 1942 को आयोजित अखिल भारतीय दलित परिषद् के प्रस्तावों की ओर आपका ध्यान आकर्षित करना चाहता हूँ।

हिन्दुओं का विरोध

इस प्रस्ताव की माँगें (1) राजनीतिक, (2) शिक्षा सम्बन्धी, (3) आर्थिक और सामाजिक आदि तीन प्रकार की हैं।

सबसे पहले राजनीतिक माँगों के बारे में विचार किया जाए तो उसमें निम्न प्रकार के तीन संरक्षण निर्बन्धों की माँग की गई है :

(1) विधिमंडल का सिर्फ जनता का प्रातिनिधिक होने से काम नहीं चलेगा। वह हिन्दू और अछूतों का प्रातिनिधिक होना चाहिए।
(2) मन्त्रिमंडल केवल विधिमंडल और हिन्दुओं के प्रति उत्तरदायी नहीं बल्कि हिन्दुओं और अछूतों दोनों के प्रति उत्तरदायी हो।
(3) राजसत्ता चलाने के लिए केवल कार्यक्षम विभागों से काम नहीं चलेगा। वे जनता के और अछूतों के विश्वास पात्र होने चाहिए। राज्यसत्ता के महत्त्वपूर्ण पदों पर अछूतों के प्रतिनिधि होने चाहिए जिससे कि अछूतों का उन पर विश्वास हो सके।

इन राजनीतिक माँगों के बारे में हिन्दू और अछूतों में बड़ा विवाद हुआ। अछूतों के मित्र गांधी ने इन माँगों का समर्थन करने के बजाय आमरण अनशन शुरू कर दिया। अन्त में उन्होंने इन माँगों को स्वीकार कर लिया। फिर भी वे अपनी अन्तिम स्वीकृति देने के लिए तैयार नहीं हैं। इन माँगों के विरोध में हिन्दुओं की और कांग्रेस की प्रातिनिधिक सरकार की योजना निम्न प्रकार है :

(1) विधिमंडल प्रादेशिक मतदाता संघ द्वारा चुने जाने चाहिए।
(2) विधिमंडल के बहुसंख्यक दल से मन्त्रिमंडल का चयन किया जाना चाहिए।
(3) कार्यक्षमता के सिद्धान्त पर भर्ती किए गए सरकारी नौकरों से राज्य-प्रशासन चलाया जाए।

कांग्रेसी हिन्दू अपनी धृष्ट योजना को राष्ट्रीय योजना और अछूतों की योजना को जातिवादी योजना कहते हैं। लेकिन इस तुलना का कोई मतलब नहीं है। यह अपनी ही बातों को बुरा नाम देकर उनका निषेध करनेवाली बात है। इस तरह की नीति से कमजोर दल को बल नहीं मिलता। अब इन दोनों योजनाओं को प्रातिनिधिक विधिमंडल चाहिए। विधिमंडल को प्रातिनिधिक बनाने के तरीके पर दोनों में मतभेद है। आज हिन्दुस्तान में जो विशेष प्रकार की सामाजिक स्थिति मौजूद है उसमें प्रादेशिक मतदाता संघ द्वारा ही प्रातिनिधिक विधिमंडल बनेगा यह बात जाति-योजना के समर्थकों को मंजूर नहीं है।

जिस योजना को हिन्दू राष्ट्रीय योजना कहते हैं उसे पश्चिमी लोग पसन्द करते हैं और वे जातिवादी कही जानेवाली योजना से उसे ज्यादा पसन्द करते हैं। इसका कारण पश्चिमी लोग सिर्फ प्रादेशिक मतदाता संघ को ही जानते हैं। लेकिन जिस योजना को राष्ट्रीय कहा जा रहा है वह योजना पूरी तरह गलत है और उसका उद्‌देश्य जातिवादी, कही जानेवाली योजना से खराब है, इसमें कोई सन्देह नहीं।

संयुक्त विरोध और स्वतन्त्र मतदाता संघ

इस देश में केवल प्रादेशिक मतदाता संघ उपयोगी नहीं हैं इस बात पर काफी लम्बे अर्से से चल रहे संघर्ष के बाद यह हिन्दू लोगों ने स्वीकार किया है। लेकिन दुर्भाग्य से जाति प्रतिनिधित्व का सिद्धान्त स्वीकार करने पर भी हिन्दू लोग अछूतों का स्वतन्त्र मतदाता संघ की माँग स्वीकार करने के लिए तैयार नहीं हैं। वे इस बात को स्वीकार करते हैं कि अछूतों के लिए कुछ स्थान आरक्षित रखे जाएँ। लेकिन अछूतों के प्रतिनिधित्व का चुनाव अछूतों के मतदाता संघ से करने की बजाय हिन्दू और अछूतों के संयुक्त मतदाता संघ से होना चाहिए, ऐसा उनका आग्रह है। संयुक्त विरोधी और स्वतन्त्र मतदाता संघ के बारे में अभी भी विवाद है। इसमें हिन्दुओं का यह तर्क है कि स्वतन्त्र मतदाता संघ से राष्ट्र के टुकड़े होंगे। लेकिन उनका जवाब बड़ा आसान है। पहली बात यह है कि राष्ट्र के नाम से हिन्दी लोगों का कोई राष्ट्र ही नहीं है। राष्ट्र पैदा नहीं होता है। राष्ट्र का निर्माण किया जाता है। इस बात को कोई भी कबूल करेगा कि किसी स्वतन्त्र जाति को दबा देना यह राष्ट्र-निर्माण का मार्ग नहीं है। विधिमंडल में अछूत प्रतिनिधियों का चुनाव हिन्दुओं ने स्वीकार कर लिया है। अछूत मतदाताओं का सही प्रतिनिधि चुनने का एक ही सही तरीका है और वह है स्वतन्त्र मतदाता संघ। स्वतन्त्र मतदाता संघ के बारे में हिन्दुओं का तर्क बेबुनियाद और खोखला है। अछूतों की माँगें जिन बातों पर आधारित हैं वे हिन्दुओं को मंजूर हैं। फिर पूर्व पक्ष स्वीकार करने के बाद उत्तर पक्ष को कैसे अस्वीकार किया जा सकता है? मतलब स्वतन्त्र मतदाता संघ की माँगों का विरोध करना बेबुनियाद है क्योंकि अल्पसंख्यक लोगों के संरक्षण के लिए स्वतन्त्र मतदाता संघ की योजना की गई है। अछूतों को अपनी सुरक्षा के लिए इस प्रकार के मतदाता संघ चाहिए इस बात को तय करने की स्वतन्त्रता उन्हें क्यों नहीं दी जाती? जब अछूतों ने यह तय किया है कि हमें स्वतन्त्र मतदाता संघ चाहिए तो उनका निर्णय क्यों स्वीकार नहीं किया जाना चाहिए?

मन्त्रिमंडल के सम्बन्ध में

अछूतों की दूसरी माँग यह है कि विधिमंडल में ही नहीं बल्कि मन्त्रिमंडल में भी उन्हें प्रतिनिधित्व मिलना चाहिए। लेकिन उस पर भी हिन्दुओं का विरोध है। इसमें हिन्दुओं

की ओर से दो बातें कही जाती हैं कि मन्त्रिमंडल विधिमंडल के बहुसंख्यक दल का प्रतिनिधि होना चाहिए और मन्त्रिमंडल योग्य होना चाहिए। केवल अस्पृश्य के नाम पर किसी अज्ञानी दलित को मन्त्री बनाने का आग्रह कोई नहीं करेगा। अपने मन्त्रियों का चयन करने का हक़ उन्हें मिला तो वे अपने बहुत कार्यक्षम व्यक्ति का ही चयन करेंगे। हर राज्य में इस प्रकार के कई लोग हैं। और फिर योग्यता की शर्त अकेले अछूतों के लिए ही क्यों हो? अछूतों की तरह मुस्लिम भी मन्त्रिमंडल में प्रतिनिधित्व की माँग कर रहे हैं। फिर उनके बारे में योग्यता की शर्त हिन्दू लोग क्यों नहीं रख रहे हैं? इससे इस बात का पता चलता है कि हिन्दुओं का विरोध सच्चाई पर आधारित नहीं है। अब दूसरे मुद्दे की ओर आइए। हिन्दू लोग अल्पसंख्यक और बहुसंख्यक शब्द का गलत उपयोग कर रहे हैं। राजनीति में आज का बहुसंख्यक दल कल अल्पसंख्यक हो सकता है। लेकिन अछूत और हिन्दू के बीच ऐसी स्थिति नहीं है। उनमें बुनियादी फर्क है।

सरकारी नौकरियों के सम्बन्ध में

अछूतों की दूसरी माँग यह है कि सरकारी नौकरियों में कम-से-कम योग्यता के सिद्धान्त पर अछूतों के लिए कुछ प्रतिशत स्थान आरक्षित रखे जाएँ। लेकिन इसमें भी हिन्दुओं का विरोध है। सरकारी नौकरियों में भर्ती के समय योग्यता, कार्यक्षमता आदि बातों पर ध्यान देना जरूरी है। जाति और धर्म के बारे में सोचने की जरूरत नहीं है, यह उनका तर्क है। योग्यता और कार्यक्षमता के बारे में कोई विवाद नहीं है। सिर्फ नौकरियों में भर्ती करते समय जाति और धर्म के बारे में विचार किया जाना चाहिए या नहीं, यही विवाद की बात है। प्रतियोगी परीक्षाओं से कार्यक्षम उम्मीदवार मिलेंगे। लेकिन प्रतियोगी परीक्षाएँ सभी जातियों के लिए खुली होने के बावजूद अछूतों को सरकारी नौकरी में प्रवेश मिलेगा या नहीं यह महत्त्वपूर्ण सवाल है। सभी जातियों में पढ़े-लिखे लोग स्पर्धा से आगे आ सकेंगे शिक्षा का इतना आम और पर्याप्त प्रसार हुआ है ? न हुआ हो तो कुछ जातियाँ छूट जाएँगी। हिन्दुस्तान में ऊँची शिक्षा हिन्दुओं की ऊँची जातियों तक ही है। अछूतों को शिक्षा का अवसर नहीं मिल रहा है और गरीबी के कारण अधिकार के पदों के लिए जिस शिक्षा की जरूरत है इस तरह की शिक्षा वे हासिल नहीं कर सकते। इसलिए कम-से-कम योग्यता के सिद्धान्त पर सभी सरकारी नौकरियों में स्थान भरे जाएँ, यही अछूतों की माँग है।

स्वतन्त्र बस्तियों के बारे में

स्वतन्त्र बस्तियों का प्रस्ताव स्पष्ट है। इसलिए इस बारे में अधिक विवेचन की कोई जरूरत नहीं है। इस तरह की माँग का मतलब अछूतों के 'नवजीवन का आन्दोलन' है। मौजूदा ग्राम-प्रणाली के बरकरार रहने तक अछूतों की हिन्दुओं के जाल से मुक्ति

सम्भव नहीं है। इसलिए ऊँच-नीच, छूत-अछूत का भेदभाव जिन गाँव-देहातों में न हो ऐसे स्वतन्त्र गाँव-देहात बसाए जाएँ, यह उनकी माँग है। इस माँग का दूसरा कारण अछूतों की खराब आर्थिक हालत है। उनकी आर्थिक स्थिति बहुत खराब है इस बात को कोई नकार नहीं सकता। उनके पास अपनी खेती नहीं है और इसीलिए जो काम उन्हें हिन्दू बताएँगे उन्हें वही काम करना पड़ता है। और वे जितना पैसा देंगे उतना लेना पड़ता है। वे अछूतपन की वजह से गाँव में दूसरा धन्धा नहीं कर सकते। आर्थिक परावलम्बन के कारण उन्हें दरिद्रता और दुख भोगने पड़ते हैं। हिन्दुओं में जीवन के नियम हैं और वे उनके धर्म में सम्मिलित किए गए हैं। इन नियमों से हिन्दुओं को बहुत-से हक़ मिल जाते हैं। लेकिन अछूतों पर मानवी जीवन की पवित्रता को नष्ट करनेवाले निर्बन्ध लगाए जाते हैं। वे इन निर्बन्धों के विरोध में झगड़ रहे हैं। हर गाँव-देहात में हिन्दू और अछूतों में झगड़ा चल रहा है। लेकिन हिन्दू अखबार उन्हें प्रकाशित नहीं कर रहे हैं।

स्वतन्त्र बस्तियों की माँग नई है और पहली बार की जा रही है। इस माँग के बारे में हिन्दू किस प्रकार की नीति अपनाते हैं इस बारे में आज कुछ नहीं कहा जा सकता। लेकिन अछूतों की यह माँग महत्त्वपूर्ण है। और उनका इरादा है कि अन्य माँगों में वे भले ही पीछे रहें लेकिन इस माँग के लिए वे पीछे रहनेवाले नहीं हैं।

यहाँ यह सवाल खड़ा होगा कि इस काम में खर्च कितना होगा और समय कितना लगेगा। अछूतों का कहना है कि इस काम का खर्च सरकार को वहन करना चाहिए। उसका बोझ हिन्दुओं पर पड़ेगा यह बात सही है। लेकिन इसका भी कोई कारण नहीं कि वह खर्च हिन्दुओं को क्यों स्वीकार नहीं करना चाहिए। देश की जमीन पर उनका अधिकार है। व्यापार पर उनका नियन्त्रण है। और सरकार पर भी उन्हीं का स्वामित्व है। आय और नफे के सभी मार्ग उनके हाथों में हैं। अन्य जातियों और खास तौर पर अछूत वर्ग के लोग मेहनत-मजदूरी करनेवाले लोग हैं। इस सामाजिक व्यवस्था में हिन्दुओं को सभी हक़ हासिल हो जाते हैं। जब सारा देश उनके स्वामित्व में है तो फिर उन्हें इस योजना का बोझ क्यों नहीं उठाना चाहिए?

अछूतों के नए गाँवों में बस्तियाँ बनाने में 20 साल लगें तब भी कोई फर्क नहीं पड़ेगा। जिन लोगों ने हजारों साल हिन्दुओं की गुलामी में गुजारे वे 20 साल बाद स्वतन्त्रता मिलने की उम्मीद से खुश होंगे।

जाति और संविधान

यहाँ यह पूछा जा सकता है कि संविधान में अछूतों की माँगों का उल्लेख करने की जरूरत क्या है। दुनिया के किसी भी देश में संविधान बनानेवालों को इस तरह के सवालों पर सोचने की जरूरत ही नहीं पड़ती। मेरी राय में इस सवाल का जवाब सीधा है। हिन्दू समाज की विशेष प्रकार की संरचना के कारण इस सवाल को संविधान की

दृष्टि से महत्त्व प्राप्त है। संविधान बनाते समय सामाजिक संरचना को ध्यान में रखना जरूरी है, क्योंकि सामाजिक संरचना से राजनीतिक संविधान का सम्बन्ध जरूरी है। सामाजिक इकाइयों का प्रभाव सामाजिक इकाइयों तक ही सीमित नहीं रहता बल्कि वह राजनीतिक क्षेत्रों पर भी पड़ता है। अछूतों की विचारधारा ऐसी है और वह विवाद के परे है। हिन्दुओं को इस विचारधारा और उसकी शक्ति की पहचान है। लेकिन हिन्दू समाज की रचना यूरोपियन समाज-रचना से अलग है; इस बात को वे स्वीकार नहीं करते। उनका कहना है कि हिन्दुओं की जाति-व्यवस्था और यूरोपीय समाज की जीवन व्यवस्था में फर्क नहीं है। लेकिन यह बात पूरी तरह झूठ है। और उससे उनका दोनों बातों के प्रति अज्ञान झलकता है। जाति-व्यवस्था में अलगाव की भावना होती है और स्वाभाविक तौर पर एक जाति दूसरी जाति से भिन्न होती है। इस तरह का अलगाव वर्ग-भेद में भी होता है। लेकिन उसकी वजह से अलग-अलग वर्गों के सामाजिक अन्तर्संबन्ध में रुकावट नहीं आती। वर्ग-व्यवस्था में भी गुट होते हैं। लेकिन वे जाति की तरह नहीं होते हैं। इससे यह स्पष्ट होता है कि हिन्दू समाज की संरचना सबसे अलग है और राजनीतिक संविधान उसके अनुरूप होना चाहिए। कुछ लोग यह तर्क स्वीकार करते हैं। लेकिन हिन्दू समाज का जातिभेद नष्ट किया जा सकता है वे ऐसा कहते हैं, लेकिन मैं इस बात को अस्वीकार करता हूँ। उनकी समझ है कि जाति किसी क्लब या म्यूनिसपैलिटी की तरह है। लेकिन ऐसा समझना नासमझी है। यहाँ जाति एक धर्म है। वह कोई संस्था नहीं है। यदि धर्म को संस्था का स्वरूप दिया भी गया तब भी वह संस्था से अलग है।

धर्म हर व्यक्ति के जीवन में गहराई तक फैली हुई संस्था है। इससे उसका प्रभाव पसन्द-नापसन्द पर होता है। इस तरह की पसन्द-नापसन्द या उसके प्रभाव से किसी संस्था को नष्ट नहीं किया जा सकता। इसलिए सामाजिक बातें राजनीति में रुकावट न बनें और मुट्ठीभर लोगों की भलाई में बहुसंख्यक लोगों का पतन न हो इस दृष्टि से सामाजिक जीवन के अन्याय को समाप्त करने के लिए ऐसा राजनीतिक संविधान बनाया जाना चाहिए। हिन्दी संविधान में जाति-योजना को स्थान दिया जाना चाहिए। सरकारी नौकरियों में अछूतों के लिए कुछ स्थान आरक्षित किए जाने चाहिए। इस माँग का समर्थन आसान और सीधा है। हिन्दू और अछूतों के बीच का भेद सामान्य भेद नहीं है। वह बुनियादी विरोध और नफरत है। इसके लिए अलग से प्रमाण देने की जरूरत नहीं है। इसके लिए छुआछूत का व्यवहार ही हिन्दू और अछूत के बीच का विरोध और नफरत का प्रमाण है। ऐसी स्थिति में हिन्दुओं को स्वतन्त्रता मिलने के बाद उनसे हमें न्याय मिलेगा, अछूत इस बात पर यकीन नहीं कर सकते। उन्हें हिन्दू भी यूरोपियन की तरह पराया लगता है। यूरोपियन कम-से-कम निष्पक्ष तो है लेकिन हिन्दू बेशर्मी से अपनी जाति का समर्थन करते हुए अछूतों का विरोध करता है। हिन्दुओं ने पिछले हजारों सालों से अछूतों से नफरत की है। फिर अछूतों को अपने से भिन्न और घटिया लोगों के हाथ में अपना भविष्य क्यों सौंपना चाहिए? बहुसंख्यक हिन्दुओं के

जुल्मों से रक्षण के लिए सुरक्षा-छत्र के रूप में अछूतों की माँगों के मुताबिक राजनीतिक हक़ों को संविधान में सम्मिलित करना ही सुरक्षा का रास्ता है।

हिन्दू और उनके मित्रों से कुछ सवाल

हिन्दू लोग अलग-अलग जातियों से अलग-अलग ढंग से बर्ताव करते हैं। राजनीतिक संरक्षण-निर्बन्धों की माँग सिर्फ अछूतों की ओर से ही नहीं की जा रही है बल्कि अछूतों की तरह मुस्लिम और सिखों ने भी अपनी माँगें हिन्दुओं के सामने रखी हैं। लेकिन मुस्लिम और सिख दुर्बल अल्पसंख्यक वर्ग नहीं हैं। बल्कि वह हिन्दुस्तान की दो बड़ी जातियाँ हैं। वह शिक्षा की दृष्टि से भी प्रगत और आर्थिक दृष्टि से भी अच्छी स्थिति में हैं। सामाजिक दृष्टि से भी वे हिन्दुओं की तरह ही ऊँचे दर्जे की हैं। उनका संगठन प्रबल है और हिन्दुओं में उन्हें छेड़ने की हिम्मत नहीं है। फिर उन्हें सताने की बात तो दूर है।

यह आम राय है कि मुस्लिमों और सिखों की राजनीतिक माँगें ज्यादा हैं और हिन्दू इससे काफी उत्तेजित हैं। लेकिन अछूतों की स्थिति और उनकी माँगों की स्थिति भिन्न है। वे निर्बल, कमजोर और बहिष्कृत अल्पसंख्यक हैं। उन्हें सबकी मर्जी पर निर्भर रहना पड़ता है। उन पर हिन्दू, मुस्लिम और सिख एक होकर अन्याय करते आए हैं। उनकी माँगें सीधी-सादी हैं और मुस्लिमों तथा सिखों की तरह उनमें आक्रामकता नहीं है। मुस्लिमों और सिखों की माँगें उनकी माँगों से अधिक हैं फिर भी हिन्दू लोग मुस्लिमों को खुश करने के लिए हमेशा तैयार रहते हैं। श्री राजगोपालाचारी की राजनीतिक चतुराई का एक ताजा उदाहरण है। वे अचानक मुस्लिम लीग के सैनिक बन गए। अपने पहले के दोस्तों के विरोध में उन्होंने मुहिम शुरू कर दी। उन्होंने यह मुहिम इसलिए शुरू नहीं कि मुस्लिमों की उचित माँगें स्वीकार नहीं की गईं। बल्कि इसलिए की कि पाकिस्तान की बहुत-सी गैरजवाबी माँगें स्वीकार नहीं की गईं, इसलिए। लेकिन श्री राजगोपालाचारी ने अछूतों की माँगों पर क्या जवाब दिया है? उनकी ओर से कोई जवाब मिला या नहीं, इस बात की मुझे कोई जानकारी नहीं है। इस देश में जो अछूत हैं, मुस्लिमों की तरह उनकी भी कुछ राजनीतिक माँगें हैं, इसकी उन्हें कोई जानकारी नहीं है, ऐसा दिखाई दे रहा है। इसमें राजगोपालाचारी की सहेतुक चुप्पी और बेरहम लापरवाही की नीति सारे हिन्दू समाज की नीति का प्रतीक है। अछूतों की माँगों का हिन्दुओं के द्वारा दुष्टता से विरोध किया जाता है। अखबार उनके हैं और उनके द्वारा अछूतों की सुनियोजित ढंग से उपेक्षा की जाती है। जहाँ सम्भव हो वहाँ अछूतों के नेताओं को धन का लालच देकर भ्रष्ट किया जाता है। जो नेता धन से भ्रष्ट नहीं होते उनके खिलाफ सुनियोजित ढंग से गाली-गलौच और झूठा प्रचार किया जाता है। उन्हें दबाने के लिए घटिया से घटिया साधनों का इस्तेमाल किया जाता है। अछूतों के लिए लड़ने का निश्चय करनेवाले नेता और उनके अनुयायियों को राष्ट्रविरोधी कहकर उनका

निषेध किया जाता है। अछूतों की माँगों के कारण हिन्दू इतने उत्तेजित हो जाते हैं कि संरक्षण मिलने पर अछूत बहुसंख्यक हिन्दुओं की सत्ता स्वीकार करने की उदारता दिखाने लगते हैं। इस बात को वे भूल ही जाते हैं, अछूतों ने लॉर्ड कर्जन की नीति नहीं अपनाई किन्तु अपने सही हक़ माँगने का साहस किया इसलिए वे उत्तेजित हो जाते हैं। हिन्दुओं की यह मान्यता है कि अछूतों के राजनीतिक हक़ ही नहीं हैं। अलग-अलग जातियों की राजनीतिक माँगों के लिए हिन्दुओं की ओर से अलग-अलग नीतियाँ अपनाई जाती हैं। इससे क्या सिद्ध होता है? इसमें निम्न तीन प्रकार की बातें दिखाई देती हैं–

(1) वे समझते हैं कि सारी सत्ता हमारे साथ में होनी चाहिए।

(2) वे अपनी राजनीतिक संस्थाओं को अपनी बुनियाद पर खड़ी करने के लिए तैयार नहीं हैं और

(3) सत्ता त्याग करने की स्थिति में वे न्याय के बजाय धमकी और दबाव से सत्ता त्याग करेंगे।

हिन्दुओं की यह नीति हिन्दी राजनीति में एक गम्भीर बात है। लेकिन दुर्भाग्य से हिन्दी राजनीति में और भी एक खतरनाक बात है। हिन्दुओं ने अपनी चतुराई से दुनिया में और खास तौर पर स्वतन्त्रता की भूमि समझे जानेवाले अमेरिका जैसे देश में कई दोस्त पैदा किए हैं। न्याय की दृष्टि से किसी दल को समर्थन देना उचित है या नहीं, इस बात पर वे सोचने की बजाय हिन्दुओं का समर्थन करते हैं। वहाँ किसी भी आदमी से तब यह नहीं पूछा जाता कि हिन्दू किस बात के लिए झगड़ रहे हैं। वे सत्ता के लिए झगड़ रहे हैं या स्वतन्त्रता के लिए? क्या उन्हें यह नहीं पूछना चाहिए कि यदि वे स्वतन्त्रता आन्दोलन में व्यस्त हैं तो उन्हें अपने आन्दोलन का उद्‌देश्य घोषित करना चाहिए? उनके अमेरिकी मित्र इस बात को सहजता से कर सकते हैं? हिन्दू कांग्रेस में और कांग्रेस से बाहर माँग कर रहे हैं कि महायुद्ध में अंग्रेजों को अपने प्रयोजन की घोषणा करनी चाहिए। अंग्रेजों को बार-बार यह पूछा जा रहा है कि आपको हमारी मदद चाहिए तो आप यह बताइए कि आप लोग किस बात के लिए लड़ रहे हैं। यदि आप स्वतन्त्रता के लिए लड़ रहे हैं तो क्या आप स्वतन्त्रता हमें भी देंगे? जिस स्वतन्त्रता के लिए ब्रिटिशों ने युद्ध छेड़ा था उस स्वतन्त्रता का हिन्दी लोगों को जरूर फायदा होगा, इस वादे पर सन्तुष्ट रहने के लिए हिन्दू लोग किसी समय तैयार थे। लेकिन अब वे सिर्फ वादे पर सन्तुष्ट रहने के लिए तैयार नहीं हैं। कांग्रेस की भाषा में कहें तो वे दिवालिये बैंक का चेक स्वीकार करने के लिए तैयार नहीं हैं। उन्हें युद्ध-प्रयासों में मदद करने से पहले अपनी स्वतन्त्रता चाहिए।

गांधीजी की नई घोषणा 'अंग्रेजों भारत छोड़ो' का भी रहस्य यही है। इन सवालों का जवाब देने की जिम्मेदारी चर्चिल पर थी। उन्होंने यह घोषित किया कि दुश्मन पर विजय हासिल करना ही हमारा युद्ध हेतु है। उससे हिन्दुओं को सन्तोष नहीं हुआ। उन्होंने चर्चिल से पूछा कि विजय प्राप्त करने के बाद आप क्या करेंगे? उस पर चर्चिल ने अपना हेतु घोषित किया कि हमें पुनः ब्रिटेन की परम्परा स्थापित करनी है। उसके

बाद काफी विवाद हुआ। यह सवाल सही है इस बात को मैं स्वीकार करता हूँ। लेकिन यही सवाल गांधीजी और हिन्दुओं को भी पूछा जा सकता है, ऐसा क्या हिन्दुओं के मित्रों को नहीं लगता? अंग्रेजों ने हिटलर के खिलाफ युद्ध छेड़ दिया है। अंग्रेजों का विशाल साम्राज्य है। उसी प्रकार हिन्दुओं का भी है। हिन्दू धर्म साम्राज्यशाही की तरह ही है और अछूत लोग क्या हिन्दू मालिक की सेवा करनेवाले नौकर की तरह नहीं हैं? चर्चिल को अपना युद्ध हेतु घोषित करने के बारे में पूछा जाता है तो गांधी और हिन्दुओं को उनका युद्ध हेतु घोषित करने के बारे में पूछने की बात क्यों टाल दी जाती है? दोनों कहते हैं कि हमारा युद्ध स्वतन्त्रता के लिए है। इसलिए अपना युद्ध हेतु घोषित करना दोनों की जिम्मेदारी है। अंग्रेजों पर विजय हासिल करने के बाद गांधी आगे क्या करना चाहते हैं? क्या अपेक्षित स्वतन्त्रता प्राप्त होने के बाद अछूतों को स्वतन्त्र कर देंगे या अछूतों को गुलामी में रखने के लिए हिन्दुओं की शक्ति बढ़ाने का प्रयास करेंगे? क्या गांधी और हिन्दू लोग 'नया मनु' स्थापित करेंगे या जातिभेद अछूत आदि से मैली हिन्दू-हिन्दुस्तान की परम्परा को बरकरार रखेंगे? मुझे लगता है कि गांधी और हिन्दुओं के अमेरिकी मित्रों से ऐसे सवाल पूछने चाहिए। यह सवाल उचित ही नहीं जरूरी भी है। इन सवालों के जवाब से इस बात का पता चल जाएगा कि गांधी का युद्ध स्वतन्त्रता का युद्ध है या सत्ता हथियाने का युद्ध है! हिन्दू लोग स्वभाव से ही सनातनवादी हैं और उनका धर्म समानता, स्वतन्त्रता, भाईचारा यानी लोकतन्त्र के खिलाफ है। यह बात सही है कि सारी दुनिया में असमानता है। लेकिन वह हिन्दू समाज में हिन्दू धर्म के बुनियादी सिद्धान्त के रूप में मौजूद है। हिन्दुओं की समानता की इच्छा नहीं है। हर हिन्दू सामाजिक सवालों पर प्रतिक्रियावादी और राजनीतिक सवालों पर उतावला (आक्रामक) है।

गांधी का असली स्वरूप

गांधी भी इस नियम के अपवाद नहीं हैं। वे दुनिया के सामने उदारवाद के पोषक के रूप में आते हैं। लेकिन उनका उदारवाद जूतों पर चढ़ी धूल की तरह सतही है। आप उन्हें छेड़िए तो उदारतावाद के नीचे छिपा उनका सनातनी अभिमान दिखाई देगा। वे जातिभेद और हिन्दू धर्म के कट्टर समर्थक हैं।

अछूतपन का कलंक बरकरार होते हुए हिन्दुओं को स्वतन्त्रता की माँग करने में शर्म आनी चाहिए। लेकिन वे बड़े जोर-शोर के साथ स्वतन्त्रता की घोषणा करते हैं। और दुर्भाग्य की बात है कि उनकी घोषणा को समर्थन भी मिलता है। इससे पता चलता है कि उनकी सद्-असद् की विवेकबुद्धि नष्ट हो गई है। उन्हें ऐसा नहीं लगता कि अछूतपन एक नैतिक पाप है या सामाजिक अन्याय है। इस बात पर गांधी के मित्र उनके कार्य की ओर उँगली उठाते हैं। लेकिन हिन्दू समाज में परिवर्तन लाने के लिए गांधी ने ऐसा कौन-सा काम किया है जिसकी वजह से लोकतन्त्र के समर्थकों को उम्मीद बँधती है। उनके मित्रों को हरिजन सेवक संघ की खबरें पहुँचाई जाती हैं और यह पूछा जाता

है कि क्या गांधी हरिजनों के उद्धार के लिए प्रयास नहीं कर रहे हैं। लेकिन हरिजन सेवक संघ का उद्देश्य क्या है ? क्या उनका हेतु अछूतों को हिन्दू मालिकों की गुलामी से आजाद करके उन्हें सामाजिक और राजनीतिक दृष्टि से समान दर्जा दिलाना है? गांधी के सामने इस तरह का लक्ष्य कभी नहीं था। और वह उन्हें चाहिए भी नहीं। मेरा यह कहना है कि वे इस लक्ष्य को हासिल भी नहीं कर सकते। यह कार्य लोकतन्त्र के समर्थन में एक और क्रान्तिकारी कार्य है। लेकिन गांधी तो जन्म से सनातनी हैं। अछूतों का उत्थान करना हरिजन सेवक संघ का उद्देश्य नहीं है। उसका मुख्य उद्देश्य हिन्दुत्व के लिए हिन्दुस्तान सुरक्षित करना है। हरिजन सेवक संघ के द्वारा निकम्मे अछूतों को छोटे-छोटे अनुदान देकर उन्हें रुपयों-पैसों से भ्रष्ट करने और उनके विरोध को दबाने का प्रयास किया जाता है। क्योंकि उन्हें यह लगता है कि इसी से जातिभेद नष्ट होगा और हिन्दुस्तान में लोकतन्त्र की स्थापना होगी। उनकी यही इच्छा है कि हिन्दू धर्म और जातिभेद की व्यवस्था बरकरार रहे। गांधी को भी यही लगता है कि अछूत हिन्दू के रूप में ही रहें। लेकिन वे सवर्ण हिन्दुओं की बराबरी के दर्जे के हिस्सेदार के रूप में नहीं, बल्कि गरीब-अनाथ के रूप में रहें। गांधी को अछूतों से हमदर्दी है, लेकिन किसलिए ? उन्हें अपनी हमदर्दी से उनके स्वतन्त्र मतदाता संघ को और स्वतन्त्रता के आन्दोलन को खत्म कर देना है। हरिजन सेवक संघ उनके कई तन्त्रों में से एक तन्त्र है और उसके द्वारा उन्हें सफलता के साथ पाखंड करने का मौका मिल जाता है।

पंडित नेहरू के बारे में

पंडित जवाहरलाल नेहरू के बारे में कहा जाए तो उन्हें अमेरिकन स्वतन्त्रता के घोषणापत्र से प्रेरणा मिलती है, ऐसा दिखाई देता है। उन्होंने कभी छह करोड़ अछूतों की दुरावस्था के बारे में कभी कोई अफसोस जाहिर किया है? पंडितजी के नेतृत्व में राजनीतिक झगड़े के लिए और राजनीतिक प्रचार के लिए अंग्रेजों के विरोध में इस देश के हजारों पढ़े-लिखे युवा हिन्दू मैदान में उतरते हैं। लेकिन जातिभेद समाप्त करने या अछूतपन उन्मूलन के लिए एक भी युवा आगे नहीं आता है।

अल्पसंख्यक लोगों के हक़ के सम्बन्ध में हिन्दू कांग्रेस के प्रस्तावों की ओर उँगली उठाएँगे। किन्तु अमेरिकी मित्रों को भी उन प्रस्तावों से आश्वस्त होने की जरूरत नहीं, यही सलाह मैं उन्हें देना चाहता हूँ। अल्पसंख्यक लोगों के हक़ों की घोषणा करना और उन्हें अमल में लाना ये दो अलग-अलग बातें हैं। यदि हिन्दुओं को लगता है कि ब्रिटिशों को अपना युद्ध हेतु अमल में लाना चाहिए तो उन्हें भी अपना युद्ध हेतु अमल में लाने की तैयारी क्यों नहीं करनी चाहिए।

राजनीति की बागडोर ज्ञान के बगैर हाथों में नहीं आएगी

__बुधवार, दि. 14 जनवरी 1948__ को मुम्बई के 'धोबी तालाब नाइट स्कूल' के छात्रों का भाषण प्रतियोगिता कार्यक्रम सिद्धार्थ कॉलेज में शाम के समय हुआ था। इस कार्यक्रम में डॉ. बाबासाहेब अम्बेडकर भी उपस्थित थे। इस कार्यक्रम में छात्रों को सम्बोधित करते हुए डॉ. अम्बेडकर ने कहा–

प्यारे दोस्तो,

आज यहाँ जो भाषण प्रतियोगिता हुई है उसमें जिन लोगों ने हिस्सा लिया उनके और मेरे विचारों में काफी फर्क नजर आएगा, ऐसा मुझे लगता है। जिन लोगों ने इस भाषण प्रतियोगिता में हिस्सा लिया उनके विचार बेहद उत्साहित करनेवाले हैं, यह कहना उचित नहीं होगा। फिर भी वे अपने विचार अच्छी तरह व्यक्त नहीं कर सके, इस बारे में निराश होने की कोई जरूरत नहीं है। शायद यह आप लोगों का पहला मौका है। जिन्होंने हिम्मत से इतने अधिक श्रोताओं के सामने बोलने का साहस किया वे लोग सचमुच प्रशंसा के योग्य हैं।

भाषण देना भी एक कला है। इस कला को लगातार मेहनत से हासिल करना पड़ता है। शायद कुछ लोगों को यह कला जन्म से ही हासिल होती होगी। महाराष्ट्र में गोखले[1] जबर्दस्त वक्ता थे, इस बारे में किसी के मन में कोई सन्देह नहीं है। कोल्हापुर के राजाराम कॉलेज में मान्यवर गोखले प्रोफेसर के रूप में काम कर रहे थे। उस समय उस कॉलेज में किसी अतिथि का व्याख्यान हुआ। उस अतिथि का आभार व्यक्त करने का काम गोखले को दिया गया था। मान्यवर गोखले ने अपना भाषण लिखकर तैयार किया था। यही नहीं, उस भाषण को उन्होंने याद कर लिया था। किन्तु उस समय किसी ने उनकी ओर संकेत किया और गोखले गड़बड़ा गए। वे एक-दो मिनट में आभार व्यक्त करके हॉल से बाहर चले गए।

इस बात से उन्होंने सबक सीखा। गोखले ने मैकॉले नाम के लेखक की किताबों को पढ़ना शुरू कर दिया। सम्पूर्ण मैकॉले उनकी जुबान पर था।

1. गोपालकृष्ण गोखले।

मुम्बई के सर मेथा प्रसिद्ध वक्ता माने जाते हैं। वे अपने व्याख्यान पहले लिख लेते थे और बाद में याद कर लेते थे। उनके हॉल के चारों ओर आईने थे। वे भाषण करते समय अपना जोश आईनों में देखते थे। यही नहीं, वे अपनी मूँछें, अपने बाल और अपने हाथों का एक्शन आदि बातों को भी वे अपने हॉल में लगे आईनों में देखते थे।

मिस्टर चर्चिल हाउस ऑफ कॉमन्स में अंग्रेजी भाषा पर अच्छा अधिकार रखनेवाले समझे जाते हैं। वे भी हाउस ऑफ कॉमन्स में भाषण देने से पहले अपना भाषण लिख लेते हैं। चर्चिल ऐन समय पर बोलनेवाले वक्ता नहीं हैं। दर्शकों की ओर से प्रशंसा मिले, उन्हें बुद्धिमान समझा जाए इसके लिए चर्चिल अपने स्टिक् कफ पर कुछ खास कहावतें लिख लेते हैं। किसी के विरोध करने पर भी चर्चिल अपने भाषण में मशगूल रहते हैं। इस बात को मिस विकिसन जानती थीं। तब मजूर पार्टी ने तय किया कि उनके भाषण का विरोध करके उन्हें भाषण में मशगूल होने का मौका न दिया जाए। ऐसे समय में चर्चिल का भाषण एकदम बेअसर साबित हो जाता था।

इसलिए आप लोगों को भी निराश होने की जरूरत नहीं है। जनतन्त्रवादी व्यवस्था के युग में बढ़िया भाषण शैली की अधिक आवश्यकता है। जो अपने प्रभावी भाषण शैली से अपने दुश्मनों के दिलों को जीत लेता है, वही महान पुरुष है।

इस भाषण-कला को हासिल करने के लिए लगातार मेहनत करनी चाहिए। मैं स्वयं ही पहले पहल बहुत घबराता था। जब मैं एलफिंस्टन कॉलेज में प्रोफेसर था, उस समय छात्रों के सामने भाषण देते समय मैं घबराता था। मुझे ऐसा लगता था कि ऊँची जाति के छात्रों के सामने महार का बेटा बोलेगा तो उसकी मजाक उड़ाई जाएगी। मैंने कभी किसी भाषण प्रतियोगिता में कोई खास हिस्सा नहीं लिया। मुझे उस समय यह बिल्कुल नहीं लगता था कि मैं अच्छा बोल पाऊँगा। मैं अंग्रेजी भाषा अच्छी तरह लिख लेता हूँ। कम-से-कम उस समय मेरा अपने पर पूरा भरोसा था।

मैंने इसके लिए काफी प्रयास किया है। मैंने तेरह-तेरह बार अपना भाषण लिखा है। जब मुझे इस बात का पूरा यकीन हो जाता था कि कोई भी आदमी इससे ज्यादा कुछ नहीं कह सकता तब कहीं मैं भाषण करता था। आज मैं थोड़ा बहुत जो कुछ बोल सकता हूँ वह पूर्व मेहनत से प्राप्त ज्ञान की वजह से ही बोल पाता हूँ, इसमें कोई सन्देह नहीं है।

आज यहाँ छात्रों के जो भाषण हुए उसकी ओर मैं भाषण शैली की दृष्टि से नहीं देख रहा हूँ। भाषणों की ओर मेरा ध्यान दूसरी ही दृष्टि से था। मुझे सभी के भाषणों में एक ही सूत्र दिखाई दिया, यह एक बड़ी महत्त्वपूर्ण बात है। अब मुझे यह समझ में आया है कि मैंने 20 साल तक किसान की तरह खेती की है, हल चलाया है, घास-पत्थर हटाया है, अब खेतों में पौधे लगे हैं। मैंने कई लोगों के सामने भाषण दिए हैं। ढेरों लोग मेरा भाषण सुनने आते थे। उस समय मुझे लगता था कि क्या यह मेरी बाबागीरी तो नहीं है। किन्तु आज के युवा वर्ग में जो चेतना दिखाई देती है, उससे उनके भाषणों

का एक ही सूत्र दिखाई देता है कि उन्हें इस दुनिया में सम्मान से रहना है, सम्मान से जीना है, अपने पूर्वजों की तरह कलंकित जीवन नहीं बिताना है।

शिक्षा और ज्ञान के बगैर हमारा उत्थान होनेवाला नहीं है। मैंने अपने जीवन में कई लक्ष्य बनाए हैं। राजनीति में मेरा महत्त्वपूर्ण समय बीता है। फिलहाल राजनीति की बागडोर उच्चजातियों के हाथों में है। उस बागडोर को हमेशा के लिए अपने हाथों में लेने के लिए उच्चवर्णियों की दौड़धूप चल रही है। उच्च दर्जे के खास पदों को पाने के लिए जो ज्ञान चाहिए वह आज भी उच्चवर्णियों के अलावा दूसरों को हासिल नहीं हुआ है। यह कहा जाता है कि 'जिसकी लाठी उसी की भैंस' उसी प्रकार राजनीति की बागडोर ज्ञान के बगैर आप लोगों के हाथों में नहीं आएगी। राजनीतिक सत्ता को अपने हाथों में लेने के लिए कई लोगों ने प्रयास शुरू किए हैं। किन्तु उन्हें सफलता हासिल नहीं हो रही है। इसका कारण यही है। इंजीनियर कलेक्टर आदि स्थान सिर्फ शिक्षा की वजह से ही ऊँची जाति के लोगों को मिलते हैं। आज सौ में से करीब-करीब 99 इंजीनियर, 99 कलेक्टर ऊँची जाति के हैं। इसी वजह से वे अपने नीचे वाले पदों पर अपनी ही जाति के लोगों को नियुक्त करते हैं।

इस नाइट स्कूल का फायदा आप लोगों को सिर्फ क्लर्क बनने के लिए नहीं होगा बल्कि आप महत्त्वपूर्ण पदों को पाने के लिए भी इससे लाभ उठा सकते हैं। नाइट स्कूल का प्रयास बहुत अच्छा है। इस स्कूल को जैसी मदद करना सम्भव होगा, वह मैं करूँगा। मैंने इस स्कूल को सालाना एक हजार रुपए भेंट के रूप में देना तय किया है। उसी प्रकार जो कुछ दो सौ-तीन सौ रुपए पाठ्य-पुस्तकों के लगेंगे उन्हें भी मैं दूँगा। मतलब मुझे जो देना सम्भव होगा, वह मैं इस स्कूल को दूँगा। आप सभी लोगों को इसका पूरा लाभ उठाना चाहिए।

आप लोगों को साफ-सुथरा रहना चाहिए। यहाँ मुझे कुछ चटक रंगदार कपड़े पहने हुए छात्र दिखाई दिए। किसी लेख में[1] मैंने महारों के रंगदार पहनावे के बारे में लिखा है। यह सच्चाई नहीं बल्कि प्रशंसा है। एक कहावत है कि 'एक नूर आदमी, दस नूर कपड़ा' बाहर जाते समय आपके कपड़े साफ-सुथरे होने चाहिए। आपके कपड़े देखकर ही आपके बारे में पहले सम्मान की भावना पैदा होनी चाहिए।

मेरा काफी पैसा कपड़ों पर खर्च होता है। मेरे पास शर्ट, पैंट और कॉलर कितने हैं इस बात की मुझे भी जानकारी नहीं है। इतनी बात सही है कि मेरे पास करीब तीन दर्जन कपड़े होंगे। मैं उनसे इतना तंग आ चुका हूँ कि सोचता हूँ एक दिन उन सभी को बेच दूँ।

जिस प्रकार आप लोगों को साफ-सुथरा रहना चाहिए उसी प्रकार स्वाभिमान से भी रहना चाहिए। 'चौधरी जी, मैं आपके जूतों तले ही ठीक हूँ', इस बात को छोड़ देना चाहिए। आप लोगों को अब यह साफ शब्दों में कहना चाहिए कि 'मरना बेहतर समझूँगा लेकिन अपनी तौहीन बर्दाश्त नहीं करूँगा।'

1. 'महार और महाराष्ट्र' नाम का लेख।

आप लोगों को अधिक से अधिक पढ़ाई करनी चाहिए। आप लोगों को रोज एक-दो किताबें पढ़ने की आदत होनी चाहिए। इस स्कूल की नई इमारत होनी चाहिए, जिसमें हजार-दो हजार छात्रों के पढ़ने की सुविधा हो सके, इस तरह से कुछ किया जाना चाहिए। आप लोग दिनभर मेहनत करने के बाद रात में 8 से 10 बजे तक पढ़ने आते हैं, इस बात का बड़ा महत्त्व है। मैं आपकी सफलता की कामना करता हूँ।

साप्ताहिक 'जनता' के 17 जनवरी, 1948 के अंक में प्रकाशित।

सामाजिक उत्थान की चाबी है राजनीतिक सत्ता

*दि. **24 और 25 अप्रैल 1948** को लखनऊ में संयुक्त राज्य शेड्यूल्ड कास्ट्स फेडरेशन का पाँचवा अधिवेशन आयोजित किया गया था। इस अधिवेशन में एक लाख से भी ज्यादा संख्या में दलित जन उपस्थित थे। इस अधिवेशन में दि. **25 अप्रैल 1948** को डॉ. अम्बेडकर का भाषण हुआ। उन्होंने अपने भाषण में कहा–*

भाइयो,

सभी प्रकार के सामाजिक उत्थान की एकमात्र चाबी राजनीतिक सत्ता ही है। इसलिए दलित जातियों ने यदि संगठित होकर भारत में एक तीसरी राजनीतिक शक्ति खड़ी करने की कोशिश की और कांग्रेस तथा समाजवादियों के बीच में एक तीसरी शक्ति के रूप में खड़े रहे तो वे अपनी मुक्ति का दरवाजा स्वयं खोल सकते हैं।

यदि दलित जातियाँ कांग्रेस से मिल गईं तो वे राजनीतिक शक्ति प्राप्त नहीं कर सकतीं। कांग्रेस आपके लिए एक बहुत बड़ा खतरा है। और हम लोगों ने यदि उसमें प्रवेश किया तो सागर में जल की एक बूँद मिलने की तरह होगा। कांग्रेस के लोग सबसे ज्यादा घमंडी हैं। इस संगठन में जाकर आप ऊँचे पद पर नहीं पहुँच सकते। आप लोग कांग्रेस में मिल गए तो उससे आपके दुश्मन की ही ताकत बढ़ेगी।

कांग्रेस एक जलता हुआ मकान है। उसमें घुसकर आप अपना किसी भी प्रकार का कल्याण नहीं कर सकते। दो-चार साल के बाद कांग्रेस का यह मकान जमींदोज हो जाएगा तो मुझे उसमें कोई आश्चर्य नहीं होगा। समाजवादी लोग कांग्रेस से बाहर निकल गए हैं। कांग्रेस में बिखराव है। इससे ऐसा लगता है कि कांग्रेस की शक्ति लगातार कम होगी।

हम लोगों को एक तीसरी शक्ति के रूप में संगठित होना चाहिए। मतलब कांग्रेस के पास या समाजवादियों के पास पूर्ण बहुमत न हो तो उन्हें चुनाव के समय आपसे मतों की भीख माँगनी चाहिए। ऐसे समय में हम लोग इन दोनों दलों के बीच शक्ति-सन्तुलन का काम कर सकते हैं और अपने सामाजिक तथा राजनीतिक उत्थान के लिए उनके सामने कुछ शर्तें रख सकते हैं।

बारह साल पहले मैं लोथियन कमेटी के सदस्य के नाते लखनऊ आया था। उस समय की तुलना में अब दलित जातियों के लोगों में राजकीय चेतना काफी बढ़ी हुई दिखाई दे रही है, इस बात की मुझे बड़ी खुशी है। आपने उत्तर प्रदेश में सत्याग्रह किए हैं। आपने अपने समाज के लिए जो त्याग किया है, उसके लिए मैं आपका अभिनन्दन करता हूँ। इससे यह स्पष्ट होता है कि यदि हमने अपने लक्ष्य को पाने के लिए कमर कसी तो हमारे रास्ते में आनेवाली हर प्रकार की कठिनाइयों का मुकाबला करके हम अपना लक्ष्य हासिल कर सकते हैं।

मैं कांग्रेस की सरकार में रहा इसलिए कई दलित जातियों में गलतफहमी है। मैं उस गलतफहमी को दूर करना चाहता हूँ। अंग्रेजों ने अपने दिए हुए आश्वासनों का पालन नहीं किया और हिन्दू, मुस्लिम, सिख आदि तीन जमातों में शासनसत्ता बाँट देना तय कर लिया है।

मैं पिछले 25 साल से कांग्रेस के विरोध में बोल रहा हूँ, लड़ रहा हूँ। लेकिन अब ऐसे समय मैं कुछ क्यों नहीं कर रहा हूँ, यह लोग मुझे पूछते हैं। इस पर मेरा जवाब यह है कि मेरा हमेशा लड़ते रहना यह युद्ध-कौशल नहीं है। हम लोगों को सम्भव हो तो दूसरे रास्ते से भी अपना फायदा करना चाहिए।

अंग्रेज लोगों ने हमें मँझधार में छोड़कर हमारी हालत खराब कर दी है। हमारे समाज में एकता नहीं थी। हम लोगों में पंचमाँगी जयचन्द भी काफी थे। ऐसी स्थिति में किसी सबल संगठन से दो हाथ करना या करते रहना अपने समाज के हितों के लिए उचित नहीं होगा।

इसलिए हमने समझौते का रास्ता अपनाया है और उसके द्वारा हमने बड़ी सफलता प्राप्त कर ली है। हमें जो चाहिए था उसे हमने पूरी तरह नहीं पाया है, यह बात सही है। फिर भी हमें अच्छी सफलता मिली है। हमने सरकारी नौकरियों में और विधानसभा में आरक्षित स्थान प्राप्त किए हैं। और हम लोग स्वतन्त्र मतदाता संघ की माँग को नहीं पा सके इसके लिए हमें खेद व्यक्त करने की कोई वजह नहीं है। क्योंकि अन्य अल्पसंख्यकों को भी इसमें सफलता नहीं मिली है। फिलहाल कांग्रेस के साथ संघर्ष करने का यह समय नहीं है। समझौते की राजनीति से हम जितना ज्यादा हासिल कर सकते हैं उतना हमें हासिल करने की कोशिश करनी चाहिए।

मैं केन्द्रीय मन्त्रिमंडल में रहा लेकिन मैंने कांग्रेस के टिकट पर चुनाव नहीं लड़ा है। मैं कांग्रेस का सदस्य भी नहीं बना। मेरा यह उद्देश्य भी नहीं है। मुझे कांग्रेस ने केन्द्रीय मन्त्रिमंडल में सम्मिलित होने का निमन्त्रण दिया और मैंने बिना शर्त उस निमन्त्रण को स्वीकार किया है। जिस समय मुझे ऐसा लगेगा कि मेरा वहाँ रहने से हमारा कुछ भला नहीं हो रहा उसी समय मैं सरकार से बाहर निकल आऊँगा।

आज अपनी इस स्थिति की वजह से यह जरूरी हो गया है कि हमारे लोग शासन-सत्ता में आएँ। इन बातों की हमें बहुत जरूरत है। न्यायोचित कानूनों से हमें खास खतरा नहीं होता लेकिन कानून को अमल में लाना जिनके हाथ में है वे अच्छे

कानूनों को भी गलत उपयोग में ला सकते हैं। जिन लोगों ने वंशपरम्परा से दलित जातियों के बारे में दुश्मनी की भावना पाल रखी है, वे ही यदि प्रशासन के सभी पदों पर रहेंगे तो हमारा भविष्य खतरे में पड़ जाएगा। आज किसी से जबर्दस्ती काम करवाने की कानूनन पाबन्दी है फिर भी जमींदार लोग आज भी बँधुआ मजदूरों से काम करवाते हैं। इसके खिलाफ दलित जाति के लोगों ने प्रतिवेदन दिए हैं, लेकिन उन पर कोई कार्यवाही नहीं की गई। क्योंकि इन निवेदनों को स्वीकार करनेवाले अफसर ज्यादातर जुल्म करनेवालों के ही रिश्तेदार होते हैं। यदि दलित जाति के लोग भी इन अधिकार के पदों पर होते तो अपने भाइयों की सुरक्षा के लिए उन्होंने कोई न कोई कार्यवाही की होती।

मैं यदि कभी कांग्रेस में शामिल हुआ तो मैं अपने उद्देश्यों की स्पष्ट घोषणा करूँगा। यदि मुझे ऐसा लगा कि कांग्रेस में सम्मिलित होने से दलित समाज के हितों को हासिल किया जा सकता है तो मैं उन बातों का अवश्य स्पष्टीकरण करूँगा। इसलिए कांग्रेस में जाने की कोई भी घोषणा मैं जब तक नहीं करता तब तक आप लोगों में किसी को भी कांग्रेस में शामिल नहीं होना चाहिए।

दलित भाइयों से मेरा अनुरोध है कि अलग-अलग गुटों की वजह से दलित समाज की बड़ी हानि हुई है, इसलिए उच्च वर्ग के हाथों से सत्ता हासिल करने के लिए हम लोगों को इकट्ठा होना चाहिए, संगठित होना चाहिए। वयस्क मताधिकार से जनता के हाथों में सत्ता सौंपी गई है। मेरी दृष्टि से उत्तर प्रदेश के डेढ़ करोड़ दलित लोग और पिछड़ी जातियों के डेढ़ करोड़ लोगों ने कन्धे से कन्धा मिलाकर मुकाबला किया तो विधानसभा के आधे से ज्यादा स्थानों पर वे अपने लोगों को निर्वाचित कर सकते हैं और इस तरह से शासनसत्ता पर वे अपना अधिकार कायम कर सकते हैं। पिछली जाति के लोगों ने अपना एक अलग मोर्चा बनाया तो इसमें मुझे कोई आपत्ति नहीं है। दलित वर्ग के लोगों और पिछड़ी जाति के लोगों ने अब तक अपनी शक्ति को पहचाना नहीं है। उन्हें उस पर कोई अभिमान नहीं है, यह सबसे बड़ी शर्म की बात है। इसका परिणाम यह हुआ है कि उच्चवर्णीय लोग शासनसत्ता पर अपना कब्जा जमाए बैठे हैं।

आप सभी लोगों का नेता एक होना चाहिए। और इस पार्टी का एक सुनिश्चित कार्यक्रम भी होना चाहिए। हमारे भीतर जाति-पाँति के जो भेदभाव हैं उन्हें आप लोगों को भूल जाना चाहिए। और सभी लोगों को फेडरेशन में शामिल होना चाहिए।

सा. जनता : दि. 1 मई 1948।

भारतीय क्रान्ति : एक विश्लेषण

इतिहास के पन्नों पर नजर डालने से आम तौर पर यह दिखाई देगा कि सामाजिक और धार्मिक क्रान्तियाँ राजनीतिक क्रान्ति में परिवर्तित हुई हैं। मार्टिन लूथर ने जिस धार्मिक सुधार आन्दोलन को शुरू किया था वह यूरोप की जनता की राजनीतिक मुक्ति का संकेत था। इंग्लैंड के प्यूरिटन आन्दोलन ने राजनीतिक स्वतन्त्रता की स्थापना की। उसी आन्दोलन ने एक नई दुनिया का निर्माण किया। प्यूरिटन आन्दोलन ने ही अमेरिकी स्वतन्त्रता के युद्ध में विजय पाई। यह आन्दोलन धार्मिक आन्दोलन था। मुस्लिम साम्राज्य के बारे में भी यही बात दिखाई देती है। राजनीतिक सत्ताधारी होने से पहले मोहम्मद पैगम्बर ने जो धार्मिक क्रान्ति की थी उसी दिशा में अरबों ने भी पहलकदमी की थी। भारत का इतिहास भी इसी बात की गवाही दे रहा है। चन्द्रगुप्त ने जिस राजनीतिक क्रान्ति का नेतृत्व किया वह क्रान्ति बुद्ध के सामाजिक, धार्मिक आन्दोलन के बाद ही हुई। महाराष्ट्र में शिवाजी के नेतृत्व में जो राजनीतिक क्रान्ति हुई वह भी सन्तों के धार्मिक और सामाजिक आन्दोलनों के बाद ही हुई। सिखों की राजनीतिक क्रान्ति भी गुरुनानक के धार्मिक और सामाजिक आन्दोलन के बाद ही हुई। इस सन्दर्भ में इससे ज्यादा उदाहरण प्रस्तुत करना उचित नहीं होगा। आम जनता की राजनीतिक समझ को व्यापक करने के लिए मानसिक और आत्मिक मुक्ति ही पहली और बुनियादी जरूरत है। इस बात को सिद्ध करने के लिए उपर्युक्त उदाहरण पर्याप्त हैं।

अब हम समाजवादियों की ओर मुड़ते हैं। क्या समाजवादी लोग सामाजिक व्यवस्था के कारण पैदा हुई समस्याओं को नजरअंदाज कर सकते हैं? भारत के समाजवादी अपने यूरोपियन साथियों की तरह भारत के इतिहास का मूल्यांकन सिर्फ आर्थिक कसौटियों पर करना चाहते हैं। उनकी मान्यता है कि आदमी सिर्फ आर्थिक स्थितियों से बनता-बिगड़ता है। आदमी के कार्यों को तथा उसकी आशाओं को आर्थिक स्थितियाँ ही निमन्त्रित करती हैं। सिर्फ पैसा ही सत्ता पाने का एकमात्र साधन है। इसलिए वे लोग जिन राजनीतिक और सामाजिक सुधारों के बारे में कहते हैं, वे एक प्रकार से धोखे के अलावा और कुछ नहीं हैं। चूँकि उनकी इस प्रकार की मान्यता है कि धन को समान रूप में बाँट देने से—मतलब आर्थिक सुधार के बाद बाकी सुधार अपने आप हो जाएँगे। समाजवादियों ने जिन तथ्यों के आधार पर उक्त निष्कर्ष प्रस्तुत किया है, उससे हम एक हद तक सहमत भी हो सकते हैं।

कोई यह कहता है कि सिर्फ आर्थिक स्वार्थ ही मनुष्य को कोई भी काम करने के लिए मजबूर करता है, पर ऐसी बात नहीं है। सिर्फ आर्थिक सत्ता ही एक ऐसी सत्ता है जिसका स्वीकार मानव समाज पूरी तरह से नहीं कर सकता।

सवाल है कि भारतीय पूँजीपति किसी साधु या फकीर के सामने क्यों नम्र हो जाते हैं? उसी प्रकार छोटे-बड़े लोग जिनके पास अधिक धन-सम्पत्ति नहीं होती, गहने नहीं होते ऐसे गरीब लोग अपने गहने बेचकर बनारस या मक्का आदि तीर्थों की यात्रा पर क्यों निकल जाते हैं? भारत के इतिहास को देखने से इस बात का पता चलता है कि धर्म सत्ता प्राप्ति का बहुत बड़ा हथियार है। भारत जैसे देश में जहाँ धर्मगुरु, धर्माचार्य अपनी हकुमत आम आदमी पर चलाते हैं और जहाँ हर बात खास तौर पर हड़ताल, अनशन और चुनाव आदि बातों को बड़ी आसानी से धार्मिक रूप दे दिया जाता है, ऐसे देश के इतिहास को देखने से पता चलता है कि धर्म राजनीतिक सत्ता हथियाने का सशक्त हथियार रहा है। धर्म का प्रभाव कितना गहरा है इस बात को साबित करने के लिए हम रोम के प्लेबियनों का उदाहरण भी दे सकते हैं, जिससे हमारी बात और ज्यादा स्पष्ट होगी। रोम जनतन्त्र की उच्चतम सभा में प्रतिनिधित्व मिले, इसके लिए प्लेबियन लोग लड़ रहे थे। उन्हें प्लेबियनों की जो प्रतिनिधि सभा (Committee Centuiate) थी उसकी ओर से एक प्रतिनिधि उस उच्चतम सभा में भेजने का हक़ मिल भी गया था। उन्हें वहाँ अपना प्रतिनिधि चाहिए था। क्योंकि उनकी यह इच्छा थी कि राज्य संचालन में पैट्रिशियन प्रतिनिधि हमारे साथ भेदभाव करते हैं। ऊपरी तौर पर यह कहा जा सकता है कि उनकी दृष्टि में अपने प्रतिनिधित्व की बात सच्चाई पर आधारित थी। क्योंकि रोम के जनतन्त्र के संविधान के मुताबिक किसी भी प्रतिनिधि को अन्य प्रतिनिधियों के कार्य को नकार देने का (Veto) अधिकार था। लेकिन क्या वास्तव में उन्हें उससे कोई लाभ हुआ? इस सवाल का जवाब नकार में ही मिलता है। प्लेबियन लोग अपना प्रतिनिधि नहीं भेज सके, जो सबल ढंग से उनका प्रतिनिधित्व कर सकता, और स्वतन्त्र रूप से उनका प्रतिनिधित्व कर सकता।

कुल मिलाकर चुनाव की प्रणाली को देखते हुए यह बात आसानी से ध्यान में आ सकती है कि प्लेबियनों का अलग प्रतिनिधि होना ही चाहिए था क्योंकि उसका चुनाव प्लेबियन प्रतिनिधियों की स्वतन्त्र सभा की ओर से होता था। यह सब होने के बावजूद सवाल पैदा होता है कि वे अपने सबल और प्रभावी प्रतिनिधि को क्यों चुनकर नहीं भेज सके? इस सवाल का जवाब रोमन धर्मसत्ता से मिल सकता है, जिसका प्रभाव रोम की जनता के दिलो-दिमाग पर था। वहाँ धर्मगुरु किसी अधिकारी की जब तक ऐसी सिफारिश नहीं करता था कि "यह देवता को मंजूर है," तब तक उसका अधिकार ग्रहण करना असम्भव था। और तमाम रोमवासियों की उस पर श्रद्धा थी। देवी के मन्दिरों का संचालन जिन पुजारियों के हाथ में था वे सभी पैट्रीशियन थे। इसलिए जब प्लेबियन लोग अपना कोई सबल प्रतिनिधि पैट्रीशियनों के विरोध में चुनते थे उस समय वे धर्मगुरु जिन्हें अपने यहाँ हम जातिवादी कह सकते हैं, हमेशा यह कह देते थे कि 'वह प्रतिनिधि

देवी को मंजूर नहीं है।' वे हमेशा यही घोषित करते थे। इस तरह से प्लेबियनों के हक़ उनसे छीन लिए गए थे। इसमें सबसे महत्त्वपूर्ण बात यह है कि पैट्रीशियन लोग प्लेबियन लोगों को लगातार अपने जाल में फँसाते जा रहे थे क्योंकि पैट्रीशियनों की तरह उनकी भी गहरी श्रद्धा थी कि प्लेबियन सभागृह का चुनाव अधिकार-प्राप्ति की दृष्टि से पर्याप्त नहीं है बल्कि वे अधिकार देवी को भी मंजूर होने चाहिए। उन्हें इन धर्मगुरुओं की स्वीकृति ज्यादा जरूरी और महत्त्वपूर्ण लगती थी। यदि उन्होंने देवी की मान्यता को ठुकरा दिया होता तो उन्हें जो राजनीतिक अधिकार मिला था उसका वे ज्यादा-से-ज्यादा लाभ उठा सकते थे। किन्तु उन्होंने वैसा नहीं किया। बाद में उन्होंने अपने लिए कम महत्त्वपूर्ण और देवी के लिए ज्यादा महत्त्वपूर्ण मतलब पैट्रीशियन लोगों की 'जी हुजूरी' करनेवाले प्रतिनिधि को चुना। उन्होंने उस (पैट्रीशियनवादी) धर्म को नकारने की बजाय जिस भौतिक कानून को हासिल करने की लड़ाई लड़ी उसी को उन्होंने त्याग दिया। वास्तव में सत्ता पाने के लिए धन से धर्म ज्यादा महत्त्वपूर्ण नहीं है, फिर भी धर्म एक बहुत प्रभावी हथियार है, इसमें कोई सन्देह नहीं।

फिर समाजवादियों का यह तर्क कि आधुनिक यूरोपियन समाज में भारत की वर्तमान स्थिति में या यूरोप की प्राचीन समाज-व्यवस्था में सत्ता-प्राप्ति के लिए धन-दौलत की ही अहम भूमिका है, इस तरह का तर्क कुतर्क की बुनियाद पर खड़ा है, ऐसा लगता है। यह बात बिल्कुल सच है कि धर्म, सामाजिक प्रतिष्ठा और धनसम्पत्ति, सत्ता और प्रभाव हासिल करने का महत्त्वपूर्ण साधन है। और जिन लोगों के पास यह साधन मौजूद है, वे दूसरों की आजादी को जबर्दस्ती हड़प सकते हैं। किसी समय एक चीज प्रभावी हो सकती है, किसी समय दूसरी चीज और किसी समय तीसरी चीज, यही इसमें भेद है। यदि आजादी हासिल करना ही लक्ष्य हो और आजादी का मतलब एक आदमी का दूसरे आदमी पर जो दबाव है उसे समाप्त करना हो, तो फिर सरेआम यह कहा जा सकता है कि सिर्फ आर्थिक सुधारों का समर्थन करते रहना बुनियादी सोच नहीं होगी। यदि किसी विशेष काल में और विशेष समाज में सत्ता और प्रभाव-प्राप्ति के रास्ते धार्मिक और सामाजिक हों तो उस समय धार्मिक और सामाजिक सुधारों को जरूरी आवश्यकता के रूप में स्वीकार कर लेना चाहिए। इन बातों का पूरी तरह से अध्ययन और चिन्तन करने के बाद भी यदि कोई यह कहे कि यह तो आर्थिक सिद्धान्तों की देन है तो उस बात की आलोचना होना स्वाभाविक है। मतलब धन और दौलत के समान बँटवारे को प्राथमिकता देने के लिए समाजवादियों का जो आग्रह है, उससे मैं पूरी तरह से सहमत हूँ। किन्तु मैं उन लोगों से एक सवाल पूछना चाहता हूँ कि समाज-व्यवस्था में परिवर्तन लाए बगैर आर्थिक परिवर्तन कैसे लाया जा सकता है? मुझे नहीं लगता कि भारत के समाजवादियों ने इस सवाल पर कभी सोचा होगा। मैं उनकी भावनाओं को ठेस नहीं पहुँचाना चाहता। कुछ दिनों पहले एक ख्यातनामा समाजवादी ने मेरे एक मित्र को पत्र लिखा। पत्र में वे कहते हैं, "मेरी मान्यता के मुताबिक एक वर्ग की ओर से दूसरे वर्ग का जो शोषण और उत्पीड़न होता है उसके मूल कारणों को

बिना खोजे भारत में स्वतन्त्र और नवसमाज का निर्माण होना कदापि सम्भव नहीं है। मेरी समाजवाद पर पूरी और अटल आस्था है। इसलिए अलग-अलग वर्गों और इकाइयों के साथ समानता का व्यवहार होना चाहिए। इसलिए मुझे ऐसा लगता है कि इस बात के लिए और अन्य सवालों को हल करने के लिए समाजवाद से बढ़कर दूसरा कोई रास्ता नहीं है...।" इस बात पर मैं उन्हें पूछना चाहता हूँ कि क्या यह कहना कि "अलग-अलग वर्गों के साथ समानता का व्यवहार हो इस बात पर मेरा विश्वास है।" यह बात अपने आपको समाजवादी कहनेवालों के लिए शोभनीय है? इस दृष्टि से यह विश्वास कि समाजवाद का मूल क्या है, इस बारे में पूरी तरह से अज्ञान जाहिर करना है। यदि समाजवाद मूर्त संकल्पना है, अमूर्त नहीं तो समाजवादियों का समानता पर विश्वास है या नहीं, इस तरह का सवाल पैदा नहीं हो सकता। वास्तव में उनके सामने सवाल यह था कि प्रचलित व्यवस्था के अनुसार सैद्धान्तिक रूप में एक वर्ग का दूसरे वर्ग के साथ घिनौना बर्ताव करना उसे अपने वर्चस्व में रखना है। इस तरह आतंक और उत्पीड़न को जारी रखते हुए एक वर्ग का दूसरे वर्ग को अलग करने की बात उनके दिलो-दिमाग को झकझोरती है।

अपनी बात को पूरी तरह से स्पष्ट करने के लिए मैं समाजवाद के सही स्वरूप को पहचानने से सम्बन्धित पहलुओं का विश्लेषण करना चाहता हूँ। अब एक बात पूरी तरह स्पष्ट है कि समाजवादियों द्वारा सोचा गया आर्थिक परिवर्तन सत्ता हासिल करने योग्य क्रान्ति किए बगैर सम्भव नहीं है। यह सत्ता दलितों, शोषितों और पिछड़े लोगों को हासिल करनी होगी। फिर मैं सवाल पूछना चाहता हूँ कि क्या क्रान्ति करने के लिए भारत का मजदूर-मेहनतकश वर्ग संगठित होगा? वे किस वजह से इस प्रक्रिया के लिए तैयार होंगे? मुझे ऐसा लगता है कि अन्य बातें समान रूप से मौजूद रहने पर किसी आदमी को इस तरह का सक्रिय आन्दोलन करने के लिए एक ही बात कारण हो सकती है और वह यह है कि वह आदमी जिस दूसरे आदमी के साथ काम करता है वह आदमी समानता, भाईचारा तथा न्याय की भावना जैसी महत्त्वपूर्ण बातों से प्रेरित होना चाहिए। यदि क्रान्ति के बाद उसके साथ समानता का बर्ताव नहीं किया गया और जाति तथा धर्म के नाम पर ऊँच-नीच का बर्ताव होता रहा तो लोग सिर्फ धन-दौलत को बराबरी के हिस्सों में बाँटनेवाली क्रान्ति में सम्मिलित नहीं होंगे। मुझे लगता है कि क्रान्ति का समर्थन करनेवाले समाजवादियों का यह आश्वासन कि वे जात-पाँत को नहीं मानते, पर्याप्त नहीं है। हमें उनके दिलो-दिमाग से यह आश्वासन चाहिए कि एक वर्ग का दूसरे वर्ग की ओर देखने का दृष्टिकोण व्यक्तिगत समानता और भाईचारे की भावना से भरा-पूरा होना चाहिए। क्या यह कहा जा सकता है कि भारत का मजदूर तथा मेहनतकश वर्ग जो गरीब है, वह गरीब और अमीर के अलावा अन्य किसी भी प्रकार के भेदभाव को मानता ही नहीं? यदि वे इस प्रकार के भेदभावों को मानते हैं तो मजदूर तथा मेहनतकश वर्ग को पूँजीपतियों के विरोध में आन्दोलन के लिए जरूरी तौर पर किस बुनियादी एकता की जरूरत महसूस हो सकती है? यदि मजदूर वर्ग संगठित नहीं है तो

क्रान्ति कैसे हो सकती है? मान लीजिए, क्रान्ति हो भी गई और समाजवादी सत्ता में आ गए तो उन्हें भारत में प्रचलित सामाजिक व्यवस्था से उत्पन्न सवालों से मुकाबला करना होगा या नहीं? यह बात मेरी समझ में नहीं आ रही है कि जिन कारणों से भारतीय लोग ऊँच-नीच, छूत-अछूत का बर्ताव करते हैं, ऐसे दूषित कारणों को खोज कर उन्हें नष्ट किए बगैर भारत के समाजवादी लोग अपनी शासन-व्यवस्था का संचालन कैसे कर सकते हैं? यदि समाजवादी लोग बड़े-बड़े शब्दों का इस्तेमाल करके सन्तोष नहीं करना चाहते बल्कि वे वास्तव में समाजवादी समाज-व्यवस्था की स्थापना करना चाहते हैं तो उन्हें यह बात अच्छी तरह समझ लेनी चाहिए कि समाज-परिवर्तन से सम्बन्धित सवाल बुनियादी सवाल हैं और उन सवालों को हल किए बगैर दूसरा कोई विकल्प नहीं है। इसलिए समाजवादियों को भारत की प्रचलित समाज-व्यवस्था के बारे में गम्भीरता से सोचना चाहिए, और वास्तविकता के आधार पर सोचना चाहिए। वे बगैर इसके अपनी क्रान्ति को सफल बनाने में कामयाबी हासिल नहीं कर सकते। खुशकिस्मती से उन्होंने क्रान्ति की तो उन्हें अपनी संकल्पनाएँ अमल में लाने के लिए उस क्रान्ति को बड़ी मजबूती से पकड़कर रखना होगा। मेरे सामने यही सबसे बड़ी समस्या है। यदि उन्होंने जाति की समस्या पर क्रान्ति के पहले नहीं सोचा तो उन्हें इस समस्या पर क्रान्ति के बाद निश्चित तौर पर ध्यान देना होगा। इस बात को दूसरे शब्दों में कहें तो आप लोग अपनी इच्छा से किसी भी रास्ते से जा सकते हैं, लेकिन जातिवाद का ब्रह्मरोग आपके रास्ते में रहेगा ही, इसमें कोई सन्देह नहीं। इसलिए आप लोग जब तक इस ब्रह्मरोग को खत्म नहीं करते तब तक आप लोग किसी भी प्रकार का राजनीतिक परिवर्तन या आर्थिक परिवर्तन नहीं कर सकते।

मैं विरोध के लिए विरोध का समर्थक नहीं

__दि. 24 और 25 अप्रैल 1948__ को लखनऊ में संयुक्त राज्य शे.का. फेडरेशन का पाँचवाँ अधिवेशन हुआ था। उस अधिवेशन में __दि. 25 अप्रैल 1948__ को डॉ. बाबासाहेब अम्बेडकर का भाषण हुआ था। उस भाषण की गलत रिपोर्ट एक अखबार में छपी थी। उसका खुलासा करते हुए डॉ. अम्बेडकर ने इस निवेदन को प्रकाशित किया था–

मेरे भाषण को तोड़-मरोड़कर पेश करनेवाले समाचार को पढ़कर और मन्त्रिमंडल के अपने सहयोगी मित्रों के बारे में मैंने कुछ असंयत बातें कही हैं, इस तरह से एक स्थानीय अखबार ने जो समाचार प्रकाशित किया है उसे पढ़कर मुझे बेहद दुख हुआ है।

मेरा 25 अप्रैल का भाषण स्वयं-प्रवर्तित था। अपने भाषण के कुछ मुद्दे मैं यहाँ दे रहा हूँ। अलग-अलग सवालों के आधार पर मेरे कुछ अनुयायियों ने मुझ पर जो आरोप लगाए उनके लिए जवाब के रूप में ये मुद्दे रखे गए हैं।

पहला मुद्दा यह है कि त्रिमन्त्री शिष्टमंडल के जाने के बाद मैं पूरी तरह मौन रहा इसकी वजह क्या है?

दूसरा मुद्दा यह है कि मैं कांग्रेस सरकार में क्यों सम्मिलित हुआ हूँ।

और तीसरा मुद्दा यह है कि भविष्य में मैंने क्या करना तय किया है?

पहले मुद्दे के जवाब में मैंने कहा कि त्रिमन्त्री शिष्टमंडल के पास शेड्यूल्ड कास्ट फेडरेशन की स्वतन्त्र मतदाता संघ की माँग थी। हमारी इस माँग को ठुकरा दिया गया। उसके दो कारण थे–(1) मुस्लिमों और सिखों की तुलना में अपना पक्ष कमजोर था। (2) हम लोगों में ही बिखराव था। कई दुष्ट लोग इकट्ठा हो गए थे।

त्रिमन्त्री मंडल के निर्णय से करीब-करीब यह तय हो गया कि दलित वर्ग को किसी प्रकार का कोई स्वतन्त्र राजनीतिक अस्तित्व ही नहीं है। खैर, जब राजनीतिक संरक्षण ही नहीं है तो शेड्यूल्ड कास्ट फेडरेशन ने सर्वनाश को ही निमन्त्रण दे दिया है, ऐसा भी मुझे लगा। मेरे सामने भयंकर अँधेरा छाने लगा। उसी समय से मैंने किसी भी प्रकार का निवेदन नहीं किया है, मौन रहा, उसकी वजह यही है।

विरोध के लिए विरोध का सिद्धान्त एक पागलपन

दूसरे मुद्दे के बारे में कहूँ तो मैं कांग्रेस का आलोचक और विरोधी था, यह बात सच है। लेकिन उसी के साथ सिर्फ विरोध के लिए विरोध करना मुझे कभी पसन्द नहीं था। सहयोग से यदि अपना भला होता हो तो सहयोग की भावना से ही रहना चाहिए। इसलिए मैंने कांग्रेस से सहयोग किया। हम लोगों को संविधान में जो कुछ सुरक्षा प्राप्त हुई है वह इस प्रकार के सहयोग के अभाव में सम्भव नहीं थी। अपने विचारों के समर्थन में कुछ उदाहरण भी मैंने दिए हैं।

मैं मन्त्रिमंडल में क्यों सम्मिलित हुआ?

मैं मन्त्रिमंडल में क्यों सम्मिलित हुआ, इस बात को स्पष्ट करते हुए मैंने निम्न दो कारण दिए हैं–(1) मन्त्रिमंडल में आने के लिए मुझे दिया गया निमन्त्रण बिना शर्त था। और (2) बाहर रहने की बजाय सरकार में रहकर मेरे लिए अछूतों के हितों की रक्षा करना ज्यादा आसान था।

मैंने अपने भाषण में कहा था कि जानबूझकर इस तरह के बुरे कानून हमारे खिलाफ बनाए गए, ऐसा किसी भी तरह का डर दलित समाज को अपने मन में नहीं रखना चाहिए। उन्हें गलत कामों से डरना चाहिए। दलित वर्ग के लोग इस कामकाज में न होने की वजह से इस प्रकार का कामकाज प्रदूषित हो जाता है। सवर्ण अधिकारी इस कामकाज में अधिक हैं इस वजह से सरकार को दलित वर्ग के बारे में कोई हमदर्दी नहीं है। इन सभी बातों को ध्यान में रखकर ही मैं सरकार में सम्मिलित हुआ हूँ।

और तीसरा मुद्दा है, कांग्रेस में जाने का कोई मतलब ही नहीं है, ऐसा मैंने कहा। तीसरा पक्ष होना अधिक सुरक्षित होना है। इसके बिना सरकार का तानाशाह बनने का खतरा रहता है।

ऐसी सरकार एक जलते हुए मकान की तरह है

फिलहाल समाजवादी लोग कांग्रेस से बाहर निकल गए हैं और कांग्रेस तथा समाजवादी लोगों के दो दल बन गए हैं। इसलिए कांग्रेस में शामिल हो जाना चाहिए या नहीं, यह हमारे लिए कोई समस्या नहीं है। आज महत्त्वपूर्ण सवाल यह है कि कांग्रेस को हमसे मिलना चाहिए या समाजवादियों को, यही असली सवाल है। समाजवादी दल के मजबूत होने की सम्भावना है। इसलिए मैंने यह सलाह दी थी कि इन दोनों दलों में सन्तुलन रखकर उनसे लाभ उठानेवाली सत्ता के रूप में हम लोगों को तीसरे दल की स्थापना

करनी चाहिए। केवल अनुयायी के रूप में किसी राजनीतिक दल में जाने का कोई मतलब नहीं है। सम्भव हुआ तो हम उसके द्वारा अधिकार के पदों को हासिल कर सकते हैं, किन्तु उससे सत्ता या अधिकार प्राप्त होंगे ही इस बात की कोई गारंटी नहीं है।

पंडित गोविन्दवल्लभ पन्त की सत्ता में

इस सम्बन्ध में बोलते हुए मैंने कहा था कि जनसंख्या के प्रतिशत के हिसाब से देखा जाए तो संयुक्त प्रान्त में आपको लगभग 22 प्रतिशत सरकारी नौकरियों में आरक्षण मिलना चाहिए था। किन्तु सिर्फ 10 प्रतिशत आरक्षण देकर आप लोगों को किनारे कर दिया गया है। इसलिए आप लोगों ने एक प्रस्ताव के द्वारा हाल में ही पंडित गोविन्दवल्लभ पन्त के मन्त्रिमंडल का निषेध किया है। आप लोगों को सरकारी नौकरियों में जितने आरक्षित पद चाहिए उतने आरक्षित पद पंडित पन्त सरकार क्यों नहीं दे रही है? इसकी वजह यह है कि संयुक्त प्रान्तीय विधिमंडल में उनको जितना बहुमत चाहिए उसके लिए वे आप लोगों पर निर्भर नहीं हैं। मजबूत संगठन स्थापित करके ही आप लोग पंडित पन्त से 22 प्रतिशत आरक्षण की माँग कर सकते हैं। और हमें भी उन्हीं पर निर्भर रहना है, इस बात को ध्यान में रखकर ही पंडित पन्त उस माँग को स्वीकार करेंगे।

जनतान्त्रिक सरकार की कसौटी

उसके बाद मैंने पिछड़ी जातियों और दलित वर्ग की एकता के बारे में कहा : इन दोनों को मिलाकर देश की बहुसंख्यक जाति बन जाती है। क्या फिर वे इस देश पर राज नहीं कर सकते? राजनीतिक सत्ता हासिल करने के लिए उन्हें संगठित होने की ही देरी है। और अब वयस्क मतदान से चुनाव होनेवाले हैं इसलिए यह काम और भी आसान हो गया है। यहाँ कांग्रेस सरकार हमेशा के लिए सत्ता में रहनेवाली है, इस भावना से लोग साहसी नहीं बन सकते, इस तरह की बात दिखाई दे रही है। किन्तु इस तरह से सोचना गलत है। जनप्रिय जनतन्त्र में कोई भी सरकार हमेशा के लिए सत्ता में नहीं रह सकती। इस बात को ध्यान में रखिए कि पंडित नेहरू और सरदार पटेल जैसे बड़े लोगों द्वारा स्थापित सरकार भी हमेशा बरकरार नहीं रह सकती।

मैंने कांग्रेस पर या अपने मन्त्रिमंडलीय सहयोगियों पर आरोप लगाया है, इस तरह से कहना सच्चाई को बदनाम करना है। मेरे इस निवेदन से पाठक मेरी बात को अच्छी तरह से समझ जाएँगे।

साप्ताहिक 'जनता' के 8 मई, 1948 के अंक में प्रकाशित।

भारत के संविधान के मसौदे के सम्बन्ध में

दि. 30 अगस्त 1947 *को डॉ. बाबासाहेब अम्बेडकर को मसौदा समिति का अध्यक्ष चुना गया था। उन्होंने* ***दि. 4 नवम्बर 1948*** *को संविधान का मसौदा संविधान सभा के सामने प्रस्तुत करते हुए अपने भाषण में कहा–*

प्रस्तावना

मसौदा कमेटी द्वारा तैयार किया गया यह संविधान का मसौदा मैं सदन के सामने प्रस्तुत कर रहा हूँ। और मेरा निवेदन है कि सदन को उस पर निर्णय करना चाहिए।

29 अगस्त, 1947 को संविधान सभा ने जो प्रस्ताव पास किया था उसके मुताबिक मसौदा कमेटी का गठन किया गया था।

दि यूनियन पॉवर्स कमेटी, दि यूनियन कान्स्टीट्यूशन कमेटी और फंडामेंटल राइट्स (आदि) एडवाइजरी कमेटी आदि कमेटियों की रिपोर्ट पर संविधान सभा ने जो निर्णय लिया उसके मुताबिक संविधान बनाने की जिम्मेदारी मसौदा कमेटी को दी गई थी। संविधान सभा की ओर से यह भी बताया गया था कि कुछ मामलों में भारत सरकार के 1935 के कानून में किए गए प्रावधानों के मुताबिक व्यवस्था की जानी चाहिए। 21 फरवरी, 1948 के पत्र में मैंने इस सम्बन्ध में कुछ मुद्दे प्रस्तुत किए थे कि किस प्रकार के संशोधन करने पड़ेंगे। मुझे ऐसा विश्वास है कि वे मुद्दे हटा देने से यह दिखाई देगा कि मसौदा-कमेटी संविधान सभा की सूचनाओं को ईमानदारी के साथ अमल में लाई है।

व्यापक मसौदा

मसौदा कमेटी के द्वारा तैयार किया गया संविधान का यह मसौदा बहुत व्यापक है। इस मसौदे में 315 अनुच्छेद और 8 परिशिष्ट हैं। इसलिए इस बात को कबूल कर लेना चाहिए कि यह मसौदा जितना बड़ा है उतना बड़ा संविधान दुनिया के किसी राष्ट्र का नहीं है। जिन लोगों ने इस सम्पूर्ण मसौदे को नहीं पढ़ा होगा उन्हें प्रारम्भ में मसौदे की मुख्य विशेषताएँ समझ में नहीं आएँगी।

पिछले आठ माह से यह मसौदा जनता के सामने है। आलोचक, विरोधी और समर्थक आदि सभी को संविधान के मसौदे के प्रावधानों पर अपनी प्रतिक्रियाएँ व्यक्त करने के लिए जितना समय चाहिए था, आठ माह का समय उससे भी अधिक था। इस सम्बन्ध में जितनी प्रतिक्रियाएँ व्यक्त की गई हैं उनके बारे में मैं यकीन के साथ कह सकता हूँ कि उनमें से कुछ नासमझी की वजह से और अनुच्छेदों को पर्याप्त ढंग से न समझने की वजह से व्यक्त की गई हैं। कुछ भी क्यों न हो, किन्तु आलोचना होने की वजह से उसका जवाब तो देना ही पड़ेगा।

इन दोनों कारणों से यह मसौदा सदन के सामने विचार-विमर्श के लिए पेश करते हुए मैंने संविधान के मुख्य पहलुओं की ओर आपका ध्यान आकर्षित करना और आलोचकों की आलोचना का विश्लेषण करना जरूरी समझा है।

दो रिपोर्ट्स

सबसे पहले मैं (1) कमेटी ऑफ चीफ प्रोविंसेस और (2) कमेटी ऑफ एक्सपर्ट्स ऑन फाइनेंस–इन दो कमेटियों की रिपोर्ट सदन के सामने पेश करना चाहता हूँ। इन कमेटियों की नियुक्ति संविधान सभा ने ही की थी। किन्तु उनकी रिपोर्ट्स संविधान सभा के सामने इतनी देर बाद आई कि संविधान सभा उन पर विचार नहीं कर सकी। उक्त दो कमेटियों की रिपोर्ट और उन्होंने जो सिफारिशें की हैं उन पर मसौदा कमेटी ने विचार किया है। इसलिए ये दोनों रिपोर्ट्स औपचारिकता की दृष्टि से सदन में रखनी उचित हैं।

किस प्रकार की शासन-प्रणाली

मैं अब पहले मूल विषय की ओर आ रहा हूँ। इस मसौदे का अध्ययन करते समय संविधान का कोई भी अध्ययनकर्त्ता निश्चित तौर पर दो सवाल पूछेगा इसमें कोई सन्देह नहीं है। उसका पहला सवाल यह होगा कि शासन-प्रणाली का प्रकार कौन-सा रहेगा? और दूसरा सवाल यह कि संविधान का कौन-सा प्रकार रहेगा? ये दो सवाल बहुत ही महत्त्वपूर्ण हैं। इस संविधान को इन पर गौर करना ही चाहिए। इसलिए मैं इसमें से पहले सवाल का विश्लेषण पहले कर रहा हूँ।

[2]
अमेरिकी और भारतीय प्रेसीडेंट

भारतीय यूनियन के मुख्य शासक के रूप में प्रेसीडेंट (अध्यक्ष) की योजना की गई है। इस ओहदे से कई लोगों को अमेरिका के (U.S.A.) प्रेसीडेंट का ध्यान आएगा। किन्तु

नाम के सादृश्य के अलावा अमेरिकी राज्यपद्धति में और इस मसौदे में किसी भी प्रकार की समानता नहीं है। अमेरिकी राज्य शासन प्रेसीडेन्सियल राज्य-पद्धति का है। किन्तु इस संविधान मसौदे में 'पार्लियामेंटरी' राज्य-पद्धति का सुझाव दिया गया है। राज्य पद्धति के ये दो प्रकार मूलतः भिन्न हैं। 'प्रेसीडेन्सियल' राज्य-पद्धति के मुताबिक प्रेसीडेंट (अध्यक्ष) कार्यान्वयन विभाग (Executive) का मुख्य होता है। सम्पूर्ण प्रशासन उसके अधिकार में होता है। किन्तु हमारे संविधान के मसौदे के मुताबिक चुना गया प्रेसीडेंट अमेरिका के प्रेसीडेंट की तरह नहीं होगा। इंग्लैंड के संविधान में वहाँ के राजा का जो संवैधानिक स्थान है वही संवैधानिक स्थान भारत के प्रेसीडेंट का रहेगा। भारत का प्रेसीडेंट भारत का प्रधान रहेगा। किन्तु वह राज्य-प्रशासन का (Executive) प्रधान नहीं होगा। वह राष्ट्रप्रमुख होगा, किन्तु वह राज्य पर अपना अधिशासन स्थापित नहीं कर सकता। वह राष्ट्र का प्रतीक होगा। राष्ट्र के लिए निर्णय घोषित करके उसे राजमान्यता दिलाने के लिए जो राजनीतिक प्रयास करने पड़ते हैं उन्हें करने के लिए भारत के प्रेसीडेंट का स्थान रहेगा। अमेरिकी प्रेसीडेंट के अधिकार में अलग-अलग विभागों के सेक्रेटरी रहते हैं। उसी प्रकार भारत के प्रेसीडेंट के अधिकार में अलग-अलग अलग विभागों के मन्त्री रहेंगे। फिर भी यहाँ दोनों में बुनियादी फर्क है। अमेरिका का प्रेसीडेंट किसी भी सेक्रेटरी के द्वारा दी गई सलाह मानने के लिए बाध्य नहीं है। किन्तु भारत के मन्त्रियों द्वारा दी गई सलाह मानने के लिए सामान्य तौर पर भारत का प्रेसीडेंट बाध्य है। यह मन्त्रियों की सलाह के विरोध और उसी तरह उनकी सलाह के बगैर कुछ नहीं कर पाएगा। अमेरिका का प्रेसीडेंट किसी भी सेक्रेटरी को किसी भी समय सत्ता से हटा सकता है। किन्तु मन्त्री के पक्ष में जब तक लोकसभा (संसद) के अधिकांश सदस्यों का समर्थन है तब तक भारत के प्रेसीडेंट को मन्त्रियों को बर्खास्त करने का अधिकार नहीं है।

अध्यक्षीय राज्यपद्धति नहीं, संसदीय राज्यपद्धति

अमेरिका के 'प्रेसीडेन्शियल' (अध्यक्षीय) राज्यपद्धति में विधिमंडल और कार्यान्वयन विभाग (Executive) अलग-अलग हैं। इसी सम्बन्ध-विच्छेद के तत्त्व पर इस राज्यपद्धति की नींव रखी गई है। इसी के कारण अमेरिका का प्रेसीडेंट और उसके सेक्रेटरी कांग्रेस के (विधिमंडल के) सदस्य नहीं हो सकते। इस तत्त्व को प्रस्तुत संविधान के मसौदे में स्वीकार नहीं किया गया है। भारत के मन्त्री विधिमंडल (लोकसभा) के सदस्य होते हैं, इतना ही नहीं वे ही विधिमंडल की बैठक में उपस्थित रहेंगे, बहस करेंगे और अपना मत देंगे। दोनों राज्यपद्धतियाँ लोकतान्त्रिक तत्त्वों पर आधारित होने की वजह से उनमें से एक का चुनाव करना आसान काम नहीं है।

दो कसौटियाँ

सरकार के कामकाज का अमल सही लोकतान्त्रिक प्रणाली से चलाने के लिए दो शर्तों को पूरा किया जाना चाहिए : (1) सरकार में 'स्थिरता' और (2) जिम्मेदार सरकार। इन दोनों कसौटियों में समन्वय स्थापित करनेवाली राज्यप्रणाली दुर्भाग्य से आज तक कायम नहीं हो सकी। ज्यादा स्थिरता और कम-से-कम जिम्मेदारी या ज्यादा जिम्मेदारी और कम स्थिरता देनेवाली राज्यपद्धति मिल सकती है। अमेरिका और स्विट्जरलैंड देशों की राज्यपद्धति में ज्यादा स्थिरता और कम जिम्मेदारी है। ब्रिटिश राज्यपद्धति में ज्यादा जिम्मेदारी और कम स्थिरता है। इसके कारण भी साफ दिखाई दे रहे हैं। अमेरिकी राज्यपद्धति तो बगैर-संसदीय (नॉन पार्लियामेंटरी) है। मतलब अमेरिकी कामकाज का अमल करनेवाला राष्ट्रपति (प्रेसीडेंट) और उसके सेक्रेटरी (Executive) वहाँ की कांग्रेस (विधिमंडल) पर निर्भर नहीं हैं। ब्रिटिश राज्यपद्धति संसदीय (पार्लियामेंटरी) है। मतलब इंग्लैंड का मन्त्रिमंडल (Executive) पार्लियामेंट के बहुसंख्यक सदस्यों पर निर्भर है। अमेरिकी राज्य-प्रशासन का अमल इस तरह बगैर-संसदीय होने के कारण अमेरिकी कांग्रेस राष्ट्रपति के या उनके सेक्रेटरी के विभाग को बर्खास्त नहीं कर सकते। किन्तु संसदीय राज्यपद्धति के मुताबिक जिस समय मन्त्रिमंडल (Executive) विधिमंडल के बहुसंख्यक सदस्यों का विश्वास खो देता है उस समय मन्त्रिमंडल के पास इस्तीफा देने के अलावा और कोई रास्ता नहीं रहता। उस समय जिम्मेदारी की दृष्टि से देखा जाए तो गैरसंसदीय कामकाज विधिमंडल पर निर्भर न होने की वजह से वह कम जिम्मेदार होता है और संसदीय कामकाज ज्यादा जिम्मेदार होता है।

दैनिक और कालसापेक्ष जिम्मेदारी

संसदीय और गैरसंसदीय कामकाज में जिम्मेदारी के सम्बन्ध में अधिक भिन्नता है ऐसी बात नहीं, बल्कि काल और जिम्मेदारी को मापने के तरीके की दृष्टि से भिन्नता है। गैरसंसदीय कामकाज में जिम्मेदारी कुछ काल (समय) की होती है। अमेरिका में वह दो साल की होती है। उसे अमेरिकी मतदाताओं की ओर से तय किया जाता है। किन्तु संसदीय राज्य कारोबार में (उदाहरण इंग्लैंड) जिम्मेदारी निश्चित समय की तो है ही, इसके अलावा दैनिक जिम्मेदारी भी है। दैनिक जिम्मेदारी संसद के सदस्य तय करते हैं। इस कार्य को संसद के सदस्य सवाल पूछकर, प्रस्ताव पेश कर, अविश्वास की भावना व्यक्त करके, स्थान प्रस्ताव रखकर और किसी विषय पर बहस करके कर सकते हैं। काल की जिम्मेदारी मतदाता हर 5 साल में (या इससे कम) चुनाव के समय तय करते हैं। कुल मिलाकर काल की जिम्मेदारी के बजाय प्रतिदिन की जिम्मेदारी ज्यादा परिणामदेय होती है। अमेरिकी राज्यपद्धति में यह प्रतिदिन की जिम्मेदारी नहीं है। भारत

जैसे देश में प्रतिदिन की जिम्मेदारी की अधिक जरूरत है। इसलिए संविधान मसौदे ने संसदीय शासन- प्रणाली की सिफारिश करके स्थिरता की बजाय जिम्मेदारी को अधिक महत्त्व दिया है।

[3]
संविधान के दो प्रकार

मैंने अब तक राज्यपद्धति के प्रकारों के बारे में स्पष्टीकरण दिया है। अब मैं दूसरे सवाल की ओर यानी संविधान के प्रकारों के सम्बन्ध में कहना चाहता हूँ।

इतिहास में संविधान के दो प्रकार दिखाई देते हैं। एक प्रकार को 'यूनिटरी' (एकतन्त्रीय) संविधान कहते हैं और दूसरे प्रकार को 'फेडरल' (संयुक्त) संविधान कहते हैं। 'यूनिटरी' संविधान के दो बहुत जरूरी लक्षण हैं। (1) केन्द्रीय राज्य-प्रशासन का प्रभुत्व और (2) दोहरे सार्वभौम इकाइयों का अभाव। उसी तरह 'फेडरल' संविधान के भी दो लक्षण हैं। फेडरल संविधान में–

(1) केन्द्रीय और सहायक इकाइयों का अस्तित्व होता है। और (2) हर इकाई अपने-अपने क्षेत्र में सार्वभौम होती है। दूसरे शब्दों में कहें तो यह कहा जा सकता है कि फेडरेशन का मतलब द्विदलीय राज्यव्यवस्था होती है। हमारे मसौदे में संविधान फेडरल है। उसने द्विदलीय राज्यव्यवस्था को स्वीकार किया है। 'यूनियन' (केन्द्रीय) सरकार और राज्य सरकार (States) इस प्रकार के दो हिस्से बनाकर मसौदे ने द्विदलीय राज्यव्यवस्था को स्वीकार किया है। संविधान में जो क्षेत्र दर्ज किया होगा उस क्षेत्र में यूनियन सरकार और राज्य सरकार (वर्तमान प्रदेश) सार्वभौम हैं। इस द्विदलीय राज्य-व्यवस्था की समानता अमेरिकी राज्यव्यवस्था से है। अमेरिका में फेडरल सरकार और राज्य (States) हैं। उसी तरह की व्यवस्था इस संविधान मसौदे में है। अमेरिकी संविधान की तरह फेडरल सरकार सिर्फ अलग-अलग प्रदेशों (States) का संघ नहीं है। उसी प्रकार राज्यप्रशासन से सम्बन्धित विभाग भी नहीं है। उसके मुताबिक इस संविधान मसौदे में स्वीकृत भारत सरकार सिर्फ संलग्न 'राज्य' का संघ नहीं या (प्रदेश) प्रशासन से सम्बन्धित विभाग नहीं है। यहाँ अमेरिका और नियोजित भारतीय संविधान की समानता खत्म हो जाती है। किन्तु समानता की बजाय इन दो देशों के संविधान में भिन्नता ही ज्यादा है। इस प्रकार की भिन्नता मौलिक और स्पष्ट रूप से दिखाई दे रही है।

दो फेडरेशन के बीच का फर्क

अमेरिकी फेडरेशन और भारत के फेडरेशन में भिन्नता के मुख्य रूप से दो मुद्दे हैं। अमेरिका की द्विदलीय राज्यव्यवस्था में दोहरी नागरिकता है। वहाँ U.S.A. की (फेडरल

सरकार की) नागरिकता है। उसी प्रकार 'स्टेट' की भी नागरिकता है। अमेरिकी संविधान के 14वें संशोधन ने दोहरी नागरिकता की कटुता को काफी हद तक कम किया है। अमेरिका के नागरिक को अपना हक़, ज्यादा अधिकार और सुरक्षा को 'स्टेट' द्वारा निकालने पर 14वें संशोधन के द्वारा रोक लगाई गई है। फिर भी विलयम एंडरसन ने जिस तरह से बताया है उसके मुताबिक मताधिकार होना, सरकारी अधिकार के पदों को प्राप्त करना आदि बातों में 'स्टेट्स' अपने नागरिकों पर अनुकूल नजरें रखकर भेदभाव करती हैं। यह कृपादृष्टि का भेदभाव और भी अन्य बातों में व्यक्त होता है। 'स्टेट' सरकार में नौकरी हासिल करनी हो तो उस उम्मीदवार को उसी 'स्टेट' का निवासी होना चाहिए। उसी प्रकार कानून, डॉक्टरी आदि व्यावसायिक अध्ययन करने के लिए जो प्रमाणपत्र दिए जाते हैं, उस समय भी 'स्टेट' की नागरिकता या स्थायित्व को हमेशा ध्यान में रखा जाता है। यही बात शराब, शेयर्स, बांड्स आदि के सम्बन्ध में तथा सरकारी नियमों का पालन करने के लिए मजबूर करनेवाले धन्धों के सन्दर्भ में भी है।

दोहरी नागरिकता के गलत परिणाम

हर स्टेट को नागरिकों की भलाई के लिए कुछ विशेष अधिकार अपने-अपने राज्य में होते हैं। शिकार और मछली मारने का धन्धा हर स्टेट के अधिकार में आता है। इसलिए दूसरे स्टेट के नागरिकों पर शिकार के लिए ज्यादा कर लगाने का एक तरह से रिवाज-सा ही हो गया है। उसी तरह स्टेट के बाहर के छात्रों पर कॉलेजों और यूनीवर्सिटीज में ज्यादा शुल्क लगाया जाता है। अगर आपात स्थिति न हो तो अस्पतालों में भी बाहरी स्टेट के निवासियों को आसानी से दाखिल नहीं किया जाता।

संक्षेप में यह कहा जा सकता है कि हर 'स्टेट' को इस प्रकार के कुछ अधिकार हैं किं जो उस स्टेट के नागरिकों को ही दिए जाएँगे। या उन पर ज्यादा सख्त शर्तें लगाकर ही मंजूर किए जाएँगे। इस प्रकार की सहूलियतें हर 'स्टेट' के निवासियों को मिलती हैं। इसलिए 'स्टेट नागरिकता' को विशेष अर्थ प्राप्त होता है। मतलब हर स्टेट के नागरिक और गैर-नागरिकों के अधिकार में बहुत बड़ा फर्क दिखाई देगा।

दोहरी नागरिकता नहीं

इस संविधान मसौदे में द्विदलीय राज्यव्यवस्था होने के बावजूद भी देश के लिए एक ही नागरिकता है और वह है भारतीय नागरिकता। यहाँ स्टेट की नागरिकता नहीं रखी गई है। हर भारतीय नागरिक को नागरिकता के समान अधिकार रहेंगे, फिर वह किसी भी स्टेट का निवासी क्यों न हो।

एक अन्य फर्क

अमेरिकी संविधान तथा भावी भारतीय संविधान में अन्य एक फर्क है। अमेरिका के फेडरल सरकार के संविधान से स्टेट के संविधान को बाँधनेवाले कानून काफी ढीले हैं। इस सम्बन्ध में ब्राईस (Bryce) का कहना है, ''केन्द्र की राष्ट्रीय सरकार और स्टेट्स की सरकारों की तुलना एक ही भूमि पर बनाई गई बड़ी इमारत और छोटी इमारतों के समूह के साथ की जा सकती है। किन्तु ये इमारतें एक-दूसरे से अलग हैं।''

अमेरिका के फेडरल सरकार से स्टेट्स की सरकारें किस तरह से अलग हैं, इस बात की कल्पना निम्न बातों से की जा सकती है।

(1) रिपब्लिकन सरकार बनाने की शर्त का पालन करते हुए, अमेरिका का हर स्टेट अपना संविधान बना सकता है।

(2) फेडरल (राष्ट्रीय) सरकार पर किसी भी तरह से निर्भर रहने की बजाय, लोगों को संविधान के मुताबिक परिवर्तन करने का अधिकार हमेशा अपने हाथ में रखा है, इस सम्बन्ध में ब्राईस का कहना है, ''अमेरिका में 'स्टेट्स' का अस्तित्व 'स्टेट' के संविधान की वजह से है, और स्टेट का विधिमंडल, न्यायविभाग और कार्यान्वयन विभाग आदि सभी स्टेट के संविधान की सन्तानें हैं, जो संविधान से बँधे हुए हैं।''

अपने संविधान मसौदे में इस तरह का कुछ नहीं है। भारत के किसी भी स्टेट को (प्रदेश) कम-से-कम पहली सूची में दर्ज किए हुए स्टेट को, अपना स्वयं का संविधान बनाने का अधिकार नहीं है। भारत का संविधान और 'स्टेट' का संविधान एक ही फ्रेम में रखा गया है और उससे अलग होने का किसी को कोई अधिकार नहीं है। उन्हें एक ही चौखट में काम करना पड़ेगा।

स्थिति और समय के मुताबिक फेडरल और यूनिटरी

अब तक मैंने अमेरिकी फेडरेशन और संविधान मसौदे के भारतीय फेडरेशन के बीच के फर्क की ओर आपका ध्यान आकर्षित किया है। किन्तु भारतीय फेडरेशन के और भी कुछ खास हिस्से हैं जिनके कारण दुनिया के किसी फेडरेशन की तुलना में भावी भारतीय फेडरेशन कुछ विशेष दिखाई देगा। दुनिया में जो कुछ फेडरेशन राज्यपद्धतियाँ हैं वे सभी एक तरह के निश्चित ढाँचे में रखी गई हैं। किसी भी प्रकार की स्थिति में ये फेडरेशंस अपना आकार या प्रकार बदल नहीं सकतीं। वह कभी भी 'यूनिटरी' (एकतन्त्री) नहीं बन सकतीं। बल्कि मसौदे के बीच संविधान स्थिति और समय के मुताबिक 'यूनिटरी' या फेडरल बन सकती है। आम शान्ति के समय मसौदे के बीच संविधान फेडरल पद्धति से कामकाज करेगी, किन्तु युद्ध-निर्मित स्थिति में वह यूनिटरी पद्धति की तरह काम करे, इस प्रकार की उसमें व्यवस्था की गई है। संविधान के 275

अनुच्छेद के मुताबिक भारत के राष्ट्रपति ने (President) यदि एक बार हुक्म जारी किया तो राज्यप्रशासन का सारा दृश्य बदलकर भारतीय सरकार यूनिटरी बन जाती है। इस स्थिति में भारतीय सरकार निम्न बातें कर सकती हैं–

(1) किसी भी बात के लिए कानून बनाना, फिर वह बात 'स्टेट' सूची में हो या न हो।

(2) अपने अधिकारों की सीमा में आनेवाली बातों का अमल स्टेट को किस प्रकार करना चाहिए, इस सम्बन्ध में हुक्म देना।

(3) किसी भी अधिकारी को किसी भी कार्य के लिए ज्यादा अधिकार देना।

(4) संविधान के मुताबिक आर्थिक बातों के सम्बन्ध में जो व्यवस्थाएँ होंगी उन्हें 'सस्पेंड' करना।

इस प्रकार की 'यूनिटरी' (एकतन्त्री) राज्यव्यवस्था की योजना किसी भी फेडरेशन में नहीं है। मसौदे में सुझाई गई फेडरेशन और अन्य अभिज्ञात फेडरेशन के बीच का यह फर्क स्पष्ट हो गया है।

[4]
और एक विशेषता : कानूनी और सूक्ष्मता का अभाव

अन्य फेडरेशन्स और भारतीय फेडरेशन में इतना ही फर्क है, ऐसी बात नहीं। यह बताया जाता है कि फेडरल पद्धति गलत नहीं है फिर भी कमजोर है। फेडरल पद्धति पर दो प्रकार के दोष लगाए जाते हैं। वैधानिकता और सूक्ष्मता–ये इसके दो दोष हैं। फेडरल पद्धति में ये दोनों दोष हैं, इसमें कोई सन्देह नहीं है। फेडरल संविधान लिखा हुआ होता है और लिखे हुए संविधान में सूक्ष्मता होगी, इसमें कोई सन्देह नहीं। फेडरल संविधान के मुताबिक सार्वभौमत्व का विभाजन होता है। और यह विभाजन अन्य किसी अधिसत्ता से नहीं बल्कि स्वयं संविधान के कानून के द्वारा होता है। फेडरल सरकार और 'स्टेट्स' में सार्वभौमत्व बाँटा जाता है। प्रस्तुत विभाजन से दो विकल्प सामने आते हैं–

(1) फेडरल सरकार द्वारा स्टेट (प्रदेश) का अतिक्रमण करना या स्टेट्स द्वारा फेडरल सरकार का अतिक्रमण करना, संविधान को भंग करनेवाली बात होती है।

(2) संविधान को भंग करनेवाली ऐसी कार्यवाही पर फैसला कोर्ट के द्वारा मिल सकता है। फेडरल संविधान का ऐसा स्वरूप होने की वजह से वैधानिकता के दोष से फेडरल संविधान मुक्त नहीं हो सकता। फेडरल संविधान के इस तरह के दोष अमेरिकी राज्यप्रशासन में दिखाई देते हैं।

आस्ट्रेलिया का उदाहरण

अभी जिन देशों ने फेडरल पद्धति को स्वीकार किया है उन्होंने वैधानिकता और सूक्ष्मता से होनेवाले नुकसान को कम करने का प्रयास किया है। इस सम्बन्ध में आस्ट्रेलिया का उदाहरण दिया जा सकता है। फेडरेशन की कठोरता कम हो इसलिए आस्ट्रेलिया के संविधान में निम्न प्रकार की योजना की गई है–

(1) संसद को 'कंकरंट' कानून बनाने के अधिक अधिकार दिए गए हैं और एक्सक्ल्यूसिव कानून बनाने के कम अधिकार रखे गए हैं।

(2) संविधान के कुछ अनुच्छेद अल्पकालीन समझे गए हैं और उनका अमल संसद के निर्णय पर निर्भर रखा गया है।

इससे यह बात स्पष्ट तौर पर दिखाई देती है कि जो बातें करने के लिए अमेरिकी कांग्रेस समर्थ नहीं, ऐसी कई बातें आस्ट्रेलियन संसद कर सकती है। यदि अमेरिकी कांग्रेस को इस तरह की कुछ बातें करनी हों तो उसे सुप्रीम कोर्ट में जाना होगा। और यह सब करने के बाद भी उसे नया तत्त्व खोजकर उसका समर्थन करने के लिए इच्छा, चतुराई और बल अर्जित करना होगा।

'कंकरंट' कानून का महत्त्व

फेडरल संविधान के ये दोष कम हों इसलिए संविधान के मसौदे में आस्ट्रेलियन योजना का काफी बड़ी मात्रा में इस्तेमाल किया गया है। स्वयं आस्ट्रेलिया ने भी इतनी बड़ी मात्रा में उसका उपयोग नहीं किया है। आस्ट्रेलियन संविधान की तरह प्रस्तुत मसौदे में 'कंकरंट' कानून बनाने की बातों की लम्बी सूची है। आस्ट्रेलियन संविधान में इस प्रकार की 39 बातें हैं। किन्तु अपने मसौदे में वह 37 हैं। आस्ट्रेलियन संविधान की तरह इस संविधान मसौदे में 5, 6 अनुच्छेद इस प्रकार के हैं कि उनका अमल सामयिक रखा गया है और भारत की लोकसभा को (पार्लियामेंट) उसमें समय, स्थिति के मुताबिक परिवर्तन करने का प्रावधान है। 'एक्सक्ल्यूसिव' कानून बनाने के बारे में तो संविधान मसौदे ने आस्ट्रेलिया से भी काफी बड़ी छलाँग लगाई है। आस्ट्रेलियन संविधान में संसद द्वारा एक्सक्ल्यूसिव कानून बनाने के सम्बन्ध में सिर्फ तीन बातें हैं। किन्तु हमारे संविधान मसौदे में प्रस्तुत बातों की संख्या 91 तक बढ़ाई गई है। इस तरह फेडरल संविधान में जो दृढ़ता होती है उसे दूर करके भारतीय संविधान को अधिक से अधिक लचीला बनाया गया है।

यह संविधान मसौदा आस्ट्रेलियन संविधान का अनुकरण या अधिक अनुकरण करता है, इतना कहने से काम नहीं चलेगा। किन्तु इससे भी अधिक महत्त्वपूर्ण बात

यह है कि फेडरल संविधान की दृढ़ता को कम करने के रास्ते इस मसौदे में सम्मिलित किए गए हैं। ऐसा नहीं लगता कि ये बातें अन्य किसी संविधान में मिल सकती हैं।

अनुच्छेद 226, 227 और 259

इसमें सबसे पहली बात यह है कि सिर्फ स्टेट (प्रदेश) के अधिकार में जो बातें हैं उनके सम्बन्ध में भी कानून बनाने का अधिकार लोकसभा (पार्लियामेंट) को दिया गया है। इस सन्दर्भ में मैं अनुच्छेद 226, 227 और 259 का उल्लेख कर रहा हूँ। अनुच्छेद 226 के मुताबिक लोकसभा को इस प्रकार का अधिकार दिया गया है कि जब कोई बात राष्ट्र की भलाई से सम्बन्धित होती है तब उच्च विधिमंडल के दो-तिहाई सदस्यों की इजाजत से उसे (लोकसभा) 'स्टेट' के अधिकार के अन्तर्गत विषयों के सम्बन्ध में भी कानून बनाने का अधिकार होगा। अनुच्छेद 227 के द्वारा इसी प्रकार का अधिकार आपातकाल में कानून बनाने के लिए लोकसभा को दिया गया है। 'स्टेट' की इजाजत देने पर अनुच्छेद 229 के मुताबिक लोकसभा को कानून बनाने का अधिकार दिया गया है। अनुच्छेद 229 में अन्तिम व्यवस्था आस्ट्रेलियन संविधान में होने के बावजूद अनुच्छेद 226 और 227 के मुताबिक अपने मसौदे में की गई व्यवस्था एकदम नई है, इसमें कोई सन्देह नहीं है।

संविधान की दृढ़ता को कम करने के लिए संविधान में संशोधन करने की व्यवस्था की गई है। संविधान में संशोधन करने के लिए जो सहूलियतें रखी गई हैं उनके दो हिस्से हैं। एक में निम्न बातों के सम्बन्ध में अनुच्छेद है–

(अ) केन्द्रीय सरकार और स्टेट गवर्नमेंट (प्रादेशिक सरकारें) में कानून बनाने से सम्बन्धित अधिकारों का किया गया विभाजन।

(ब) लोकसभा में 'स्टेट' के प्रतिनिधियों को दिए गए स्थान।

(स) कोर्ट के अधिकार और शेष अनुच्छेद दूसरे हिस्से में रखे गए हैं। इन अनुच्छेदों से संविधान मसौदे का काफी बड़ा हिस्सा भर गया है। दूसरे हिस्से के अनुच्छेद दूने बहुमत से ही संशोधित किए जा सकेंगे। (1) हर सदन में उपस्थित और मत देनेवाले दो-तिहाई सदस्यों की मंजूरी से और (2) हर सदन के कुल सदस्यों में से बहुसंख्यक सदस्यों की मंजूरी से। इस अनुच्छेद में जो संशोधन किए जाएँगे उसके लिए 'स्टेट' की मंजूरी हासिल करने की जरूरत नहीं है। सिर्फ पहले परिच्छेद के अनुच्छेदों में संशोधन करते समय 'स्टेट' की मंजूरी की जरूरत 'स्टेट' की सुरक्षा के लिए रखी गई है।

इस आधार पर कोई बड़ी आसानी से यह कह सकता है कि भारतीय फेडरेशन में वैधानिक सूक्ष्मता के दोष नहीं रहेंगे। भारतीय फेडरेशन की विशेषता यह है कि उसका स्वरूप बहुत ही परिवर्तन योग्य रखा गया है।

कानून और न्यायव्यवस्था एक ही

भारतीय फेडरेशन की और एक विशेषता है। फेडरेशन में द्विदलीय राज्यप्रशासन होता है। ऐसा होने के कारण विधिमंडल, न्यायालय, कार्यकारी विभाग में विभाजित की गई सत्ता दो भागों में निर्मित की गई है। कुछ निश्चित सीमा तक इस तरह का भेद विशेष तौर पर ध्यान देने योग्य नहीं है। स्थानीय स्थिति और जरूरतों का समन्वय करनेवाले प्रयास के रूप में उसका स्वागत भी किया जा सकता है। किन्तु इस तरह का भेद निश्चित सीमा से बाहर किया गया तो उससे असन्तोष पैदा हो सकता है। कई फेडरल राज्यों में इस तरह की घटनाएँ घटी हैं। यदि फेडरल राज्य में 20 स्टेट्स हों तो बीस प्रकार के अलग-अलग कानूनों को लागू करने में कठिनाई होगी। इसमें विवाह से सम्बन्धित, वारिसी हक़ से सम्बन्धित, परस्पर प्रतिज्ञा से सम्बन्धित आदि कानून आते हैं जिसकी वजह से राज्यव्यवस्था कमजोर होती है। इतना ही नहीं, जिस समय कोई नागरिक एक 'स्टेट' से दूसरे 'स्टेट' में जाता है और यह देखता है कि एक स्टेट का कानून दूसरे स्टेट में लागू नहीं होता, तब उस नागरिक को ऐसी स्थिति बर्दाश्त नहीं होती। संविधान मसौदे ने इस दोष को दूर किया है। और जिसकी वजह से राष्ट्र की एकता बरकरार रह सके उन सभी बातों के सम्बन्ध में मसौदे में एकता लाने के लिए निम्न बातें की गई हैं–

सम्पूर्ण देश में (1) एक ही न्यायपद्धति है। (2) सिविल या क्रिमिनल कानून एक जैसा है। (3) राज्यप्रशासन के लिए सामान्य सिविल सर्विस है।

फेडरेशन के स्वरूप को ध्यान में रखने के बाद यह दिखाई देगा कि उक्त बातें पूरे देश में एक ही तरह (Common) से नहीं हो सकतीं। उसी प्रकार दोहरी न्याय-पद्धति, दोहरे कानून, दोहरी सिविल सर्विस आदि प्रकार से फेडरल संविधान के स्वाभाविक परिणाम होते हैं। अमेरिका की फेडरल न्यायपद्धति और स्टेट न्यायपद्धति दोनों अलग-अलग और स्वतन्त्र हैं। इस प्रकार की दोहरी न्यायपद्धति भारत के संविधान में नहीं है। इसमें हाई कोर्ट और सुप्रीम कोर्ट इन दोनों की एक और अभिन्न न्याय पद्धति रखी गई है। ये कोर्ट संवैधानिक कानून, सिविल कानून या क्रिमिनल कानून के मुकदमों की और फरियादों की जाँच कर सकेंगे, इस प्रकार की व्यवस्था की गई है। कानूनी समाधान करने की पद्धति का फर्क दूर करने की दृष्टि से ऐसी व्यवस्था की गई है। इस प्रकार के उदाहरण सिर्फ कनाडा के संविधान में ही मिल सकते हैं। आस्ट्रेलियन पद्धति बहुत हुआ तो कनाडा के अनुकूल हो सकती है।

नागरिक और सामाजिक जीवन से जो कानूनी असमानता पैदा होती है उसे दूर करने के लिए काफी सावधानी बरतनी पड़ी है। सिविल और क्रिमिनल कानून के कोड, जैसे–पैनेल कोड, क्रिमिनल प्रोसिजर कोड, एविडेंस एक्ट (गवाह का कानून), ट्रान्सफर ऑफ प्रापर्टी एक्ट आदि 'कंकरंट लिस्ट' में रखे गए हैं।

अधिकांश सभी फेडरल संविधानों में (1) फेडरल सिविल सर्विस और (2) स्टेट

सिविल सर्विस इस प्रकार से नौकरियों की दोहरी व्यवस्था है। भारतीय फेडरेशन की नौकरियों की व्यवस्था उक्त प्रकार से दोहरी रहेगी। किन्तु उसमें एक अपवाद है। इस बात को सभी लोग जानते हैं कि देश के प्रशासन में कुछ 'महत्त्वपूर्ण' समझे जानेवाले स्थान होते हैं। उन स्थानों की मदद से शासनपद्धति की कुशलता बढ़ाई जाती है। इस प्रकार के स्थान कौन-से हैं इस बात का पता लगाना आसान नहीं है। इसमें कोई सन्देह नहीं कि इन पदों पर काम करनेवाले अफसरों की प्रवीणता पर राज्यप्रशासन की कुशलता निर्भर करती है। पहले की नौकरियों की पद्धति सारे देश में एक ही थी। फिलहाल हम उसी पद्धति को विरासत के तौर पर चला रहे हैं इसलिए 'महत्त्वपूर्ण पद' कौन से हैं इसके बारे में हम जानते हैं। इसीलिए इस मसौदे में इस तरह दर्ज किया गया है कि स्टेट्स (प्रान्त) के पास जो सर्विस है उस पर किसी प्रकार की रोक लगाए बगैर सम्पूर्ण देश के लिए एक ही सिविल सर्विस रहेगी। सम्पूर्ण भारत में समान शैक्षणिक योग्यतावाला, समान वेतन का नौकरवर्ग इन पदों पर नियुक्त किया जाएगा। और इन नियुक्तियों का अधिकार केन्द्र सरकार का रहेगा।

[5]
अधूरे ज्ञान के आलोचक

प्रस्तुत मसौदे में दर्ज फेडरल संविधान की विशेषताएँ इस प्रकार हैं। अब मैं इस मसौदे के आलोचकों की बातों की ओर आ रहा हूँ।

यह कहा जाता है कि संविधान मसौदे में नया कुछ नहीं है। आलोचकों का कहना है कि करीब-करीब आधे संविधान में 1935 के कानून की नकल की गई है और शेष संविधान अन्य देशों के संविधानों से उधार लिया गया है और उसमें बहुत ही कम बातें अपनी हैं।

यहाँ विचार करने योग्य महत्त्वपूर्ण सवाल यह है कि आज की स्थिति में तैयार किए गए संविधान में क्या कुछ नई बातें मिल सकती हैं? दुनिया के पहले लिखे हुए संविधान को बने 100 साल हो गए हैं। उस समय के लिखित संविधान का अनुकरण कई राष्ट्रों ने किया है। यह बात तो कब की तय हो चुकी है कि संविधान का क्षेत्र कहाँ तक होना चाहिए। उसी प्रकार संविधान के मौलिक तत्त्व भी सर्वसम्मत हो गए हैं। इन बातों को ध्यान में रखा जाए तो इस बात का पता चलेगा कि सभी संविधानों में मुख्य प्रावधान एक जैसा ही रहेगा। आज की स्थिति में बने संविधान में यदि कुछ नया सम्मिलित करने योग्य हो तो मौजूदा संविधानों के दोषों को दूर करना और उस देश की स्थिति के मुताबिक ही उसे बनाया जा सकता है। यह सन्देह किया जाता है कि इसमें आँख मूँदकर अन्य संविधानों की नकल की गई है, यह सन्देह संविधान के सम्बन्ध में अपर्याप्त ज्ञान

के कारण किया जाता है। मैंने पहले ही बता दिया है कि इस संविधान में नया क्या है। जिन्होंने अन्य राष्ट्रों के संविधानों का अध्ययन किया है और जो उन पर बगैर किसी सन्देह के विचार करने के लिए तैयार हैं उन लोगों को इस बात को स्वीकार करना पड़ेगा कि मसौदा समिति ने आँख मूँदकर अन्य संविधानों का अनुकरण या नकल करने का प्रमाद नहीं किया है, इस बारे में मेरे मन में कोई सन्देह नहीं है।

संविधान में प्रशासन से सम्बन्धित विवरण क्यों?

प्रस्तुत मसौदे में 1935 के कानून का काफी हिस्सा लिया गया है इस आरोप के बारे में मुझे किसी भी प्रकार का खेद प्रदर्शित नहीं करना है। उधार लेने में शर्म महसूस करने का कोई कारण नहीं है। उसे ज्ञान-चोरी नहीं कहा जा सकता। संविधान के सम्बन्ध में जो मौलिक विचार है उसके बारे में किसी ने 'पेटेन्ट' नहीं लिया है। संविधान के मसौदे में 1935 के कानून का जो हिस्सा लिया गया है वह काफी कुछ प्रशासन के विवरण से सम्बन्धित है। मैं इस बात को स्वीकार करता हूँ कि प्रशासन से सम्बन्धित विवरण का संविधान में स्थान नहीं होना चाहिए। मुझे ऐसा लगता है कि प्रस्तुत विवरण संविधान में सम्मिलित न करने का रास्ता मसौदा कमेटी खोज सकती थी। किन्तु विवरण को सम्मिलित करना ही समर्थन करने योग्य है। इस सम्बन्ध में ग्रीस इतिहासकार ग्रोट का कहना है–

"स्वतन्त्र और शान्तिपूर्ण सरकार के लिए संवैधानिक नैतिकता के प्रचार की बहुत अधिक जरूरत है। इस प्रकार की संवैधानिक नैतिकता केवल किसी सामाजिक इकाई के बहुसंख्यक लोगों में होने मात्र से काम नहीं चलेगा। बल्कि सम्पूर्ण देश में उसका पालन किया जाना चाहिए। क्योंकि किसी बलशाली और हठवादी अल्पसंख्यक जमात ने यदि राजसत्ता हासिल करने में सफलता हासिल नहीं की तो उसे राज्यप्रशासन का कार्य करना मुश्किल होगा।" ग्रोट संवैधानिक नैतिकता का अर्थ निम्न प्रकार से बताते हैं–

"जो सत्ता संवैधानिक सीमा में कार्य करती है उसकी आज्ञा का पालन करके संविधान के बारे में सर्वश्रेष्ठ आदर दिखाना चाहिए। फिर भी कानूनी तौर पर प्राप्त भाषण स्वतन्त्रता, आचार स्वतन्त्रता आदि का उपभोग भी करना चाहिए। उसी प्रकार स्वयं राज्यकर्त्ताओं पर उनके सार्वजनिक व्यवहार के लिए उनकी आलोचना भी की जानी चाहिए। किन्तु उस तरह की आलोचना करते समय हर नागरिक के मन में संविधान के प्रति उतना ही सम्मान होना चाहिए जितना राज्य करनेवाले दल को उचित लगता हो।"

क्या संवैधानिक नैतिकता भारतीय जनता में है?

सभी लोग इस बात को स्वीकार करते हैं कि लोकतान्त्रिक सरकार के शान्तिपूर्ण राज्य-संचालन के लिए संवैधानिक नैतिकता का प्रसार होना चाहिए। किन्तु इससे सम्बन्धित दो बातों की ओर आम तौर पर ध्यान नहीं दिया जाता। पहली बात यह है कि संविधान के प्रकार का राज्यप्रशासन के प्रकार के साथ बहुत ही करीब का सम्बन्ध है। राज्य-प्रशासन का प्रकार संविधान के प्रकार के अनुकूल होना चाहिए। दूसरी बात यह है कि संविधान के तत्त्वों के खिलाफ और विरोधी राज्यप्रशासन चलाकर संविधान को भ्रष्ट करना एकदम सम्भव है। इसलिए इस आधार पर यह स्पष्ट होता है कि जिस समय लोगों में संवैधानिक नैतिकता प्रभावी रहती है उस समय संविधान से राज्यप्रशासन से सम्बन्धित विवरण निकाल देने का खतरा उठाया जा सकता है। यदि लोगों में संवैधानिक नैतिकता न हो तो विधिमंडल के केवल बहुमत पर राज्यप्रशासन का विवरण सुपुर्द नहीं किया जा सकता। क्या यह स्वीकार किया जा सकता है कि भारतीय लोगों में संवैधानिक नैतिकता है? संवैधानिक नैतिकता नैसर्गिक भावना की तरह पैदा नहीं होती। उसे अभ्यास और मेहनत से हासिल करना पड़ता है। इस बात को हमें ध्यान में रखना चाहिए कि भारतीय लोगों को आज भी संवैधानिक नैतिकता की शिक्षा ग्रहण करने की जरूरत है। इस प्रकार की स्थिति में राज्य-प्रशासन का प्रकार विधिमंडल की इच्छा के सुपुर्द न करना ही बुद्धिमानी है।

ग्राम-पंचायतें या गन्दगी के नाले

इस प्रकार की भी आलोचना की जाती है कि भारत की प्राचीन राज्यव्यवस्था को प्रस्तुत मसौदे में सम्मिलित नहीं किया गया है। यह भी कहा जाता है कि भारत का संविधान पश्चिमी विचारधारा पर स्थापित करने की बजाय उसकी स्थापना प्राचीन हिन्दू राज्य की ग्राम पंचायत, जिला पंचायत पर की जानी चाहिए थी। कुछ लोग बेहद एकतरफा सोच रखनेवाले भी हैं। उन्हें केन्द्रीय या प्रादेशिक सरकारें भी नहीं चाहिए। उन्हें भारत में चारों ओर ग्रामराज्य (पंचायती राज) ही चाहिए। चालाक भारतीय लोगों का ग्रामराज्य के प्रति जो प्रेम है वह अनुकम्पा करने योग्य न होने पर भी हद से ज्यादा है। मैटकाफ ने लांछनयुक्त प्रशंसा की है कि ग्रामराज्य का मतलब सभी बातों से युक्त जनसत्तात्मक राज्य है इसलिए ग्रामराज्य के प्रति इतना अधिक लगाव है। मैटकाफ आगे कहता है कि हर गाँव एक राज्य होने के कारण कई क्रान्तियों और खतरों की स्थति में भी गाँव बरकरार रहे क्योंकि खास तौर पर इसी वजह से उसमें आनन्द रहता है और उसका मुक्त स्वरूप दिखाई देता है। इसमें कोई सन्देह नहीं कि ग्राम जमातें बरकरार रही हैं किन्तु जो लोग गाँवों की जातियों के बारे में गर्व महसूस करते हैं वे देश के जीवन में

गाँव-देहातों ने कौन-सी भूमिका निभाई है, इस बारे में बहुत कम सोचते हैं। मैटकाफ ने ही गाँव-देहातों के कार्य का वर्णन निम्न प्रकार से किया है–

"एक के बाद एक राजघराने मटियामेट हो गए। क्रान्ति के बाद क्रान्ति हुई। हिन्दू, पठान, मुगल, मराठा, सिख, अंग्रेज आदि सभी एक के बाद एक राजनीतिक मालिक हुए। किन्तु गाँव-देहातों की जातियाँ एकदम जहाँ थी, वहीं रहीं। इन जातियों के लोग युद्ध के समय हथियार उठाते थे और घेराबन्दी रखते थे। किन्तु दुश्मनों की फौज को देश में इधर से उधर जाते हुए रोकने की कोई हिम्मत नहीं करता था। वे लोग अपने जानवरों को पशुशालाओं में बन्द कर देते थे और दुश्मनों को रोकने की बजाय इधर से उधर जाने देते थे।"

देश के इतिहास में गाँव-देहातों की जातियों ने इस तरह की भूमिका निभाई है। जो लोग इस बात को जानते हैं वे किस आधार पर ग्राम पंचायत के बारे में गर्व कर सकते हैं? भले ही ग्राम जातियाँ काल के उद्धतपन का मुकाबला करके जीवित रही होंगी, किन्तु केवल जिन्दा रहने का कोई महत्त्व नहीं है। सवाल इस बात का है कि उन्होंने जीवन के किस स्तर पर अपना अस्तित्व बरकरार रखा है? निश्चित तौर पर यह कहा जा सकता है कि उन्होंने नीच और स्वार्थी स्तर पर अपने अस्तित्व को बरकरार रखा है। निश्चित तौर पर नीच और स्वार्थी स्तर पर गाँव-देहातों की जातियाँ जिन्दा रही हैं। मुझे ऐसा लगता है कि इन ग्राम पंचायतों ने ही इस देश का सत्यानाश किया है। मुझे बड़ा आश्चर्य होता है कि प्रादेशिकता, जातिवाद का निषेध करनेवाले लोग ग्राम-राज्य का समर्थन कर रहे हैं। मुझे इस बात की खुशी हो रही है कि ग्राम को अस्वीकार करते हुए संविधान मसौदे में व्यक्ति को इकाई माना गया है।

अल्पसंख्यकों की शक्ति विस्फोटक है

इसकी भी आलोचना हो रही है कि संविधान मसौदे में अल्पसंख्यकों को सुरक्षा प्रदान की गई है। इसके लिए मसौदा-समिति जिम्मेदार नहीं है। मसौदा-समिति ने संविधान सभा के निर्णय के मुताबिक इस तरह की सुरक्षा दी है। जहाँ तक मेरी बात है, मैं यह कह सकता हूँ कि अल्पसंख्यकों को सुरक्षा प्रदान करने में संविधान-सभा ने बुद्धिमानी दिखाई है। आज तक बहुसंख्यक और अल्पसंख्यक इन दोनों ने ही गलत रास्ते अपनाए हैं। अल्पसंख्यकों के अस्तित्व को ही खत्म करना बहुसंख्यकों की गलती है। अल्पसंख्यकों का हमेशा अल्पसंख्यक रहना उनकी गलती है। इन दोनों का ही समन्वय हो सके इस प्रकार की योजना बनाना जरूरी है। इस योजना में सबसे पहले अल्पसंख्यकों के अस्तित्व को स्वीकार करना चाहिए। उसी प्रकार बहुसंख्यकों का और अल्पसंख्यकों का आपस में धीरे-धीरे परस्पर सामंजस्य हो, ऐसी योजना बनानी चाहिए। इन दोनों उद्देश्यों को हासिल करनेवाली योजना संविधान मसौदे में होने के कारण उसका स्वागत

करना चाहिए। अल्पसंख्यकों को सुरक्षा मिलने के खिलाफ चिल्लानेवाले लोगों से मैं दो बातें कहना चाहता हूँ। पहली बात यह है कि अल्पसंख्यक जातियाँ विस्फोटक शक्ति की तरह हैं। यदि उन्होंने अपना उन्मादी रूप व्यक्त किया तो अल्पसंख्यक लोग सम्पूर्ण राजतन्त्र को बर्बाद कर सकते हैं। यूरोप का इतिहास इस तरह के उदाहरणों से भरा पड़ा है। दूसरी बात यह है कि बहुसंख्यक लोगों की सत्ता में अपना अस्तित्व बरकरार रखने की बात अल्पसंख्यकों ने स्वीकार की है। आयरलैंड के विभाजन के बातचीत के समय रेडमंड कर्जन ने कहा है–

"अपने प्रॉटेस्टेंट अल्पसंख्यकों के लिए किसी भी प्रकार की सुरक्षा माँगिए, किन्तु आयरलैंड को एक रहने दीजिए।"

कर्सन आगे कहता है कि, "आग लगाइए अपनी उस सुरक्षा को! हम तुम्हारे स्वामित्व में रहने के लिए बिल्कुल तैयार नहीं हैं।"

भारत की किसी भी अल्पसंख्यक जाति ने इस प्रकार की भूमिका नहीं अपनाई है। भारत की 'मेजोरिटी' राजनीतिक मेजोरिटी नहीं है बल्कि यह जातीय मेजोरिटी है। ऐसी बात होते हुए भी अल्पसंख्यक लोगों ने बड़ी आस्था से मेजोरिटी की सत्ता में रहने की बात स्वीकार की है। इसलिए अल्पसंख्यकों के खिलाफ दूजा भाव न रखने की समझ रखनी मेजोरिटी समाज की जिम्मेदारी है। अल्पसंख्यक जातियाँ रहेंगी या एक हो जाएँगी यह बात तो बहुसंख्यकों के बर्ताव की आदतों पर निर्भर करती है। जिस दिन बहुसंख्यक लोग अल्पसंख्यक लोगों के खिलाफ दूजा भाव रखने की आदत छोड़ देंगे उस दिन से अल्पसंख्यकों को अपना अलग अस्तित्व बनाए रखने का कोई कारण नहीं रहेगा।

मौलिक हक़ अनिर्बन्ध नहीं हो सकते

मौलिक हक़ (Fundamental Rights) से सम्बन्धित व्यवस्था पर तो बड़ा होहल्ला मचाया गया है। इस सम्बन्ध में आलोचना की गई है कि 13वें अनुच्छेद में कई अपवाद रखकर मौलिक हक़ों की नींव को ही नष्ट कर दिया गया है। आलोचकों की यह मान्यता है कि मौलिक हक़ यदि अनिर्बन्ध नहीं हैं तो वे मौलिक हक़ हो ही नहीं सकते। इसके लिए वे अमेरिका के संविधान को आधार मानते हैं। यह कहा जाता है कि, 'अमेरिका के बिल ऑफ राइट्स' में जो हक़ दिए गए हैं उन पर निर्बन्ध न होने के कारण वे सही अर्थ में मौलिक हैं। इस प्रकार की आलोचना नासमझी पर आधारित है, यह कहते हुए मुझे दुख हो रहा है। मौलिक हक़ और सामान्य हक़ में फर्क करने के लिए जो आलोचना की जाती है, वह सही नहीं है। यह कहना सही नहीं है कि मौलिक हक़ (Fundamental Rights) अनिर्बन्ध हक़ हैं। मौलिक हक़ और अन्य सामान्य हक़ में सही फर्क यह है कि सामान्य हक़ समझौते से प्राप्त होते हैं और मौलिक हक़ राष्ट्र की मेहरबानी से प्राप्त

होते हैं। मौलिक हक़ राष्ट्र की मेहरबानी से प्राप्त होते हैं इसलिए उन हक़ों पर राष्ट्र निर्बन्ध नहीं रख सकता, ऐसी बात नहीं है।

यह कहना गलत है कि अमेरिका में मौलिक हक़ अनिर्बन्ध हैं, अमेरिका के सुप्रीम कोर्ट के फैसलों का विश्लेषण करने से इस बात का पता चल जाएगा। संविधान मसौदे के 13वें अनुच्छेद के समर्थन के लिए सुप्रीम कोर्ट के एक फैसले का जिक्र करने से बात स्पष्ट हो जाएगी। गिट्लो बनाम न्यूयार्क इस मुकदमे में 'गुनाहगारी की अराजकता' इस कानून की वैधानिकता के बारे में सवाल उठाया गया था। उक्त कानून के द्वारा हिंसा का प्रचार करनेवालों को सजा का प्रावधान किया गया है। उस समय सुप्रीम कोर्ट ने कहा–

''संविधान के द्वारा दी गई भाषण-स्वतन्त्रता और लिखने की स्वतन्त्रता अनिर्बन्ध भाषण करने या गैरजिम्मेदाराना ढंग से लेख प्रकाशित करने का आज्ञापत्र नहीं हो सकती। यह तत्त्व काफी दिनों से प्रस्थापित है। जो मौलिक हक़ों, भाषण की स्वतन्त्रता का गलत उपयोग करने और गलत उपयोग से मिलनेवाली सजा से संरक्षण का आज्ञा पत्र नहीं है।''

इसलिए यह कहना कि अमेरिका के मौलिक हक़ अनिर्बन्ध हैं और प्रस्तुत संविधान के मसौदे में दिए गए मौलिक हक़ निर्बन्धित हैं, पूरी तरह से गलत है।

अमेरिका के सुप्रीम कोर्ट का फैसला

इस तरह का तर्क दिया जाता है कि यदि मौलिक हक़ों पर कुछ निर्बन्ध रखने हों तो उन्हें संविधान में ही रखना चाहिए। किन्तु यदि संविधान में इस तरह के निर्बन्ध न रखे जाएँ तो परिस्थिति के मुताबिक ऐसे निर्बन्ध रखने का कार्य न्यायालय को करना चाहिए। इस तर्क के लिए अमेरिकी संविधान को आधार बनाया जाता है। किन्तु मुझे बड़े खेद के साथ यह कहना पड़ रहा है कि यह अमेरिकी संविधान का गलत अर्थ लेना है। अमेरिकी संविधान में इस तरह की कोई बात नहीं है। सभा-सम्मेलनों के लिए एकत्रित होने के सम्बन्ध में दिया गया हक़ अलग कर दिया जाए तो स्वयं संविधान ने किसी मौलिक हक़ पर निर्बन्ध नहीं लगाए हैं। उसी प्रकार यह कहना भी गलत है कि मौलिक हक़ों पर निर्बन्ध रखने के लिए न्यायालय को छूट दी गई है। इस प्रकार के निर्बन्ध लगाने का अधिकार कांग्रेस का यानी विधिमंडल का है। अमेरिकी संविधान में जिस समय सबसे पहले मौलिक हक़ सम्मिलित किए गए उस समय वे अनिर्बन्ध थे। किन्तु जल्दी ही अमेरिकी कांग्रेस को इस बात का पता चला कि मौलिक हक़ों पर निर्बन्ध रखना बहुत जरूरी है। जिस समय सुप्रीम कोर्ट के सामने यह तय करने का सवाल आया कि इस तरह की सीमाएँ कहाँ तक संवैधानिक हैं, उस समय यह तर्क दिया गया कि मौलिक हक़ों को मर्यादित करने का अधिकार संविधान ने कांग्रेस को नहीं दिया

है। उस समय सुप्रीम कोर्ट ने 'नियन्त्रण के अधिकार' का नया तत्त्व खोज निकाला और अनिर्बन्ध मौलिक हक़ों का समर्थन करनेवालों का कहना ठुकरा दिया। सुप्रीम कोर्ट का कहना था कि–

"जो लोग भाषण की स्वतन्त्रता का गलत उपयोग करके जनता की नैतिकता को खराब करेंगे, जनता के कल्याण में रुकावट बनेंगे, गुनाहगारी को बढ़ावा देंगे या शान्ति भंग करेंगे, उन्हें सजा देने का अधिकार राष्ट्र को है। इस प्रकार की सत्ता राज्य की देखभाल के लिए इस्तेमाल करनी पड़ती है इसलिए उसके बारे में किसी को एतराज करने की जरूरत नहीं है।"

संविधान के मसौदे में इस मार्ग को नहीं अपनाया गया है। मौलिक हक़ों को अनिर्बन्ध रखकर सुप्रीम कोर्ट के पास जाने की बजाय सीधे भारत सरकार को ही इस प्रकार के नियन्त्रण रखने का अधिकार दिया गया है। कुल मिलाकर यह दिखाई देता है कि अमेरिकी संविधान की तरह प्रस्तुत मसौदे में भी मौलिक हक़ अनिर्बन्ध नहीं है।

मार्गदर्शक तत्त्व

मौलिक हक़ों के साथ ही मार्गदर्शक तत्त्व सम्मिलित किए गए हैं। संसदीय लोकतन्त्र के लिए बनाए गए संविधान की यह एक अभिनव विशेषता है। इस प्रकार की विशेषता सिर्फ 'आयरिश फ्री स्टेट' के संविधान में मिल सकती है। मार्गदर्शन के प्रस्तुत तत्त्वों की भी आलोचना की गई है। ऐसा कहा जाता है कि इस तरह के तत्त्व केवल सदेच्छा हैं। उसके पीछे सत्ता नहीं है। इस आलोचना का कोई मतलब नहीं है।

यदि कोई यह कहता है कि मार्गदर्शक तत्त्वों के पीछे कानूनी अधिकार नहीं है, तो मैं इस बात को स्वीकार करता हूँ। किन्तु यह कहना कि उन्हें कोई अधिकार नहीं है, इस बात को मैं स्वीकार नहीं कर सकता। जिस प्रकार ब्रिटिश सरकार अपने साम्राज्य के उपनिवेशों के गवर्नर जनरलों को और गवर्नरों को आज्ञा पत्र (Instrument of Instruction) देती थी उसी प्रकार इन मार्गदर्शक तत्त्वों की योजना है। भारत के राष्ट्रपति को और गवर्नरों को सम्बोधित करते हुए ये मार्गदर्शक तत्त्व बताए गए हैं। एक विशेष दल को सत्तासीन करने के लिए भारत का संविधान नहीं बनाया गया है। जनता तय करेगी कि सत्ता किसके हाथ में हो। किन्तु राज्यकर्त्ताओं को लोकतन्त्र की कसौटियों पर खरा उतरना चाहिए। इसका मतलब यह है कि जो सत्ताधारी बनेंगे वे अपने मनचाहे ढंग से उसका इस्तेमाल नहीं कर सकते। उन्हें राज्यसत्ता का इस्तेमाल करते समय मार्गदर्शक तत्त्वों का पालन करना चाहिए। यह बात सही है कि राज्यकर्त्ताओं के हाथों वे तत्त्व भंग हुए तो उसके लिए उन्हें कोर्ट के सामने जवाब नहीं देना पड़ेगा। फिर भी उन्हें मतदाताओं के सामने जवाब देना ही पड़ेगा। जिस समय सही जनकल्याण

वाला दल राजसत्ता पर कब्जा करने का प्रयास करेगा उस समय इस तत्त्व का महत्त्व समझ में आएगा।

मार्गदर्शन तत्त्वों के पीछे कोई शक्ति नहीं है इसलिए उन्हें संविधान में सम्मिलित न किया जाए, यह कहना उचित नहीं है। उन्हें संविधान में कौन-सा स्थान दिया जाए इसके बारे में शायद मतभेद हो सकता है। जिन अनुच्छेदों के पीछे शक्ति नहीं उनकी भीड़ संविधान में खड़ी करना उचित नहीं है, इस बात को मैं स्वीकार करता हूँ। इसलिए परिशिष्ट 3 (अ) और 4 में उनका उल्लेख किया गया है।

केन्द्र सरकार का प्रभाव और बल

कुछ आलोचक कहते हैं कि केन्द्र सरकार बेहद मजबूत है। तो कुछ आलोचकों का कहना है कि केन्द्र सरकार इससे भी मजबूत होनी चाहिए। हमारे मसौदे में दोनों के बीच का रास्ता अपनाया गया है। आप लोग कितना भी कहें कि केन्द्र सरकार के पास अधिक शक्ति नहीं होनी चाहिए, तब भी केन्द्र सरकार मजबूत होगी, इसमें कोई सन्देह नहीं है। आधुनिक दुनिया की परिस्थिति ही इस प्रकार है कि केन्द्र सरकार का शक्तिशाली होना अनिवार्य है। अमेरिका के फेडरल सरकार की शक्ति कैसे बढ़ी इस बात को यहाँ ध्यान में रखना जरूरी है। संविधान के मुताबिक अमेरिकी फेडरल सरकार के मर्यादित अधिकार थे। फिर भी उस सरकार ने अपने पहले के क्षेत्र इतने बढ़ाए हैं कि उससे उसने संलग्न राज्य (States) हड़प लिए हैं। आज की स्थिति का यह परिणाम है। भारत सरकार पर भी इस नई स्थिति का प्रभाव पड़ेगा और वह ज्यादा से ज्यादा मजबूत होगी, इसमें कोई सन्देह नहीं। केन्द्र सरकार की इस नीयत पर हमें रोक लगानी चाहिए। उसकी शक्ति और उसका प्रभाव एक जैसा रहना चाहिए अन्यथा जबर्दस्त बोझ के कारण उसके पतन की स्थिति आ सकती है।

केन्द्र सरकार और संस्थान

हमारे संविधान के मसौदे की इस तरह भी आलोचना की जा रही है कि केन्द्र सरकार और राज्यों के एक तरह के तथा केन्द्र सरकार और संस्थानों के दूसरी तरह के संवैधानिक सम्बन्ध रखे गए हैं। संस्थानों को भारत सरकार के सभी विभागों को स्वीकार करना चाहिए, इस प्रकार की उन पर कोई जबर्दस्ती नहीं है। यह जबर्दस्ती सिर्फ विदेश सम्बन्ध, सुरक्षा, परिवहन संस्थानों तक ही सीमित है। 'कंकरंट' (Concurrent) सूची को भी स्वीकार करने की जबर्दस्ती संस्थानों पर नहीं है। अपनी संविधान समिति बुलाकर उन्हें अपना-अपना संविधान बनाने की स्वतन्त्रता है, ऐसी स्वतन्त्रता दुर्भाग्यपूर्ण

और असमर्थनीय बात है। इस तरह करने से स्वयं संस्थानों के विकास को ही खतरा पहुँचेगा। केन्द्र सरकार अपनी सत्ता को सभी जगह एक जैसी इस्तेमाल नहीं कर सकेगी। इस तरह की सत्ता का होना न होना, एक जैसा है। इस गड़बड़ी की वजह से युद्धकाल में राष्ट्र पर भयंकर मुसीबत आएगी इसमें कोई सन्देह नहीं है। इसमें सबसे खतरनाक बात यह है कि संविधान मसौदे के द्वारा संस्थानों को अपनी फौज रखने की इजाजत दी गई है। इस प्रकार की व्यवस्था बहुत प्रतिक्रियावादी और खतरनाक है। उससे देश के टुकड़े होंगे और मुझे ऐसा लगता है कि केन्द्र सरकार की नींव उखड़ जाएगी। मसौदा-समिति ने संस्थानों के सम्बन्ध में जो व्यवस्था की है वह बड़ी खुशी के साथ की है, इस तरह की कोई बात नहीं है। मसौदा कमेटी की यह बड़ी इच्छा थी कि प्रान्त और संस्थानों के केन्द्र सरकार से संवैधानिक सम्बन्ध सुनिश्चित होने चाहिए। किन्तु बड़े अफसोस की बात है कि इस सम्बन्ध में कमेटी कुछ भी सुधार नहीं कर सकी।

'यूनियन' शब्द ही क्यों?

संविधान मसौदे के पहले अनुच्छेद में भारत को 'यूनियन ऑफ स्टेट्स' (संघ राज्य) कहा गया है। इस सम्बन्ध में कुछ लोग आलोचना करते हैं। उनका यह कहना है कि 'फेडरेशन ऑफ स्टेट्स' इस तरह से भारत को अभिहित किया जाना चाहिए। यह बात सही है कि एकतन्त्री राज्यपद्धति (Unitary) जहाँ है ऐसे दक्षिण अफ्रीकी राज्य को 'यूनियन' के रूप में अभिहित किया जाता है। किन्तु कनाडा 'फेडरेशन' होने के बाद भी उसे 'यूनियन' के नाम से ही पुकारा जाता है। इसलिए भारत को 'यूनियन' के रूप में जानने से भाषा के प्रवाह में कोई रुकावट आती है, ऐसी बात नहीं है। इस बात को ध्यान में रखना चाहिए कि 'यूनियन' शब्द को जानबूझकर इस्तेमाल किया गया है। कनाडा के संविधान में 'यूनियन' शब्द क्यों इस्तेमाल किया गया, यह मुझे मालूम नहीं है किन्तु यह शब्द संविधान मसौदे में क्यों इस्तेमाल किया गया है, यह मैं बता सकता हूँ। मसौदा कमेटी को यह बात स्पष्ट करनी थी कि भारतीय सरकार फेडरल होने के बावजूद प्रादेशिक राज्य (States) के समझौते से स्थापित नहीं हुई। मतलब किसी भी प्रदेश सरकार को भारत से अलग होने का अधिकार नहीं है। यदि प्रशासन से सम्बन्धित बातों के लिए देश के विभाग बनाए गए तब भी देश एक, लोग एक, और संविधान भी एक ही है। संलग्न राज्यों को फेडरल सरकार से टूटकर बाहर निकलने का अधिकार नहीं है। इस बात को स्थापित करने के लिए अमेरिकी लोगों को गृहयुद्ध (Civil war) लड़ना पड़ा। इसलिए उक्त बात साफ तौर पर समझ में आए इसलिए मसौदा कमेटी ने 'यूनियन' शब्द की योजना की है।

संविधान में संशोधन

संविधान में संशोधन के बारे में जो अनुच्छेद हैं उन पर भी जबर्दस्त नुक्ताचीनी की गई। यह कहा जाता है कि संविधान में संशोधन करना मुश्किल है। संविधान में कुछ साल तक तो सामान्य बहुमत से संशोधन किया जाए, इस तरह का सुझाव दिया गया है। वर्तमान संविधान सभा वयस्क मतदान के द्वारा चुनाव से नहीं बनी है फिर भी उसे सामान्य बहुमत से निर्णय लेने का अधिकार दिया गया है। फिर भी वयस्क मतदान के द्वारा चुनाव से बनी भावी लोकसभा को उस तरह का अधिकार नहीं दिया गया है, इस प्रकार की भी आलोचना हुई है। मैं साफ तौर पर कहता हूँ कि इन आलोचनाओं का कोई आधार नहीं है। अमेरिका और आस्ट्रेलिया के संविधान को देखने से पता चलेगा कि भारतीय संविधान में संशोधन करना एकदम आसान है। इसके लिए जनमत का कौल जैसी मुश्किल प्रणाली संविधान मसौदे में नहीं आई है। केन्द्र और प्रान्तीय विधिमंडलों के हाथ में संविधान संशोधन की व्यवस्था रखी गई है। सिर्फ दो बातों में ही प्रान्तीय विधिमंडल की स्वीकृति की शर्त रखी गई है। संविधान में शेष संशोधन लोकसभा को ही करने हैं। संशोधन के सम्बन्ध में एक ही शर्त है और वह यह कि हर सदन के उपस्थित और मत देनेवाले सदस्यों के दो-तिहाई संख्या से और कुल सदस्यों के बहुमत से संशोधन करना चाहिए। इससे आसान पद्धति को खोज निकालना मुश्किल है।

वर्तमान संविधान सभा और भावी लोकसभा के स्तर का फर्क ध्यान में न आने की वजह से काफी होहल्ला मच गया है। वर्तमान संविधान समिति का कोई दूजा भाव नहीं है। उसे अच्छा और प्रभावी संविधान बनाने के अलावा और कुछ नहीं करना है। किसी विशेष महत्त्वपूर्ण विधेयक को मंजूर करना है इस उद्देश्य से संविधान का कोई अनुच्छेद नहीं लिखा गया है। भावी लोकसभा संविधान में संशोधन करेगी तो उसमें दलीय दृष्टि रहेगी। किसी बिल को मंजूर करने के उद्देश्य से ही भावी लोकसभा का कोई दल संविधान में संशोधन की बात करेगा। इस प्रकार का भावी लोकसभा में दलीय उद्देश्य हो सकता है। किन्तु वर्तमान संविधान समिति में उस प्रकार का कोई दलीय उद्देश्य नहीं है।

संविधान मसौदे पर जो भी आरोप लगाए गए हैं उन सभी की चर्चा मैंने यहाँ की है। आलोचना के किसी मुद्दे को मैंने टाला नहीं है। इसलिए यह मसौदा जैसा है उसी रूप में उसे मंजूर किया जाए या उसमें संशोधन किए जाएँ इस बात का निर्णय समिति को लेना है।

इस मसौदे पर मुम्बई, मध्यप्रान्त, पश्चिम बंगाल, बिहार, मद्रास और पूर्व पंजाब आदि प्रान्तों के विधिमंडलों में बहस हो चुकी है। यह बात सही है कि आर्थिक बातों के सम्बन्ध में कुछ प्रान्तीय विधिमंडलों में और 226वें अनुच्छेद के बारे में मद्रास में गम्भीर आपत्ति उठाई गई है। फिर भी इन बातों के अलावा संविधान के अन्य अनुच्छेदों

पर कुछ विचार करने योग्य आपत्तियाँ किसी भी प्रान्तीय विधिमंडल ने स्वीकार नहीं की हैं। कोई भी संविधान सम्पूर्ण नहीं है। स्वयं मसौदा-समिति भी कुछ संशोधन रखनेवाली है। प्रान्तीय विधिमंडलों में जो बहस हुई उसके आधार पर मैं इस तरह से कहने की हिम्मत करता हूँ कि यह संविधान लागू करने योग्य है, ऐसा मुझे लगता है। यह संविधान परिवर्तनशील है और युद्ध के समय तथा आम शान्ति के समय देश को संगठित रख सकता है। सचमुच मैं यह कहना चाहता हूँ कि यदि इस संविधान के तहत कुछ आपत्तियाँ उठाई गईं तो उसके लिए संविधान जिम्मेदार है, ऐसा कहना गलत होगा। बल्कि यही कहना पड़ेगा कि लोगों की गलतफहमी के कारण ही इस तरह की आपत्तियाँ उठाई गई हैं।

सा. जनता : दि. 13 नवम्बर 1948

Dr. Babasaheb Ambedkar Writing and Speeches, vol. 18, part-III, p. 108

हमें संगठित रहना होगा

*दि. **22 दिसम्बर 1948** को मुम्बई के आर.एम. भट्ठ हाईस्कूल में डॉ. बाबासाहेब अम्बेडकर और डॉ. माईसाहेब अम्बेडकर के सम्मान में मुम्बई राज्य शे.का. फेडरेशन की ओर से चायपान का सभारम्भ आयोजित किया गया था। उस अवसर पर डॉ. अम्बेडकर ने अपने भाषण में कहा–*

अध्यक्ष महोदय, भाइयो तथा बहनो,

मुझे ठीक से याद नहीं है, मुझे लगता है 1946 में जो चुनाव हुआ था उस समय यहीं अपनी एक सभा हुई थी। उस समय मैं उस सभा में मौजूद था। आज मैं आप लोगों के सामने उपस्थित हूँ। ऐसे में उस सभा की याद आना स्वाभाविक है। 1946 के चुनाव में हमने और हमारी पार्टी ने असफलता का मुँह देखा था, इसमें कोई सन्देह नहीं। हम लोग चुनाव में हारे इसके लिए बहुत बड़ा अफसोस करने की कोई जरूरत नहीं है। पराजय का मुझे कोई खास अफसोस नहीं होता। क्रिकेट के खेल में टीम की हार होती ही है। कभी दूसरी टीम को हार का मुँह देखना पड़ता है। हारनेवाली टीम आगे जीत भी हासिल कर सकती है। उसी प्रकार जीतनेवाली संघ टीम भी हार सकती है। चुनाव में हार-जीत की बात भी इसी तरह है। पिछले चुनाव में कांग्रेस ने हमें सिर्फ पराजित किया होता तो यह कोई ख़ास अफसोस की बात नहीं होती। लेकिन उस समय कांग्रेस के लोगों ने हमारे लोगों पर जो ज्यादतियाँ, जबर्दस्ती और अत्याचार किया, वैसा अत्याचार भारत में शायद ही कहीं हुआ होगा। तब नायगाँव की 17 नम्बर चाल में रहनेवाले लोगों पर कितनी बड़ी मुसीबत आ पड़ी थी! वहाँ महिलाओं और बाल-बच्चों का घर से बाहर निकलना मुश्किल हो गया था। नायगाँव में मसाला कूटने की एक दुकान है। उसमें काम करनेवाली एक अछूत महिला को सवर्ण गुंडों ने भगा दिया था। उससे बलात्कार किया गया। और उसके सारे कपड़े छीनकर उसे नग्न छोड़ दिया गया था। ऐसा अमानवीय जुल्म किया गया।

क्या हिन्दुओं के विरोध में लड़ना बुद्धिमानी है? इस प्रकार की शंका उस समय कई लोगों के मन में उठी थी। आपमें से कई लोगों को ऐसा लग रहा था। हर आदमी को इस बात की चिन्ता थी। कई लोगों ने यहाँ तक कहा कि डॉ. अम्बेडकर का समर्थन करना कहाँ तक उचित है। आपमें से कई लोग बड़े निराश हो गए थे। मैं भी अफसोस

में पड़ गया था। मेरी भी हिम्मत टूट चुकी थी। लेकिन हमारी आज की मानसिकता और हिम्मत की तुलना उस समय की मानसिकता और हिम्मत से की जाए तो क्या दिखाई देता है? 1946 की मुश्किल से हम सही-सलामत बाहर निकल आए, यह कोई मामूली बात नहीं है। अब तो हममें हिम्मत लौट आई है। अब आपमें से हर आदमी हिम्मत के साथ कहेगा कि, 'वे हमारा क्या बिगाड़ लेंगे? हम अपना दल कभी नहीं छोड़ेंगे।' (तालियाँ) इतनी हिम्मत हम लोगों में आ गई है।

मुझे कई लोग पूछते हैं कि आप भाषण क्यों नहीं देते? सन्देश क्यों नहीं देते? मैं भाषण नहीं कर रहा हूँ, सन्देश नहीं दे रहा हूँ इसका अर्थ यह नहीं है कि मुझे आप लोगों की कोई फिक्र नहीं है, आप लोगों की भलाई की मैं चिन्ता नहीं करता। समय देखते हुए काम करना चाहिए। दुश्मन कौन है? दोस्त कौन है? ऐसे समय क्या करना चाहिए? इस तरह की कई बातों को परखते रहना जरूरी है। इस तरह की स्थिति में शान्त रहकर सोचते रहना इसके अलावा और कोई विकल्प नहीं।

पिछले चुनाव में अपनी पराजय हुई लेकिन उसके एक साल बाद हुए म्यूनिसपल चुनाव में हमारी जीत हुई। हम लोग आठ-दस स्थान हासिल कर सके। हमारे उम्मीदवारों को जो वोट मिले वे कांग्रेस से इतने अधिक थे कि वे वोट कांग्रेस के तीन-तीन, चार-चार उम्मीदवारों को मिले वोटों के बराबर थे। इसलिए हमें किसी से डरने की कोई जरूरत नहीं है। हमारा संख्याबल काफी अधिक है। हम संगठित हो गए, हमने अपने वोटों को नहीं बेचा, अपने वोटों का गलत उपयोग नहीं किया, यदि उन वोटों का उचित काम के लिए इस्तेमाल किया गया तो हमें किसी से डरने की कोई आवश्यकता नहीं है।

आनेवाले चुनाव में हमें क्या करना चाहिए इस बारे में आज सोचने की जरूरत नहीं है। चुनाव में कौन-सी पार्टियाँ खड़ी होती हैं, इस बात को देखना होगा। हम लोग अल्पसंख्यक हैं। किसी न किसी पार्टी से समझौता, सहयोग किए बगैर हमारा काम नहीं चलेगा। हम किसके साथ सहयोग करेंगे, यह हर पार्टी के कार्यक्रम को देखकर तय करना पड़ेगा। समझौता करने की जरूरत होने पर भी अपनी पार्टी को तोड़कर हमें दूसरी पार्टी में शामिल होने की जरूरत नहीं है। अपनी पार्टी बरकरार रखकर ही अन्य पार्टियों के साथ सहयोग करने की नीति अख्तियार करनी होगी।

जिस तरह गैरब्राह्मण पार्टी की हालत हुई है वैसी अपनी हालत न हो इस बात को समझना जरूरी है। उनका जो संगठन था उसे खत्म करके वे गैरब्राह्मण पार्टी कांग्रेस में चले गए। और कांग्रेस छोड़कर बाहर चले आए। बाहर आकर वे फिर स्वतन्त्र संगठन बनाने लगे। दूसरों के घर में घुसना फिर बाहर चले आना और पुनः टूटे हुए मकान को बनवाना ऐसी अन्धी नीति को अपनाना उचित नहीं है।

मैं सुन रहा हूँ कि हमारे फेडरेशन के पदाधिकारियों के चुनाव होनेवाले हैं। अच्छी बात है। मेरा चुनाव से कोई विरोध नहीं है। एक आदमी का हमेशा एक पद पर बने रहना उचित नही है। चुनाव कीजिए लेकिन प्यार-मोहब्बत से कीजिए। आपस में भेदभाव मत बढ़ने दीजिए। मैं इस मत का हूँ कि जिनकी काम करने की इच्छा है उन्हें

जरूर मौका दीजिए। लेकिन आपस में झगड़ा-फसाद मत कीजिए। यदि झगड़े-फसाद होनेवाले हों तो चुनाव स्थगित कर दीजिए। यही मुझे लगता है।

मैं दूसरी बात भी सुन रहा हूँ कि म्यूनिसपैलिटी के हमारे कॉर्पोरेटर्स कुछ काम नहीं करते। मुझे किसी ने यह भी बताया है कि हमारी पार्टी द्वारा मनोनीत प्रमुख भी कुछ काम नहीं कर रहा है। यदि पार्टी-प्रमुख ही काम न करे तो आप लोगों को उसकी बात सुननी ही चाहिए, ऐसा मैं कभी नहीं कहूँगा। आप लोग स्वतन्त्र हैं। जो काम नहीं कर रहा है यदि ऐसा आप लोगों को लगता है तो उस आदमी को हटा देने के लिए आप स्वतन्त्र हैं। आप लोगों को किसी की भी गुलामी स्वीकार करनी चाहिए, इस तरह की सलाह मैं आपको कभी नहीं दूँगा।

मैं यह भी सुन रहा हूँ कि अपने कार्पोरेटर्स ने किस प्रकार के काम करने चाहिए, इस बात की सलाह देने के लिए एक सलाहकार परिषद् नियुक्त की है। किन्तु यह बात मुझे बिल्कुल पसन्द नहीं है। सलाह देनेवाले लोग कोई बड़े विद्वान हैं या जानकार हैं, ऐसा नहीं कहा जा सकता। इससे बेवजह विवाद बढ़ेगा।

इसके समाधान के तौर पर फेडरेशन के कार्यकर्त्ताओं की मीटिंग हमारे कार्पोरेटर्स को हर पखवाड़े या हर माह एक बार लेनी चाहिए। और उसमें कांर्पोरेटर्स को अपने काम की रिपोर्ट देनी चाहिए। उन्होंने कॉर्पोरेशन में क्या काम किया, उसकी सभाओं में उपस्थित रहे या नहीं, उपस्थित थे तो सोए हुए थे या जाग रहे थे आदि बातों की रिपोर्ट कॉर्पोरेटर्स को फेडरेशन की बैठक में देनी चाहिए। फेडरेशन के कार्यकर्त्ताओं को प्रस्ताव रखने से सम्बन्धित सलाह भी देनी चाहिए।

अब मैं इससे अधिक नहीं बोलना चाहता। चुनाव जल्दी ही होगा। अगले साल सारे देश में चुनाव होंगे। उसकी तैयारी में रहिए, इतना कहते हुए मैं आपसे इजाजत चाहता हूँ।

Dr. Babasaheb Ambedkar Writing and Speeches, vol-18, part-III, p. 133

अपनी झुग्गी को छोड़कर दूसरों के महल में मत जाइए

दि. 16 जनवरी 1949, रविवार को मनमाड में डॉ. बाबासाहेब अम्बेडकर और डॉ. सविता अम्बेडकर के सम्मान में विशाल दलित जनसभा का आयोजन किया गया था। सभा के मंडल को बहुत ही सुन्दर ढंग से सजाया गया था। बड़े-बड़े प्रवेश द्वारा बनाए गए थे। मंडप के बीचोबीच भगवान बुद्ध की प्रतिमा रखी गई थी। 'बुद्धं सरणं गच्छामि' वाले बैनर लगाए गए थे। मंच पर डॉ. अम्बेडकर का शानदार स्वागत हुआ। बाद में सभा को सम्बोधित करते हुए उन्होंने कहा–

मेरे मित्र भाऊराव गायकवाड ने अपनी हमेशा की आदत के मुताबिक मुझे पूछा कि यदि किसी एक सभा का आयोजन किया गया तो उस पर मुझे कोई आपत्ति तो नहीं है? मैंने सभा के लिए अपनी सम्मति दे दी।

मुम्बई इमारत कोष के लिए मुझे चार हजार रुपयों की थैली भेंट की जाएगी, ऐसा मुझे बताया गया। मुझे चार हजार का प्रलोभन दिया गया। (हँसी) उसी के लिए इस सभा का आयोजन किया गया है। किन्तु उस थैली का क्या हुआ इस बात का खुलासा पूर्व वक्ताओं ने अपने भाषण में नहीं किया है। पैसा इकट्ठा किया गया और चोरी चला गया यह भी नहीं बताया गया। (हँसी) शायद सभा के अन्त में इस बात का खुलासा होगा, इस बात की मुझे पूरी उम्मीद है।

मैंने काफी दिनों से राजनीति विषयक कुछ नहीं कहा है। क्योंकि मैं फिलहाल राजनीतिक बन्धनों में हूँ।

अछूत समाज अन्य किसी समाज से ज्यादा राजनीति को जानने-समझनेवाला है इसमें मुझे कोई सन्देह नहीं है। (तालियों की गड़गड़ाहट) किसी भी समाज का उत्थान उस समाज के शिक्षा उत्थान पर निर्भर है। अपनी राजनीति को सफल बनाने के लिए अपने समाज को बड़े-बड़े अधिकार के पदों और अन्य महत्त्वपूर्ण पदों पर कब्जा करना चाहिए।

संघशक्ति खड़ी कीजिए

यदि हमें आरक्षण नहीं मिला तब भी डरने की कोई वजह नहीं है। हम सात करोड़ लोग हैं। यदि हम संगठित रहे तो हमारा दल मजबूत होगा, इस बात को ध्यान में रखना चाहिए। हम लोग यदि संगठित रहे तो जो मिला वह पर्याप्त है। उसके साथ यदि संघशक्ति मिली तो हमें किसी का कोई डर नहीं है। हमारा जो राजनीतिक दल–शेड्यूल्ड कास्ट्स फेडरेशन है उसी में हम लोगों को इकट्ठा होकर रहना चाहिए। (तालियाँ, जयघोष) हम लोगों को अल्पसंख्यक होने के बावजूद हमें अपने बल पर खड़ा होना चाहिए। हमें किसी से डरने की कोई वजह नहीं है। (तालियाँ)

दूसरों से समझौता भी करना पड़ेगा

दूसरी बात यह है कि हम लोगों को कभी दूसरे दलों के साथ समझौता भी करना पड़ेगा। जो दल हमारी भलाई करेगा वही दल हमारा करीबी होगा। जिस दल का कार्यक्रम ज्यादा से ज्यादा हमारे दल के कार्यक्रम के अनुरूप हो उस दल के साथ हमें समझौता करने में कोई आपत्ति नहीं है। फिर वह कांग्रेस हो, समाजवादी हो, या बहुजन समाजवादी हो।

अलग-अलग काम करना इससे बढ़कर बेवकूफी और कुछ नहीं है। मैं आप लोगों को एक महत्त्वपूर्ण बात बताना चाहता हूँ। संघ को तोड़कर टुकड़ों-टुकड़ों में बाँटकर दो-चार लोगों का दूसरे संघ में मिल जाने का मतलब है खुदकुशी कर लेना। आप सभी लोग जानते हैं कि हम सभी लोगों को एक साथ मिलकर रहना चाहिए।

झुग्गी छोड़कर महल में न जाएँ

अपनी झुग्गी को छोड़कर दूसरे के महल में जाना बहुत बड़ी मूर्खता है। अपना घर सुरक्षित रखिए। अगर यदि उस तरह से न किया गया तो हमारी स्थिति भी ब्राह्मणेतर पार्टी की तरह हो जाएगी। ब्राह्मणेतर पार्टी का क्या हाल हुआ है? हम लोग 1932 तक मिल-जुलकर काम कर रहे थे। उस समय कुछ ब्राह्मणेतर नेताओं को लगा कि कांग्रेस से बाहर रहने से कोई फायदा नहीं। उसमें भीतर घुसकर, कांग्रेस के किले को तोड़ देना आसान होगा। बाहर रहकर किले को तोड़ना सम्भव नहीं है, इस भावना से वे कांग्रेस में चले गए। मैंने उन्हें कई बार समझाया। लेकिन उन्होंने मेरी बात को बिल्कुल नहीं सुना। आज उन्हें इस बात का एहसास हो रहा है कि हम कांग्रेस में चले गए यह हमने बहुत बड़ी गलती की। आज ब्राह्मणेतर पार्टी खत्म हो चुकी है। वे अपनी झुग्गी बनाने में कहाँ तक सफल होंगे, इस बात का मुझे सन्देह है। हम अपनी झुग्गी को तोड़कर,

उजाड़कर समझौता करें इस बात को मैं बिल्कुल पसन्द नहीं करता। हम अपनी झुग्गी को तोड़कर, उजाड़कर कुछ नहीं कर पाएँगे।

देशघात का झूठा आरोप

मैं देशघात करने की बातें करता हूँ, इस तरह का आरोप पहले मुझ पर लगाया जाता था। किन्तु उस आरोप का असली चेहरा सभी के सामने अब खुल गया है। हमारी पार्टी कभी देश के खिलाफ नहीं थी। हमने देश के साथ कभी किसी प्रकार की गद्दारी नहीं की है। वह हम पर लगाया गया गलत आरोप था। हमारी पार्टी संघर्ष में उतरी तो हमारे मुकाबले कोई खड़ा नहीं रह सकता। हम हमेशा आगे रहेंगे (तालियाँ)।

लड़ाई में हम सबसे आगे रहेंगे

हम लोग ही असल में सही समाजवाद ला सकते हैं। हम लोग ही किसान, मजदूरों का राज ला सकते हैं। क्योंकि हम लोगों में अमीर और मध्यमवर्ग है ही नहीं। हम सभी मेहनतकश वर्ग के लोग हैं। हम सभी गरीब वर्ग के लोग हैं। हम लोग ही जनतन्त्र की स्थापना कर सकते हैं। इतना ही नहीं, कम्युनिस्टों का कम्युनिज़्म भी राजनीति में हमसे आगे नहीं बढ़ सका। हमारी पार्टी सैद्धान्तिक प्राप्ति में पीछे रहेगी, इस बात की कोई सम्भावना नहीं है। कई पार्टियाँ हैं। उन सभी को हमसे जलन हो रही है। कांग्रेस पार्टी को छोड़ दिया जाए तो भारत में शेड्यूल्ड कास्ट फेडरेशन जैसी दूसरी पार्टी नहीं है। सभी की आँखें हमारी पार्टी पर टिकी हुई हैं। हमारी पार्टी गुड़ के ढेले की तरह है। इस पार्टी में अन्य पार्टियाँ मकड़ों की तरह चिपकना चाहती हैं, इसलिए हम लोगों को बहुत होशियार रहने की जरूरत है।

क्रान्ति का चक्र हम चलाएँगे

अपने लोगों की नैतिकता साफ-सुथरी होनी चाहिए। अछूतों का भविष्य बहुत उज्ज्वल है, इस बात पर पूरा भरोसा रखिए। कांग्रेस कहती है कि हमने विदेशी सत्ता को भगाकर देश में क्रान्ति की है। इसके लिए उन्हें धन्यवाद। किन्तु यह आधी-अधूरी क्रान्ति है। यहाँ असली जनतन्त्र की स्थापना करनी हो तो आज हजारों सालों से सिर पर नाच रहा ऊँची जाति का वर्ग नीचे और समाज का निचला वर्ग ऊपर आए बगैर असली क्रान्ति नहीं होगी। (तालियाँ) क्रान्ति का चक्र आधा ही चला है। जब तक चक्र पूरी

तरह से नहीं घूमता तब तक असली क्रान्ति हो नहीं सकती। इस चक्र को घुमाने का बल हमारे ही पास है। (तालियाँ)

राजबन्ध 1950 में टूटेगा

फिलहाल मैं राजबन्ध में हूँ। 1950 से पहले वह बन्ध टूट जाएगा या समाप्त हो जाएगा। चुनाव करीब आ रहे हैं। उस समय मैं आप लोगों के सामने सम्पूर्ण और सभी बातें खोलकर रख दूँगा। मैंने अपने समाज के लिए सरकारी नौकरियों में आरक्षण की व्यवस्था की है। किन्तु उन आरक्षित पदों के लिए लायक उम्मीदवार नहीं मिल रहे हैं। जो राजनीतिक हक़ हासिल किए गए हैं उन पर अमल नहीं हो रहा है। क्योंकि वहाँ अफसर ऊँची जाति के लोग होते हैं। इसलिए उन शीर्षस्थ पदों को हम लोगों को हासिल करना चाहिए।

समाज का उत्थान बुद्धिमान युवाओं के हाथ

जितना महत्त्व राजनीति का है उतना महत्त्व शिक्षा संस्था का भी है। किसी भी समाज का उत्थान उस समाज के बुद्धिमान, मेहनती और उत्साही युवाओं के हाथ में होता है। इस दृष्टि से पिछले कुछ वर्षों में मैं राजनीति की ओर कुछ कम और शिक्षा संस्थाओं की ओर अधिक ध्यान दे रहा हूँ। मुम्बई में सिद्धार्थ कॉलेज शुरू किया है। सिद्धार्थ कॉलेज में फिलहाल 2400 छात्र पढ़ाई कर रहे हैं। उसमें 160 छात्र अपने समाज के हैं। उनके लिए मैं हर साल 21,000 रुपए खर्च कर रहा हूँ। मेरा सारा ध्यान इन बातों की ओर लगा है। औरंगाबाद जाकर मैं वहाँ कॉलेज शुरू करने के बारे में सोच रहा हूँ। यह सारे काम अब मुझे ही करने पड़ रहे हैं।

संविधान की धारा-9

संविधान सभा ने भावी संविधान का जो प्रारूप तैयार किया है उसमें मैंने अछूतों के हक़ों की व्यवस्था कर दी है। नए संविधान की धारा-9 के मुताबिक अछूतपन को ख़त्म कर दिया गया है। किसी भी प्रकार के जातिभेद और ऊँच-नीच की भावना को नष्ट कर दिया गया है। नाई को आपके बाल बनाने चाहिए, धोबी को आपके कपड़े धोने चाहिए; मन्दिर, होटल, रेस्टोरेंट आदि में आप लोगों के साथ उच्चवर्णीय लोगों की तरह बर्ताव किया जाना चाहिए। दूसरों को आप लोगों के साथ समानता का व्यवहार करना

चाहिए। और इस कानून का पालन जो आदमी नहीं करेगा उसे सजा देने सम्बन्धी कानून बनाने का अधिकार केन्द्रीय विधिमंडल को दे दिया गया है। इस बात की हम कितने सालों से माँग कर रहे थे।

हमारी मूल माँगें : तीन

हम तीन प्रकार के राजनीतिक हक़ों की माँग कर रहे हैं : (1) हमारे प्रतिनिधि विधिमंडल में होने चाहिए। (2) जनसंख्या के प्रतिशत में सरकारी नौकरियों में आरक्षण मिलना चाहिए। (3) स्वतन्त्र मतदाता संघ मिलने चाहिए। हमें सिर्फ एक बात हासिल नहीं हुई। वह है चुनाव में हमें स्वतन्त्र मतदाता संघ हासिल नहीं हुए हैं। किन्तु उससे हमारा उत्थान एकदम रुक जानेवाला है ऐसी बात नहीं है। जो मिल रहा है उसे ले लीजिए और अन्य हक़ों को हासिल करने के लिए लड़ते रहिए, इस प्रकार की हमारी नीयत होनी चाहिए। जैसे एक कहावत है, 'खाऊँगा तो घी-रोटी वरना भूखा रह जाऊँगा।' इस तरह की आदत उचित नहीं। इसमें कोई बहादुरी नहीं है।

साप्ताहिक 'जनता' के 22 जनवरी, 1949 के अंक में प्रकाशित।

न तो मैं कांग्रेस में गया और न जाऊँगा

दि. ***16 जनवरी 1948*** *को डॉ. बाबासाहेब अम्बेडकर हैदराबाद रियासत के दौरे पर गए थे। उनके साथ माईसाहेब डॉ. सविता अम्बेडकर भी थीं।* ***दि. 17 जनवरी 1949*** *को डॉ. अम्बेडकर सुबह औरंगाबाद पहुँचे। उसी दिन वे हैदराबाद व सिकन्दराबाद पहुँचे। वहाँ से वे फिर नांदेड आए। और वे* **21 जनवरी 1949** *को पुनः औरंगाबाद लौट आए। इस हैदराबाद रियासत के दौर में डॉ. अम्बेडकर तथा डॉ. सविता अम्बेडकर का जगह-जगह भव्य और जोरदार स्वागत हुआ। नांदेड रेलवे स्टेशन पर दलित जनता चार दिन तक डॉ. अम्बेडकर के दर्शन करने के लिए भूख-प्यास की परवाह किए बगैर इंतजार में रुकी हुई थी।* **21 जनवरी** *को डॉ. अम्बेडकर के औरंगाबाद स्टेशन पर उतरते ही वहाँ उन्हें 'गार्ड ऑफ ऑनर' दिया गया। उसके बाद उसी दिन शाम के समय उनकी एक विराट दलित जनसभा हुई। इस सभा में एक लाख से भी ज्यादा संख्या में दलित पुरुष, महिलाएँ, युवा और बच्चे, बुजुर्ग उपस्थित थे। इस सभा को सम्बोधित करते हुए डॉ. अम्बेडकर ने कहा–*

जब तक आप लोग अपने मजबूत संगठन के बल पर अपनी शक्ति का अहसास सारी दुनिया को नहीं कराते तब तक आप लोगों पर अन्याय होता रहेगा। इन जुल्म-ज्यादतियों के बारे में मैं आप लोगों को वेदों की एक कहानी बताने का इच्छुक हूँ। एक बार एक भेड़ भगवान के पास अपनी फरियाद लेकर गई। उसने भगवान से कहा, "हे भगवान्, तूने सारी धरती को बनाया है। तूने सभी जानवरों, पंछियों, पेड़-पौधों, मानव आदि सभी को पैदा किया है। इसलिए तू हमारा पिता और हम तेरी सन्तान हैं मतलब हम सभी भाई-भाई हैं। फिर तेरे द्वारा पैदा किए गए बाघ-सिंह तेरी आँखों के सामने हम जैसी भेड़ों को बिना किसी परवाह के क्यों खा जाते हैं?" भगवान् ने जवाब दिया, "भेड़, जैसा तू कहती है, वही स्थिति है, यह बात बिल्कुल सच है। लेकिन साथ ही यह भी सच है कि तेरा बाहरी रूप इतना सीधा-साधा है कि मैं तुझे जन्म देनेवाला हूँ। इसके बावजूद भी इस समय तेरी इन भोली-भाली बातों को सुनकर मेरा मन कर रहा है कि मैं तुझे खा जाऊँ। इसलिए तू गर्दन नीचे झुकाने के बजाय गर्दन सीधी करके रौब में खड़ा रहना सीख, सचेत दिखने का प्रयास कर, अपना रुतबा दिखाने का प्रयास कर,

जो हमला करेगा उसे रोकने का न्यायबुद्धि से प्रयास कर। किसी की दया पर निर्भर रहना छोड़ दे। ईंट का जवाब पत्थर से देने की तैयारी कर। फिर देखते हैं तुझे सताने की हिम्मत किसमें है? देखते हैं कौन तुझे खाने की हिम्मत करता है?'' इस कहानी के अनुरूप ही आप लोगों को दूसरों पर निर्भर रहना छोड़ देना चाहिए और एकजुट होकर बहुत प्रभावी संगठन बनाकर रहना चाहिए।

कुछ कांग्रेस के लोग 'मैं कांग्रेस में चला गया हूँ' इस तरह का झूठा प्रचार करके आप लोगों को गुमराह करने का प्रयास करेंगे। फिर भी उनके बहकावे में मत आइए। मैं न तो कांग्रेस में गया हूँ और न जाऊँगा। यदि कभी मौका आया तो मैं मुझे दिए गए सभी सम्मान के पदों को ठोकर मारकर अपना लक्ष्य हासिल करके रहूँगा।

मेरा सवर्ण हिन्दू लोगों और बड़े अफसरों की ओर से जो सम्मान किया जाता है, उसकी एक वजह है। फिलहाल उन्हें मुझसे जो डर लग रहा है उसकी वजह यदि कोई है तो वह यह है कि उन लोगों को इस बात की जानकारी है कि मेरे पीछे बहुत प्रभावी राजनीतिक शक्ति है। इसीलिए मैं कहता हूँ कि यह गौरव, यह सम्मान मेरा नहीं है बल्कि आप जैसे उत्पीड़ित सताए गए लोगों का है। मैं तो इसका एक निमित्त मात्र हूँ। आप लोगों पर हुए और हो रहे अन्याय की शिकायत को मैं आगे रखने का प्रयास करूँगा और इस बारे में क्या किया जा सकता है, वह करने का पूरा प्रयास करूँगा। आप लोग केवल अपने संगठन को एक रखकर संगठित रहिए।

साप्ताहिक 'जनता' के 5 फरवरी, 1949 के अंक में प्रकाशित।

हिन्दू कोड बिल को हिन्दू सनातनियों का ही विरोध

इन दिनों भारत की संसद में और संसद से बाहर सभी ओर 'हिन्दू कोड बिल' पर बड़ी जोरदार बहस चल रही थी। डॉ. अम्बेडकर भारत के कानून मन्त्री थे और उन्होंने इस 'बिल' को संसद में पेश किया था। सनातनी हिन्दू इस बिल का घोर विरोध कर रहे थे। इस समय एक भेंटवार्ता में डॉ. अम्बेडकर ने कहा—

हिन्दू कोड बिल के विरोधियों का कहना है कि यह बिल हिन्दुओं की धार्मिक भावनाओं को विरूपित कर रहा है और संयुक्त परिवार प्रणाली के लिए खतरे पैदा कर रहा है। किन्तु ऐसे आरोप बेबुनियाद हैं। संयुक्त परिवार प्रणाली को विभाजन की दृष्टि से देखा जाए तो मौजूदा कानून में भी संयुक्त परिवार की इकाइयाँ अलग होने की माँग कर सकती हैं। इस सम्बन्ध में हिन्दू कोड बिल कोई नया काम नहीं कर रहा है।

तलाक और महिलाओं का वारिसी हक़

कुछ परिस्थितियों में हिन्दू महिलाओं को तलाक लेने का हक़ स्मृतियों ने दिया है। नए बिल में उस हक़ को पुनः महिलाओं को दिलवाने की व्यवस्था की गई है। इन सारी बातों में तलाक की प्रक्रिया को एकदम आसान नहीं किया गया है। उस सम्बन्ध में जो बन्धन लगाए गए हैं वे बहुत सख्त हैं। किसी खास स्थिति में ही तलाक दिया जा सकता है।

महिलाओं को वारिसी हक़ देने में इस बिल में नया कुछ नहीं है। पुराने हिन्दू कानून में भी बगैर कन्या के मृतक से सम्बन्धित स्त्रियों को वारिसी हक़ दिए गए हैं। लेकिन महिला का वारिसी हक़ आखिरी मानकर अमल में लाया जाता है। 'याज्ञवल्क्य स्मृति' में लड़कियों को अपने माता-पिता की जायदाद में 25 प्रतिशत वारिसी हक़ दिया गया है। स्मृति के परम्परागत खास मतलब की वजह से प्रिवी कौन्सिल ने लड़की का वारिसी

हक़ छीन लिया था। उस हक़ को 'याज्ञवल्क्य स्मृति' के मुताबिक पुनः लड़कियों को दिलवाने का काम हिन्दू कोड बिल ने किया है।

एक औरत होनी चाहिए

हिन्दू कोड बिल में हिन्दू पुरुष पर एक औरत से विवाह का बन्धन लगाने की बात तय की गई है। फिर वह भी प्राचीन हिन्दू परम्पराओं के आधार पर ही तय किया गया है। फिलहाल रक्त-सम्बन्धियों में विवाह कानूनी नहीं माने जाते। इस बन्धन को कुछ ढीला कर दिया गया है। किन्तु एकदम करीब के रक्त-सम्बन्धी विवाहों को जैसे, चचेरे भाई-बहनों के विवाह की इसमें छूट है, इस प्रकार का गलत प्रचार जो विरोधी कर रहे हैं वे गलत हैं। ऐसी छूट इस बिल में नहीं दी गई है।

विरोध सिर्फ हिन्दू सनातनियों का

यह हिन्दू कोड बिल खास तौर पर हिन्दू औरतों की स्थिति में महत्त्वपूर्ण परिवर्तन लाने की दृष्टि से तैयार किया गया है। इसमें हिन्दू औरतों की स्थिति में परिवर्तन करने का भी प्रयास है। इस बिल से खास तौर पर कर्मठ हिन्दू सनातनियों का विरोध है। अधिकांश हिन्दू दिलो-दिमाग से सनातनी ही हैं और वे इसका विरोध करते रहते हैं। किन्तु उनकी मर्जी के मुताबिक चलें तो देश का उत्थान नहीं होगा। मेरी यह मान्यता है कि हिन्दू सनातनियों को अपने उत्थान के रास्ते में कठिनाइयाँ पैदा करने का अवसर न दें। इस बिल के विरोधियों को इस बारे में मुझसे विस्तार से बात करनी चाहिए। परसों ही मैंने दो सनातन-मतवादी महिलाओं के सन्देह को दूर किया। अन्य लोगों के सन्देह को भी मैं दूर कर सकता हूँ। अगले चुनाव में कांग्रेस इस सवाल को छोड़ नहीं सकती। हम लोग बिल पर बहस शुरू करनेवाले हैं। कई सदस्य इस पक्ष में हैं।

साप्ताहिक 'जनता' के 26 फरवरी, 1949 के अंक में प्रकाशित।

हिन्दू कोड बिल का विरोध मत कीजिए

डॉ. बाबासाहेब अम्बेडकर भारत के कानून मन्त्री थे। उसी प्रकार वे आधुनिक भारत में स्त्री और पुरुष समानता के सबसे बड़े हिमायती थे। इसीलिए उन्होंने भारत की संसद में हिन्दू कोड बिल को कानून में परिवर्तित करने के लिए इस बिल को पेश किया था। इस बिल को देश की संसद में पेश करते हुए डॉ. अम्बेडकर ने कहा–

यदि आप लोगों को हिन्दू आचार, हिन्दू संस्कृति और हिन्दू समाज को बरकरार रखना है तो जहाँ संशोधन या सुधार करना जरूरी हो वहाँ इस बिल में संशोधन और सुधार करने में आनाकानी नहीं करनी चाहिए। इस बिल में हिन्दू धर्म के उन भागों में संशोधन करने के अलावा और कुछ नहीं है जो एकदम पूरी तरह से अप्रासंगिक हो चुके हैं।

विवाह के बारे में पुरानी विचारधारा के लोगों और नई विचारधारा के लोगों को सन्तुष्ट करने का प्रयास किया गया है। पुरानी विचारधारा के लोगों को उनके धर्म के मुताबिक उनके समाज के लड़के-लड़कियों के विवाह की इजाजत दी गई है। उसी तरह नई विचारधारा के लोगों को अपनी बुद्धि और विवेक को जगाना चाहिए और उसी के बाद सम्भव हो तो अपने समाज से बाहर के लड़के-लड़कियों से विवाह करना चाहिए, ऐसी उन्हें छूट दी गई है।

आज भी 90 प्रतिशत हिन्दुओं में तलाक होते हैं

हिन्दू समाज के 90 प्रतिशत शूद्र समाज में तलाक की परम्परा है। सिर्फ 10 प्रतिशत हिन्दुओं में तलाक की परम्परा नहीं है। इस स्थिति में क्या आप 10 प्रतिशत लोगों का कानून 90 प्रतिशत लोगों पर थोप सकते हैं, यही मेरा सवाल है। (तालियाँ)

आप लोगों को इस तरह की बात दिखाई देगी कि धर्मशास्त्र तलाक का अधिकार देते आए हैं। वैवाहिक सम्बन्ध सुख के होने चाहिए इसलिए शास्त्रों ने जो नियम दिए हैं उन्हें तोड़कर दरकिनार कर उन पर अजीब ढंग के रिवाज थोप दिए गए हैं।

दुनिया के जिन अन्य लोगों में तलाक का रिवाज है उनका अधिकार भी हमारे तलाक के अधिकार के समान है। यह समानता फायदेमन्द है।

हर बिल जनमत के लिए जनता के सामने रखना चाहिए या उसे प्रकाशित करना चाहिए यह बात सरकार को या विधानमंडल को ही करनी चाहिए इस तरह का उन पर कोई बन्धन नहीं है। दूसरी बात यह है कि इस बिल का अमल प्रान्त तक ही हो इस प्रकार की व्यवस्था जानबूझकर की गई है। प्रान्तों की ही बात करें तो इस बिल को तीन बार जनमत के लिए पेश किया गया था। चौथी बार भी मुख्य बिल पर जनमत कराने से कुछ फायदा होगा, ऐसा मुझे बिलकुल नहीं लग रहा है। मुख्य बिल जिस समय संस्थानों पर लागू किया जाएगा उस समय मैं यकीन दिलाता हूँ कि संस्थानों के जनमत का विचार किया जाएगा। सलेक्शन कमेटी ने वैवाहिक अधिकार के सम्बन्ध में और कानूनी तलाक के लिए दो नए परिच्छेद मूल बिल में जोड़ दिए हैं।

गोद लेने का कानून

जिस समय कोई पिता धर्मान्तरण करने की वजह से किसी बच्चे को गोद लेने में कानूनी दृष्टि से अयोग्य साबित होता है, उस समय अपना बच्चा गोद देने का अधिकार माता को मिलना ही चाहिए, यह सलेक्शन कमेटी का कहना है। उसी तरह किसी हिन्दू विधवा ने धर्मान्तरण किया तो उससे अपना बच्चा गोद देने का अधिकार वापस लेने की व्यवस्था बिल में की गई है।

गोद लेने की विधि के जो अलग-अलग तरीके हैं उनमें भी कुछ फर्क बताया गया है। सलेक्शन कमेटी ने ऐसा निर्णय लिया है कि कोड में दर्ज गोद लेने के तरीकों के अलावा किसी भी अन्य तरीके से गोद नहीं लिया जा सकता।

सलेक्शन कमेटी ने इस सम्बन्ध में दो संशोधन सुझाए हैं। हिन्दू पिता को अपने बच्चे का नैसर्गिक पालक होने का अधिकार है। यदि पिता ने संन्यास ले लिया हो या धर्मान्तरण किया हो तो उससे वह अधिकार वापस लिया जा सकता है। इस बिल के मूल में हिन्दुओं को संगठित करने का उद्‌देश्य है इसलिए इस तरह की शर्त रखना जरूरी था।

लड़की का हक़

सलेक्शन कमेटी ने लड़की के हक़ में महत्त्वपूर्ण संशोधन किया है। मूल बिल में यह कहा गया था कि सम्पत्ति के मामले में लड़की को लड़के को मिले हिस्से का आधा हिस्सा मिलेगा। लेकिन न्याय के आधार पर बँटवारा हो और महिलाएँ भी सम्पत्ति का वारिस बनने की पंक्ति में खड़ी हों, इसलिए लड़की का हिस्सा लड़के के हिस्से के बराबर होना चाहिए, यह व्यवस्था सलेक्शन कमेटी ने की है।

यह हिन्दू कोड बिल आज तक चले आ रहे कानून के खिलाफ है, इस तरह का विरोध दर्शाया गया है। इस सम्बन्ध में मैं सदन को खुले दिल से बताना चाहता हूँ कि यदि आप इस कोड को स्वीकार करके भी गलत परम्पराओं को बने रहने देना है तो इस कोड को मंजूर करने का कोई फायदा नहीं है क्योंकि रूढ़ियों में कानून को भी खोखला करने की ताकत होती है इसलिए मुख्य कोड बेजान और मुर्दा बन जाएगा।

संयुक्त परिवार प्रणाली

कुछ लोगों ने इस तरह का सन्देह व्यक्त किया है कि मिताक्षर कानून के मुताबिक हिन्दुओं की जो संयुक्त परिवार प्रणाली है वह इस कोड के द्वारा नष्ट कर दी गई है। संयुक्त परिवार में लोगों के हिस्से स्वतन्त्र रूप में जो जिसके हैं वे उसी के नाम पर रहेंगे, इस प्रकार की व्यवस्था मुख्य कोड में की गई है। यह बात अधिक क्रान्तिकारी है ऐसी बात नहीं है। आप सभी को मालूम है कि वर्तमान युग में सभी लोग स्वतन्त्र रूप से रहना चाहते हैं। इसलिए इस कोड में संयुक्त परिवार का रांयुक्त अधिकार हटा दिया गया है किन्तु संयुक्त परिवार व्यवस्था को बरकरार रखा गया है। मतलब जहाँ फिलहाल मिताक्षर कानून है वहाँ दायभाग कानून होगा, यह व्यवस्था सदर कोड के द्वारा की गई है।

औरत को मिलनेवाली जायदाद का सवाल बहुत पेचीदा है। इसमें : (1) स्त्री-धन और (2) विधवा की जायदाद–ये दो भाग आते हैं। जो जायदाद औरत को पुरुष की ओर से वारिसी हक़ के कारण प्राप्त होती है उसे 'विधवा की जायदाद' कहते हैं। इस सम्बन्ध में कमेटी का निर्णय यह है कि जब अन्य चीजों के बारे में औरत अपनी जायदाद का निपटारा करने में समर्थ है तब 'विधवा की जायदाद' के तहत प्राप्त जायदाद का निपटारा करने के लिए भी वह समर्थ है, ऐसा मान लेना चाहिए। और इसीलिए इस कोड में यह उल्लेख किया गया है कि औरत को मिलनेवाली जायदाद पर उसका सम्पूर्ण स्वामित्व का हक़ है।

साप्ताहिक 'जनता' के 26 फरवरी, 1949 के अंक में प्रकाशित।

अछूतों के ही हक़ों पर दस साल की मर्यादा क्यों?

अछूतों के दुश्मन

संविधान की धारा 295(अ) के द्वारा अछूतों के आरक्षण के लिए 10 साल की सीमा निर्धारित की गई है। इस सीमा-निर्धारण के खिलाफ अपने आपको अछूत वर्ग के प्रतिनिधि माननेवालों ने बड़ा कहर ढाया है। उन्होंने बड़ी प्रखरता से और भावनाप्रधान होकर अपनी बात को रखा है। उन्हीं लोगों को सम्बोधित करते हुए मैं दो बातें कहना चाहता हूँ। मैं उन लोगों को एक बात साफ तौर पर कहना चाहता हूँ और वह यह कि अछूतों के हक़ों पर सीमाएँ लगाने और उन हक़ों को अमल में लाने से रोक लगाने के लिए आप बोलनेवाले ही स्वयं जिम्मेदार हैं। क्योंकि कांग्रेस के हिन्दू वोटों से आप स्वयं चुनकर आए हैं। आप लोगों की वजह से अछूतों के असली प्रतिनिधियों को संविधान समिति में चुना जाना सम्भव नहीं हुआ। और यह अछूतों के कल्याण की दृष्टि से सबसे अधिक खतरनाक है। कम-से-कम आप लोगों को अछूतों की भलाई के लिए संविधान समिति के सदस्य के नाते सचेत रहना चाहिए था। किन्तु आप लोगों ने अछूतों के हक़ों को कुचलने का काम किया है। आप लोगों ने गुप्त शिष्टमंडल भेजकर और अछूतों के कल्याण के लिए जो संवैधानिक सुझाव मैंने दिए थे उनका परोक्ष रूप में विरोध कर नुकसान पहुँचाया है। खैर, यह आप लोगों के बारे में हुआ है।

अछूतों के हक़ों पर 10 साल की सीमा निर्धारण के बारे में मुझे स्वयं ऐसा लगता है कि अछूतों के आरक्षण की सीमा 10 साल से ज्यादा होनी चाहिए। क्योंकि अन्य अल्पसंख्यक जातियों के साथ जिस न्याय-भावना से बर्ताव किया गया उस न्याय-भावना से अछूतों के साथ कोई बर्ताव नहीं हुआ है। उदाहरण के लिए मुस्लिमों की बात को ले लीजिए। 1892 से मुस्लिम समाज खास राजनीतिक अधिकारों का उपयोग कर रहा था। यानी लगभग 60 साल तक मुस्लिमों ने अपने ख़ास अधिकारों का इस्तेमाल किया। ईसाइयों को भी 1920 के कानून के द्वारा कुछ सुविधाएँ प्राप्त हुईं। ईसाइयों को 28 साल तक सुविधाओं का लाभ मिला। अछूतों की स्थिति इससे भिन्न है। उनके लिए 1935 के कानून के द्वारा खास सुविधाएँ मंजूर हुई हैं। उनका अमल 1937 में शुरू हुआ।

1937 से 1939 तक, दो साल तक ही अछूतों को खास सुविधाओं का लाभ मिला। क्योंकि 1939 से भारत के संविधान के अमल पर रोक लगा दी गई है। इसलिए उपर्युक्त सभी बातों पर सोचने के बाद मुझे ऐसा लगता है कि इस सभा को अछूत समाज को 10 साल से भी ज्यादा समय तक आरक्षण की सुविधाएँ देनी चाहिए।

आगे भी अपने बल पर अधिकार हासिल करेंगे

मान्यवर मनुस्वामी, नागप्पा आदि ने अछूतों के आरक्षण के लिए 10 साल की सीमा निर्धारित करने के लिए संविधान समिति की मायनॉरिटी कमेटी को मंजूरी दी है। उन्होंने उस कमेटी में मेरे खिलाफ घेराबन्दी की थी, यह कहने में कोई आपत्ति नहीं है। मेरी इस तरह की उनके खिलाफ कोई शिकायत नहीं है। मैं सिर्फ इतना ही कहना चाहता हूँ कि उनका अब अपने ही निर्णय के खिलाफ होना उचित नहीं है।

यदि 10 साल के बाद हमारा चाहे उतना विकास नहीं हुआ, इस बात को अछूत समाज ने महसूस किया या अछूत समाज की इस प्रकार की राय बनी कि मौजूदा आरक्षण की सीमा बढ़ाना जरूरी है तो संविधान में फिलहाल जो आरक्षण मिला है उतना आरक्षण अन्य तरीकों से हासिल करना अछूत समाज की बुद्धि के या शक्ति के बाहर की चीज है, ऐसा मुझे कदापि नहीं लग रहा है।

मैं अछूत समाज को 10 साल से अधिक समय तक आरक्षण का अधिकार देने के लिए पूरी तरह तैयार हूँ। अछूतों के आरक्षण का अधिकार 10 साल में ही समाप्त कर देना चाहिए, इस तरह से गैरजिम्मेदाराना ढंग से बात करनेवालों को मैं सर एडमंड बर्क के इस कथन की याद दिलाना चाहता हूँ, ''बड़े साम्राज्य और छोटे दिल इकट्ठा नहीं रह सकते।''

6 सितम्बर, 1949 को संविधान सभा में डॉ. अम्बेडकर द्वारा दिया गया भाषण।

साप्ताहिक 'जनता' के 17 सितम्बर, 1949 के अंक में प्रकाशित।

राजनीति का गहरा अध्ययन कीजिए

दिल्ली, **19** *और* **20 नवम्बर, 1949**

जिस किसी को राजनीति करनी हो उसे पहले राजनीति का अच्छा अध्ययन करना चाहिए। अध्ययन के बगैर दुनिया में कोई कुछ भी हासिल नहीं कर पाएगा। हमारे समाज के हर कार्यकर्त्ता को राजनीतिक, धार्मिक और आर्थिक सवालों का अच्छी तरह से अध्ययन करना चाहिए। उन्हें इस बात की भी समझ होनी चाहिए कि नेताओं की क्या जिम्मेदारी है। क्योंकि हमारे समाज के नेताओं पर सबसे बड़ी जिम्मेदारी है। अन्य समाज के नेताओं की बात और है। अन्य समाज के नेताओं का काम एक ही है, सभा में जाना, लम्बा-चौड़ा भाषण देना, तालियाँ बजवाना और अन्त में माला पहनकर लौट आना।

हमारे समाज के नेताओं का यह करने से काम नहीं चलेगा। गहराई में जाकर अध्ययन करना, समाज के उत्थान के लिए स्वयं रात और दिन लगातार मेहनत करना आदि काम हमारे नेताओं को करना होगा तब कहीं वे लोगों की कुछ भलाई कर सकते हैं। और ऐसे ही लोग नेता बन सकते हैं।

अपना संगठन स्वतन्त्र ही होना चाहिए

*दि. **19** और **20 नवम्बर 1949** को दिल्ली में अ.भा. दलित फेडरेशन के वर्किंग कमेटी की मीटिंग हुई। यह मीटिंग डी.एल. पाटिल की अध्यक्षता में हुई थी। डॉ. बाबासाहेब अम्बेडकर को इस मीटिंग में विशेष रूप से निमंत्रित किया गया था। इस वर्किंग कमेटी को सम्बोधित करते हुए डॉ. अम्बेडकर ने कहा–*

हम लोगों को अपना संगठन स्वतन्त्र ही रखना चाहिए। हम लोग स्वतन्त्र संगठन के बगैर स्वाभिमान से नहीं रह सकते। फिलहाल जो छोटे-बड़े राजनीतिक पक्ष दिखाई देते हैं उनके पास अछूत समाज के लिए कोई विशेष कार्यक्रम नहीं है। यदि उस तरह का कार्यक्रम किसी के पास होता तो हमने उस पर निश्चित तौर पर सोचा होता। लेकिन उन्होंने इस तरह से कुछ नहीं किया इसलिए हमें वहीं रुक जाने की कोई जरूरत नहीं। हमें अपनी आज की बेहोशी की स्थिति को खत्म कर देना चाहिए।

यहाँ से आगे अब हमें जो कुछ हासिल करना है उसे इज्जत से ही हासिल करना चाहिए। किसी की खुशामद करके या भीख माँगकर हमें कुछ भी नहीं चाहिए। अपना भविष्य स्वर्णिम है। अपना भविष्य स्वर्णिम बनाने के लिए मुझे प्रतिबद्ध लोग चाहिए।

अन्त में मुझे एक बात स्पष्ट करने की जरूरत महसूस हो रही है, यदि आप लोगों को मेरा नेतृत्व स्वीकार हो तो मैं जैसा कह रहा हूँ उसके मुताबिक ही आप लोगों को चलना पड़ेगा।

साप्ताहिक 'जनता' के 26 नवम्बर, 1949 के अंक में प्रकाशित।

राजनीतिक दलों ने अपनी विचारधारा को देश से बड़ा माना तो आजादी खतरे में आ सकती है

__दि. 26 नवम्बर 1949__ को संविधान सभा के अध्यक्ष डॉ. राजेन्द्र प्रसाद का समापन भाषण हुआ और उसी दिन भारत के संविधान को मंजूरी प्रदान की गई। लेकिन __25 नवम्बर 1949__ को संविधान सभा में जिन लोगों ने भाषण दिए उन्होंने डॉ. बाबासाहेब अम्बेडकर को भारतीय संविधान के असली शिल्पकार के रूप में सम्बोधित किया। इसमें आर.के. सिध्वा, पं. ठाकुरदास भार्गव, बेगम एजाज रसूल, एस.व्ही. पायली आदि के भाषण हुए। उनके बाद डॉ. अम्बेडकर ने अपने भाषण में कहा–

संविधान समिति की पहली बैठक 9 दिसम्बर, 1946 को हुई। उस तारीख से आज तक संविधान समिति के कार्य को 2 वर्ष, 11 माह और 17 दिन पूरे हो चुके हैं। इतने समय में संविधान समिति के कुल 11 अधिवेशन हुए। इसमें 6 अधिवेशन उद्‌देश्यों का प्रस्ताव और मौलिक हक़, केन्द्र का स्वरूप, केन्द्र के अधिकार, प्रान्तों का स्वरूप, अल्पसंख्यक जमातों, अनुसूचित विभाग और अनुसूचित जन-जातियों आदि से सम्बन्धित समितियों की रिपोर्टें मंजूर करने में बीत गए। शेष 5 अधिवेशनों में संविधान के मसौदे पर विचार-विमर्श का काम हुआ है। संविधान सभा के 11 अधिवेशनों के कुल 165 दिन होते हैं। इनमें संविधान मसौदे पर विचार-विमर्श के लिए सिर्फ 114 दिन ही काम हो सका।

संविधान समिति की सभाओं की तरह संविधान मसौदा समिति की बैठकों की रिपोर्ट प्रस्तुत करना उपयोगी होगा। इससे संविधान के कार्य और उस पर खर्च हुए समय की अच्छी जानकारी मिल सकती है। 29 अगस्त, 1947 को संविधान समिति ने मसौदा समिति का चयन किया था और तुरन्त दूसरे दिन 30 अगस्त, 1947 को मसौदा समिति की पहली बैठक आयोजित की गई। उस दिन से मसौदा समिति का कार्य 141 दिन तक चला। मूल संविधान मसौदे में कुल 243 अनुच्छेद और 13 परिशिष्ट थे। उसके बाद मसौदा समिति ने उसमें परिवर्तन कर संग्रहीत मसौदा तैयार किया और संविधान समिति के सामने उसे पेश किया। उस समय मसौदे में 315 अनुच्छेद और 8 परिशिष्ट

थे। मसौदे पर बहस समाप्त होने के बाद अनुच्छेदों की संख्या 315 से बढ़ाकर 386 की गई। अब अन्तिम रूप से संविधान के मसौदे में कुल 375 अनुच्छेद और 8 परिशिष्ट हैं। इस विराट प्रयास में लगभग 7,735 उपसूचनाएँ सुझाई गई हैं। उनमें 2,473 उपसूचनाएँ सदन के सामने प्रत्यक्ष बहस के लिए प्रस्तुत की गई हैं।

उक्त बातों का उल्लेख मैं जानबूझकर कर रहा हूँ। क्योंकि बीच के समय में ऐसा प्रवाद सुनने में आया था कि संविधान समिति काफी सुस्ती से काम कर रही है और सार्वजनिक पैसा व्यर्थ व्यय कर रही है। इस प्रवाद को एक अच्छी उपमा दी जा रही थी। कहा जा रहा था कि जब रोम आग की लपटों में जल रहा था तब निरो वंशी बजाने में मस्त था। कुछ इसी प्रकार की बातें हो रही थीं।

क्या सचमुच इस शिकायत का कोई महत्त्व है? इस बात को स्पष्ट करने के लिए अन्य राष्ट्रों की संविधान समितियों ने अपना-अपना संविधान बनाने के लिए कितना समय लगाया है, इस बात को देखना होगा। अमेरिकी संविधान बनाने के लिए अमेरिकी-कन्वेंशन 25 मई, 1787 से शुरू हुई और 17 सितम्बर, 1787 में संविधान बनाने का काम पूरा हुआ। मतलब अमेरिकी संविधान को बनाने में चार माह लग गए। कनाडा का संविधान 10 अक्तूबर, 1864 में बनना शुरू हुआ और वह मार्च, 1867 में बनकर तैयार हुआ। इस तरह कनाडा के संविधान को बनने में लगभग 2 साल 5 माह लग गए। आस्ट्रेलिया के संविधान की मार्च, 1892 में शुरुआत हुई और उसका कानूनी रूपान्तरण 9 जुलाई, 1900 में यानी 9 साल बाद हुआ। दक्षिण अफ्रीका के संविधान का निर्माण-कार्य अक्तूबर, 1908 में शुरू हुआ और 20 सितम्बर, 1909 में संविधान पर कानूनी मुहर लगी।

अमेरिकी और दक्षिण अफ्रीकी संविधान से भी ज्यादा समय हमारे संविधान ने लिया है, यह बात सच है। किन्तु कनाडा के संविधान की तुलना में हमारे संविधान ने अधिक समय नहीं लिया। समय की दृष्टि से तुलना करते समय दो महत्त्वपूर्ण बातों की ओर ध्यान देना चाहिए। पहली बात यह कि अमेरिका, कनाडा, दक्षिण अफ्रीका और आस्ट्रेलिया आदि राष्ट्रों के संविधान हमारे संविधान से छोटे हैं। हमारे संविधान में 395 अनुच्छेद हैं। लेकिन अमेरिकी संविधान में सिर्फ 7 अनुच्छेद ही हैं। उसी प्रकार कनाडा के संविधान में 147, आस्ट्रलिया के संविधान में 128 और दक्षिण अफ्रीका के संविधान में 153 अनुच्छेद हैं। दूसरी बात यह है कि अमेरिका, कनाडा, आस्ट्रेलिया आदि राष्ट्रों के संविधान-निर्माताओं को उपसूचना जैसे पेचीदे सवालों से नहीं जूझना पड़ा। उस समय जो भी उपसूचनाएँ आईं उन्हें उन्होंने स्वीकार कर लिया। किन्तु हमारी संविधान समिति को 2,473 उपसूचनाओं के ढेर को निपटाना पड़ा। इसलिए इन बातों की ओर ध्यान देने से पता चलता है कि संविधान समिति पर जो देरी का आरोप लगाया जा रहा है, वह पूरी तरह से गलत है, ऐसा मुझे लगता है। यही नहीं, इतने कम समय में इतना महान कार्य पूरा करने के लिए संविधान समिति को स्वयं पर गर्व करना चाहिए, ऐसा मुझे लगता है।

नाज़िरुद्दीन की आँखों का गन्दा पानी

मसौदा समिति के कार्यों की परख करने पर क्या दिखाई देता है? नाज़िरुद्दीन अहमद को ऐसा लगता है कि संविधान का पूरी तरह से निषेध करना ही उनका कर्त्तव्य है। उनकी राय में मसौदा-समिति का कार्य अभिनन्दनीय नहीं है। यही नहीं, यह कार्य सामान्य स्तर से भी निचले स्तर का है। मसौदा-समिति के कार्य का मूल्यांकन करने का अधिकार हर व्यक्ति को है। नाज़िरुद्दीन को शायद ऐसा लगता है कि मैं मसौदा-समिति के किसी भी सदस्य से अधिक बुद्धिमान हूँ। इसके लिए उन्हें चुनौती देने की मसौदा-समिति की इच्छा नहीं है। यकीनन वे मसौदा समिति में सम्मिलित करने योग्य हैं ऐसा संविधान समिति ने महसूस किया होता तो समिति में हमने उन्हें खुशी से लिया होता। संविधान बनाने के कार्य में उन्हें महत्त्व नहीं दिया गया, यह मसौदा समिति का दोष नहीं है।

ड्राफ्टिंग या ड्रिफ्टिंग

मसौदा समिति के खिलाफ नफरत व्यक्त करने के लिए नाज़िरुद्दीन अहमद ने एक नया नाम खोज निकाला है। वे 'ड्राफ्टिंग' कमेटी को 'ड्रिफ्टिंग' (बहनेवाली) कमेटी कहते हैं। वे अपनी इस बौद्धिक चतुराई पर शायद खुश होंगे। किन्तु लगता ऐसा है कि अपना आधार रखकर बहते जाना और आधार छोड़कर बहने का फर्क उन्हें मालूम नहीं है। मसौदा कमेटी ने अपना प्रवाह कहीं-कहीं बदला है पर अपना प्रभुत्व छोड़कर उसने कहीं अपना प्रवाह नहीं बदला है। मछलियाँ पकड़ने के लिए काँटा इधर-उधर फेंका जाता है उस तरह से मसौदा कमेटी ने कहीं कुछ नहीं किया है। जिस पानी में मछलियाँ होने का भरोसा था, उसी पानी में मसौदा कमेटी ने अपेक्षित मछलियों के लिए जाल फेंका था। ऐसी बातों की खोज में अधिक 'बहना' उचित नहीं है।

यकीनन अधिक अच्छी बातों की खोज कर उन्हें अपना लेना, आदर योग्य बात समझी जानी चाहिए। और उसके लिए मसौदा कमेटी को गर्व भी महसूस हो रहा है। मसौदा कमेटी ने स्वयं की सदोष उपसूचनाएँ छोड़कर उनकी बजाय अधिक अच्छी उपसूचनाएँ स्वीकार करने की ईमानदारी और हिम्मत न दिखाई होती तो मसौदा कमेटी कर्त्तव्य-पतित होती और उस पर बेवजह अहंकार का आरोप लगा होता।

एक सदस्य को अपवाद मान लें तो सारा सदन मसौदा समिति के कार्य पर गर्व करता है। इससे मुझे बड़ी खुशी हो रही है। अपने कार्य के गौरव का अनुभव सम्पूर्ण सदन खुले दिल से कर रहा है। इसके लिए मसौदा समिति को भी प्रसन्नता हो रही होगी, ऐसा मुझे लगता है। संविधान सभा के सदस्यों और मसौदा समिति के मेरे सहयोगी मित्रों ने व्यक्तिगत तौर पर मुझ पर अभिनन्दन की जो बौछारें की हैं उनसे

मैं इतना खुश हूँ कि अपनी ओर से कृतज्ञता व्यक्त करने के लिए भी मेरे पास पर्याप्त शब्द नहीं हैं।

मुझे बड़ा आश्चर्य हुआ

संविधान सभा में शामिल होते समय मेरे मन में अछूत समाज के हित-सम्बन्धों की रक्षा के अलावा और कोई उद्देश्य नहीं था। संविधान सभा का अत्यन्त महत्त्वपूर्ण कार्य करने के लिए मेरा चयन किया जाएगा, इस बात की गलती से भी मुझे उम्मीद नहीं थी। जब मुझे मसौदा कमेटी में लिया गया तब मुझे अधिक आश्चर्य हुआ। और जब मुझे मसौदा कमेटी का अध्यक्ष चुना गया तब मेरे आश्चर्य की कोई सीमा नहीं रही।

मसौदा कमेटी में मुझसे भी अधिक, योग्य और अनुभवी लोग थे। इस सम्बन्ध में मैं श्री कृष्णास्वामी अय्यर का उल्लेख करना चाहता हूँ। फिर भी संविधान समिति ने मुझ पर इतना भरोसा दिया और अपने प्रतिनिधि के रूप में मेरा चयन किया तथा मुझे देश की सेवा करने का मौका किया, इसके लिए मैं उनका एहसानमन्द हूँ।

इस गौरव के कई हक़दार

संविधान के निर्माण के लिए मेरा जो सम्मान किया जा रहा है, उसका मैं अकेला हक़दार नहीं हूँ। भारत सरकार के संवैधानिक सलाहकार श्री बी.एन. राव को भी संविधान के निर्माण का श्रेय देना चाहिए। भारत सरकार के सलाहकार के नाते उन्होंने संविधान का मोटा प्रारूप समिति के सामने रखा था। उसी तरह संविधान-निर्माण का श्रेय मसौदा कमेटी के सदस्यों को भी देना चाहिए। अलग-अलग 'फार्मूले' तैयार करने में उन्होंने जो बुद्धिमानी दिखाई और विभिन्न दृष्टिकोणों को समझने में उन्होंने जिस योग्यता का परिचय दिया वास्तव में वह प्रशंसनीय थी।

किन्तु उनसे भी अधिक श्रेय सरकार के मुख्य ड्राफ्ट्समैन मान्यवर एस.एन. मुकर्जी को दिया जाना चाहिए। बिल्कुल असम्भव सूचनाएँ आसान किन्तु कानूनी भाषा में अनुवाद करने में उनका कोई मुकाबला नहीं कर सकता। उनके सहयोग के बगैर संविधान तैयार करने के काम में और कई साल लगे होते। मान्यवर मुकर्जी के सहयोगी के रूप में काम करनेवाले लोगों का उल्लेख न करना उचित नहीं होगा। क्योंकि वे लोग कभी-कभी आधी रात तक काम करते थे, यह बात मैं अच्छी तरह जानता हूँ।

असम्भव को सम्भव बनाने की चेष्टा करने की तरह या बगैर सीमेन्ट के फर्श बनाने की तरह संविधान सभा के सदस्यों की स्थिति होती तो मसौदा कमेटी का काम एकदम मुश्किल हो गया होता। उन्होंने गुट बनाकर अपनी ही भलाई करने की मुहिम चलाई

होती। उससे संविधान समिति में अराजकता के अलावा और कुछ दिखाई नहीं दिया होता, ऐसा खतरा संविधान समिति में कांग्रेस पार्टी के अस्तित्व के कारण खत्म हो सका।

विरोधियों को धन्यवाद

यदि एक ही पार्टी के नेतृत्व में रहकर सभी लोग झुक गए होते तो संविधान समिति का कार्य काफी मुश्किल और उबा देनेवाला होता। दल के अनुशासन के कारण संविधान समिति केवल 'हाँ में हाँ' मिलानेवालों की समिति रही होती। किन्तु फक्र की बात है कि संविधान सभा में कुछ विद्रोही लोग भी थे। इनमें मान्यवर कामथ, डॉ. देशमुख, मान्यवर सिध्वा, प्रो. सक्सेना, मान्यवर भार्गव, प्रोफेसर शाहा और हृदयनाथ कुंजरू आदि के नाम विद्रोहियों के रूप में लेना गलत नहीं होगा। उन्होंने जो मुद्दे उठाए उनमें ज्यादातर सैद्धान्तिक थे। मैंने उनकी सूचनाएँ स्वीकार नहीं कीं इसलिए उनका महत्त्व कम नहीं है। मैं उन्हें भी धन्यवाद देता हूँ। भारतीय संविधान के मौलिक सिद्धान्तों का विश्लेषण करने का मुझे जो मौका मिला है, वह इन्हीं विद्रोहियों की वजह से मिला है।

अध्यक्ष को धन्यवाद

अध्यक्ष महोदय, अन्त में मैं आपको भी धन्यवाद देता हूँ। आपने संविधान समिति के सदस्यों के बारे में जो हमदर्दी दिखाई उसे कभी भूला नहीं जा सकता। कुछ इस प्रकार की स्थितियाँ पैदा हो गई थीं कि सिर्फ तान्त्रिक दोषों के कारण मसौदा कमेटी की सूचनाएँ नियम-विरोधी हो सकती थीं। उस समय मैं बड़ी मुश्किल में पड़ जाता था। उस समय आपने वैधानिकता के नाम पर संविधान-निर्माण के कार्य में रुकावट पैदा करने की इजाजत नहीं दी, इसके लिए मैं आपका विशेष आभारी हूँ।

मैं संविधान के गुण-अवगुणों में नहीं जाना चाहता। यदि संविधान को अमल में लानेवाले लोग ही गलत होंगे तो कोई संविधान कितना भी अच्छा हो, वह खोटे सिक्के की तरह ही होगा। उसी प्रकार संविधान को अमल में लानेवाले लोग अच्छे हों तो कोई संविधान कितना भी खराब हो वह उपयोगी सिद्ध होगा। संविधान के स्वरूप पर ही संविधान का अमल पूरी तरह से निर्भर करता है, ऐसी बात नहीं है। राज्य की धमनियाँ विधिमंडल, मन्त्रिमंडल और न्यायविभाग का काम संविधान करता है। इन धमनियों का कार्य-बल लोगों पर और अलग-अलग राजनीतिक दलों पर निर्भर करता है।

राजनीतिक दल कैसे हों?

क्या कोई यह कह सकता है कि भविष्य में भारत के लोग और राजनीतिक दल अपना बर्ताव कैसा रखेंगे? वे लोग अपना लक्ष्य हासिल करने के लिए संवैधानिक रास्ते को अपनाएँ या क्रान्ति का रास्ता अपनाएँगे? यदि वे लोग क्रान्ति या आतंकवाद का रास्ता अपनाना चाहेंगे तो संविधान कितना भी निर्दोष हो फिर भी वह असफल होगा। ऐसा भविष्य बताने के लिए क्या किसी दृष्टा की जरूरत है? इसलिए भारत की जनता और राजनीतिक दलों की चर्चा किए बगैर संविधान की सफलता के बारे में अपनी राय देना गलत होगा।

समाजवादी और साम्यवादियों की विचारधारा

ख़ास तौर पर साम्यवादी और समाजवादी दलों की ओर से संविधान का विरोध किया जाता है। वे लोग संविधान का विरोध क्यों करते होंगे? क्या इस तरह का संविधान वास्तव में बुरा है इसलिए वे निषेध कर रहे हैं? बिल्कुल नहीं। कम्युनिस्ट पार्टी को तानाशाही सिद्धान्त पर आधारित संविधान चाहिए। किन्तु भारत का संविधान संसदीय लोकतन्त्र पर आधारित है, इसलिए वे उसका निषेध करते हैं। समाजवादियों को दो बातें चाहिए। पहली बात यह है कि यदि वे सत्ता में आ सकें तो मुआवजे के बगैर उन्हें राष्ट्रीयकरण की स्वतन्त्रता चाहिए। दूसरी बात यह कि उन्हें अनिर्बन्ध व्यक्ति स्वतन्त्रता के हक़ चाहिए। मतलब यदि वे राज्यसत्ता हासिल नहीं कर सके तो उन्हें संघ राज्य को बर्बाद करने की आजादी चाहिए।

बेवजह दोष किसे और क्यों?

इन मुख्य मुद्दों पर संविधान का निषेध किया जा रहा है। मैं यह बिल्कुल नहीं कहता कि संसदीय लोकतन्त्र पर आधारित राज्य-पद्धति ही एकमात्र आदर्श पद्धति है। उसी प्रकार मुआवजे के बगैर राष्ट्र को सम्पत्ति का कब्जा नहीं लेना चाहिए इन तत्त्वों को न बदलने में पवित्रता है, ऐसा भी मैं नहीं मानता। उसी तरह मौलिक हक़ कभी अनियन्त्रित नहीं हो सकते या उनकी सीमाएँ घटाई-बढ़ाई नहीं जा सकतीं, ऐसा भी मैं नहीं मानता। मैं बस इतना ही कहना चाहता हूँ कि प्रस्तुत संविधान में वर्तमान पीढ़ी या अगर यह कहना बढ़ा-चढ़ाकर कही गई बात लगती हो तो कहा जा सकता है कि संविधान में संविधान समिति के सदस्यों के विचार प्रदर्शित हुए हैं। फिर उसके लिए मसौदा कमेटी को दोष देने की जरूरत क्या है? इतना ही नहीं, मेरा यह कहना है कि

उसके लिए मसौदा समिति के सदस्यों को भी क्यों दोष दिया जाए? इसलिए इस सम्बन्ध में जेफ़रसन के पुख्ता विचारों को किसी भी संविधानकर्त्ता को नहीं भूलना चाहिए। अमेरिका के संविधान निर्माण में प्रमुख भूमिका निभानेवाले जेफ़रसन के विचार हैं–"हर पीढ़ी एक स्वतन्त्र राष्ट्र की तरह होती है। उसे बहुमत की इच्छा पर उस समय की जनता को बाँधकर रखने का अधिकार होता है। किन्तु भावी पीढ़ी पर उसका नियन्त्रण नहीं रह सकता। एक राष्ट्र के लोग दूसरे राष्ट्र के लोगों पर जितना नियन्त्रण रख सकते हैं, उससे ज्यादा नियन्त्रण एक पीढ़ी दूसरी पीढ़ी पर नहीं रख सकती।"

एक अन्य प्रसंग में जेफ़रसन का कहना है, "राष्ट्र के लिए प्रस्थापित की गई संस्थाओं में परिवर्तन या सुधार करना सम्भव नहीं है। या उन संस्थाओं को लक्ष्य पाने के लिए अपनी रचना को परिवर्तित करना सम्भव नहीं है, ऐसी कल्पना किसी राष्ट्र की अनियन्त्रित सत्ता का गलत इस्तेमाल रोकने के लिए बेहतर हो सकती है, किन्तु राष्ट्र की दृष्टि से वह एकदम गलत है। राज्यसंस्थाओं की सत्ता जनता द्वारा विश्वस्त रूप में बनाई जाती है ऐसा ढोल हमारे धर्मगुरु तथा वकील लोग पीटते रहते हैं। वे यह भी कहते हैं कि देश की भूमि पर हमसे पिछली पीढ़ी के लोगों का अधिक अधिकार है। वर्तमान पीढ़ी बदल नहीं सकती ऐसे कानून लादने का उसे हक़ है। इसी तरह हमारी भावी पीढ़ी भी नहीं बदल सकती इस प्रकार के कानून भावी पीढ़ी पर लादने का हक़ इस पीढ़ी को है। उनका कहना है, क्योंकि पृथ्वी पर मरे हुए लोगों का स्वामित्व है, वर्तमान में जो हैं उनका नहीं।"

संशोधन सुलभ संविधान

मैं इस बात को स्वीकार करता हूँ कि जेफ़रसन ने जो कुछ कहा है वह केवल सत्य ही नहीं बल्कि निर्णायक सत्य है। इस पर मेरे मन में कोई सन्देह नहीं है। संविधान समिति जेफ़रसन के उक्त सिद्धान्त से हट गई होती तो वह दोषी और निषेध करने योग्य समझी जा सकती थी। इसलिए मैं पूछना चाहता हूँ कि क्या भारतीय संविधान समिति ने कोई गलती की है? मुझे लगता है, सच्चाई इससे कुछ अलग है। संविधान संशोधन के बारे में जो प्रावधान किया गया है, उसकी ओर ध्यान देना चाहिए। कनाडा के संविधान में संविधान संशोधन का जनाधिकार छीन लिया गया है। उसी तरह कई मुश्किल शर्तें संविधान संशोधन के लिए अमेरिकी और आस्ट्रेलियन संविधान में रखी गई हैं। किन्तु ऐसी बात भारतीय संविधान में नहीं है। उस पर इस तरह की मुहर नहीं लगाई गई है कि यही अन्तिम संविधान है। बल्कि संविधान में संशोधन के लिए आसान तरीकों की व्यवस्था की गई है। इसलिए मेरा आह्वान है कि ऐसी स्थिति में किसी भी राष्ट्र की संविधान समिति ने संशोधन के लिए इतना सुलभ संविधान बनाया हो तो यह सिद्ध करके बताना चाहिए।

यहाँ निकट भविष्य में वयस्क मतदान पद्धति से चुनाव होनेवाले हैं। इसलिए जो लोग संविधान के प्रति नाराज हैं उन्हें यदि भारतीय लोकसभा में दो-तिहाई बहुमत हासिल करना सम्भव नहीं हुआ तो उनकी नाराजगी में देश की सारी जनता शामिल है, ऐसा कहना उचित नहीं होगा।

केन्द्र सरकार और सम्मिलित राज्य

यह संवैधानिक दृष्टि से महत्त्वपूर्ण सवाल है। इस सम्बन्ध में मैं कुछ विस्तार से विवेचन करना चाहता हूँ। केन्द्र और सम्मिलित राज्य-सम्बन्धों के बारे में इस प्रकार की गम्भीर शिकायत अकसर की जाती है कि सत्ता का केन्द्रीकरण अच्छे ढंग से किया गया है और सम्मिलित राज्यों को म्यूनिसपैलिटी के स्तर का दर्जा दे दिया गया है। इस बात को बढ़ा-चढ़ाकर कहा गया है, इतना ही नहीं संविधान का मुख्य कार्य क्या है, इस बात की जानकारी न होने के कारण यह शिकायत नासमझी से पैदा हुई है। केन्द्र सरकार और सम्मिलित राज्यों के सम्बन्ध निश्चित करनेवाले मौलिक तत्त्व ध्यान में रखने जरूरी हैं। फेडरल सरकार में मौलिक तत्त्व इस प्रकार के होते हैं कि केन्द्र सरकार और सम्मिलित राज्यों के बीच विधिमंडल से सम्बन्धित और अमल में लाने से सम्बन्धित अधिकारों का जो विभाजन किया जाता है वह केन्द्र सरकार के कानून से नहीं किया जाता। उसे संविधान में ही दर्ज करना पड़ता है। संविधान ऐसे ही कार्य करता है। सम्मिलित राज्य विधिमंडल से सम्बन्धित या अमल में लाने से सम्बन्धित बातों में केन्द्र सरकार पर किसी भी दृष्टि से निर्भर नहीं होते हैं। इस सम्बन्ध में केन्द्र सरकार और सम्मिलित राज्य समान भूमिका में होते हैं। इसलिए इस प्रकार के संविधान को 'केन्द्रीयवादी' संविधान कैसे कहा जाए, इस बात को समझना बेहद कठिन है। सम्भवतः यही कहा जा सकता है कि अन्य फेडरल संविधान में जो विधि से सम्बन्धित अधिकार केन्द्र सरकार को दिए गए हैं, उससे ज्यादा अधिकार भारतीय संविधान ने केन्द्र सरकार को दिए हैं। उसके बाद यह भी कहा जा सकता है कि शेष अधिकार सम्मिलित राज्यों के पास रखने के बजाय केन्द्र सरकार के पास रखे गए हैं किन्तु इन बातों के कारण फेडरल स्वरूप में किसी प्रकार की रुकावट नहीं आ सकती। उक्त मौलिक तत्त्वों का पालन अपने संविधान में किया गया है। इसलिए यह कहना गलत है कि केन्द्र सरकार के दबाव में सम्मिलित राज्यों को रखा गया है। केन्द्र सरकार अपनी मर्जी के मुताबिक विधि से सम्बन्धित और अमल में लाने से सम्बन्धित अधिकारों का विभाजन नहीं कर सकती। न्याय विभाग भी इस प्रकार के परिवर्तन नहीं कर सकता। इसके लिए निम्न विचार हमेशा ध्यान में रखना चाहिए।

कोर्ट की शक्ति पर पाबन्दी

कोर्ट सुधार, संशोधन कर सकते हैं किन्तु वे एक के स्थान पर दूसरे का प्रावधान नहीं कर सकते। कोर्ट्स पुराने स्पष्टीकरणों का पुनर्निर्माण नए दृष्टिकोण के रूप में कर सकेंगे। उसी प्रकार वे विवादों के अन्तिम रूप में साधारण परिवर्तन भी कर सकेंगे। किन्तु कुछ ऐसी कठिनाइयाँ हैं कि जिनकी सीमाएँ कोर्ट पार नहीं कर सकते। मौजूदा अधिकार पर कोर्ट व्यापक अर्थ का आवरण चढ़ा सकता है किन्तु किसी को दिया गया राजसत्ता का अधिकार नामंजूर नहीं किया जा सकता।

इसलिए केन्द्रीयकरण से सम्बन्धित पहला आरोप अपने आप समाप्त हो जाता है। संविधान के बारे में दूसरा आरोप यह है कि सम्मिलित राज्यों के अतिक्रमण करने का अधिकार केन्द्र सरकार को दिया गया है। इस आरोप को स्वीकार करना चाहिए। फिर भी इस मुद्दे पर संविधान का विरोध करने से पहले कुछ बातों पर सोचना जरूरी है। इसमें पहली बात यह कि शान्ति की स्थिति में केन्द्र सरकार के अधिकार इस्तेमाल नहीं किए जाएँगे। इसका इस्तेमाल सिर्फ आपातकाल में ही किया जाना चाहिए, इसका साफ तौर पर उल्लेख किया गया है। दूसरी बात यह है कि जिस समय आपातस्थिति पैदा होगी उस समय केन्द्र सरकार को ज्यादा अधिकार देने की बात को क्या टालना सम्भव है? इसलिए क्या यह कहना चाहिए कि इस प्रकार के ज्यादा अधिकार केन्द्र सरकार को आपातस्थिति में भी देने समर्थनीय नहीं हो सकते?

प्रतिबद्धता की अन्तिम कसौटी

इस सवाल का विश्लेषण एक लेखक ने 'दि राउंड टेबल' मासिक पत्रिका (दिसम्बर, 1945) में अच्छे ढंग से किया है। उस लेख का एक परिच्छेद पढ़ने के लिए मुझे किसी प्रकार का संकोच व्यक्त करने की जरूरत नहीं है। लेखक का कहना है, "किसी भी राज्यपद्धति में हक़ और कर्त्तव्यों की जटिलता होती है और नागरिक किससे और किस शक्ति के साथ प्रजाधर्म की प्रतिबद्धता रखना चाहता है, इस बात पर वह जटिलता अवलम्बित होती है। यह सवाल सामान्य स्थिति में पैदा नहीं हो सकता। क्योंकि कानून का कार्य सुव्यवस्थित ढंग से चलता रहता है। और लोग हमेशा के मामलों में कानून के सामने सिर झुकाते हैं। किन्तु आपातस्थिति में बराबरी के हक़ों के संघर्ष होते रहते हैं। ऐसे समय में प्रजाधर्म की प्रतिबद्धता का विभाजन नहीं हो सकता। प्रजाधर्म की प्रतिबद्धता का निर्णय कोर्ट में अथवा कानून के अर्थ से करना सम्भव नहीं है। कानून को यथार्थ को साथ लेकर चलना चाहिए अन्यथा कानून का कोई मतलब नहीं रहता। जिस समय कानून की परम्परा को तोड़ दिया जाता है, उस समय एक ही सवाल खड़ा होता है और वह यह कि नागरिकों की अन्तिम प्रतिबद्धता किस शक्ति के पीछे है? वह शक्ति संघराज्य में है या सम्मिलित राज्य में समाई हुई है।

केन्द्र सरकार के कर्त्तव्य

इस सवाल के जवाब में उक्त विवेचन में उठाए गए मुद्दों का स्पष्टीकरण निर्भर है। अधिकांश लोगों का यह कहना है कि जिस समय आपातस्थिति पैदा होती है, उस समय नागरिकों की प्रतिबद्धता संलग्न राज्यों के बजाय संघ-राज्य में होनी चाहिए। क्योंकि संयुक्त लक्ष्य के लिए और राष्ट्र की सुरक्षा के लिए सिर्फ संघराज्य ही कार्य करता है। और इसीलिए आपातकाल की स्थिति में उपयोग के लिए ज्यादा अधिकार केन्द्र सरकार को देने जरूरी हैं।

केन्द्र सरकार की तरफ से संलग्न राज्यों पर भी किस तरह के बन्धन हों? वे बन्धन इतने ही होंगे कि आपातस्थिति के समय वे अपनी भलाई के साथ राष्ट्र की भलाई की ओर भी ध्यान दें। इसलिए यह अलग से बताने की जरूरत नहीं कि जिन लोगों को यह सवाल अच्छी तरह समझ में नहीं आया वे लोग ही केन्द्र सरकार के ज्यादा अधिकारों के खिलाफ शिकायत करेंगे।

देश के साथ विश्वासघात का इतिहास

मैंने यहाँ अपने भाषण को समाप्त कर दिया होता। किन्तु राष्ट्र के भविष्य के बारे में मन बेचैन है। इस सम्बन्ध में इस अवसर पर अपने विचार व्यक्त करने जरूरी हैं, मुझे ऐसा लग रहा है।

भारत 26 जनवरी, 1950 को आजाद होगा। इस आजादी का क्या होगा? क्या भारत अपनी आजादी की रक्षा कर पाएगा या उसे पुनः खो देगा? यह पहला सवाल मेरे मन में अकसर उठता है। भारत इससे पहले कभी स्वतन्त्र देश नहीं था, ऐसी बात नहीं है। किन्तु यहाँ सवाल उठता है कि वह एक समय स्वतन्त्र था, बाद में उसने अपनी स्वतन्त्रता खो दी। क्या वह अपनी आजादी को दूसरी बार भी खो देगा? देश के भविष्य के बारे में सबसे ज्यादा चिन्तित करनेवाला यही सवाल है। मेरे मन में सबसे अधिक खटकनेवाली बात यह है कि भारत ने अपनी जो आजादी पहले गँवाई वह भारत के कुछ निवासियों के दुष्ट कारनामों के कारण गँवाई थी। इस सच्चाई से मन को पीड़ा पहुँचती है।

जिस समय मोहम्मद बिन कासिम ने सिन्ध पर हमला किया उस समय सिन्ध के राजा दाहिर के सेनापतियों ने मोहम्मद बिन कासिम के दलालों से रिश्वतें लीं, और हम तुम्हारे साथ नहीं लड़ेंगे यह स्पष्ट जवाब उन्होंने दाहिर को भिजवाया। भारत पर आक्रमण करने और पृथ्वीराज के खिलाफ युद्ध करने का निमन्त्रण जयचन्द ने मोहम्मद गौरी को दिया। जयचन्द ने मोहम्मद गौरी को यह आश्वासन दिया कि इस कार्य में मैं स्वयं और सोलंकी खानदान के राजा आपकी मदद करेंगे।

शिवाजी राजा हिन्दुओं की स्वतन्त्रता के लिए लड़ रहे थे। उस समय मराठा सरदार और राजपूत राजा भोगल बादशाह की ओर से लड़ रहे थे। ब्रिटिश लोग सिख राजाओं को पराजित करने में लगे थे, उस समय सिखों का प्रमुख सेनापति गुलाबचन्द शान्त हो गया था। उसने राजपूत राजाओं को ब्रिटिशों के चंगुल से मुक्त करने के लिए कोई प्रयास नहीं किया। 1857 में भारत के काफी बड़े हिस्से में ब्रिटिशों की सत्ता के खिलाफ विद्रोह का झंडा फहराया गया। उस समय सिख लोग चुपचाप तमाशा देखते रहे। वे तब परायों की तरह विद्रोह का दृश्य देख रहे थे।

भारत के इतिहास में ऐसी जो घटनाएँ घटी हैं उन्हें दोहराया तो नहीं जाएगा, इस बात से मन बेचैन हो उठता है। जातिभेद और धर्मभेद तो हमारे पुराने दुश्मन हैं। भिन्न-भिन्न प्रकार के लक्ष्य सामने रखकर जो नए राजनीतिक दल बने हैं और बनेंगे वे हमारे पुराने दुश्मनों के साथ मिलनेवाले हैं, इस बात को मैंने अच्छी तरह से समझ लिया है। इसलिए अपने देश का भविष्य कैसा होगा, इस बात की मुझे अधिक चिन्ता है। मैं इस बारे में कुछ नहीं कह सकता कि भारत के लोग अपने दल की विचारधारा के बजाय अपने देश को ज्यादा महत्त्व देनेवाले हैं या अपने दल की विचारधारा को ज्यादा महत्त्व देंगे किन्तु इतनी बात सच है कि यदि अलग-अलग दल अपने देश की बजाय अपनी विचारधारा को ज्यादा महत्त्व देंगे तो अपनी आजादी फिर एक बार खतरे में पड़ जाएगी। और शायद आजादी हमेशा के लिए छिन जाएगी। इस तरह का खतरा न आए इसलिए हम लोगों को अपनी पूरी तैयारी रखनी चाहिए। अपने शरीर में खून का अन्तिम कतरा रहने तक हम अपनी आजादी की रक्षा जान की बाजी लगाकर करेंगे। यह दृढ़ संकल्प हमें करना चाहिए।

लोकतन्त्र का भविष्य

भारत 26 जनवरी, 1950 से जनसत्तात्मक राष्ट्र होगा, इसका अर्थ यह है कि लोगों का लोगों के लिए और लोगों द्वारा संचालित होनेवाला राज्य भारत को उसी दिन से मिलेगा। मेरे मन में पहले की ही बातें रह-रहकर उठ रही हैं। भारत के जनतान्त्रिक संविधान का क्या होगा? क्या भारत उस संविधान को बरकरार रख पाएगा या पुनः उसे नष्ट कर देगा? यह दूसरी चिन्ता मेरे मन में है। पहली चिन्ता की तरह ही यह चिन्ता भी मुझमें डर पैदा कर रही है।

लोकतन्त्र क्या है, इस बात को भारत पहले नहीं जानता था, ऐसी बात नहीं है। एक समय था जब भारत में कई लोकतान्त्रिक राज्य थे। जिन प्रदेशों में राजशाही थी वहाँ भी राजा जनमत से चुने जाते थे या उनके अधिकारों पर नियन्त्रण रखा जाता था। जिन लोगों ने बौद्ध भिक्खु संघों का अध्ययन किया है उन्हें इस बात का पता होगा कि ये संघ वास्तव में लोकसभा जैसे थे। क्योंकि आज की लोकसभा में जो नियमबद्ध

बातें अमल में लाई जाती हैं, वैसी बातें भिक्खु संघीय सभा में अमल में लाई जाती थीं। भिक्खुओं को कहाँ बैठना चाहिए, प्रस्ताव किस तरह से रखने चाहिए, भाषण किस तरह से करने चाहिए, कितने भिक्खु उपस्थित होने पर संघ का काम शुरू किया जाना चाहिए, संघ का संचालक कैसा होना चाहिए, मतों की गणना कैसे की जानी चाहिए, आदि के बारे में संघ के नियम तय किए जाते थे। इस प्रकार के लोकसभा प्रणीत नियम बुद्ध ने अपने संघ के संचालन के लिए इस्तेमाल किए हैं। सम्भवतः ऐसे नियम राजनीतिक लोकसभाओं ने पहले अपनाए होंगे और बुद्ध ने उन्हें स्वीकार किया होगा।

मैं इस सम्बन्ध में निश्चित रूप से कुछ नहीं कह सकता कि भारत ने जिस लोकशाही प्रणीत व्यवस्था को खोया, उसे पुनः खो देगा या नहीं। जिस देश में लोकशाही का अधिक उपयोग नहीं हुआ, उस देश में लोकशाही को एक नई चीज माना जाता है। ऐसे देशों में भारत एक है। ऐसे देश की लोकशाही में अपने स्थान को स्थापित करने के लिए तानाशाही को निमन्त्रण देने की भी सम्भावना रहती है। उम्मीद है कि भारत में नए रूप से स्थापित हो रही लोकशाही अपने बाहरी हिस्सों को अच्छी तरह कायम रख सकेगी, किन्तु उससे यह खतरा भी है कि वह अपने स्थान को बनाए रखने के लिए व्यवहार में तानाशाही को बढ़ावा दे सकती है। इस स्थिति के पैदा होने की पूरी सम्भावना है। यह एक सम्भावित खतरा है, जिसे दूर किया जा सकता है। किन्तु इस खतरे की फिसलन से गहरी खाई में गिर पड़ने की सम्भावना उससे भी अधिक खतरनाक है।

खूनखराबे का रास्ता छोड़ दीजिए

यदि हम लोगों को लोकतन्त्र को हर तरह से और प्रत्यक्ष व्यवहार में बरकरार रखना है तो हमें क्या करना चाहिए? हम लोग लोकतन्त्र का अस्तित्व बरकरार रखना चाहते हैं तो मेरी राय में हमें पहली बात यह करनी चाहिए कि अपने सामाजिक और आर्थिक लक्ष्य हासिल करने के लिए हमें सिर्फ कानूनी रास्ता ही अपनाना चाहिए। इसका मतलब यह है कि क्रान्ति के खूनखराबे के रास्ते छोड़ देने चाहिए। मतलब, हमें कानून तोड़ो, असहयोग और सत्याग्रह का रास्ता छोड़ देना चाहिए। सामाजिक और आर्थिक उद्‌देश्य हासिल करने के लिए जब कानूनी रास्ता अपनाना अपने हाथ में नहीं था, उस समय उक्त गैरकानूनी रास्तों का समर्थन करना उचित था। किन्तु अब भी हमने गैरकानूनी रास्तों को अपनाया तो उस तरह का रास्ता उचित नहीं समझा जाएगा। इस प्रकार के गैरकानूनी रास्ते अराजकता को पैदा करते हैं। इस तरह के रास्ते जल्दी छोड़ने में ही हमारी भलाई होगी।

व्यक्तिपूजा से दूर रहिए

लोकतन्त्र के अस्तित्व को बरकरार रखने के लिए हम लोगों को जो दूसरी महत्त्वपूर्ण बात करनी है वह यह कि जो लोग लोकतन्त्र का झंडा हमेशा ऊँचा रखने के लिए उत्साहित हैं, उनके लिए जॉन स्टुअर्ट ने जो सन्देश दिया है, उसका पालन करना चाहिए। जॉन स्टुअर्ट कहते हैं, ''हम लोगों में से कोई आदमी कितना भी बड़ा हो फिर भी उसके चरणों में अपनी व्यक्ति स्वतन्त्रता के फूल हमें अर्पित नहीं करने चाहिए।'' जिन्होंने जीवनभर अपने देश की सेवा की है, ऐसे महान व्यक्तियों के प्रति अपनी कृतज्ञता व्यक्त करना कोई गलत बात नहीं है। किन्तु कृतज्ञता व्यक्त करने की भी सीमाएँ हैं। इस सम्बन्ध में आयरलैंड का देशभक्त डैनियल ओकोनेल का एक मार्मिक कथन है, ''स्वाभिमान को बलि देकर कोई भी आदमी अपनी कृतज्ञता व्यक्त नहीं कर सकता। अपने शील की बलि देकर कोई भी नारी कृतज्ञ नहीं हो सकती। और स्वतन्त्रता की बलि देकर कोई भी राष्ट्र अपनी कृतज्ञता व्यक्त नहीं कर सकता।''

हर डरमुक्त सन्देश की जरूरत अन्य किसी भी देश की तुलना में भारत को अधिक है। इसका कारण यह है कि भारत की राजनीति में भक्ति या व्यक्ति-पूजा की भावना जितनी मुखर है उतनी दुनिया के अन्य किसी भी देश की राजनीति में नहीं है। किसी आदमी को धार्मिक बातों में भक्ति दिखाई दे तो शायद उससे उसके जन्म-मृत्यु के फेरे से हमेशा के लिए मुक्ति मिल सकती है। किन्तु किसी आदमी ने राजनीति में भक्ति या व्यक्ति-पूजा की तो उससे उस राजनीतिक पन्थ में तानाशाही सत्ता स्थापित हो सकती है।

सामाजिक और आर्थिक समानता

लोकतन्त्र के अस्तित्व को बरकरार रखने के लिए हम लोगों को जो तीसरी बात करनी है वह यह कि हमें राजनीतिक लोकतन्त्र से सामाजिक लोकतन्त्र के निर्माण के लिए प्रयास करना है। सामाजिक लोकतन्त्र से ही राजनीतिक लोकतन्त्र का अस्तित्व स्थायी हो सकता है, वरना नहीं। क्या है सामाजिक लोकतन्त्र? सामाजिक लोकतन्त्र का मतलब स्वतन्त्रता, समानता और भाईचारा आदि हर व्यक्ति के जीवन के तत्त्व हैं, इस बात को स्वीकार करनेवाली पद्धति स्वतन्त्रता, समानता और भाईचारा आदि तत्त्व त्रिवेणी संगम के अलग-अलग प्रवाह हैं, ऐसा नहीं कहा जा सकता। बल्कि ये तत्त्व त्रिवेणी संगम में एकता स्थापित करते हैं। यदि इन तत्त्वों को एक-दूसरे से अलग किया गया तो लोकतन्त्र का जीवन-सत्व नष्ट हो जाएगा। समानता से स्वतन्त्रता को अलग नहीं किया जा सकता। उसी तरह स्वतन्त्रता और समानता को भाईचारे से अलग नहीं किया जा सकता। यदि स्वतन्त्रता के साथ समानता न हो तो केवल स्वतन्त्रता मुट्ठीभर लोगों

की सत्ता सब पर स्थापित कर सकती है। समानता के साथ स्वतन्त्रता न हो तो केवल समानता वैयक्तिक कर्त्तव्य-शक्ति की ज्योति बुझा सकती है। सिर्फ स्वतन्त्रता और समानता ये दो तत्त्व सामाजिक व्यवहार को गति प्रदान नहीं कर सकते। इस मशीन को गति प्रदान करनेवाला दूसरा कोई न कोई विकल्प होना चाहिए।

सामाजिक असमानता से देश बर्बाद होगा

भारत की सामाजिक स्थिति में दोनों तत्त्वों का अभाव है। इस बात को स्वीकार करते हुए हम लोगों को सामाजिक लोकतन्त्र को निर्मित करने का प्रयास शुरू करना चाहिए। इन दो बातों में एक बात है समानता। सामाजिक दृष्टि से देखें तो भारत की समाज-व्यवस्था (हिन्दू) चढ़ते विभाजन और अधोगामी विभाजन के तत्त्वों पर आधारित है इसलिए कुछ जातियों को ऊँचा और कुछ जातियों को नीचा स्तर दिया गया है। आर्थिक दृष्टि से देखें तो भारतीय समाज में कुछ लोगों के पास बेहिसाब धन-दौलत है, और बहुसंख्यक लोगों में भयंकर दरिद्रता है। इस तरह की असंख्य परस्पर-विरोधी बातों से व्याप्त अपने नए राष्ट्रीय जीवन को (National Life) हम 26 जनवरी, 1950 से शुरू कर रहे हैं। इस दिन से हमें राजनीतिक सन्दर्भ में समानता प्राप्त होनेवाली है। किन्तु सामाजिक और आर्थिक सन्दर्भ में हम लोगों में असमानता रहेगी। 'एक आदमी को एक मत का अधिकार और एक मत का एक मूल्य' इस तत्त्व की कल्पना हम लोग राजनीतिक सन्दर्भ में कर पाएँगे। लेकिन सवाल यह है कि सामाजिक और आर्थिक सन्दर्भ में हम अपनी सामाजिक और आर्थिक रचना की विशिष्टता के कारण उक्त तत्त्व को हम 26 जनवरी, 1950 से दरकिनार कर देंगे या उसे परम्परागत रूप से ही आगे बढ़ाते रहेंगे? परस्पर-विरोधी बातों से व्याप्त अपने इस राष्ट्रीय जीवन को हम और कितने दिनों तक जारी रखना चाहते हैं? सामाजिक और आर्थिक सन्दर्भ में समानता की स्थापना करने से हम और कितने दिनों तक कतराते रहेंगे? यदि हम लोगों ने इस तरह से कतरानेवाली बात को और ज्यादा दिन तक बनाए रखा तो हमारे राजनीतिक लोकतन्त्र का जीवन ही खतरे में पड़ जाएगा। इसलिए हम लोगों को इस परस्पर-विरोधी स्थिति को जितनी जल्दी सम्भव हो उतनी जल्दी खत्म कर देना चाहिए। वरना जिन लोगों के मन में इस स्थिति के प्रति असन्तोष है और जिन्होंने इस संविधान समिति के जरिए बेहद परिश्रम से इस राजनीतिक लोकतन्त्र को बनाया है वे ही इसे ध्वस्त कर देंगे।

हम लोग अपने व्यवहार में भाईचारे के तत्त्व का पालन नहीं करते, यह हमारी दूसरी कमजोरी है। सम्पूर्ण भारतीय लोग आपस में भाई-भाई हैं, सम्पूर्ण भारतीय जनता अपनत्व की भावना से जुड़ी हुई है। अगर मन में ऐसी सद्भावना है तो वही भाईचारे के नाम से जानी जाती है। सामाजिक जीवन में एकता का उत्तम रस बरसानेवाला यदि

कोई तत्त्व है तो वह है भाईचारे का तत्त्व। इस तत्त्व को दैनिक व्यवहार में सफलता के साथ अमल में लाना बेहद मुश्किल कार्य है। भारत में कई जातियाँ हैं। ये जातियाँ देश के लिए खतरनाक हैं। इसका पहला कारण यह है कि जातियाँ सामाजिक जीवन में बिखराव पैदा करती हैं। जातियों का अस्तित्व देश के लिए खतरनाक है। इसका दूसरा कारण यह है कि जातियाँ समाज में अधिक से अधिक घृणा और नफरत की भावना पैदा करती हैं। राष्ट्र के पद को पाने की यदि हम लोगों की इच्छा हो तो हम लोगों को इन सभी रुकावटों को अपने रास्ते से हटा देना चाहिए। क्योंकि जहाँ राष्ट्र अस्तित्व में होता है, वहीं भाईचारा पैदा हो सकता है। भाईचारा अस्तित्व में नहीं होगा तो समानता और स्वतन्त्रता के अस्तित्व का क्या महत्त्व रहेगा?

हम भारतीय लोगों के सामने जो एक बड़ा कार्य है उसके बारे में मेरी सोच उक्त प्रकार की है। मेरी यह सोच शायद कुछ लोगों को पसन्द नहीं आएगी। भारत के चन्द मुट्ठीभर लोगों ने राजनीतिक हुकूमत चलाने की एकाधिकारशाही का काफी दिनों तक उपभोग लिया है। किन्तु शेष बहुजन लोग सत्ताधिपतियों के अधीन रहकर जैसे-तैसे जीवन व्यतीत करनेवाले दलित वर्ग के लोग हैं। राजनीतिक सत्ता की एकाधिकारशाही की वजह से बहुजन समाज को अपना सम्पूर्ण उत्थान करने का मौका कभी नहीं मिला। इसलिए इन बहुजन लोगों में मानवीय जीवन के महत्त्व को जानने की चेतना खत्म हो गई। सत्ताधिपतियों के पाँवों तले रौंदे गए ये लोग अब उनके प्रभुत्व से तंग आ चुके हैं। अब उन्हें ऐसा लगता है कि हमारा जीवन हमीं लोगों को चलाना चाहिए। इसलिए इसके लिए उन्हें उस प्रकार के अधिकार चाहिए। और उन्हें हासिल करने के लिए वे तैयार हो गए हैं। अब बहुजन समाज का स्वाभिमान जाग गया है। उनमें स्वयंसिद्धता की जो ज्योति जल उठी है, उसका रूपान्तरण वर्ग-युद्ध या वर्ग-विद्वेष में नहीं होने देना चाहिए। यदि ऐसा होने दिया गया तो देश में बिखराव बढ़ जाएगा। ऐसी स्थिति जिस दिन पैदा होगी वह दिन देश के लिए खतरनाक सिद्ध होगा। क्योंकि अब्राहम लिंकन ने भी कहा कि चरमराता हुआ मकान काफी दिनों तक नहीं टिक सकता। इसलिए बहुजन लोगों को अपनी स्वयंसिद्धता का लक्ष्य हासिल करना स्वाभिमान, सत्ताधिपतियों की भलाई के लिए, देश के उत्थान के लिए और देश की स्वतन्त्रता को बरकरार रखने के लिए भी जरूरी है। यदि लोकतान्त्रिक सत्ता और तत्त्वों का उचित पालन किया गया तो शान्तिपूर्ण स्थिति पैदा हो सकती है। इसलिए मैंने इन दो तत्त्वों की चर्चा पर अधिक बल दिया है।

स्वतन्त्रता सबसे खुशी की चीज है, इसमें कोई सन्देह नहीं। किन्तु इस स्वतन्त्रता ने हम लोगों को अधिकाधिक जिम्मेदारियाँ दी हैं इस बात को हमें भूलना नहीं चाहिए। पहले हम कुछ भी गलत होने पर अंग्रेजों को जिम्मेदार मानते थे। आजादी के बाद वैसी स्थिति खत्म हो गई है। अब आगे हमसे यदि गलतियाँ हुईं तो उनके लिए दूसरों को जिम्मेदार ठहराना उचित नहीं होगा। बल्कि उन गलतियों के लिए हम स्वयं ही जिम्मेदार होंगे। किसी तरह की गलत बातें होती रहीं तो इस देश पर खतरों के बादल मँडराते

रहेंगे। समय दिन-ब-दिन तेजी के साथ बदल रहा है। अन्य राष्ट्रों के लोग और हमारे देश के लोग भी नई-नई विचारधाराओं को स्वीकार कर रहे हैं। वे सत्ताधिपतियों द्वारा चलाए गए राज्य से तंग आ चुके हैं।

वे लोग लोगों के लिए चलाए जा रहे राज्य को स्वीकार करने के लिए तैयार हैं। यह राज्य लोगों का है और लोगों के द्वारा ही स्थापित किया गया है, इस बात को देखने के लिए उन लोगों में अधिक उत्साह होना चाहिए। जिस संविधान के मन्दिर में हम लोगों ने लोगों द्वारा, लोगों के लिए संचालित राज्य के तत्त्वों की प्रतिमा प्रस्थापित की है, उस संविधान के मन्दिर को हम यदि पवित्र वातावरण में सुरक्षित रखना चाहते हैं तो हमारे रास्ते में कैसे खतरे आ सकते हैं इन बातों को हमें समझने की जरूरत है। लोगों द्वारा संचालित राज्य से लोगों के लिए संचालित राज्य अच्छा है, इस प्रकार की चेतना जनता में पैदा करनी चाहिए। अपने रास्ते के खतरों को दूर करने के लिए हम लोगों को पलभर की भी देर नहीं करनी चाहिए। देश-सेवा करने का यही एकमात्र रास्ता है। इसके अलावा और कोई रास्ता मुझे नहीं दिखाई दे रहा है।

सा. जनता : दि. 17 सितम्बर 1949

मेरे पाँवों के नीचे की जमीन मजबूत है

दि. 11 जनवरी 1950, बुधवार को मुम्बई शहर उपनगर दलित फेडरेशन की ओर से मुम्बई के नरेपार्क के मैदान पर शाम को डॉ. बाबासाहेब अम्बेडकर और डॉ. सविता अम्बेडकर का भव्य सत्कार सभारम्भ आयोजित किया गया था। इस सभारम्भ में दो लाख से भी ज्यादा दलित जनता उपस्थित थी। इस दलित जनता को सम्बोधित करते हुए डॉ. अम्बेडकर ने कहा—

प्यारे भाइयो तथा बहनो,

आज के इस समारोह में उपस्थित रहने की मेरी कोई तैयारी नहीं थी। क्योंकि मुम्बई में जिस दिन मैं पहुँचा उस दिन से मुझे जो काम निपटाने थे वे काम बहुत महत्त्वपूर्ण थे। ऐसी व्यस्तता की वजह से इस महत्त्वपूर्ण कार्यक्रम के लिए मुझे समय नहीं मिल पा रहा था। किन्तु आज यहाँ इतने लोग इकट्ठा हुए हैं कि उन्हें देखकर और मुझे देने के लिए आप लोगों ने जो हार तैयार किया है उसे देखकर मुझे ऐसा लगने लगा है कि यदि मैं आज यहाँ उपस्थित न होता तो इस विशाल जनसमूह को निराशा हुई होती। इतना ही नहीं, आप लोगों ने जो पैसा खर्च किया है वह भी व्यर्थ चला गया होता। इसलिए आज आप लोगों को निश्चित तौर पर खुशी हुई होगी और एक तरह से मेरी दृष्टि में यह बात सन्तोषजनक तथा आनन्ददायक है और प्रासंगिक भी है, ऐसा मुझे लगता है। (तालियाँ)

आज आप सभी लोगों ने यहाँ इस सभा का आयोजन किया और मुझे इतनी बड़ी चीज भेंट में दी, लेकिन यह सब करने की कोई जरूरत नहीं थी। मेरी अध्यक्षता में और मेरे नेतृत्व में कई दिनों से किसी सभा का आयोजन नहीं हुआ। और न मुझे भी आप लोगों से दो शब्द कहने की जरूरत महसूस हुई। इसलिए कुछ लोग कह रहे थे कि मेरे दिल्ली में रहने की वजह से अन्य प्रान्तों में, इस प्रान्त में और कुल मिलाकर सम्पूर्ण राजनीतिक क्षेत्र में मेरे पाँवों के नीचे की जमीन खिसकती जा रही है। इस तरह की बात कहनेवाले और माननेवाले लोग यदि आज यहाँ मौजूद हों तो उन्हें यह दिखाई देगा कि मेरे पाँव के नीचे की जमीन फिसल नहीं रही है बल्कि और भी मजबूत हो रही है। (तालियाँ) किसी राजनीतिक दल के द्वारा आयोजित इतनी बड़ी सभा अन्य किसी राजनीतिक नेता की अध्यक्षता में हो सकती है, इस बात का मुझे कतई भरोसा नहीं है। जिस प्रकार कुछ लोग सिनेमा देखने के लिए जाते हैं, उसी प्रकार कुछ ही जनप्रिय

नेताओं को देखने के लिए शायद भीड़ इकट्ठा होती होगी। लेकिन अपने राजनीतिक दल के नेतृत्व में आज भी इस तरह की विशाल सभाएँ होती हैं। इससे पता चलता है कि अपने संगठन की शक्ति बढ़ती ही जा रही है, ऐसा मुझे लगता है। और इसीलिए मेरे सम्मान में यहाँ इकट्ठा हुए तमाम नर-नारियों का और आयोजकों का मैं दिलोजान से शुक्रिया अदा करता हूँ। (तालियाँ)

अपने राष्ट्र का संविधान बनाने की जिम्मेदारी मेरे सिर पर डाल दी गई है, यह बहुत महत्त्वपूर्ण बात है। भारत का संविधान बनाने के लिए संविधान सभा का आयोजन हुआ उस समय मेरी क्या हालत थी, इस बात को आप सभी लोग जानते ही होंगे। 1946-47 में हुए चुनावों में शेड्यूल्ड कास्ट फेडरेशन की हार हुई थी। फिर भी इस हार के लिए शर्मिन्दा होने की कोई बात नहीं है। क्योंकि चुनाव के समय सम्पूर्ण हिन्दुस्तानी राष्ट्र एक ओर था और अपना दल दूसरी ओर था। एक ओर जबर्दस्त राजनीतिक संगठन था और दूसरी ओर अल्पसंख्यक अछूतों को उस संगठन से मुकाबला करना था। मतलब इसमें पराजित होना ही अपना भविष्य था।

किन्तु हार के बाद रुक जाने से काम चलनेवाला नहीं था। अपने लोगों का कहीं न कहीं संविधान सभा में घुसना जरूरी था। अछूतों के राजनीतिक हक़ संविधान सभा के सामने रखने का मौका अपने प्रतिनिधियों को मिलना चाहिए था। यह बहुत कठिन अवसर था। कांग्रेस और शेड्यूल्ड कास्ट फेडरेशन में जबर्दस्त विरोध था इसलिए इस दल की मौजूदगी संविधान सभा में न हो, इस बात का फैसला कांग्रेस ने कर लिया था। कांग्रेस ने जमीन-आसमान एक करके मेरा संविधान सभा में जाना मुश्किल कर दिया था। अन्त में बंगाल प्रदेश से संविधान सभा में जाने का रास्ता मैंने खोज निकाला और संविधान सभा में गया। वहाँ अछूत वर्ग के हक़ पेश किए जाएँ, उन्हें हिन्दुओं के राज में कुछ सुविधाएँ प्राप्त हों, इतना ही मेरा सीमित उद्देश्य था।

मेरे दिमाग में इस तरह की कोई बात नहीं थी कि देश का संविधान बनाने का मुझे मौका मिलेगा। और जहाँ हमारा संविधान सभा का सदस्य बनना भी मुश्किल था वहाँ हमें संविधान बनाने का मौका मिलेगा, ऐसी कल्पना भी नहीं की जा सकती थी। उन्होंने इस बात की पूरी तैयारी कर ली थी कि कोई भी आदमी संविधान सभा में आए किन्तु डॉ. अम्बेडकर को संविधान सभा में नहीं आने देंगे। मेरे लिए संविधान सभा के दरवाजे बन्द तो थे ही, लेकिन उन्होंने साथ ही खिड़कियाँ भी बन्द कर दी थीं। चारों ओर के छेद भी बन्द कर दिए गए थे। किन्तु आप लोगों के सौभाग्य से और मेहरबानी से मैं संविधान सभा में अपना कदम रख सका और मजे की बात यह है कि जिसे भीतर न आने देने का संकल्प कर लिया गया था उसी को यह जिम्मेदारी सौंप दी गई। जो भी हुआ अच्छा हुआ है। क्योंकि ऐसा महान कार्य करने का मौका किसी व्यक्ति को कभी-कभार ही मिल पाता है। यह मेरे लिए बड़े गौरव की बात है, उसी तरह आपके लिए भी। (तालियाँ)

राष्ट्रद्रोह न करनेवाला संगठन

वैसे देखा जाए तो इसमें मैंने विशेष कुछ नहीं किया है। किन्तु इस कार्य की वजह से सम्पूर्ण हिन्दू जनता को एक बात समझ में आई है। पिछले 20 साल तक मुझ पर कई प्रकार के आरोप लगाए गए। मैं और मेरा संगठन राष्ट्र-विरोधी हैं, हम अंग्रेजों के हमदर्द हैं, मैं मुस्लिमों का बगलबच्चा हूँ, इस प्रकार के झूठे आरोप मुझ पर लगाए जा रहे थे। उन लोगों ने अब यह बात स्वीकार कर ली है कि हम ऐसा कुछ नहीं कह रहे हैं, यह बहुत महत्त्वपूर्ण बात है। 20 साल तक हमारे दल पर कलंक लगता रहा, उसे उन्होंने खुद धो दिया है। और लोगों को इस बात का यकीन हो गया है कि शेड्यूल्ड कास्ट फेडरेशन एक सुसंगठित, मजबूत, राजनीतिक रूप अपनानेवाला, किन्तु राष्ट्र-विरोधी गतिविधियों में कभी शामिल न होनेवाला संगठन है। आज की राजनीति में मैं गहराई में नहीं जाना चाहता। किन्तु कुछ बातों की ओर मैं आपका ध्यान आकर्षित करना चाहता हूँ।

पहले हम राजनीतिक तौर पर उन्हें अपना दुश्मन मानकर चल रहे थे। कांग्रेसवाले हम लोगों को और हम कांग्रेसवालों को अपना दुश्मन मान रहे थे। मेरी राय में पहले के अछूत वर्ग के सभी नेता कुछ तंग नजरों से स्थिति को देख रहे थे और वैसे ही काम भी कर रहे थे। मैं भी इन बातों से दूर नहीं था। हम लोगों को ऐसा लग रहा था कि हमारा क्या होगा, हिन्दुओं के हाथों में सत्ता आई तो क्या होगा। किन्तु अब राजनीति की इस धारा को बदलना ही पड़ेगा।

अब हम लोगों को एक बात अच्छी तरह ध्यान में रखनी चाहिए कि हम लोग अपने लोगों की, अपने समाज की भलाई देख रहे थे, उस काम को तो जारी रखना ही चाहिए, किन्तु उसी के साथ इस बात का भी ध्यान रखना चाहिए कि अपने देश को जो आजादी मिली है, उसे किस तरह से बरकरार रखा जाए। इस देश को कई बार गुलामी में रहना पड़ा है। पहले मुस्लिमों ने और बाद में अंग्रेजों ने हमारी स्वतन्त्रता को छीन लिया था। स्वतन्त्रता की जितनी जरूरत ऊँची जाति के लोगों को है उतनी ही जरूरत दलित-पिछड़ी जातियों को भी है। हम लोग अंग्रेजों की दासता से मुक्त हुए हैं। लेकिन अब पुनः विदेशियों की गुलामी में हम लोगों को रहना पड़ा तो यह खतरनाक बात होगी। इसलिए इस देश की स्वतन्त्रता की रखवाली करना हर भारतीय को अपनी नैतिक जिम्मेदारी मान लेनी चाहिए।

इस देश में जिस समय अंग्रेज लोग राज कर रहे थे उस समय किसे क्या हक़ देने चाहिए, किस दल को कब अधिकार देने चाहिए, यह सब उन्हीं के हाथ में था। उस समय हम अन्य दलों से दूर रहे। लेकिन अब अंग्रेज चले गए हैं। इसलिए अब हम लोगों को अन्य दलों के साथ सहयोग करने की नीति अपनानी चाहिए और उनके साथ समझौता, बँटवारा आदि के सम्बन्ध स्थापित करने चाहिए। हम लोग अल्पसंख्यक हैं और हम लोगों को संविधान में कुछ स्थान मिले, कुछ नौकरियाँ मिलीं, तब भी हम लोग

अल्पसंख्यक ही रहनेवाले हैं। इसलिए कानूनी मार्ग अपनाकर हम लोगों को यदि अपना उत्थान करना है तो किसी न किसी दल से या वर्ग के साथ समझौता करके ही आगे बढ़ना होगा। मतलब पहले की दुश्मनी और प्रतिशोध को भूल जाना चाहिए। अपने मित्र कौन हैं और दुश्मन कौन हैं इस बात को पहचानना चाहिए और अपनी शक्ति बढ़ाने का प्रयास करना चाहिए। पहले जैसा 'एकला चलो रे' अब किसी काम का नहीं है।

फेडरेशन को बर्खास्त करना उचित नहीं

किसी भी दल के साथ समझौता करते समय, चाहे वह दल कांग्रेस हो या सोशलिस्ट हो या शेतकरी कामगार पार्टी हो, हम अपने संगठन को बर्खास्त नहीं करेंगे। व्यक्तिगत तौर पर आदमी का कोई महत्त्व नहीं है। आज मेरा कांग्रेस पार्टी और राजनीति में जो महत्त्व है, उसकी एकमात्र वजह यही है कि मेरे पीछे शेड्यूल्ड कास्ट फेडरेशन जैसे संगठन की शक्ति है। जिस दिन इस संस्था का आधार खत्म हो जाएगा उस दिन मेरी राजनीति में किसी प्रकार की कीमत नहीं रहेगी। इसलिए देश-रक्षण की भावना सँजोए भावी राजनीति में दुश्मन और दोस्त के रिश्तों को पहचानकर, अपने अस्तित्व को बरकरार रखते हुए हम लोगों को सावधानी से शेड्यूल्ड कास्ट फेडरेशन के नेतृत्व में आगे बढ़ना चाहिए।

देश के राजनीतिक दलों का भविष्य क्या है, इसके बारे में आज कोई कुछ नहीं कह सकता। चुनाव होने तक राजनीति का स्वरूप कैसा होगा, इसके बारे में आज कोई कुछ नहीं कह सकता। चुनाव पैसों के बल पर होते हैं। आज तक शेड्यूल्ड कास्ट फेडरेशन ने जो राजनीति की है उसमें धनबल का सम्बन्ध नहीं था। इस दल के लोग मूल रूप से गरीब होने की वजह से बड़ी धनराशि इकट्ठा करने की उम्मीद नहीं कर सकते थे। किन्तु इस दल के और अपने समाज के हर नर-नारी को कम-से-कम चार आना देकर चुनाव फंड इकट्ठा करना चाहिए। दलित फेडरेशन को अब फंड इकट्ठा करने के लिए अभियान शुरू करना चाहिए। ऑल इंडिया दलित फेडरेशन की वर्किंग कमेटी में उस तरह का प्रस्ताव भी स्वीकार किया गया है। इसलिए स्वयंसेवकों को लोगों के घर-घर तक पहुँचना चाहिए। भाइयो तथा बहनो, आप लोगों ने मेरा सम्मान किया है, इसके लिए पुनः एक बार मैं आपका आभार मानते हुए आपसे इजाजत लेता हूँ।

साप्ताहिक 'जनता' के 14 जनवरी, 1950 के अंक में प्रकाशित।

मनु और ऋषियों की भी सत्ता समाप्त हुई

*दि. **11 जनवरी 1950** को सिद्धार्थ कॉलेज, मुम्बई के छात्रों ने 'छात्र-संसद' का आयोजन किया था। और डॉ. बाबासाहेब अम्बेडकर को इसमें 'हिन्दू कोड बिल' पर भाषण देने का आग्रह किया था। यह 'छात्र-संसद' सुन्दराबाई हॉल में सुबह 9.00 बजे आयोजित की गई थी। इस छात्र-संसद को सम्बोधित करते हुए डॉ. अम्बेडकर ने कहा–*

माननीय अध्यक्ष और सदन के सभी सदस्यगण,

आज यहाँ आप लोगों ने मुझे भाषण देने का निमन्त्रण दिया है, इसलिए मैं आपका आभारी हूँ। आप लोगों की पार्लियामेंट में मुझे हिन्दू कोड बिल पर बोलना चाहिए, यह आपकी इच्छा है। किन्तु इस तरह का भाषण देते समय पार्लियामेंट के नियमों की कठिनाई आएगी, इस बात को मैं अच्छी तरह जानता था। मैं आपकी इस पार्लियामेंट का सदस्य नहीं हूँ। इसलिए जो आदमी पार्लियामेंट का सदस्य नहीं है, उसे पार्लियामेंट में बोलने का हक़ कैसे प्राप्त हो सकता है, यह सन्देह किसी को भी हो सकता है। इस बात को ध्यान में रखते हुए मैंने मुख्य कठिनाई से निकलने का रास्ता खोज लिया है। आपकी पार्लियामेंट को एक प्रस्ताव पास करना चाहिए और उस प्रस्ताव के तहत मुझसे बोलने का आग्रह करना चाहिए यह मेरी सलाह है। ऐसा प्रस्ताव मंजूर करने की बात महोदय ने स्वीकार कर ली है, इस बात की मुझे खुशी है। और इसलिए अब मैं आपकी पार्लियामेंट के सामने भाषण दे रहा हूँ।

आप लोग जानते हैं कि मेरे द्वारा भारतीय पार्लियामेंट में पेश किए हिन्दू कोड बिल पर फिलहाल बहस चल रही है। इस बिल का पूरा विश्लेषण करें तो कम-से-कम दो घंटे लग जाएँगे। इतना समय न तो मेरे पास है और न आपके पास। फिर भी आप जैसे जाग्रत और दृष्टिसम्पन्न छात्रों के सामने जितने कम समय में मैं हिन्दू कोड बिल पर अपने विचार रख सकता हूँ उतने कम समय में रखने का प्रयास करूँगा।

आप जैसे छात्रों को इस बिल की धाराओं की विस्तार से जानकारी नहीं होगी। क्योंकि आप लोग अपने रोज के अध्ययन और परीक्षा की तैयारी में व्यस्त रहते हैं फिर भी यह बिल आपकी और भावी पीढ़ी के सन्दर्भ में महत्त्वपूर्ण है। उससे अपने देश के कौन-कौन से फायदे होनेवाले हैं इस बात की जानकारी देश के भावी नागरिक होने के

नाते आपको होनी जरूरी है इसलिए मैं मुख्य बिल की कुछ विशेष बातों की ओर आप लोगों का ध्यान आकर्षित करना चाहूँगा।

वास्तव में हिन्दू कोड बिल में दो उद्देश्य समाहित हैं। हिन्दू कानून को पूरे देश में सूत्रबद्ध करना यह पहला उद्देश्य है। (इसे अंग्रेजी में 'कोडीफिकेशन' कहते हैं) और हिन्दू कानून के कुछ विभागों में परिवर्तन लाना यह इस बिल का दूसरा उद्देश्य है। इस दूसरे उद्देश्य पर ही सम्पूर्ण विवाद केन्द्रित है।

पहले उद्देश्य के बारे में किसी को कोई आपत्ति नहीं है और उस पर आपत्ति भी सम्भव नहीं है। हिन्दू कानून को सूत्रबद्ध करने में सभी एक हैं। क्योंकि किसी भी कानून को जिन बुनियादी कसौटियों पर खरा उतरना पड़ता है, उन कसौटियों को हिन्दू कानून में लाना जरूरी है।

कोई भी कानून तीन बुनियादी कसौटियों पर खरा उतरना चाहिए। वे कसौटियाँ निम्न हैं–

1. कानून 'निश्चित' होना चाहिए। उसकी किसी धारा के बारे में या संशोधन के बारे में सन्देह, संदिग्धता नहीं रहनी चाहिए। उसका अर्थ साफ-साफ और सीधा होना चाहिए। यह कानून की पहली कसौटी है।

2. कानून सभी जगह एक जैसा होना चाहिए। वह क्षेत्रीय विभिन्नता से जकड़ा हुआ नहीं होना चाहिए। मुम्बई में खून होने पर मुजरिम को जो सजा मिलेगी वही सजा त्रिचन्नापल्ली में हुए खून के लिए भी मुजरिम को मिलनी चाहिए। यह कानून की दूसरी कसौटी है।

3. कानून समस्त जनता को सहारा दे सकें, ऐसे आसान और सुबोध होने चाहिए। अपने हक़ क्या हैं यह बात हर नागरिक को समझनी चाहिए। कानून ऐसा न हो कि हर समय वकील पर निर्भर रहना पड़े। यह कानून की तीसरी कसौटी है।

यदि आज तक के हिन्दू कानून को इन कसौटियों पर परखा जाए तो क्या दिखाई देगा? उक्त प्रकार की एक भी कसौटी पर हिन्दू कानून खरा नहीं उतरता। दुनिया के घटिया कानून का उदाहरण यदि कोई है तो वह हिन्दू कानून ही है। हिन्दू कानून जैसा अनिश्चित, असम्बद्ध और महँगा कानून दुनिया में और कहीं नहीं मिलेगा। इस सम्बन्ध में और ज्यादा विश्लेषण करने की कोई वजह नहीं है। इस बात को सभी लोग स्वीकार करते हैं कि हिन्दू कानून को सूत्रबद्ध किया जाए।

अब हिन्दू कोड बिल में परिवर्तन करने के उद्देश्यों के सम्बन्ध में विचार करेंगे। जैसा कि ऊपर बताया गया है, इस सम्बन्ध में विरोधियों ने हो-हल्ला मचा रखा है। हिन्दू कोड बिल में मुख्य बिल के द्वारा किस प्रकार का संशोधन सुझाया गया है यह देखने से विरोधियों का कहना उचित है या अनुचित है, इस बात का पता चल जाएगा।

हिन्दू कोड बिल के द्वारा कुल पाँच प्रकार के संशोधन सुझाए गए हैं, उसमें हर प्रकार के संशोधन की थोड़ी जानकारी प्राप्त करना जरूरी है।

पहला संशोधन विवाह, गोद लेने आदि के बारे में जो जातीय सम्बन्ध थे उसके बारे में है। प्राचीन और प्रचलित हिन्दू कानून के मुताबिक विवाह और गोद लेना अपनी-अपनी जाति में ही होता था और आज भी है। यदि किसी जाति में दूसरी जाति के साथ विवाह हुआ, या दूसरी जाति का बच्चा गोद लिया गया तो वह विवाह और गोद लेना कानून के मुताबिक रद्द समझा जाता था। इस तरह से हिन्दू समाज और कानून दोनों जाति पर आधारित हैं। जिसकी जाति नहीं वह हिन्दू नहीं है। लेकिन इस बात को हिन्दू कोड बिल में अस्वीकार कर दिया गया है। हिन्दू कोड बिल के द्वारा जाति का विनाश होना है। नए कानून के द्वारा जाति के बन्धन नष्ट होंगे और किसी भी जाति में विवाह और गोद लेना हो सकेगा।

दूसरा संशोधन एक विवाह के सम्बन्ध में है। प्रचलित और प्राचीन हिन्दू कानून के मुताबिक हिन्दू धर्म में मनचाही जितनी औरतों के साथ विवाह करने की छूट है। इस बारे में मुस्लिम कानून की आलोचना की जाती है। किन्तु हिन्दू कानून में और मुस्लिम कानून में इस सम्बन्ध में काफी फर्क है। वह यह है कि जो आदमी चार औरतों को इनसाफ दे सकेगा मतलब उनका वैवाहिक जीवन सुखी रख सकेगा उसे ही चार औरतों से विवाह करने का अधिकार होगा, ऐसी शर्त हिन्दू कानून में नहीं है।

हिन्दू कानून के मुताबिक एक पुरुष को कई औरतों से विवाह करने की केवल सैद्धान्तिक स्वतन्त्रता है, ऐसी बात नहीं है। इसके हक़ीकत में कई उदाहरण हैं। बंगाल में कुलीन विवाह-पद्धति नामक एक विवाह-पद्धति है। उस पद्धति के मुताबिक एक आदमी का 500 औरतों से विवाह करने पर भी कोई आपत्ति नहीं है। एक बंगाली ने 500 औरतों के साथ विवाह भी किया था। पंढरपुर की यात्रा के समय कोई पंडा जिस तरह से यात्रियों के नाम-पते एक रजिस्टर में लिख लेता है, उसी प्रकार इस बंगाली आदमी ने अपनी औरतों के नाम, उम्र और पते एक रजिस्टर में लिखकर रखे थे। उसकी औरतें जगह-जगह, गाँव-गाँव में थीं। पति-पत्नी के रूप में उनका सम्बन्ध नहीं था और वैसा उसका उन पर बन्धन भी नहीं था, जिसके कारण वह बंगाली गाँव-गाँव जाकर अपनी औरतें खोजता फिरता था। और ऊपर से दक्षिणा भी लेता था। हिन्दुओं में विवाह के ऐसे रिवाज पूरी तरह से अमानवीय हैं। हिन्दू कोड बिल को कानून का रूप प्राप्त हो जाने के बाद इस पद्धति को समाप्त कर दिया जाएगा। नए कानून के मुताबिक एक हिन्दू को सिर्फ एक ही औरत से विवाह की इजाजत होगी।

तीसरा संशोधन विवाह-विच्छेद (तलाक) के बारे में है। प्रचलित कानून के मुताबिक औरत को पति की अर्धांगिनी समझा जाता है। एक बार विवाह हो जाने के बाद उसे किसी भी कारण से अपने पति से जुदा होने का हक़ नहीं है या वह विवाह-विच्छेद नहीं कर सकती। हिन्दू कानून के मुताबिक विवाह का बन्धन न टूटनेवाला समझा जाता है। सच तो यह है कि जिस औरत का अपने पति से या जिस पति का अपनी पत्नी से उचित बर्ताव न हो उन्हें इकट्ठा रहने के लिए मजबूर करना भी उचित नहीं है। इसलिए कुछ निश्चित शर्तों पर पति-पत्नी का विवाह-विच्छेद का अधिकार हिन्दू कोड बिल में दिया गया है।

चौथे संशोधन के मुताबिक हिन्दू कानून की 'कोपारसिनरी' पद्धति को समाप्त कर दिया गया है। पूर्वजों की ओर से जो स्टेट चली आती है, उस पर वंशजों के हक़ के बारे में दो पद्धतियाँ प्रचलित हैं। एक मिताक्षरा और दूसरी दायभाग। मिताक्षरा पद्धति बंगाल को छोड़कर सभी प्रान्तों में प्रचलित है और उस पद्धति के मुताबिक पिता के मरने के बाद सभी बच्चों को जन्मसिद्ध हक़ के रूप में पिता की जायदाद मिल सकती है। उसे बेचने के लिए उसके उत्तराधिकारियों की अनुमति की जरूरत होती है। इस पद्धति को प्रतिबन्धदाय भी कहते हैं। दायभाग पद्धति बंगाल और बंगाल के आसपास के कुछ हिस्सों में है। इस पद्धति में बच्चों को इस प्रकार का कोई उत्तराधिकार का हक़ नहीं है बल्कि पिता के मरने के बाद ही बच्चों का खानदानी जायदाद पर अधिकार होता है। इसके अलावा एक तीसरी पद्धति है उत्तराधिकार का कानून (The Law of Succession) परन्तु वह हिन्दुओं पर लागू नहीं है। इसलिए नए बिल में मिताक्षरा पद्धति को रद्द कर दिया गया है और दायभाग पद्धति को सभी पर लागू किया जाएगा। उसकी वजह से एकरूपता आएगी और जायदाद का योग-विनियोग करने के लिए पिता को पूरी स्वतन्त्रता रहेगी। उससे सम्पन्नता बढ़ाने और आर्थिक आय बढ़ाने में मदद मिलेगी।

पाँचवाँ और अन्तिम संशोधन औरतों को जायदाद में मिलनेवाले हक़ के सम्बन्ध में है। आज औरतों को जायदाद में सम्पूर्ण स्वामित्व का अधिकार नहीं है। उन्हें भेंट-स्वरूप शादी के समय जो पैसा या गहने मिलते हैं, वे ही उनकी जायदाद समझी जाती है। इसमें लड़की के हक़ के सम्बन्ध में जो भेदभाव है, उसे समाप्त कर दिया जाएगा। अब आगे पिता की जायदाद का बेटों की तरह बेटियों को भी उचित हिस्सा मिलेगा। मतलब इसमें लड़का और लड़की में कोई भेदभाव नहीं रहेगा। नारी को समान हिस्सा मिलेगा। आज तक ऐसा कानून नहीं था। 1937 के पहले विधवाओं को भी अपने मृत पति की जायदाद पर हक़ जताने का अधिकार नहीं था। उसके लिए 1937 में एक नया कानून बनाया गया। किन्तु इस कानून में सीमित स्वामित्व और लड़की का बराबरी का उत्तराधिकार स्वीकार नहीं किया गया था। इस नए हिन्दू कोड बिल के द्वारा ये दो दोष निकाल दिए गए हैं।

इस सारे विश्लेषण की ओर देखने से एक बात आप लोगों के ध्यान में आएगी। संशोधन किस प्रकार से किया जाए या कैसे किया जाए, इस बारे में अलग-अलग राय होना सम्भव है। किन्तु इसमें संशोधन न किया जाए इस तरह की बात कोई नहीं कह सकता।

इस संशोधन को देखने के तीन नजरिए हैं। किस नजरिए पर आपका विरोध किस तरह का है यह बात करने से ही पता चलेगा। पहली बात यह है कि बुद्धिवादी नजरिए से इस संशोधन को देखा जा सकता है। दूसरी बात तुलनात्मक अध्ययन से इस संशोधन को देखा जा सकता है। और तीसरा नजरिया सनातनियों का है। यहाँ पहली दो दृष्टियों से देखनेवाले जो लोग हैं, वे किस पद्धति से इस संहिता को बनाया जाए इस बारे में

उनके मतभेद होंगे। किन्तु इसमें जो बुनियादी सिद्धान्त समाहित है उनका उस पर विरोध नहीं होगा।

क्या सनातनियों के नजरिए को जीवन में स्वीकार करना सम्भव है? आज जीवन की हर बात पर संविधान का प्रभाव पड़ रहा है। संविधान प्रभुत्वसम्पन्न है। मैं इस बात की घोषणा करना चाहता हूँ कि अब मनु का अधिकार समाप्त हो चुका है।

अपने देश में सनातनी मानसिकता का प्रभाव ज्यादा है। लेकिन ऐसे बहुसंख्यक लोगों को साथ लेकर चलना है इसलिए मैं उनकी सोच को समझना चाहता हूँ। किन्तु ऐसा करते समय मेरे मन में एक सवाल उठता है कि इस नए हिन्दू कोड बिल में जो संशोधन हो रहा है वह क्या अपने प्राचीन धर्मशास्त्रों पर बिल्कुल आधारित नहीं है? मैं संस्कृत का पंडित नहीं हूँ। हिन्दू कानून का भी विद्वान नहीं हूँ। किन्तु मैंने हिन्दू धर्मशास्त्रों का कुछ अध्ययन किया है। इसलिए मैं किसी न किसी शास्त्र का कुछ आधार प्रस्तुत कर सकता हूँ।

एक–मौजूदा हिन्दू कानून जाति को स्वीकार करता है। जाति को माँ के समान माना जाता है। क्योंकि यह कानून 'मातृसावर्ण्य' को मानता है। क्या 'मातृसावर्ण्य' का नियम वैश्विक है? क्या यह नियम आदिकाल से चला आ रहा है? क्या 'मातृसावर्ण्य' का नियम नया है? यदि नया था तो पुराना नियम क्या था? हम लोगों को इन सवालों पर विचार करना चाहिए।

जाति का सवाल जैसे आज उठ रहा है वैसा प्राचीन समय में भी था। नवजात बच्चे की जाति पिता की जाति से या माँ की जाति से तय की जाए? इसके लिए मनुस्मृति में अवान्तर वर्ण की एक पद्धति बताई गई है। पिता ब्राह्मण हो और माँ क्षत्रिय हो तो लड़के की जाति ब्राह्मण मानी जाए, इस प्रकार का संकेत मनुस्मृति में दिया गया है। लेकिन मनुस्मृति से पहले लिखे गए ग्रन्थों में भी पिता की जो जाति होगी बालक की जाति भी वही रहेगी, ऐसे उदाहरण भी मिलते हैं। राजवाड़े के 'राधामाधव विलास चंपू' में इस तरह की एक सूची दी गई है। क्षत्रिय जाति का शांतनु और शूद्र जाति की गंगा से पैदा हुए भीष्म को क्षत्रिय माना जाता है। कृष्णद्वैपायन पाराशर का लड़का है। पाराशर ब्राह्मण है और मत्स्यगन्धा कृष्णद्वैपायन की माँ जाति से ढिमर है। किन्तु कृष्णद्वैपायन को ब्राह्मण समझा जाता है। विश्वामित्र क्षत्रिय है और मेनका अप्सरा है। उनसे पैदा हुई शकुन्तला क्षत्रिय है। जरत्कारन ब्राह्मण है, जरत्कारी नागिन है। उनसे पैदा हुए आस्त ब्राह्मण हैं। बाप की जाति ही बच्चों की जाति मानी जाती थी, आज भी उसी पद्धति को स्वीकार किया गया तो पुरानी परम्पराएँ भंग कहाँ होती हैं, यही मेरा सवाल है।

दूसरी शर्त यह है कि यदि पहली औरत के निर्वाह के लिए उसका पति पहले ही पर्याप्त पैसा देने के लिए तैयार हो तब? यह शर्त मुश्किल है, इस पर भी इस नियम का मतलब इतना ही है कि कौटिल्य ने भी विवाह की एक औरत पद्धति को ही स्वीकार किया है।

विवाह-विच्छेद के लिए पराशर-स्मृति का आधार

नए हिन्दू कानून में विवाह-विच्छेद के बारे में जो शर्तें दी गई हैं उन्हें 'पराशर-स्मृति' पर आधारित कहा जा सकता है। 'पराशर-स्मृति' के मुताबिक स्त्री को दूसरी शादी करने के कारण हैं–स्त्री का पति नपुंसक हो, या वह गुमशुदा हो या वह मर गया हो। इससे एक बात सिद्ध होती है कि पति को पत्नी से अलग होने का अधिकार मंजूर किया गया है। हम लोगों ने हिन्दू कोड बिल में विवाह-विच्छेद की शर्तें और बढ़ाई हैं और उसका दायरा और भी व्यापक बना दिया है। मतलब विवाह-विच्छेद के मुद्दे पर 'पराशर-स्मृति' ग्रन्थ जैसा दूसरा अधिकारपूर्ण आधार नहीं है; ऐसा यदि कहा जाए तो कोई गलत नहीं होगा।

औरतों के हक़ों के बारे में बृहस्पति के मत का आधार

औरतों के उत्तराधिकार के बारे में प्रसिद्ध स्मृतिकार बृहस्पति की मान्यताओं को आधार बनाया जा सकता है। उसने कहा है कि तलाकशुदा की जायदाद पर कोई भी उत्तराधिकार का हक़ कायम नहीं कर सकता। उसके लिए कारण देते हुए उन्होंने कहा है कि औरत पति की अर्धांगिनी होने की वजह से पति के मरने के बाद औरत अर्धांगिनी के रूप में जीती है। इसलिए अर्धांगिनी की जायदाद पर किसी का हक़ कायम नहीं हो सकता। मुझे लगता है, बृहस्पति का यह मत महत्त्वपूर्ण और समझ में आने योग्य है।

अपने मनु को ध्यान से पढ़िए

मिताक्षरी उत्तराधिकार हक़ की पद्धति से मनु का भी विरोध था इस बात को ध्यान में रखना चाहिए। यदि मैंने आपको यह बताया तो आपको आश्चर्य लगेगा कि मनु भी संयुक्त परिवार पद्धति का विरोधी था। परिवार की जायदाद से उसका विरोध था। प्राचीनकाल में यज्ञ को सर्वश्रेष्ठ कर्म समझा जाता था। यज्ञ जितने ज्यादा होते थे धर्म का प्रभाव उतना बढ़ता था, यह आर्यों की मान्यता थी। औरतों को वेदाध्ययन का अधिकार नहीं था इसलिए वे यज्ञ नहीं कर सकती थीं। प्राचीन काल में यज्ञ और धन का बहुत करीब का सम्बन्ध था। इसलिए मनु का तर्क निम्न प्रकार है, मनु का कहना है कि, "धर्म के प्रचार के लिए यज्ञ अधिक होने चाहिए।" यदि इस नियम को अमल में लाएँ तो क्या संयुक्त परिवार पद्धति की वजह से यज्ञों की संख्या कम नहीं होगी? इसलिए इस धर्म-भावना से क्या संयुक्त परिवार पद्धति धर्मविरोधी नहीं है?

और मिताक्षरी उत्तराधिकार पद्धति का आधार तो संयुक्त परिवार पद्धति है। मैं हिन्दू सनातनियों को यह पूछना चाहता हूँ कि क्या आपका मनु संयुक्त परिवार का विरोध करता था, इस बात को आप लोग स्वीकार करेंगे?

उत्तराधिकारी पद्धति

हिन्दू उत्तराधिकारी पद्धति का उद्‌गम किसमें है, इस बात को भी देखना चाहिए। मनु के कहने के मुताबिक हिन्दू आदमी को जो चार प्रकार के कर्ज चुकाने पड़ते हैं, उनमें पिता का कर्ज चुकाने के लिए एक बेटा पर्याप्त है। एक से ज्यादा बेटे होना निजी अभिलाषा का लक्षण है। इसलिए मनु अन्य बेटों का जायदाद पर हक़ स्वीकार करने के लिए तैयार नहीं है। इसलिए इसके आधार पर भी इस तरह से कहा जा सकता है कि उत्तराधिकार हक़ की मिताक्षरा पद्धति मनु के बाद की है। मनु के अन्य बेटों का हक़ अस्वीकार करने से एक कठिनाई पैदा हो गई है। और उसी से उत्तराधिकारी पद्धति का जन्म हुआ है। आपस्तम्भ-सूत्र में तो बेटे को बेचने या दान का जबर्दस्त विरोध किया गया है। इसलिए मैं हिन्दू सनातनियों को पूछना चाहता हूँ कि क्या उत्तराधिकारी का विधान भी शास्त्रसम्मत है? लेकिन बाद में समाज की जरूरत को ध्यान में रखते हुए 'वशिष्ठ-स्मृति' में परिवर्तन किया गया। उसने कहा कि यह आपस्तम्भ- स्मृति का बन्धन सिर्फ बड़े बेटे के सम्बन्ध में है। शेष बेटे गोद लिए जा सकते हैं। इस तरह से गोद लेने की पद्धति अस्तित्व में आई।

इसलिए इन सभी बातों का प्रमाणों के आधार पर विचार करने के बाद हम निश्चित तौर पर कह सकते हैं कि आज का प्रचलित हिन्दू कानून ही शास्त्रसम्मत नहीं है। उसका हिन्दू धर्मशास्त्रों के साथ बिल्कुल मेल-मिलाप नहीं है। मूल शास्त्रों की तुलना में उसमें काफी परिवर्तन हो गया है। इसलिए मैं यह कहना चाहता हूँ कि हिन्दू सनातनी लोग शास्त्रों का गहराई से अध्ययन ही नहीं करते हैं, बल्कि मैं तो यह कहना चाहता हूँ कि हमारे नए सुधार किसी-न-किसी शास्त्र पर आधारित हैं।

इसलिए मेरी यह स्पष्ट मान्यता है कि नया हिन्दू कोड बिल क्रान्तिकारी नहीं है। मैं नदी के किनारे-किनारे नाव चलानेवाला आदमी हूँ। समुद्र में यात्रा के लिए निकलनेवाले व्यक्तिवादी, साहसी यात्री की तरह मैंने इस हिन्दू कोड बिल को तैयार नहीं किया है।

हम लोगों को और भी एक सवाल पूछा जाता है कि हम लोग हिन्दुओं को सताने के लिए इस बिल को तैयार कर रहे हैं। उनका कहना है कि हिन्दू शास्त्रों में गलतियाँ हैं, विकृतियाँ हैं, लेकिन उन्हें जस का तस रहने दीजिए। आप उसमें दखल क्यों दे रहे हैं? हिन्दू लोग कमजोर हैं, अहिंसक हैं, इसलिए हम उन्हें सता रहे हैं, यही उनका तर्क है। हम लोगों ने यदि मुस्लिमों के धर्म में हाथ डालने की कोशिश की तो वे हिंसा पर

उतर आएँगे, सरकार के खिलाफ असन्तोष पैदा करेंगे, इसलिए हम उनके कानून में कोई दखल नहीं दे रहे हैं, इस तरह का उनका आरोप है। हिन्दू लोग डरपोक हैं इसलिए हम उनके कानून का संहितीकरण कर रहे हैं, यह समझना दुनिया का सबसे बड़ा झूठ है।

हमारा तो साफ़ तौर पर यही कहना है कि धर्म का और भौतिक अधिकारों के हक़ों के बीच किसी भी प्रकार का सम्बन्ध नहीं होना चाहिए। सम्पूर्ण देश में एक 'सिविल कोड' होना चाहिए, ऐसा हमें लगता है। ऐसी व्यवस्था हमारे संविधान में है। उसमें इस तरह का दिग्दर्शन भी है।

किन्तु 'सिविल कोड' कैसे होगा? क्या वह आसमान से टपकेगा या विदेश से लाया जाएगा? कानून का विकास होना चाहिए। इसलिए हिन्दू कोड बिल नए सिविल कोड की बुनियाद है। इसके लिए हिन्दुओं के प्रचलित कानूनों का संहितीकरण होना जरूरी है। उसी से हम 'महत्तम सामान्य भागक' निकाल सकते हैं। उसी के बाद हम मुस्लिम आदि अल्पसंख्यकों के पास जाकर उन्हें इस नए परिवर्तन की राह दिखा सकते हैं। किन्तु जब तक मुझे कुछ मुद्दे नहीं मिलते तब तक नया सिविल कोड बिल तैयार करना क्या सम्भव है, इस बात पर विरोधियों को गम्भीर रूप से सोचना चाहिए। इसमें हिन्दुओं का नुकसान करने का कोई उद्देश्य नहीं है। इसमें सिर्फ अपने रिविल कोड के लिए जरूरी आधार तैयार करने का उद्देश्य है।

इस बिल में किसी भी प्रकार की छोरवादी भूमिका नहीं है। हिन्दू सनातनी विचारों का विरोध भी नहीं है। इसमें सिर्फ नए विचारों को, नई मान्यताओं को स्वीकार किया गया है। जिन लोगों को नए विचार, नए आचार स्वीकार न हों उन्हें उसका पालन करना ही चाहिए, इस प्रकार का कोई आग्रह नहीं है।

किसी हिन्दू सनातनी को अपनी जायदाद का हिस्सा अपनी लड़कियों को न देना हो तो उसे अपने वसीयतनामे में यह उल्लेख कर देना चाहिए। या उसकी लड़की हिन्दू नहीं है, यह कह देना चाहिए। यह हिन्दू-स्मृति उसे पूरी आजादी दे रही है। आप लोग इस तरह से नए सुधारों से दूर रह सकते हैं। इसलिए इसमें सनातनी समझ का विनाश है, यह एक प्रकार का भ्रम है। यह उनके लिए एक अच्छा किन्तु बीच का रास्ता है। इस तरह सनातनियों को अपना रास्ता खुद ही चुनना चाहिए। लेकिन उस रास्ते के लिए दूसरों से आग्रह नहीं करना चाहिए।

साप्ताहिक 'जनता' के 14 जनवरी, 1950 के अंक में प्रकाशित।

महाराष्ट्रियन किसी से पीछे नहीं हैं

*दि. **27 जनवरी 1950** को दिल्ली में वहाँ की सभी महाराष्ट्रियन संस्थाओं द्वारा बृहन महाराष्ट्र भवन में लोकराज्य दिन बड़े उत्साह के साथ आयोजित किया गया था। डॉ. बाबासाहेब अम्बेडकर इस सभारम्भ के अध्यक्ष थे। इस सभारम्भ को सम्बोधित करते हुए डॉ. अम्बेडकर ने कहा–*

महाराष्ट्रियन लोगों के बारे में कुछ कहें तो फिलहाल हमारे लोगों की यह मानसिकता बनती जा रही है कि हर क्षेत्र में वे सबसे पीछे हैं। किन्तु मैं इस बात को स्वीकार करने के लिए बिल्कुल तैयार नहीं हूँ। और मेरी आप सभी लोगों को यह सलाह है कि आप भी इस तरह की समझ न बनाएँ। जनसंख्या की दृष्टि से महाराष्ट्रीय लोग अल्पसंख्यक हैं फिर भी केन्द्रीय सरकार में हम दो महाराष्ट्रियन मन्त्री हैं। रिजर्व बैंक के गवर्नर पद का सम्मान भी हममें से एक आदमी को मिला है। उसी प्रकार राजनीति, ज्ञान, स्वार्थ, त्याग आदि सभी गुणों में अपना प्रान्त किसी से पीछे है, यह समझने की बिल्कुल जरूरत नहीं है। मैं तो यह भी कह सकता हूँ कि अन्य किसी भी प्रान्त के प्रजाजनों की तुलना में महाराष्ट्रीय आदमी अपनी जिम्मेदारी को ज्यादा अच्छी तरह समझता है। वह ज्यादा ईमानदार है और राष्ट्र के लिए ज्यादा से ज्यादा त्याग करने की उसकी तैयारी है।

दिल्ली स्थित महाराष्ट्रीय संस्थाओं ने मुझसे कई बार अलग-अलग अवसरों पर उपस्थित होकर बोलने का आग्रह किया था। किन्तु पिछले तीन सालों में मैं संविधान समिति के काम में व्यस्त होने के कारण उस निमन्त्रण को स्वीकार नहीं कर सका। मतलब मैं न तो किसी महाराष्ट्रीय सभा में उपस्थित रहा और न किसी अन्य सभा में हिस्सा ले सका। लोगों को अपने मन से इस तरह की गलत धारणा को बिल्कुल निकाल देना चाहिए कि मेरा आज यहाँ सम्मान होनेवाला है, इसलिए मैं यहाँ आया हूँ। पहली बात तो यह है कि मैं अपने स्वभाव से अकेलापन ज्यादा पसन्द करता हूँ। और मैं इस तरह के समारोहों को ज्यादा पसन्द नहीं करता। आम तौर पर किताब पढ़ना और अपना काम करना इसके अलावा मैं अन्य किसी बात को पसन्द नहीं करता। इसलिए मैं किसी भी समारोह में सम्मिलित नहीं होता। आज आप सभी लोगों ने मुझे यहाँ बुलाकर मेरा अभिनन्दन किया है, इसके लिए मैं आपका आभारी हूँ।

संविधान समिति में मेरा काम बहुत बड़ा है, इस बात को स्वीकार करने के लिए

मैं तैयार नहीं हूँ। क्योंकि इस संविधान को बनाते समय कई राष्ट्रों के अलग-अलग संविधानों का अध्ययन कर उनकी कुछ अच्छी बातें अपने देश को पसन्द आ सकें और वे देशवासियों को स्वीकार हों ऐसी बातों को चुनकर इकट्ठा करना इतना ही हमारा काम था। और वही काम हमने किया भी है। सबसे महत्त्वपूर्ण बात जो हम कर सके वह यह है कि हमने अखिल भारत के लिए एक राजभाषा को तय किया है। उसी प्रकार एक लिपि भी हमने तय की होती तो यह महत्त्वपूर्ण बात होती। किन्तु यह काम हम जल्दबाजी में नहीं कर सके। अपने देश में सैकड़ों भाषाएँ बोली जाती हैं। ऐसे विशाल देश की एक राजभाषा हम लोग कायम कर सकें, यह सचमुच बड़ी महत्त्वपूर्ण बात है। अलग-अलग प्रान्तीय भाषाएँ उन प्रान्तों की रहेंगी ही, यह आज भी कहा जाता है। किन्तु राजभाषा एक तय होने के बाद भारत के हर नागरिक को उस भाषा का ज्ञान होना जरूरी हो जाएगा। और उसके द्वारा अपने-आप एकता स्थापित होगी। यदि राष्ट्र को मजबूत करना है तो इस तरह की एकता की कितनी जरूरत होती है, इस बात को मुझे अलग से कहना चाहिए, यह जरूरी नहीं है।

महाराष्ट्र की परम्परा गौरवशाली है। उसे बरकरार रखने के लिए लगातार अध्ययन जरूरी है। यह समाज बड़ा अभिमानी है। अभिमानी होना गलत नहीं है। किन्तु बेमतलब का अभिमानी होना उचित नहीं है। और असली अभिमान सम्पूर्ण ज्ञान से ही प्राप्त होता है। मैं आप लोगों से यही कहना चाहता हूँ कि यदि महाराष्ट्र की परम्परा को बरकरार रखना चाहते हो तो अपने ज्ञानाध्ययन की परम्परा को मत छोड़िए और जिन गुणों की वजह से हम अपनी परम्परा को बरकरार रखे सकें उनका संवर्धन और रक्षण करना चाहिए। वे गुण हैं–प्रामाणिकता, जिम्मेदारी के प्रति ईमानदारी और उसे निभाते समय राष्ट्रीय कल्याण की भावना। हम लोगों में एक बात का जबर्दस्त अभाव है और वह अभाव है अच्छी भाषण शैली का। हर युवक ने इस कला को हासिल नहीं किया तो आनेवाली जनतान्त्रिक शासन-प्रणाली में वह अच्छी तरह से टिक नहीं पाएगा। आप लोगों ने मुझे यहाँ बुलाकर मेरा जो सम्मान किया है, उसके लिए मैं आपका आभारी हूँ।

साप्ताहिक 'जनता' के 4 फरवरी, 1950 के अंक में प्रकाशित।

आपको अपनी मुक्ति का धर्म चुनना है

*दि. **2 मई 1950** को दिल्ली में डॉ. बाबासाहेब अम्बेडकर की अध्यक्षता में भगवान बुद्ध की 2494वीं जयन्ती सार्वजनिक रूप से और बड़े उत्साह के साथ मनाई गई थी। इसका आयोजन उत्तर भारतीय दलित समाज ने किया था। इस सभारम्भ में बौद्ध राष्ट्रों के राजदूत, बौद्ध भिक्खू और दलित समाज के लोग (पुरुष-महिलाएँ) बहुत बड़ी संख्या में उपस्थित थे। इस अवसर पर डॉ. अम्बेडकर ने कहा–*

भाइयो तथा बहनो,

इस अवसर पर मैंने हिन्दी में बोलने का निश्चय किया है। इसलिए सबसे पहले मैं यहाँ उपस्थित सम्माननीय मेहमानों से क्षमा चाहता हूँ। मैं यहाँ अंग्रेजी में ही बोलना चाहता था। यदि मैंने अंग्रेजी में अपने विचार व्यक्त किए होते तो मेरे परदेशी मित्रों को मेरे विचार सुनने-समझने का मौका मिल गया होता। लेकिन अंग्रेजी भाषा यहाँ के अधिकांश लोगों की समझ में नहीं आएगी। इसलिए मेरा यहाँ अंग्रेजी में भाषण करने का मतलब सामान्य लोगों पर अन्याय करनेवाली बात होगी। इसीलिए मैं हिन्दी में बोल रहा हूँ।

बार-बार आम सभाओं में जाना और किसी-न-किसी विषय पर जानकारी देते हुए प्रवचन देते रहना, इस तरह की मेरी आदत नहीं है। जब से मैं दिल्ली में हूँ बहुत कम सभाओं में मैं जा पाया हूँ। मुझे ऐसा लगता है कि हमें जनता के समय का बेवजह गलत उपयोग नहीं करना चाहिए। और यदि हमने लोगों का कीमती समय लिया तो जनता की भलाई होगी और उन्हें हमारी बातों से मदद मिलेगी। इस तरह से कुछ बातें उन्हें समझाने के लिए हमारे पास भी कुछ होना चाहिए।

बुद्ध जयन्ती मनाइए

कुछ दिन पहले कुछ युवाओं ने मेरा जन्मदिन मनाने की इच्छा जाहिर की थी। और उस समारोह में मुझे उपस्थित रहना चाहिए, यह भी कहा गया। लेकिन मैंने उस बात को

स्वीकार नहीं किया। इसलिए कई लोग निराश हो गए होंगे। लेकिन उस पर मुझे बुरा नहीं लगा। क्योंकि मेरे जैसे सामान्य आदमी का जन्मदिन मनाने से कौन-सा लाभ मिलनेवाला है? आप लोगों से अलग मेरे पास ऐसी कौन-सी विशेष बात है? क्या आप लोगों के पास मुझसे कम इनसानियत है? मुझे इस तरह से कुछ नहीं लग रहा है। कुछ लोगों को अपना जन्मदिन मनाना अच्छा लगता होगा। लेकिन अपना जन्मदिन मनाया जाना मुझे अच्छा नहीं लगता। इसलिए मैंने उन युवाओं को भगवान बुद्ध की जयन्ती मनाने के लिए कहा और इसीलिए अपने सारे काम छोड़कर मैं यहाँ आया हूँ।

देवता की कसौटी

अपने देश के लोग देवपूजा करते हैं। और उन्हें जयन्ती, कृष्ण-जयन्ती मनाने में बड़ा आनन्द आता है। मैं राम और कृष्ण की जयन्ती में हजारों लोगों को देखता हूँ। लेकिन भगवान बुद्ध की जयन्ती मनाने के लिए कुल 100 लोग भी इकट्ठा हुए नहीं दिखाई दिए। मैं हर साल बुद्ध विहार जाता हूँ, तब मुझे इस तरह का फर्क दिखाई देता है। लोग राम या कृष्ण की जयन्ती क्यों मनाते हैं? उन्हें लगता है कि राम और कृष्ण देवता हैं। मैं धर्मशास्त्र का कोई बड़ा विद्वान नहीं हूँ। फिर भी मैंने कुछ धार्मिक साहित्य का अध्ययन किया है उसके आधार पर मैं यह बता सकता हूँ कि देवता-पद पर विराजमान व्यक्ति समझदार, जानकार होना चाहिए। ऐसे आदमी को दूसरों से नफरत नहीं करनी चाहिए। स्वार्थी भावना नहीं रखनी चाहिए। और न किसी के साथ दुश्मनी रखनी चाहिए। आज से किसी का भी बुरा न हो, यह दृष्टि होनी चाहिए।

क्या इस कसौटी पर सचमुच राम और कृष्ण देवता खरे उतर सकते हैं? सबसे पहले राम को परखिए। क्या राम सचमुच में देवता थे? दो-तीन बातों से राम को देवता नहीं माना जा सकता।

सीता की आत्महत्या

जिस समय सीता और लक्ष्मण के साथ राम जंगल में रह रहे थे उस समय उन्होंने रावण की बहन शूर्पनखा की नाक काट दी थी। क्या देवता आदमी इस तरह का काम कर सकता है? यह पहला कारण है। उन्होंने बाली और सुग्रीव के कामकाज में बेवजह हस्तक्षेप किया। यही नहीं, उन्होंने बाली का राज्य और उसकी पत्नी को जबरन सुग्रीव के हवाले कर दिया था। क्या इस तरह की बातें देवता आदमी कर सकता है? यह दूसरा कारण है। किसी धोबी ने सीता के चरित्र पर सन्देह व्यक्त किया इसलिए राम ने उसे त्याग दिया। ऐन दोपहर में सीता को जंगल में अकेले छोड़ना, इस तरह का हुक्म लक्ष्मण

को देनेवाले राम, क्या देव आदमी थे? राम ने सीता के अच्छे-बुरेपन की जाँच-पड़ताल दस साल तक नहीं की, जिसके कारण उसे धरती माँ की आराधना करके आत्महत्या करनी पड़ी। राम को लोग देवता मानते हैं किन्तु उनका चरित्र ऐसा था।

चुगलखोर कृष्ण

अब कृष्ण के बारे में देखिए। महाभारत की लड़ाई में कृष्ण मुख्य व्यक्ति थे। उस समय कृष्ण ने धूर्ततापूर्ण व्यवहार न किया होता तो शायद कौरव और पांडव जैसे भाइयों में युद्ध नहीं हुआ होता। कृष्ण ने दोनों को एक-दूसरे के खिलाफ भड़काया। और उनके बीच युद्ध की स्थिति पैदा कर दी। कृष्ण एक से कहते थे किसी से फलाँ चीज माँगने जाइए और अपने पास आए हुए आदमी की बात स्वीकार मत कीजिए, कृष्ण ऐसी सलाह दूसरों को देते थे।

क्या इस तरह की बातें देवता आदमी और पवित्र आदमी की हो सकती हैं? फिर कृष्ण को हम देवता का स्थान कैसे दे सकते हैं? मैं यह गलत नहीं कह रहा हूँ। महाभारत में और अन्य धर्मग्रन्थों में कृष्ण की चुगलखोरी के कई उदाहरण हैं। दुर्योधन को किसी ने यह बताया था कि तेरी माँ तुझे नग्नावस्था में देखेगी तो तू पत्थर बन जाएगा। जब कृष्ण को इस बात का पता चला तो कृष्ण गांधारी के घर गया। जब दुर्योधन घर से निकला उस समय कृष्ण ने दुर्योधन को उसकी नग्न स्थिति के बारे में कुछ पूछा और शरीर ढकने के लिए कहा। गांधारी को दुर्योधन के शरीर का जितना भाग दिखाई दिया उसका भाग पत्थर बन गया। यह रहस्य कृष्ण को मालूम था इसलिए उसने उसके बारे में सबको बताया और उस रहस्य पर वार करके भीम ने दुर्योधन की हत्या कर दी।

सामान्य आदमी अच्छा

दुर्योधन के मरने का रहस्य कृष्ण को मालूम था। अर्जुन की मौत को टालने के लिए कृष्ण ने इस तरह की दुष्ट योजना बनाई थी। द्रोणाचार्य का लड़का अश्वत्थामा जब युद्धभूमि में लड़ रहा था उस समय कृष्ण ने द्रोणाचार्य को गलत जानकारी दी थी और धर्मराज को 'निष्क्रिय' कहने के लिए मजबूर किया था। कृष्ण के दोगले कारनामों के कारण शिशुपाल इतना उत्तेजित हो गया था कि उसने कृष्ण को भरे दरबार में गाली दी थी। शिशुपाल की इस निर्भयता से देवताओं को भी खुशी हुई थी। कृष्ण को बेइज्जत किया गया इसलिए उस पर सरेआम फूलों की वर्षा की गई। कृष्ण देवता नहीं थे। यही नहीं, वे सामान्य आदमी से भी गए-गुजरे थे, इस बात को सिद्ध करने के लिए ऐसे कई उदाहरण दिए जा सकते हैं।

बुद्ध जयन्ती का महत्त्व

इसलिए हम लोग बुद्ध जयन्ती मना रहे हैं। और मैं आप लोगों को बताना चाहता हूँ कि फिलहाल भारत में हिन्दू धर्म की तरह बौद्ध धर्म का प्रचार नहीं है फिर भी आजादी के बाद जनता का रुझान बौद्ध धर्म की ओर ज्यादा बढ़ा है। आप पलभर के लिए सोचिए, लगभग 2,500 साल बाद यहाँ बुद्ध जयन्ती मनाई जा रही है। आज तक बौद्ध धर्म की ओर ध्यान नहीं दिया गया फिर भी बुद्ध जयन्ती मनाई जा रही है, यह बात असामान्य नहीं, ऐसा कौन कह सकता है? आजादी हासिल करने के बाद जिसे 'अपना' कहा जा सके हमें ऐसे दर्शन की जरूरत है। हमने हिन्दू संस्कृति में बहुत खोजा लेकिन उसमें विशेष ऐसा कुछ नहीं मिला है। सिर्फ बौद्ध धर्म से ही सही ज्ञान की रोशनी मिलती है। और बौद्ध धर्म के कारण ही भारत देश महान है, इस बात को हम सारी दुनिया को बता सकते हैं।

अपने राष्ट्रीय झंडे पर बुद्ध का चक्र है। अपनी राजमुद्रा बौद्ध दर्शन पर अधिष्ठित है। इसके अलावा भारत के नए संविधान के मुताबिक हमारे राष्ट्रपति को जब शपथ दिलाई गई उस समय बुद्ध की प्रतिमा को ही ज्यादा महत्त्व दिया गया है।

हिन्दू इसका जवाब दें

हिन्दू धर्म अन्य धर्मों से महान कैसे है, इसका जवाब क्या हिन्दू लोग दे सकते हैं? अछूतों के जीवन को बर्बाद करने की ताकत हिन्दू धर्म में है, क्या इसीलिए हिन्दू धर्म को महान कहना चाहिए? एक अछूत ब्राह्मण से ज्यादा ज्ञानी होने पर भी वह ब्राह्मण नहीं हो सकता, इस तरह का उपदेश हिन्दू धर्म देता है, क्या इसीलिए उसे महान मानना चाहिए? किसी अछूत ने वेदमन्त्रों का उच्चारण किया तो उसकी जबान खींच दी जाती है, क्या यह उचित है? अछूत आदमी ज्ञानी होने पर भी आचार्य नहीं हो सकता, क्या इसीलिए हिन्दू धर्म महान है? खौलता शीशा अछूतों के कान में डालने का उपदेश करनेवाला हिन्दू धर्म 'धर्म' संज्ञा के लायक है?

इन सवालों के जवाब आप लोगों को देने ही होंगे। कौन-सा धर्म अच्छा है और कौन-सा धर्म बुरा है इस बात को अब तक आप लोगों ने पहचान लिया होगा। जिन्हें विचार, शिक्षा और आजादी नहीं मिली वे लोग हिन्दू संस्कृति को कैसे अपना सकते हैं? हिन्दू धर्म ने शूद्रों को ब्राह्मण, क्षत्रिय और वैश्यों की सिर्फ सेवा करने के लिए कहा था।

आश्चर्य की बात यह है कि ये ब्राह्मण कभी राजकर्त्ता नहीं बने। ब्राह्मणों की यह मान्यता थी कि राजकर्त्ता लोग नर्क में जाते हैं। ब्राह्मण लोगों को नर्क से बड़ा डर लगता है। इसलिए ब्राह्मणों ने क्षत्रियों को राज चलाने के अधिकार दे दिए। इसलिए इस

सौदेबाजी में शूद्र और दलित कैसे हिस्सेदार बन सकते हैं? हम लोगों को अछूत के नाते हिन्दू धर्म में रहना चाहिए या धर्म परिवर्तन करना चाहिए, इस सम्बन्ध में अब सोचने का समय आ गया है। मुझे व्यक्तिगत तौर पर हिन्दुओं का घमंड और असमानता बिल्कुल पसन्द नहीं है। बौद्ध धर्म और हिन्दू धर्म में जमीन और आसमान का फर्क है। बौद्ध धर्म जातिमुक्त एकतामय समाज रचना का समर्थन करता है जबकि हिन्दू धर्म की बुनियाद ही जाति पर आधारित है। हर हिन्दू जाति की जबर्दस्त दीवार खड़ी करके समाज को बाँट दिया गया है।

हर आदमी, समाज और सरकार को धर्म की जरूरत है, इस बात से कोई इनकार नहीं कर सकता। सही धर्म के बगैर किसी का भी विकास नहीं हो सकता। इसलिए कौन-सा धर्म अच्छा है इस बात का फैसला आपको करना है। मैं आप लोगों से साफ तौर पर यह कहना चाहता हूँ कि बौद्धवाद और ब्राह्मणवाद के बीच का फर्क अच्छी तरह से जान लेना होगा। आपको इसमें से एक का चुनाव करना होगा। बुद्ध एक मानव था। बुद्ध के विचार, दर्शन, सिद्धान्त जातिवाद के खिलाफ थे। बुद्ध ने आम आदमी में अपना निवास बनाया, और मानवीय दृष्टि से जनता के दुख दूर करने का प्रयास किया। इसलिए आज आपको यह तय करना है कि कौन-सा धर्म आपकी भलाई के लिए है और उसकी पूरी आजादी आप लोगों को है, इसमें कोई सन्देह नहीं।

सा. जनता : दि. 13 मई 1950

बौद्ध धम्म के अलावा कोई विकल्प नहीं

*महाबोधि सोसायटी, कोलकाता के 'महाबोधि' मासिक पत्रिका के लिए डॉ. बाबासाहेब अम्बेडकर को एक विशेष लेख लिखने का अनुरोध किया गया था। यह लेख बैसाख पूर्णिमा-**1950** को 'महाबोधि' के विशेषांक में प्रकाशित हुआ था। यह लेख मूल रूप में अंग्रेजी में लिखा गया था। और इसका मराठी अनुवाद सा. जनता में छपा था।*

इस दुनिया में जनता को प्रभावित करनेवाले आज तक चार ही धर्म-संस्थापक हुए हैं। इन चार धर्म-संस्थापकों के नाम हैं–भगवान बुद्ध, ईसा मसीह, मोहम्मद पैगम्बर और श्रीकृष्ण। इन चार धर्म-संस्थापकों ने आज तक दुनिया की जनता को प्रभावित किया है।

इन धर्म-संस्थापकों ने अपने-अपने धर्म की स्थापना के लिए जो रास्ता अपनाया उसका तुलनात्मक दृष्टि से अध्ययन किया जाए तो उसमें भगवान बुद्ध की आँखों में भरने लायक महत्त्वपूर्ण विशेषता दिखाई देती है।

उनकी सबसे बड़ी और महत्त्वपूर्ण विशेषता यह है कि उन्होंने अपने सम्पूर्ण अहंकार को जीत लिया था। ईसा मसीह ने बाइबिल में जगह-जगह और बार-बार यही कहा है कि "मैं परमात्मा का बेटा हूँ और मेरे द्वारा ही जनता को मोक्ष की प्राप्ति होगी।" मोहम्मद पैगम्बर ने तो ईसा मसीह से एक कदम आगे बढ़कर कहा है, "मैं अल्लाह का पैगम्बर हूँ और वह भी आखिरी पैगम्बर हूँ।" श्रीकृष्ण ने दोनों धर्म- संस्थापकों से भी बढ़-चढ़कर यह बताया, "मैं देवताओं का देव हूँ, खास परम परमेश्वर हूँ।" लेकिन भगवान बुद्ध ने इस तरह की कोई भूमिका कभी स्वीकार नहीं की। बुद्ध तो आम आदमी की तरह सीधे-साधे मानवपुत्र थे और वे हमेशा मानवपुत्र ही रहे हैं। उन्होंने पददलित जनता के लिए अपने धर्म के दरवाजे खुले किए, इस बात को सारी दुनिया जानती है। उन्होंने कभी इस बात को बताने की कोशिश नहीं की कि मैं जन्म से ही अलौकिक हूँ या उन्होंने भोली-भाली जनता को यह बताकर फँसाने की कोशिश नहीं की कि मेरे पास अलौकिक चमत्कार दिखाने की शक्ति है।

भगवान बुद्ध ने इस बात को सारी दुनिया को बताया कि धर्म-संस्थापकों के दो वर्ग हैं जिसमें एक है मार्गदत्त और दूसरा है मोक्षदत्त। उसमें उन्होंने अपने-आपको मार्गदत्त कहा है।

इन चार धर्म-संस्थापकों में और भी एक बड़ा फर्क है। ईसा मसीह और मोहम्मद पैगम्बर जनता को यह बता रहे थे कि हम परमात्मा का आदेश दे रहे हैं और वह पूरी तरह सत्य है। श्रीकृष्ण का आदेश तो साक्षात परमेश्वर का ही आदेश था। इसलिए उसके बारे में सन्देह के लिए कोई स्थान ही नहीं था। लेकिन भगवान बुद्ध ने इस तरह से कभी कुछ नहीं कहा है। उन्होंने अपने शिष्य भिक्षु आनन्द से कहा था कि हमारा धर्म विचार और अनुभवों पर आधारित है। उनकी यह शिक्षा है कि मैं कहता हूँ इसलिए मेरे शिष्यों को मेरी बात स्वीकार नहीं करनी चाहिए। मेरी बात आपको पसन्द न आए, आपके अनुभव से मेल न खाती हो फिर भी आप मेरी बात को अन्ध श्रद्धा से स्वीकार करें, इस तरह का उनका बिल्कुल आग्रह नहीं था। बुद्ध ने अपने शिष्यों को अपने उपदेशों में जहाँ जरूरी हो, वहाँ परिवर्तन करने की आजादी दी है। यह भी भगवान बुद्ध की सबसे बड़ी विशेषता है। अब बौद्ध धर्म के साथ अन्य धर्मों की तुलना करके देखेंगे।

बौद्ध धर्म और हिन्दू धर्म की तुलना करने से इस बात का पता चलता है कि बौद्ध धर्म की नींव नैतिक आचरण है और हिन्दू धर्म की नींव कर्मकांडयुक्त आचरण की है। हिन्दू धर्म में स्नान-सन्ध्या, जप-तप, मंगल-शुद्धि और यज्ञ आदि बातें समाई हुई हैं। किन्तु नैतिक आचरण का मतलब ही बौद्ध धर्म है। बौद्ध धर्म में ईश्वर, आत्मा, परमात्मा का कोई स्थान नहीं है, यह बात एकदम सच है। बौद्ध धर्म में इन बातों का स्थान नैतिक आचरण को प्राप्त हुआ है।

बुद्ध ने 'धर्म' शब्द के अर्थ में एक क्रान्तिकारी परिवर्तन किया है। वैदिक धर्म आचरण पर आधारित नहीं है बल्कि वह कर्मकांडों पर आधारित है। बुद्ध ने कर्मकांडों का त्याग कर दिया है। उन्होंने कर्मकांडों के स्थान पर नैतिक आचरण को महत्त्व दिया है। श्रीकृष्ण के 'अनासक्ति योग' ने मतलब निष्काम कर्मयोग ने जनता को गुमराह किया है। कर्म दो तरह के होते हैं–एक नित्य कर्म और दूसरा नैमित्तिक कर्म। नित्य कर्म करने ही पड़ते हैं। उनसे फल की आशा कोई नहीं करता। इसलिए ये सभी नित्य कर्म निष्काम ही हैं। नैमित्तिक कर्म फल की आशा से किए जाते हैं। इस तरह के कर्मों का श्रीकृष्ण ने निषेध किया है। उन्होंने नित्य निष्काम कर्मों की ही प्रशंसा की है। कृष्ण की दृष्टि से देखा जाए तो धर्म का मतलब है निष्काम भावना से किया गया नैमित्तिक धर्म मतलब यज्ञभाग।

बौद्ध धर्म और हिन्दू धर्म में यह एक बहुत बड़ा फर्क है। हिन्दू धर्म की स्थापना अमंगल असमानता के तत्त्वों पर की गई है जबकि बौद्ध धर्म की स्थापना मंगल समानता के तत्त्वों पर की गई है, यही दोनों धर्मों के बीच का बहुत बड़ा फर्क है। हिन्दू धर्म की स्थापना चार वर्णों के बीच की असमानता, भेदभाव पर हुई है, इस बात को कोई अस्वीकार नहीं कर सकता। बुद्ध ने इन चार वर्णों के खिलाफ अपने अन्तिम समय तक कड़ा संघर्ष किया, विद्रोह किया और उसके मूल पर ही करारे वार किए हैं, इस बात को सारी दुनिया जानती है। हिन्दू धर्म में शूद्र और नारियों को धर्म-शिक्षक होने का अधिकार नहीं है और उन्हें ईश्वर-प्राप्ति के लिए संन्यास लेने का भी अधिकार नहीं है।

बुद्ध ने अपने भिक्खु-भिक्खुनी संघ के दरवाजे सभी शूद्र और नारियों के लिए खोल दिए हैं। हिन्दू धर्म की बुनियाद और हिन्दू धर्म में फैली असमानता को मटियामेट करने के लिए बुद्ध ने अपना नया रास्ता खोज निकाला, इसमें कोई सन्देह नहीं है।

हिन्दू धर्म ने बौद्ध धर्म को नुकसान पहुँचाने के लिए बुद्ध के ही अहिंसा तत्त्व को अपना लिया। हिन्दू धर्म वेदों के अपौरुषेयत्व को छोड़ देने के लिए भी तैयार हो गया। किन्तु हिन्दू धर्म को चार वर्णों के अमंगल भेदभावों के जाल को समाप्त करने की हिम्मत नहीं हुई। बुद्ध ने वैदिक धर्म की नींव चार वर्णों पर जबर्दस्त वार किए। इस कारण ही ब्राह्मण धर्म (हिन्दू धर्म) बौद्ध धर्म से नफरत करने लगा, इस बात को शायद ही कोई अस्वीकार कर सकता है। बुद्ध की समानता का विरोध करने के लिए ही श्रीकृष्ण ने गीता में 'गुण कर्म विभागशः' ऐसे चार वर्णों की वकालत की है, इसमें कोई सदेह नहीं। इस तरह की वकालत करके चार वर्णों का समर्थन करने के लिए ही गीता का जन्म हुआ है, इस तरह से यदि कहा जाए तो किसी को कोई आपत्ति नहीं होनी चाहिए। गीता में इस बात को बड़े प्रभावी ढंग से बताया गया है कि हर व्यक्ति के पैदाइशी गुणकर्मों के आधार पर परमात्मा ने ही खास चार वर्णों की रचना की है। चार वर्णों की तरफदारी करने का यह नया तर्क है और वह पुराने तर्क से एकदम निराला है। पुराना तर्क था कि चार वर्ण वैदिक हैं और वे वेदों की तरह ही अपौरुषेय होने की वजह से उसकी सीमाओं को पार नहीं किया जा सकता। लेकिन जब बुद्ध ने वेदों की अपौरुषेयता पर ही हमला बोल दिया तो इस वजह से वह पुराना तर्क बेअसर सिद्ध होने लगा और फिर हिन्दुओं को नए तर्क की खोज करनी पड़ी, इस बात से सभी परिचित हैं। चार वर्णों की यह नई वकालत हिन्दुओं को लाजवाब लगने लगी। इस गुमराह करनेवाली तरफदारी से जातिभेद को जन्म देनेवाले चार वर्णों के हिन्दू लोग दीवाने हो गए और हिन्दू समाज में जातिभेद का काला जाल अमर हो गया। चार वर्णों की यह तरफदारी सांख्य दर्शन की नींव पर खड़ी की गई है, इसमें नयापन कुछ भी नहीं है।

इस सांख्य दर्शन का उपयोग करने में ही श्रीकृष्ण की चतुराई दिखाई देती है। सांख्य दर्शन के प्रणेता आद्य कपिल मुनि को ईश्वर का अस्तित्व मंजूर नहीं था। सृष्टि के भौतिक और अभौतिक भेद करने से ही ईश्वर की जरूरत महसूस होती है। कपिल के दर्शन में सभी चीजें भौतिक नहीं बल्कि अभौतिक मानी गई हैं, इसलिए उसमें ईश्वर के लिए कोई स्थान नहीं है। इन सभी चीजों में जन्म से ही सत, रज और तम आदि तीन गुण भरे पड़े हैं। ये तीन गुण जब समान होते हैं तब कोई भी चीज जड़ दिखाई देती है। उसमें किसी एक गुण की प्रबलता बढ़ने से सन्तुलन टूट जाता है तब चीजों की जड़ता खत्म हो जाती है और वह चीजें अजड़ और क्रियाशील बन जाती हैं, यही सांख्य दर्शन का सार है। इस दर्शन पर उँगली उठाने का कोई आधार नहीं है। इस दर्शन के सत्य होने के पर्याप्त आधार हैं। हर आदमी में उक्त तीन गुण–सत, रज और तम होते ही हैं। इन तीन गुणों से एक-दूसरे पर हावी होने की खींचतान चलती रहती

है। किन्तु जन्म के बाद व्यक्ति में जो गुण अधिक दिखाई देते हैं वे आजीवन उसी तरह बरकरार रहेंगे, इस बात का कोई कैसे यकीन दिला सकता है?

अफसोस की बात यह है कि जब श्रीकृष्ण ने चार वर्णों की रचना की उस समय हिटलर और मुसोलिनी का जन्म नहीं हुआ था। यदि श्रीकृष्ण के समय ये दो तानाशाह पैदा हुए होते तो एक रँगरेज के बेटे और एक बेलदार के बेटे का वर्ण गुण-कर्मों के आधार पर निश्चित करने के रहस्य को समझना कृष्ण के लिए भी असम्भव हो गया होता। हर व्यक्ति का गुणकर्म बदलता रहता है, इस सच्चाई को कोई अस्वीकार नहीं कर सकता। यह सच्चाई होने की वजह से गुण-कर्मों के आधार पर चार वर्णों को निश्चित करना सम्भव ही नहीं है।

उक्त विश्लेषण के मुताबिक श्रीकृष्ण द्वारा बताए गए गुण-कर्म के आधार पर 'मायासृष्ट' चार वर्ण किस प्रकार से बेबुनियाद सिद्ध होते हैं, इस बात की असलियत सभी के सामने आ जाती है। लेकिन हिन्दू धर्म के कारण हिन्दू लोगों में जो पाखंड और दासता अपनी जड़ें मजबूत कर चुकी है उसकी वजह से उनके दिलो-दिमाग में अच्छे विचारों का पैदा होना एकदम नामुमकिन हो गया है, इस तरह से कहना गलत नहीं होगा। इसी का परिणाम यह हुआ है कि हिन्दू धर्म द्वारा प्रतिपादित चार वर्णों के अमंगल भेदभाव अमल में लाने की नीयत बन गई है। बुद्ध ने हिन्दू धर्म के उक्त दो मानवद्रोही दोषों को नष्ट करके बुद्ध धर्म के स्वरूप को विशुद्ध रखा है। हिन्दू लोग बुद्ध धर्म के विशुद्ध स्वरूप को पहचानने के लायक नहीं हैं, इस कारण हिन्दुस्तान में पुनः बौद्ध धर्म का प्रसार होने के सम्बन्ध में कुछ लोग पूरी तरह से निराश हुए हैं। किन्तु इस तरह से निराश होने की कोई जरूरत नहीं है।

आज हिन्दू धर्म को माननेवाले लोगों को दो वर्गों में बाँटा जा सकता है। सभी धर्म समान रूप से सही हैं इस तरह से माननेवाले नासमझ हिन्दू धर्मवादियों का एक वर्ग है। और अन्य धर्मों के लोग भी इस नासमझ वर्ग के विचारों का समर्थन करते हुए दिखाई देते हैं। किन्तु सभी धर्म समान रूप में सत्य होने का दावा करें तो इससे असत्य और स्पष्ट मूर्खता दुनिया में दूसरी कोई और नहीं है, यह पूरी तरह से सच है।

धर्म के नाम पर विधवा औरतों को मुर्दा पति के साथ सती हो जाने के लिए मजबूर करनेवाला धर्म, धर्म के नाम पर औरतों को परदों में कैद करनेवाला धर्म, धर्म के नाम पर नाबालिग लड़कियों पर बलात्कार करने का उसके पति का हक़ है, इस तरह का उपदेश देनेवाला धर्म, धर्म के नाम पर नारी और शूद्रों को कुत्ते-बिल्लियों से भी नीच समझनेवाला धर्म, ऐसे सभी धर्म समान रूप से सत्य हैं, इस तरह से कहना क्या बुद्धिहीनता की बात नहीं है?

अपने धर्म में कुछ कमियाँ हैं, इस बात को माननेवाला एक वर्ग हिन्दू समाज में है। किन्तु इन लोगों को खुले तौर पर हिन्दू धर्म की विकृतियों को दुनिया के सामने रखना पसन्द नहीं है। धर्म तो समाज द्वारा मनुष्य को दी गई एक देन है, मनुष्य में श्रेष्ठत्व की भावना और स्वाभिमान आदि बातें धर्म से जुड़ी हुई हैं, और सामान्य आदमी

इन भावनाओं का पूरी तरह से त्याग नहीं कर सकता। इस भावना के कारण ही देश के प्रति अभिमान की चेतना का संचार होता है। इस त्रिवेणी संगम की वजह से ही अच्छा-बुरा मेरा देश, अच्छा-बुरा मेरा धर्म इस प्रकार का अहंकार जिस व्यक्ति में पैदा हो जाता है उस व्यक्ति को वह आम तौर पर पसन्द आ जाना स्वाभाविक ही है। इसीलिए धर्म त्याग करने की बजाय, हिन्दू धर्म के दोषों को दूर करने के लिए हिन्दू लोग अन्य दूसरे मार्ग अपनाते हैं। सभी धर्म सदोष हैं। फिर धर्म के बारे में सोचने की जरूरत ही नहीं है, इस प्रकार की कुछ लोगों की नीयत बन जाती है। देश के प्रति झूठे अभिमान के कारण भी कुछ लोगों को बुद्ध का धर्म स्वीकार करने में शर्म महसूस होती है। इस नीति का बार-बार एक ही परिणाम होता रहता है। इसी नीति की वजह से हिन्दू धर्म में कुछ न करनेवाले के लिए भी हजार बहाने हैं, यह धर्म इस तरह से कमजोर हुआ है, इसमें कोई सन्देह नहीं है। इस तरह से यदि एक बार हिन्दू धर्म कमजोर होता रहा तो हिन्दू समाज में एक बेजान माहौल पैदा होगा और हिन्दू समाज को कूड़ा-करकट का ढेर बन जाने में देर नहीं लगेगी। इस तरह से समाज ढेर बन जाने के बाद हिन्दू लोगों की आँखें खुल जाएँगी और बाद में उन्हें कुछ-न-कुछ रचनात्मक कार्य करने के लिए मजबूर होना पड़ेगा। हिन्दू लोगों को बुद्ध का धर्म स्वीकार करने के अलावा दूसरा रचनात्मक रास्ता मिल पाना मुश्किल ही है। हिन्दू लोगों के सामने बुद्ध के धर्म को स्वीकार करना यही एक आशादायी रास्ता है, सिर्फ इतनी-सी बात नहीं, उनके लिए अन्य आशादायी रास्ते भी खुलनेवाले हैं।

अब इसके आगे हर धर्म को एक सवाल का सीधा जवाब देना ही पड़ेगा। धर्म के द्वारा पददलित समाज का किस प्रकार से मानसिक और नैतिक लाभ होनेवाला है, इस बात की घोषणा हर धर्म को करनी ही पड़ेगी, इसमें बिल्कुल सन्देह नहीं है। और जिस धर्म के द्वारा इस प्रकार का लाभ होनेवाला नहीं है उस धर्म को खत्म कर देना पड़ेगा। हिन्दू धर्म अपने धर्म के पिछड़े और अछूत वर्ग के लिए मानसिक और नैतिक दृष्टि से कल्याणकारी सिद्ध होगा या नहीं, इस सवाल का जवाब नकारात्मक ही मिलेगा। फिर पिछड़े तथा अछूत वर्ग के लोगों को इस तरह के खतरनाक हिन्दू धर्म में रहने से क्या फायदा है? उनका हिन्दू धर्म में इस तरह से कैदी बनकर रहना पूरी तरह से गलत है, इसमें कोई सन्देह नहीं है। एक तरह से हिन्दू धर्म आज किसी ज्वालामुखी पर्वत पर ही खड़ा है। आज वह जिन्दा होकर भी बेजान मुर्दे की तरह है। किन्तु वह अब तक मरा नहीं है। लगता है वह अपनी अन्तिम साँसें गिन रहा है। किन्तु पिछड़े और अछूत लाखों हिन्दू जनता में अपनी इनसानियत के प्रति जागरूकता आई और स्वाभिमान की ज्योति जली है या उसे इस बात की समझ आ गई कि हिन्दू धर्म ने ही हमें बर्बाद किया है तो हिन्दू धर्म हड़बड़ाकर जाग जाएगा, इसमें कोई सन्देह नहीं है।

रोमन साम्राज्य में नए ईसाई धर्म ने पुराने सनातनी धर्म को किस तरह से पराजित किया था उस इतिहास की बातें याद आ रही हैं। पुराने सनातनी धर्म से अपना उत्थान होनेवाला नहीं है इस बात का यकीन जब जनता को हुआ तब उन्होंने नए ईसाई धर्म

को स्वीकार किया, यह बात रोमन इतिहास से स्पष्ट होती है। फिर जो बात रोमन इतिहास में हुई वह हिन्दुस्तान में क्यों नहीं होगी? हिन्दू जनता जागने के बाद बौद्ध धर्म को स्वीकार करेगी, यह मेरा निश्चित मत है।

हमने हिन्दू धर्म और बौद्ध धर्म की तुलना की है। अब अन्य धर्म और बौद्ध धर्म की तुलना हम संक्षेप में करना चाहते हैं। इस लेख में बौद्ध धर्म से हर धर्म की तुलना विस्तार से करना सम्भव नहीं है।

कानून और नैतिकता के आधार के बगैर किसी भी समाज-व्यवस्था का टिक पाना मुश्किल है। कानून का आधार समाज के लिए हमेशा अधूरा होता है। कानून के बल पर अल्पसंख्यक वर्ग को ही कानून के पालन के लिए मजबूर किया जा सकता है। बहुसंख्यक समाज को नैतिक बन्धनों के दबाव से समाज में उचित आचरण के लिए प्रेरित किया जा सकता है। नैतिकता पर आधारित धर्म ही समाज की धारणा के लिए उपयोगी होता है, इस बात को किसी को नजरअंदाज नहीं करना चाहिए।

इस प्रकार का धर्म शास्त्रीय ज्ञान का विरोधी नहीं होना चाहिए। धर्म और शास्त्र में विरोध हुआ तो धर्म का विनाश कभी भी हो सकता है। बुद्धिविरोधी धर्म कभी भी सबल नहीं हो सकता, यह एकदम साफ है।

धर्म और नैतिक आचरण की अटूट दोस्ती होनी चाहिए। धर्म में नैतिक आचरण के नियमों का मिलाप करने से ही काम नहीं चलेगा बल्कि धर्म में स्वतन्त्रता, समानता और भाईचारा आदि सिद्धान्तों का समावेश अधिक जरूरी है। जिन धर्मों में सामाजिक जीवन के जरूरी सिद्धान्त नहीं दिखाई देते, उन धर्मों को मृतप्राय मान लेना चाहिए।

धर्म को दरिद्रता, और गरीबी का समर्थन नहीं करना चाहिए। धनवानों ने विरक्ति का मार्ग अपनाया तो वे किसी भी समय अभिनन्दन के पात्र होंगे। लेकिन किसी धर्म को दरिद्रता और गरीबी का समर्थन नहीं करना चाहिए। दरिद्रता का समर्थन करने का मतलब गुनाहगारी और अनैतिक आचरण को बढ़ावा देकर इस जीवन में नारकीय स्थिति पैदा करने जैसा भयंकर पाप करना है।

अब उक्त कसौटियों पर कौन-सा धर्म टिकता है हम इस बात को देखेंगे। इस बात को देखते हुए कि महात्माओं के दिन अब लद गए हैं, इस बात को ध्यान में रखते हुए कि अब इस दुनिया में किसी नए धर्म की स्थापना नहीं होगी, इन बातों को अच्छी तरह से समझ लेना चाहिए।

इस प्रकार की सच्चाई के फिलहाल अस्तित्व में होने की वजह से आज जो धर्म अस्तित्व में हैं उनमें से ही हमें अच्छे धर्म का चुनाव करना आवश्यक है। उक्त कसौटियों पर परखने के बाद जो धर्म अस्तित्व में हैं, उनमें से कौन-सा धर्म नकली साबित होता है और कौन-सा धर्म असली साबित होता है, यह सवाल आपके सामने है। इन सभी कसौटियों पर खरा उतरनेवाला एक ही धर्म है, और वह है बौद्ध धर्म, इसमें कोई सन्देह नहीं है। इसलिए बौद्ध धर्म ही दुनिया की एकता का सबसे महान धर्म है, यह निस्संकोच कहा जा सकता है।

नया विश्व पुराने विश्व से एकदम अलग है। इस दुनिया को पुरानी दुनिया से भी अधिक धर्म की जरूरत है। और यह बात भी उतनी ही सच है कि नई दुनिया के पास बौद्ध धर्म के अलावा मुक्ति का और कोई रास्ता नहीं है। उक्त विचार चमत्कारिक लग सकते हैं। बुद्ध ने सिर्फ अहिंसा के सिद्धान्त का ही समर्थन किया है। इस बात का प्रचार बौद्ध धर्म पर ग्रन्थ लिखनेवाले कई ग्रन्थकारों ने आज तक किया है। इसीलिए उक्त विचारधारा का अजीब लगने का मूल कारण भी यही है।

बुद्ध ने अहिंसा तत्त्व का चाहे जितना भी समर्थन किया हो, पर उन्होंने सिर्फ अहिंसा तत्त्व का ही समर्थन नहीं किया है। अहिंसा का तत्त्व एक महान तत्त्व है और उसे स्वीकार किए बगैर दुनिया का उत्थान होनेवाला नहीं है, यह बताने की जरूरत नहीं है। किन्तु बुद्ध ने अहिंसा तत्त्व के साथ ही अन्य तत्त्वों का भी जबर्दस्त समर्थन किया है, इस बात को नहीं भूलना चाहिए। बुद्ध ने सामाजिक, बौद्धिक, आर्थिक और राजनीतिक स्वतन्त्रता का भी उपदेश दिया है। उन्होंने सिर्फ पुरुषों में ही नहीं बल्कि नारी और पुरुषों के बीच आपसी समानता का उपदेश दिया है। आज तक दुनिया में बुद्ध के मुकाबले कोई धर्म-शिक्षक नहीं हुआ है। बुद्ध की शिक्षा के मुताबिक आचरण करने से आज के सभी सामाजिक सवाल पल भर में ही हल किए जा सकते हैं। बुद्ध का धर्म आज की नई दुनिया के लिए हर तरह से उपयोगी धर्म है और वह इस लोक में ही मनुष्य को मुक्त करने के लिए पूरी तरह से समर्थ धर्म है। इसलिए मरने के बाद ही स्वर्ग दिखानेवाले किसी भी धर्म से वह हमेशा महान रहेगा।

अब बौद्ध धर्म का प्रचार कैसे किया जा सकता है इस बात की हम चर्चा करेंगे। इस धर्म का प्रचार करने के लिए तीन बातें आवश्यक हैं।

1. ईसाई धर्म के बाइबिल की तरह जनता के लिए बौद्ध धर्म का धर्मग्रन्थ तैयार करना, यह पहली जरूरत है।

2. भिक्खु संघ के संविधान में, उद्देश्य में और उद्देश्य हासिल करने के रास्ते में उचित परिवर्तन करना, यह दूसरी जरूरत है।

3. और विश्व बुद्ध सेवासंघ का गठन करना, यह तीसरी जरूरत है।

बौद्ध धर्म का ग्रन्थ तैयार करना यह पहला और जरूरी कार्य है, इस बारे में पहले ही कहा गया है। बौद्ध धर्म का साहित्य विशाल समुद्र की तरह है। जो हमेशा अपने पास रखे जा सकते हैं, इस तरह के बाइबिल, कुरान, गीता आदि जैसे अन्य धर्मों के ग्रन्थों के सुलभ होने की वजह से उन धर्मों के लोगों को बड़ी आसानी हो गई है। लेकिन बुद्ध धर्म का कोई ऐसा ग्रन्थ नहीं है इस वजह से बौद्ध लोगों को बड़ी असुविधा होती है। हिन्दी धम्मपद से इस तरह की असुविधा खत्म नहीं हुई है। हर धर्म का निर्माण श्रद्धा के धरातल पर होता है। खास प्रकार के धर्म-विचार और गम्भीर शब्दजाल से सही श्रद्धा की हिफाजत नहीं होती। जो कल्पना-शक्ति को आकर्षित करे इसमें इस तरह की श्रद्धा की हिफाजत की जरूरत होती है। फिर इस तरह की बातें कल्पित कथाएँ हों या पौराणिक कथाएँ हों। हिन्दी धम्मपद की रचना इस तरह की किसी बात के

आधार पर नहीं की गई है। बल्कि उस ग्रन्थ में केवल गम्भीर धार्मिक बातों की चर्चा करके श्रद्धा उत्पन्न करने का प्रयास किया गया है। नए बुद्ध धर्म में बाइबिल की रचना करते समय उसमें बुद्ध का चरित्र, चीनी धम्मपद, बुद्ध के कुछ संवाद, जन्म-मृत्यु, विवाह और धर्म-स्वीकार आदि अवसरों के लिए कुछ संस्कार-विधि आदि का सुन्दर मिलाप किया जाना चाहिए। इस तरह के ग्रन्थ की रचना करते समय उसमें भाषा को नजरअंदाज नहीं किया जाना चाहिए। ग्रन्थ की भाषा जीवन्त और नारियल के जल की तरह मधुर होनी चाहिए। इस ग्रन्थ को पढ़ने से मनुष्य की नींद भाग जाए और उसमें विचार करने की शक्ति जागनी चाहिए। इस ग्रन्थ की लेखन-शैली प्रासादिक, सुगम, उत्तेजक और पढ़नेवालों का मन उससे हटे नहीं, इस स्तर की होनी चाहिए।

हिन्दू संन्यासी और बौद्ध भिक्खु में भी जमीन और आसमान का अन्तर है। हिन्दू संन्यासी दुनिया से पलायन करने की कोशिश में रहता है। और वह दुनिया के लिए एक मरे हुए आदमी की तरह होता है। लेकिन बौद्ध भिक्खु दुनिया के कल्याण के लिए दुनिया में रहता है। बौद्ध धर्म के मुताबिक आचरण करनेवाले चलते-फिरते लोग जनता की आँखों के सामने हमेशा खड़े रहने चाहिए इसी उद्देश्य से बुद्ध ने भिक्खु संघ की स्थापना की थी। आम आदमी के लिए बौद्ध धर्म का लक्ष्य हासिल करना सम्भव न होने पर भी उसके सामने बौद्ध धर्म का जीता-जागता, चलता-फिरता आदर्श हमेशा बरकरार रहे यही भिक्खु संघ की स्थापना में है। इस संघ के भिक्खुओं के लिए 'विनय' के बन्धन निर्माण करने में यही बुद्ध का उद्देश्य था। लेकिन संघ की स्थापना करने में बुद्ध के अन्य कई उद्देश्य भी थे। बुद्ध को आम आदमी के मार्गदर्शन के लिए एक बुद्धिवादी और विचारशील त्यागी और निस्वार्थी वर्ग भी निर्माण करना था। उक्त उद्देश्य सामने होने की वजह से भिक्खुओं को धन-संग्रह नहीं करना चाहिए, यह उन्होंने सख्त नियम बनाया है। धन का लालच ही स्वतन्त्र विचारों के मुताबिक आचरण करने में मारक सिद्ध होता है।

जनसेवा के लिए समर्पित विचारशील लोगों का वर्ग तैयार करना, यह उद्देश्य बुद्ध के सामने था और इसीलिए उन्होंने इस तरह के नियम की व्यवस्था की थी कि भिक्खुओं को अविवाहित ही रहना चाहिए। आज का भिक्खु संघ बुद्ध की शिक्षा के मुताबिक आचरण नहीं कर रहा है, इस बात को कोई अस्वीकार नहीं कर सकता। भिक्खु आज जनता का मार्गदर्शन नहीं कर रहा है और न उसकी सेवा कर रहा है, यह कहने में कोई संकोच नहीं होना चाहिए।

इसीलिए बौद्ध धर्म के प्रचार के लिए आज का भिक्खु संघ बेअसर साबित हुआ है। फिलहाल भिक्खुओं का बड़ा अभाव है और वे सस्ते भी हो गए हैं। आज उनकी स्थिति हिन्दू साधु, संन्यासी की तरह हो गई है। वे अपना सारा समय बाँझ चिन्तन में और आलस में खत्म कर रहे हैं। वे एक तरह से निठल्ले बन गए हैं। उनके पास ज्ञान भी नहीं है और न वे सेवाधर्म का आचरण कर रहे हैं। जब सेवाधर्म के आचरण की बात शुरू होती है तो आज भिक्खु संघ लोगों की आँखों के सामने नहीं रहता। बल्कि

रामकृष्ण मिशन जैसी संस्था का दृश्य आँखों के सामने आता है। वास्तव में सेवाधर्म एक धार्मिक जिम्मेदारी है इस तरह से किसे मानना चाहिए? संघ को या मिशन को? इस सवाल का जवाब निस्सन्देह यह हो सकता है कि संघ के सेवाधर्म को एक धार्मिक जिम्मेदारी मानना चाहिए। लेकिन संघ का अनगिनत मनुष्य-बल तो आलसी बनकर बैठा दिखाई देता है। कितना बड़ा है यह पतन? भिक्खुओं की संख्या भले ही कम हो तब भी चलेगा लेकिन वे सभी पढ़े-लिखे, शिक्षित होने चाहिए। भिक्खु संघ को ईसाई मिशनरियों से प्रेरणा लेकर तुरन्त काम पर लग जाना चाहिए इसी में उनकी भलाई है। एशिया में ईसाई धर्म का प्रचार हुआ है। और यह बात भी सही है कि शिक्षा प्रसार तथा स्वास्थ्य सेवा से ही यह प्रचार हुआ है। ईसाई मिशनरी शास्त्रीय ज्ञान में माहिर और समझदार भी होते हैं। इसी कारण ईसाई धर्म का प्रचार हो पाया है।

प्राचीन समय के भिक्खुओं का उद्‌देश्य था बौद्ध धर्म का प्रचार करना। नालन्दा और तक्षशिला के विश्वविद्यालयों में पहले भिक्खु ही थे। इसीलिए उस युग के भिक्खु विद्वान थे साथ ही उन्हें धर्मप्रचार के लिए समाज-सेवा का कार्य करना पसन्द था। आज के भिक्खुओं को प्राचीन भिक्खुओं की राह पर चलना चाहिए। यदि संघ ने इस काम को पूरा किया तो जनता को अपनी ओर आकर्षित करना असम्भव नहीं होगा। बौद्ध धर्म का मिशन शुरू किए बगैर आज की दुनिया में बौद्ध धर्म का प्रचार करना सम्भव नहीं होगा। शिक्षा-प्रचार के साथ-साथ धर्म-प्रचार का कार्य भी महत्त्वपूर्ण है। इस तरह का प्रचार करने के लिए मनुष्य-बल और धनबल की जरूरत तो पड़ेगी ही। यह धन कैसे और कहाँ से लाया जाएगा? आज बौद्ध धर्म जिन राष्ट्रों में जिन्दा है उन राष्ट्रों से ही इस धनबल को इकट्‌ठा करना होगा। प्रारम्भ में इन राष्ट्रों को ही इसमें मनुष्य-बल और धन-बल की मदद करनी चाहिए। लेकिन क्या वे अपनी जिम्मेदारी को पूरा कर पाएँगे? बड़े दुख के साथ कहना पड़ता है कि आज इस कार्य के लिए उत्साह इन राष्ट्रों में नहीं दिखाई दे रहा है।

दूसरी ओर यह दिखाई दे रहा है कि आज का समय बौद्ध धर्म के प्रचार के लिए बहुत अनुकूल है। आज तक धन की तरह धर्म भी वारिसदारी से प्राप्त होता था। आज तक यही चल रहा था कि माँ-बाप अमुक एक धर्म के थे, इसलिए उनके बेटे-बेटियाँ भी उसी धर्म के हो जाते थे। धर्म को परखकर धर्म अपनाने का रिवाज नहीं था। माँ-बाप जो शादी-ब्याह तय करते हैं उसकी जाँच-पड़ताल होती है। किन्तु धर्म के बारे में 'अन्धों की कतार' वाली नीति ही अपनाई जाती है। अब युग बदल रहा है। दुनिया के कई लोग आज धर्म के क्षेत्र में आगे कदम बढ़ाने की कोशिश कर रहे हैं। शास्त्रीय ज्ञान-प्रचार की वजह से ही कई लोगों को ऐसा लग रहा है कि सभी धर्म गलत बुनियाद पर खड़े हैं और उन्हें नकारा जाना चाहिए।

कार्ल मार्क्स की विचारधारा के मुताबिक कई लोगों को ऐसा लगता है कि धर्म अफीम की तरह है और उसके द्वारा पूँजीपति लोग गरीबों को हमेशा के लिए गुलाम रख सकते हैं। कारण कुछ भी हो लेकिन आज लोग धर्म के बारे में सोचने लगे हैं, यह

बड़ा सुनहरा मौका है। अब केवल सबल सदिच्छा की ही जरूरत है, बौद्ध धर्म को माननेवाले राष्ट्रों ने यदि इस तरह की सदिच्छा रखी तो बौद्ध धर्म का प्रचार करना मुश्किल काम नहीं होगा। बौद्ध धर्म का प्रचार करना, हर बौद्ध राष्ट्र की जिम्मेदारी है इस बात को बौद्ध राष्ट्रों की जनता ने ध्यान में रखा तो भी काफी है। बौद्ध धर्म का प्रचार करने का मतलब है मानव-सेवा करना। और इस विश्वास को कायम रखा गया तो कार्य सफल होगा, इसमें किसी प्रकार का सन्देह नहीं है।

नमो बुद्धाय।

साप्ताहिक 'जनता' के 13 मई, 1950 के अंक में पुनर्प्रकाशित।

बौद्ध धर्म के कई तत्त्वों को हिन्दू धर्म ने अपना लिया

'सीलोन बुद्धिष्ट कांग्रेस' ने सीलोन की पुरानी राजधानी कैंडी में **दि. 25 मई** *से* **6 जून 1950** *तक 'विश्व बौद्ध परिषद्' आयोजित की थी। इस परिषद् में डॉ. बाबासाहेब अम्बेडकर भी निमंत्रित थे। उन्होंने* **दि. 26 मई 1950** *को इस परिषद् को सम्बोधित किया था और* **दि. 6 जून 1950** *को वाइ.एम.ए. कोलम्बो की परिषद् को सम्बोधित करते हुए कहा–*

भाइयो तथा बहनो,

किसी परम्परा की उचित जानकारी होने के बाद ही उसके बारे में सही ज्ञान होता है। इसलिए जिस परिस्थिति ने बौद्ध धर्म को जन्म दिया है उसे समझ लेने के बाद ही हमें बौद्ध धर्म का असली महत्त्व समझ में आएगा। जो लोग यह कहते हैं कि भारत का धर्म शुरू से हिन्दू धर्म ही था, इस मान्यता को मैं अस्वीकार करता हूँ। हिन्दू धर्म तो सबसे अन्त में विचारों की उत्क्रान्ति के बाद पैदा हुआ है। वैदिक धर्म के प्रचार के बाद भारत में तीन बार धार्मिक परिवर्तन हुए हैं। पहले वैदिक धर्म का रूपान्तरण ब्राह्मण धर्म में हुआ, बाद में ब्राह्मण धर्म का रूपान्तरण हिन्दू धर्म में हुआ है। समाज के अलग-अलग वर्णों में विभाजन से बौद्ध धर्म का विरोध था। इस चातुर्वर्ण्य की शुरुआत ब्राह्मण धर्म ने की थी। फ्रांस के लिए फ्रांस की राज्यक्रान्ति जितनी महत्त्वपूर्ण है, भारत में बौद्ध धर्म का उदय भी उतना ही महत्त्वपूर्ण है।

वैदिक उपदेशों के अनुसार आचरण करना आसान है। वैदिक लोग मूल रूप में यज्ञ-पूजक थे। और बताया जाता है कि वैदिक आर्यों के करीब-करीब तैंतीस आराध्य देवता थे। वे अपने इन देवताओं को शान्त करने के लिए यज्ञ करते थे। इन देवताओं की पूजा के लिए जो सामग्री इकट्ठा की जाती थी वह ऊँचे दर्जे की होनी आवश्यक थी। कृषि युग के इन आर्यों को गोधन सर्वश्रेष्ठ धन लगता था। इसलिए वे अपने देवताओं की पूजा यज्ञ में गाय की बलि चढ़ाकर करते थे। इसलिए वैदिक धर्म हिंसा को प्रेरित करनेवाला धर्म बना। यज्ञ में अनगिनत पशुओं की बलि चढ़ाई जाती थी। याजक का यह विश्वास होता था कि जो पशु यज्ञ में बलि चढ़ाए जाते हैं उन्हें

स्वर्ग-प्राप्ति होती है। इसलिए उनकी यह मान्यता थी कि 'वैदिकी हिंसा, हिंसा न भविति' मतलब वैदिक यज्ञ में होनेवाली हिंसा हिंसा नहीं है।

यज्ञ में सरेआम जीव-हत्या का प्रचार होता था। इसलिए जिन प्राणियों का मांस खाने योग्य था उनमें भेड़, बकरियाँ, गाय आदि हैं। इन प्राणियों की खास तौर पर यज्ञ में बलि चढ़ाई जाती थी। यज्ञों का प्रचार बढ़ने से पुरोहितों का महत्त्व बढ़ने लगा, और ब्राह्मणवाद का उदय हुआ। इस ब्राह्मणवाद ने समाज को ब्राह्मण, क्षत्रिय, वैश्य और शूद्र चार वर्णों में बाँटा। इसमें ब्राह्मणवाद का मूल उद्देश्य था कि चार वर्णों की स्थापना करके समाज में असमानता पैदा करना। क्योंकि उसके बगैर ब्राह्मणों का प्रभुत्व स्थापित होना सम्भव नहीं था। ब्राह्मणों ने अपने श्रेष्ठत्व की स्थापना के लिए कुछ मन्त्रों की रचना की। और उन मन्त्रों के द्वारा वे इस प्रकार का प्रचार करने लगे कि ब्राह्मणों की व्युत्पत्ति ब्रह्मा के मुख से हुई है, क्षत्रियों की बाहुओं से हुई है, वैश्यों की जंघा से और शूद्रों की व्युत्पत्ति ब्रह्मा के पाँवों से हुई है। इसलिए ब्राह्मण सभी वर्णों के गुरु और सर्वश्रेष्ठ हैं, ऐसा उनका कहना था। लेकिन भगवान बुद्ध ने इन सभी बातों का खंडन किया। उन्होंने कहा कि दुनिया में जिस तरह सभी लोग पैदा होते हैं उसी तरह ब्राह्मण भी पैदा होते हैं। ब्राह्मणों की औरतें रजस्वला होती हैं, गर्भवती होती हैं, नौ माह तक वे गर्भ पोषण करती हैं, प्रसूत होती हैं, बच्चे को अपने स्तनों का दूध पिलाती हैं, यही बातें सब ओर दिखाई देती हैं। ऐसी स्थिति में यह कहना कहाँ तक सही है कि ब्राह्मण ब्रह्मा के मुख से पैदा हुए, शूद्र पाँवों से पैदा हुए? कोई भी आदमी जन्म से शूद्र या ब्राह्मण नहीं होता। बल्कि हर आदमी अपने कर्मों से, करनी से ब्राह्मण या शूद्र होता है।

भगवान बुद्ध ने इससे कहा है कि, "जटा, दाढ़ी, मूँछ, गोत्र या जन्म से कोई भी ब्राह्मण नहीं होता। बल्कि जो सत्य के अनुसार और धर्म के अनुसार आचरण करता है, जो काया, वाणी और मन से किसी भी प्रकार का पाप नहीं करता, जो काम-क्रोध से मुक्त है, जो व्रत करनेवाला, शीलवान, अनिच्छु और जितेन्द्रिय है, जो तृष्णामुक्त, संशयमुक्त है, राग, द्वेष, मद से मुक्त है, जो शोकरहित है, जो निर्मल और शुद्ध है, जिसने भवचक्र में फँसने के हेतुओं का त्याग किया है, जिसने रति और अरति का त्याग किया है, जो शान्त है, जो गम्भीर, प्रज्ञावान, मेधावी, मार्ग-अमार्ग का जानकार है, और जो सर्वश्रेष्ठ निर्वाण का अधिकारी है, उसी को मैं ब्राह्मण कह सकता हूँ।"

आप लोग सोच सकते हैं कि जो धर्म मानव जाति के कल्याण के लिए मददगार हो सकता है, जिसमें मानव की मुक्ति का दरवाजा खुला है, और जिसमें मानव-मानव में भेदभाव नहीं बल्कि समानता है, वही धर्म धर्म-संज्ञा के योग्य हो सकता है। जिस धर्म के मूलतत्त्व मनुष्य-मनुष्य में भेद पैदा करना है, वह धर्म 'सत्धर्म' कहने के लायक नहीं है। ब्राह्मण धर्म ने मानव-समाज में भेदभाव की दरारें पैदा की हैं। उसने नारियों के बारे में और शूद्रों के बारे में बहुत ही नफरत-भरा व्यवहार करने की शिक्षा दी है। भगवान बुद्ध के धर्म का मूल उद्देश्य मानव-समाज में मानवीय समानता का निर्माण

करना है। उसी प्रकार अपनी बुद्धि की कसौटी पर परखकर हर बात को स्वीकार करने की या अस्वीकार करने की स्वतन्त्रता इस धर्म में है। इस धर्म का मूल तत्त्व है हिंसा का निषेध और अहिंसा की स्थापना करना। उसी प्रकार बौद्ध धर्म ने यह कभी नहीं कहा कि किसी भी प्राणी की किसी भी देवता के नाम पर हिंसा करना या उसकी बलि चढ़ाना और पुनः बेशर्मी के साथ यह कहना कि उसे स्वर्ग मिला। बौद्ध धर्म इन सभी बातों के खिलाफ है।

भारत में बौद्ध धर्म का निर्माण और फ्रांस की राज्यक्रान्ति—ये दोनों घटनाएँ क्रान्तिकारी, युगान्तकारी हैं, इसमें कोई सन्देह नहीं, ऐसी मेरी मान्यता है। बौद्ध धर्म की स्थापना के पहले कोई शूद्र राजा बन सकेगा इसकी कल्पना करना भी असम्भव था। किन्तु भारतीय इतिहास के विद्वानों को यह मालूम है कि बौद्ध धर्म की स्थापना के बाद शूद्रों को भी राजगद्दी पर बैठने का अवसर प्राप्त हुआ। और देश में सामाजिक समानता की स्थिति पैदा हुई। गणतन्त्रीय राज्यप्रणाली भी बौद्ध युग की ही देन है। भगवान बुद्ध के निर्वाण के बाद 274 ई.पू. तक बौद्ध धर्म की स्थिति किस प्रकार की थी इस बात को जानने के लिए पर्याप्त साधन उपलब्ध नहीं हैं। फिर भी अशोक के काल में बौद्ध धर्म का प्रसार बिजली की तरह हुआ। अशोक और चन्द्रगुप्त जैसे बड़े-बड़े राजा बौद्ध काल में हुए। और उन्होंने ही भारत के बाहर के राजाओं से मैत्री-सम्बन्ध स्थापित किए थे। बौद्धकाल में भारत में वास्तुकला, चित्रकला, मूर्तिकला आदि कई प्रकार की कलाओं का विकास हुआ था। बौद्ध काल में साहित्य और दर्शन का इतना विकास हुआ था कि कई राष्ट्रों के छात्र यहाँ नालंदा और तक्षशिला जैसे विश्वविद्यालयों में पढ़ने आते थे। इससे पहले भारत को इस तरह का गौरव कभी प्राप्त नहीं हुआ था।

फिर सवाल उठता है कि जो धर्म इतना श्रेष्ठ था और जिसका इतना प्रसार हुआ था उसका भारत में पतन कैसे हुआ? इस सवाल के जवाब कई प्रकार के हैं। फिर भी मैं इसके लिए सम्राट अशोक को जिम्मेदार मानता हूँ। सम्राट अशोक हद से ज्यादा सहनशील था। इसीलिए मैं उसे इसके लिए जिम्मेदार मानता हूँ। सम्राट अशोक ने अपने कार्यक्रम में बौद्ध धर्म के अलावा इस तरह के कई धर्मों को अपने विचारों का प्रसार करने का मौका दिया था कि जो लोग बौद्ध धर्म के जानी दुश्मन थे उन्हें बौद्ध धर्म के विरोध में अपने अधर्म की शक्ति बढ़ाने का अच्छा मौका मिला। और यही बौद्ध धर्म के लिए पहला खतरा साबित हुआ, ऐसा मुझे लगता है।

बौद्ध ग्रन्थों से पता चलता है कि भगवान बुद्ध के श्रमणों में करीब-करीब 60 प्रतिशत लोग ब्राह्मण थे। ब्राह्मण लोग वाद-विवाद के लिए भगवान बुद्ध के पास आते थे। और वाद-विवाद में जवाबहीन हो जाने के बाद प्रभावित होकर खुशी से बौद्ध धर्म की दीक्षा लेकर बौद्ध श्रमण या बौद्ध उपासक बन जाते थे, और बुद्ध के प्रति श्रद्धावान बन जाते थे। इन श्रमणों की वजह से भगवान बुद्ध का और उनके धर्म का प्रभाव दिन-ब-दिन बढ़ने लगा। लेकिन बौद्ध धर्म में जातिभेद न होने की वजह से जैसे-जैसे निम्न जाति के लोग बुद्ध के अनुयायी, श्रमण बनने लगे और धनवानों द्वारा तथा

राजाओं द्वारा उनका सम्मान-सत्कार होने लगा, उस समय इस तरह की बातें ब्राह्मणों को बर्दाश्त नहीं हुईं और वे बौद्ध धर्म को उखाड़ फेंकने के प्रयत्न करने लगे।

भारत में प्राचीन काल से जिस तरह ग्राम-देवता, प्रदेश-देवता, वनदेवी, नद-नदी देवता आदि देवता थे और उनकी पूजा होती थी, उसी प्रकार कुल-देवता भी थे। उस समय राजाओं और धनवानों के कुलदेवताओं की पूजा आम तौर पर ब्राह्मण लोग (पुरोहित) ही करते थे। इसी वजह से राजमहलों में कुलदेवताओं की पूजा के लिए जानेवाले ब्राह्मण रानी की मध्यस्थता से राज्य-शासन पर अपना प्रभाव बढ़ाते थे। वे उस प्रभाव का उपयोग करके उनके वर्चस्व में बाधक बननेवाले बौद्ध धर्म की जड़ों को खोदने का काम करते थे। सम्राट अशोक के काल में इन कुलदेवी-देवताओं की पूजा की भर्त्सना की गई। अशोक कहता है कि, ''मैं बौद्ध धर्म की राह पर चल रहा हूँ, इसलिए मुझे अन्य किसी देवी-देवता की पूजा की कोई जरूरत नहीं।'' और उसने अपने प्रशासनाधिकारियों को आदेश देकर कुलदेवताओं की मूर्तियाँ हटा दीं। यह ब्राह्मणों पर (पुरोहितों पर) जबर्दस्त प्रहार था। क्योंकि उससे उनके जीवन-निर्वाह और पाखंडी प्रचार को धक्का लगा था। ब्राह्मण-पुरोहित उसका बदला लेने के लिए आगे आए। ब्राह्मण-पुरोहितों की पहले यह मान्यता थी कि सभी राजा मरने के बाद नरक में जाते हैं। क्योंकि राजसत्ता चलाते समय उन्हें कई तरह के पापकर्म करने पड़ते हैं। इसलिए मौका प्राप्त होने पर भी ब्राह्मण लोग राजसत्ता अपने हाथों में लेने के लिए तैयार नहीं थे। वे लोग राजसिंहासन पर बैठने के लिए तैयार न थे फिर भी मन्त्री या पुरोहित के रूप में वे राजा को सलाह देने का जरूरी कार्य करते थे। कुलदेवता की पूजा बन्द होने की वजह से जब उनका बहुत नुकसान होने लगा तब राज्यशासन न चलाने के अपने सिद्धान्त का त्याग करके वे राज्य और राजसत्ता को अपने हाथों में लेने का प्रयास करने लगे। इस तरह की बेहिसाब घटनाएँ भारत के इतिहास में हैं। कुछ जगहों पर ऐसा भी दिखाई देता है जहाँ अपने बलबूते पर राज करना असम्भव था वहाँ उन्होंने अपने समर्थक क्षत्रियों की मदद से या उनके बल पर या उन्हें अपने हाथों का खिलौना बनाकर राजसत्ता चलाते थे। इस तरह से ब्राह्मणवाद ने पुनः जोर पकड़ा और उसका बुरा असर बौद्ध धर्म पर पड़ा। बौद्ध धर्म के भारत से लुप्त होने का एक कारण यह भी है।

मौर्य साम्राज्य को बर्बाद करने में ब्राह्मणी शासनाधिकार की एक बहुत बड़ी घटना इतिहास में घटी है। भारत के इतिहासकारों ने इस महत्त्वपूर्ण घटना को विशेष महत्त्व नहीं दिया है, यह बड़े दुख की बात है। भारत के इतिहास की यह बहुत बड़ी घटना है। अन्तिम मौर्य सम्राट बृहद्रथ का सेनापति पुष्यमित्र शुंग नाम का एक ब्राह्मण था। और पतंजलि उसका गुरु था। पतंजलि ने बौद्धों से ही योगविद्या सीखी थी। लेकिन बाद में वह बौद्धों का शत्रु बन गया। उसकी सलाह के मुताबिक सेनापति शुंगवंशीय पुष्यमित्र ने बृहद्रथ को खत्म कर दिया और मौर्यवंश के बदले अपने शुंगवंश के नाम से ब्राह्मणी राज्य की स्थापना की। इस ब्राह्मणी राजसत्ता ने बौद्ध धर्म को बहुत बड़ा नुकसान पहुँचाया है। ब्राह्मणी धर्म की पुनर्स्थापना के लिए जितने घटिया षड्यन्त्र किए गए उनमें

यह एक बहुत घिनौना षड्यन्त्र था। भारत से बौद्ध धर्म को लुप्त करने में इस घटना की बड़ी भूमिका रही है, यह एक ऐतिहासिक तथ्य है।

भारत से बौद्ध धर्म के लुप्त होने में विदेशी हमलावरों की बड़ी भूमिका रही, ऐसा भी कहा जाता है। लेकिन यूनानी लोगों के आक्रमण से बौद्ध धर्म की हानि नहीं हुई। बल्कि उनका बौद्ध धर्म के प्रचार के लिए आर्थिक सहयोग देने के प्रमाण इतिहास से प्राप्त होते हैं। गुप्तकाल में भारत पर हूणों के आक्रमण हुए लेकिन वे गुप्त राजाओं से पराजित होने के बाद भारत में ही स्थायी रूप से रहने लगे। उन लोगों की ओर से भी बौद्ध धर्म को कोई नुकसान नहीं पहुँचा। बल्कि पेशावर के शक राजा कनिष्क ने बौद्ध धर्म को स्वीकार किया था। उसने तक्षशिला में एक विशाल बौद्ध विश्वविद्यालय की स्थापना की थी। और बौद्धों की चौथी धम्मसंगति का (धर्मसभा) आयोजन किया था। इसी धम्मसंगति में महायान मार्ग आरम्भ हुआ और बौद्ध साहित्य संस्कृत में भी लिखा जाने लगा। विदेशी आक्रमणों में मुस्लिम आक्रामकों द्वारा बौद्ध धर्म की ज्यादा हानि हुई। मुस्लिम लोग प्रतिमा और मूर्ति के विरोधी थे। उन्होंने बुद्ध की मूर्तियों को तोड़ा और बौद्ध भिक्षुओं को कत्ल किया। उन्होंने नालंदा जैसे विशाल बौद्ध विश्वविद्यालय को फौजी किला और चीवरधारी भिक्षुओं को फौजी समझकर उन्हें मौत के घाट उतार दिया। जो भिक्षु इस भयंकर खूनखराबे से बच गए वे नेपाल, तिब्बत, चीन आदि देशों में भाग गए।

नालंदा के विशाल ग्रन्थालय में ताड़पत्रों और भोजपत्रों पर लिखे हुए लगभग दो लाख ग्रन्थ थे। उनमें हजारों साल का ज्ञान संग्रहीत था। उन्हें बख्तियार खिलजी ने आग लगा दी थी। और उसमें पढ़ रहे दस हजार छात्रों में से कुछ लोगों को खत्म कर दिया था, कुछ लोगों को जोरजबर्दस्ती मुस्लिम बना दिया था। मुस्लिम हमलावर जहाँ गए वहाँ उन्होंने या तो बौद्धों को खत्म किया या उन्हें मुस्लिम बनाया और बुद्ध की मूर्तियों को नष्ट किया, ग्रन्थालय जलाए और विहारों को ध्वस्त कर दिया।

मेरे कुछ हिन्दू मित्र मुझे पूछते हैं कि मुस्लिम हमलावरों ने हिन्दू मूर्ति और हिन्दू मन्दिरों को क्यों नष्ट नहीं किया? इस पर मेरा जवाब यह है कि उन्होंने बौद्ध धर्म का जितना नुकसान किया उतना हिन्दू धर्म का नहीं किया। इसकी वजह यह है कि करीब-करीब सभी ब्राह्मण गृहस्थ थे और वे अपने परिवार के साथ अपने घरों में ही रहते थे। उनकी पहचान की अलग ऐसी कोई निशानी नहीं थी। लेकिन बौद्ध भिक्षु परिवार से दूर, चीवरधारी और विहारों में रहते थे, इसलिए उनको आसानी से पहचाना जाता था। इसीलिए मुस्लिम हमलावरों ने हिन्दुओं के प्रसिद्ध मन्दिरों को नुकसान पहुँचाया फिर भी उनके धर्म-प्रमुखों और पुरोहितों को कोई नुकसान नहीं पहुँचा।

किसी भी धर्म के जिन्दा रहने के लिए उसके धर्मगुरु, धार्मिक नेता या पुरोहितों का जिन्दा रहना जरूरी है। बौद्ध धर्म लुप्त होने का सबसे महत्त्वपूर्ण कारण यही था कि बौद्ध भिक्षुओं का अभाव हो गया था। बौद्ध भिक्षुओं की कोई जाति नहीं होती। कोई भी व्यक्ति बौद्ध धर्म की शरण में जाकर उपासक, श्रामणेर, भिक्षु या स्थविर,

महास्थविर बन सकता था। भिक्षु लोग परिवार से दूर विहारों में रहते थे। लेकिन ब्राह्मणी धर्म में इस तरह बात नहीं है। वहाँ केवल ब्राह्मण के घर में पैदा होने से नया ब्राह्मण पैदा होता है। इसी वजह से हिन्दुओं का ज्यादा नुकसान नहीं हुआ। बाद के काल में पिछड़े समाज के लोगों को भिक्षु बनाकर बौद्धों की परम्परा बरकरार रखने का प्रयास किया गया। किन्तु वे लोग अच्छी तरह शिक्षित न होने की वजह से भिक्षु ब्राह्मणों के तर्कों का सही जवाब नहीं दे सके। और इससे उनकी हार हुई।

उसी दरमियान शैव योगियों ने शैव धर्म का और ब्राह्मणों ने वैष्णव धर्म का प्रचार किया। शैव और वैष्णवों में जबर्दस्त संघर्ष हुआ। अन्त में ब्राह्मणों ने शैवों को 'रुद्र' बनाकर अपने में शामिल कर लिया। तब शैव तथा वैष्णवों में एकता कायम हुई। आज के युग में हिन्दू धर्म काफी बदल चुका है। पहले वह हिंसा की शिक्षा देता था लेकिन अब वह अहिंसा की शिक्षा देता है। हिन्दू धर्म ने बौद्ध धर्म के कई सिद्धान्तों को स्वीकार कर लिया है। आज प्रतिमा, चैत्य, विहार और भिक्षु आदि रूप में भारत में बौद्ध धर्म न होने के बावजूद भी सैद्धान्तिक दृष्टि से वह आज भी सारे भारत में व्याप्त है।

गांजरे, प्रा.मा.फ. डॉ. बाबासाहेब आम्बेडकरांची भाषणे : खंड-दो

संवैधानिक नैतिकता का पालन कीजिए

सीलोन की प्राचीन राजधानी कैंडी में आयोजित 'विश्व बौद्ध सम्मेलन' समाप्त होने के बाद डॉ. बाबासाहेब अम्बेडकर भारत लौट आए। वे उस समय भारत के कानून मन्त्री थे। जब वे सीलोन से भारत लौट रहे थे उस समय ***दि. 10 जून 1950*** *को त्रिवेंद्रम में रुके। वहाँ लेजिस्लेटिव चेम्बर में उनका भाषण हुआ। इसमें डॉ. अम्बेडकर ने कहा–*

प्रत्यक्ष संविधान की बजाय संविधान के मुताबिक चलने की नैतिकता जनता में हो, इस बात का बहुत महत्त्व है। देश में संसदीय जनतन्त्र की प्रणाली सफल बनाने के लिए सरकार और जनता दोनों को संविधान के कुछ संकेत और नैतिकता का पालन करना जरूरी है। यह संकेत और नैतिकता निम्न प्रकार है–

सरकार बनाते समय समानता, कानूनों के बारे में स्वतन्त्र विचार और बहुसंख्यकों के नियमों का पालन आवश्यक है।

इसी प्रकार सरकार को भी निम्न बातों को अमल में लाना चाहिए–

देश के बहुसंख्यक लोगों का हम पर जो विश्वास था वह खत्म हो गया है, इस बात का अहसास होते ही संवैधानिक नैतिकता के मुताबिक सरकार को अपने अधिकार-पद से इस्तीफा दे देना चाहिए, अल्पसंख्यक लोगों के प्रति सम्मान की भावना रखनी चाहिए। और अन्तिम बात यह है कि राजसत्ता को किसी भी प्रकार के भेदभावों से ऊपर उठकर चलाना चाहिए।

दुनिया के कई संविधान इसलिए असफल हुए क्योंकि समाज के विभिन्न वर्गों के रहन-सहन और विचारों को मद्देनजर रखे बगैर सिर्फ सैद्धान्तिक पक्ष को ध्यान में रखकर संविधान बनाए गए। जो लोग सत्ता में हैं उन्हें इस बात को ध्यान में रखना चाहिए कि संविधान बनाने का और सत्ता चलाने का उन्हें जो अधिकार मिलता है वह कुछ शर्तों पर लोगों द्वारा ही दिया जाता है। सरकार सत्ता को अच्छी तरह चलाए इसी शर्त पर लोगों द्वारा उन्हें उक्त प्रकार के अधिकार दिए जाते हैं। यदि वे इन शर्तों को अमल में नहीं ला सकते तो सरकार को सत्ता छोड़ देनी चाहिए।

अल्पसंख्यक लोगों को अपने विचार प्रदर्शित करने का उचित मौका मिलना चाहिए इसी नींव पर संसदीय जनतन्त्र की इमारत खड़ी है।

उसी प्रकार बगैर किसी भेदभाव के सत्ता चलाना जरूरी है। ब्रिटिश जनता किसी भी राजनीतिक दल की क्षमता का आकलन उसके गुणों से करती है। इसलिए जो दल सत्ता में आए उसी की समस्या का समाधान करना चाहिए, उसे खुश रखना चाहिए, इस प्रकार की चाटुकारिता का यहाँ सवाल ही नहीं उठता। किन्तु भारत में राजसत्ता पर विराजमान दल कुछ लोगों को विशेष सुविधाएँ देता है। ये बातें कई उदाहरणों से स्पष्ट होती हैं।

लोगों को पुरानी खतरनाक आदतें छोड़ देनी चाहिए। उन्हें स्वार्थ-भावना और जातिवाद का पूरी तरह से त्याग कर देना चाहिए। और राष्ट्र में तानाशाही का जन्म न हो, राष्ट्र में किसी भी प्रकार का उत्पीड़न न हो इस बात का पूरा ध्यान रखना चाहिए। लोग यही रास्ता अपनाएँगे, इस बात की मुझे पूरी उम्मीद है।

साप्ताहिक 'जनता' के 17 जून, 1950 के अंक में प्रकाशित।

मेरी जनसेवा स्वार्थ से प्रेरित नहीं

*दि. **21 जुलाई 1950** को डॉ. बाबासाहेब अम्बेडकर मनमाड के रास्ते औरंगाबाद पहुँचे। स्टेशन पर जगह-जगह दलित जनता ने उनका जोरदार स्वागत किया। औरंगाबाद रेलवे स्टेशन पर उनको पुलिस की ओर से 'गार्ड ऑफ ऑनर' दिया गया था। दि. **22 जुलाई 1950** को उनके सम्मान में दलितों की एक विराट सभा का आयोजन किया गया था। अखिल हैदराबाद स्टेट शे.का. फेडरेशन औरंगाबाद की ओर से बी.एस. मोरे कन्नडकर ने रु. 2001 का पर्स डॉ. अम्बेडकर को भेंट किया गया। उसके बाद इस सभा को सम्बोधित करते हुए डॉ. अम्बेडकर ने कहा–*

मेरे मित्रो, भाइयो तथा बहनो,

आज आप लोगों ने यहाँ इकट्ठा होकर मुझे जो रुपए भेंट किए हैं, उसके लिए मैं आपका आभारी हूँ। रुपए भेंट करने का कोई कारण नहीं था। मैंने आज तक किसी लालच या लोभ से समाजसेवा नहीं की है। आप लोगों की जो भी सम्भव हो, सेवा करते रहना मेरा आद्य कर्त्तव्य है। मुझे आज तक जो भी रुपए भेंटस्वरूप दिए गए उन्हें मैंने कभी अपने लिए खर्च नहीं किया है। गांधी को कई करोड़ रुपए भेंटस्वरूप दिए गए। लेकिन हमारे यहाँ इस तरह की कोई बात ही नहीं है।

मेरी यही महत्त्वाकांक्षा है कि मैं आप लोगों की बगैर स्वार्थ के सेवा कर सकूँ। मेरे मित्र मान्यवर बी.एस. मोरे ने अपने प्रस्ताव में जिन बातों का उल्लेख किया वे बातें रोंगटे खड़े करनेवाली हैं। पहले की स्थिति और आज की स्थिति में जमीन-आसमान का अन्तर है। जब मैं दौलताबाद का किला देखने गया था उस वक्त की बात है, मेरे कुछ साथी पानी पीने के लिए टंकी पर गए। वे पानी पीने लगे। उस समय एक 18-20 साल के मुस्लिम लड़के ने हमसे गाली-गलौच की। उसी वक्त हम लोग औरंगाबाद लौट आए, यह देखकर यहाँ के लोगों ने भजन गाकर रात बिताई। उस समय अन्याय बर्दाश्त करते रहना आपकी आदत थी। स्वागताध्यक्ष के प्रस्ताव भाषण से इस बात का पता चलता है कि निजामशाही की छाँव आज भी बची हुई है। अगले चुनाव में आप लोगों को बड़ी सफलता हासिल होनेवाली है। इस राज्य में हमारी जनसंख्या कुल जनसंख्या के 25 फीसदी है। हम लोग सरकार में राज्य के सत्ताधारी बननेवाले हैं। जनतन्त्रात्मक

राज्य के मन्त्रिमंडल में हमारा कोई प्रतिनिधि चुना जाएगा। किन्तु पहले जैसा समय अब नहीं रहा। और आनेवाला समय अधिक महत्त्वपूर्ण है। हम लोग राजनीतिक शक्ति प्राप्त करनेवाले हैं। वह शक्ति हमें संगठन से प्राप्त होगी। आपको ज्यादा नेताओं की जरूरत नहीं है। जो नेता होगा उसकी बात सुनिए।

पानी मैदान में गिरा तो वह चारों ओर फैल जाएगा। गड्ढे में गिरा तो उसी में रुक जाएगा। इसलिए आप लोग आपस में एक होकर शेड्यूल्ड कॉस्ट्स फेडरेशन के झंडे तले इकट्ठा होइए। आप लोगों को आपकी इनसानियत के हक़ मिलेंगे। उन्हें यदि किसी ने छीनने की कोशिश की तो उस सरकार के विरोध में न्याय की माँग करने के लिए देश का सुप्रीम कोर्ट है, हम सुप्रीम कोर्ट में जा सकते हैं। इसलिए डरने की कोई बात नहीं है। मैं आज आप लोगों को यही कहने आया हूँ कि आप लोग एक होकर रहिए।

साप्ताहिक 'जनता' के 5 अगस्त, 1950 के अंक में प्रकाशित।

वकालत व्यवसाय की प्रतिष्ठा बढ़ाइए

*दि. **21 जुलाई 1950** को दोपहर के समय डॉ. बाबासाहेब अम्बेडकर औरंगाबाद पहुँचे। मिलिन्द कॉलेज भवन का शिलान्यास भारत के राष्ट्रपति डॉ. राजेन्द्र प्रसाद के हाथों होनेवाला था। **23 जुलाई** को डॉ. अम्बेडकर भवन स्थल का निरीक्षण करने के बाद सेशन्स कोर्ट का उर्दू में चलनेवाला कामकाज देखने के लिए गए। वहाँ से वे औरंगाबाद जिला बार एसोसिएशन के एक सभारम्भ में पहुँचे। वहाँ उन्होंने अपने संक्षिप्त भाषण में कहा–*

उर्दू में जो कामकाज चला वह मेरी समझ में नहीं आया। फिर भी वह समाधानकारक होना चाहिए ऐसा मुझे लगता है।

कोर्ट में किस भाषा का इस्तेमाल किया जाना चाहिए, इस विचार से मेरा मन चिन्तित था। कुछ लोग कहते हैं कि कोर्ट की भाषा हिन्दी रहनी चाहिए, तो कुछ लोगों का कहना है कि वह अंग्रेजी होनी चाहिए। हमारा अनुभव यह है कि स्थानीय भाषाओं में कानूनी शब्द व्यक्त नहीं किए जा सकते। उदाहरण के तौर पर 'इक्विटी' के लिए स्थानीय भाषाओं में उचित शब्द नहीं है। इसलिए स्थानीय भाषाओं का कोर्ट की भाषा होना सभी के लिए लाभदायी नहीं होगा। उससे सत्ता-संचालन में, प्रशासन में कई दिक्कतें आ सकती हैं। मतलब राष्ट्रीय भाषा के सबल होने के बाद उसे उसका उचित स्थान जरूर मिलेगा।

मुझे वकालत का पेशा बहुत पसन्द है। लेकिन इस व्यवसाय के प्रति लोगों में सम्मान नहीं है। भारत में वकीलों पर कई आरोप लगाए जाते हैं। केन्द्रीय सरकार से मुक्त होने के बाद मैं वकालत में ही व्यस्त रहनेवाला हूँ। आज इस देश में बहुत कम लायक वकील हैं। लेकिन यदि लायक वकील नहीं होंगे तो इस धन्धे का पतन होगा। अब इस धन्धे के अच्छे दिन नहीं हैं। इसकी एक वजह यह भी है कि इस धन्धे में काम करनेवाले लोग मुक्त होकर युवा वकीलों को मौका नहीं देते। मतलब धन्धे की प्रतिष्ठा को बरकरार रखने के लिए युवा वकीलों को मौका देना जरूरी है।

साप्ताहिक 'जनता' के 29 जुलाई, 1950 के अंक में प्रकाशित।

हिन्दू नारी का उत्थान और पतन

'हिन्दू धर्म और बौद्ध धर्म में नारी का स्थान' इस शीर्षक से ला. ना. गोविन्द का एक लेख मार्च, 1950 के 'महाबोधि' मासिक के एक अंक में प्रकाशित हुआ था। 'नैतिकता और अनैतिकता' के सम्बन्ध में खास तौर पर भगवान बुद्ध की सारी शिक्षा भारत की नारी के पतन के लिए खास तौर पर जिम्मेदार है, इस तरह का आरोप लगानेवाला एक लेख 21 जनवरी, 1950 के 'इव्हज़् वीकली' साप्ताहिक के किसी अंक में प्रकाशित हुआ था। इस आरोप के जवाब के रूप में ला.ना. गोविन्द का यह लेख 'महाबोधि' मासिक पत्रिका में प्रकाशित हुआ था। बुद्ध की शिक्षा पर जो आरोप लगाए जाते हैं उनका जवाब देने के लिए आगे आना हर बौद्धधर्मीय की जिम्मेदारी है। और इस जिम्मेदारी को ला.ना. गोविन्द ने निभाया है। बुद्ध की शिक्षा पर हमले करने और आरोप करने की परम्परा बहुत पहले से चली आ रही है, जो आज भी है और इसलिए उसे जारी रहने देना उचित नहीं है। 'इव्हज़् वीकली' साप्ताहिक में भगवान बुद्ध पर आरोप लगाने वाले लेखक से लेकर अन्य बड़े लोग तक ऐसे आरोप लगाते रहते हैं। और इसमें उनका स्वार्थ है। उन्हें बुद्ध का विशाल व्यक्तित्व बर्दाश्त नहीं होता। जो लोग बुद्ध पर आरोप लगाते हैं उनकी मनोभूमि में कौन-सी भावनाएँ छुपी हैं, इस बात की खोज करनी चाहिए। आरोप लगानेवाले इन लोगों की नीयत का पर्दाफाश करने के लिए इस तरह की खोज करना जरूरी है। उनके आरोप इतने खतरनाक और अपवित्र होते हैं कि उन आरोपों के पीछे छिपी मानसिकता की विस्तार से चर्चा की गई तो वह 'महाबोधि' के पाठकों को भी निश्चित तौर पर पसन्द आएगी।

बुद्ध की शिक्षा नारी के पतन का कारण बनी, यह जो आरोप लगाया गया है उसके लिए सिर्फ दो जगह प्रमाण मिलते हैं।

बुद्ध ने आनन्द के सवाल का जो जवाब दिया है, उसका उल्लेख 'महापरि-निब्बाणसुत्त' के परिच्छेद पाँच में है। वह इस प्रकार है कि, "नारियों से किस तरह का व्यवहार करना चाहिए!" इस तरह का सवाल भिक्खु आनन्द ने भगवान बुद्ध से पूछा। उसका जवाब देते हुए भगवान बुद्ध ने कहा, "जैसे हमने उन्हें देखा ही नहीं, इस तरह व्यवहार होना चाहिए।"

फिर आनन्द का सवाल था, "लेकिन उन्हें देखने के लिए हमें मजबूर होना पड़ा तो हमें क्या करना चाहिए।"

"आप उनके साथ मत बोलिए," भगवान बुद्ध ने कहा।

फिर आनन्द ने पूछा, "लेकिन भन्ते, यदि उन्होंने हमसे बात की तो हमें क्या करना चाहिए?"

भगवान बुद्ध ने कहा, "आनन्द, ऐसे समय आप लोगों को उनसे सावधान होकर बात करनी चाहिए।"

यह प्रमाण ऑक्सफोर्ड यूनिवर्सिटी द्वारा प्रकाशित 'महापरिनिब्बाणसुत्त' के संस्करण में है, इस बात को कोई अस्वीकार नहीं कर सकता। इस तरह की बात प्रस्तुत संस्करण में है या नहीं, यह कोई विवाद का विषय नहीं है। बल्कि जिस प्रमाण के आधार पर चर्चा करनी है वह प्रमाण मूल और सत्य है या नहीं या उसे बाद के भिक्खुओं ने उसमें शामिल किया है, इस बात को तय करना, यही महत्त्वपूर्ण सवाल है।

जिसे बुद्ध की शिक्षा के मूल सिद्धान्त कौन से हैं, इस बात का ज्ञान है उसको 'सुत्तपिटक' का वर्तमान स्वरूप देखकर आश्चर्य होगा। फिलहाल 'सुत्तपिटक' किस अवस्था में है? उसमें भगवान बुद्ध की शिक्षा से मेल न खानेवाली बातें शामिल की गई हैं। उसी प्रकार उससे बुद्ध के नाम पर ब्राह्मणी विचारधारा की पौराणिक कथाएँ भी जोड़ दी गई हैं। उसमें ब्राह्मणवादी मठ सम्प्रदायों के रहन-सहन की बेफजूल बातें भी घुरोड़ दी गई हैं। और उसमें यह दिखाने की कोशिश की गई है कि वही रहन-सहन आदर्श है, वही बौद्ध धर्म की सम्मानित आचार प्रणाली है। इस तरह 'सुत्तपिटक' का यह भौंडा और मलिन स्वरूप देखकर व्हिस डेविड को बड़ा आश्चर्य हुआ। जिन्हें भगवान बुद्ध की उदार शिक्षा का अनुभव है उन्हें भी 'सुत्तपिटक' का वर्तमान स्वरूप देखकर आश्चर्य हुआ। इस सम्बन्ध में व्हिस डेविड ने अपने विचार अपने ही एक ग्रन्थ की भूमिका में (Preface-XIII, to the Kindred Sayings, Vol. II) व्यक्त किए हैं। वे कहते हैं,

"सुत्तपिटकों के पन्नों में असली गौतम नहीं दिखाई देता। इसकी वजह क्या होनी चाहिए? बुद्ध के धम्म की जानकारी लोगों को देते समय उनके अनुयायियों को उनके मूल वचन जस के तस बताने पड़े और यह परम्परा बहुत सालों तक चली। उसके बाद के काल में उपदेशकों ने बुद्ध के मूल वचन लोगों को बताते समय या उपदेश देते समय या निवेदन करते समय उनमें काट-छाँट की होगी या उनमें अपने मन की बातें जोड़ दी होंगी। मूल वचनों का सम्पूर्ण अर्थ समझ में न आने की वजह से उन वचनों को तोड़मरोड़ करके मनचाहे अर्थ निकल सकते हैं, इस प्रकार के कई वचन उन्होंने उसमें जोड़ दिए होंगे। इस तरह के परिवर्तन कितने किए गए होंगे, यह निश्चित तौर पर बताना मुश्किल है। लेकिन यह बात सच है कि कई धम्मोपदेशकों ने भगवान बुद्ध के बाद के हजारों साल के काल में इस तरह की बातें की थीं क्योंकि ये धम्मोपदेशक अपने उपदेश मौखिक देते थे। उनके शिष्य उन उपदेशों को याद करते थे। उनके याद करने के समय कुछ तोड़मरोड़ और नया जोड़-तोड़ किया गया होगा। बाद में इन धम्मोपदेशों को लिखा गया, और उनकी प्रतिलिपियाँ कई बार तैयार की गईं। उस समय परिवर्तित वचनों को पुनः तोड़ा-मरोड़ा गया होगा, उनमें कुछ नया जोड़ा गया होगा। भगवान बुद्ध

के वचनों को याद करके बाद में उन्हें दूसरों को उपदेश के रूप में देनेवाले उपदेशक, शिक्षक और उन वचनों को पहली बार लिखनेवाले और बाद में लिपिबद्ध वचनों की प्रतिलिपियाँ करनेवाले लेखक आदि ये सभी लोग अन्य लोगों से अलग भावना और आदर्शों से जीवन व्यतीत करनेवाले थे। उन्हें जब किसी वचन या वचन के अर्थ के बारे में सन्देह हुआ होगा तब उन्होंने उन वचनों को बुद्ध या बुद्ध के शिष्यों या बौद्ध उपदेशकों को बताया होगा। इन वचनों का अध्ययन करनेवालों ने उन वचनों का आज का भौंडा रूप देखकर स्वयं को ही पूछना चाहिए कि जिस प्रसिद्ध व्यक्ति के नाम पर आज तक ये वचन अधिकृत माने गए, ये कहाँ तक सही होंगे? आज के भौंडे रूप का मूल रूप कैसा होना चाहिए? उन्हें इस बात की खोज करनी चाहिए। उन्हें अपने आपसे यह पूछना चाहिए कि असली सोना कौन-सा होना चाहिए?

महापरिनिब्बाणसुत्त में भिक्खु आनन्द और भगवान बुद्ध के बीच में नारी के सम्बन्ध में जो संवाद दिया गया है वह बाद के भिक्खुओं द्वारा शामिल किया गया संवाद है, वह बात जो मैंने कही है, वह यों ही नहीं कही है, यही बात व्हिस डेविड के वक्तव्य से स्पष्ट होती है। उसी प्रकार इस बात की ओर भी ध्यान देना चाहिए कि भगवान बुद्ध के महापरिनिर्वाण के चार सौ साल बाद सुत्तपिटक को लिपिबद्ध किया गया। इसे लिखने में भिक्खु मुख्य थे। संघ के भिक्खुओं पर अपनी सत्ता स्थापित कर उन्हें इकट्ठा रखना ही भिक्खु के जीवन का मुख्य सूत्र था। उन्होंने भगवान बुद्ध के जिन वचनों को लिखकर रखा वे संघ के भिक्खुओं के लिए अनिवार्य थे। इस सुत्तपिटक को लिपिबद्ध करते समय भिक्खु लेखकों ने संघ की उस समय की स्थिति को ध्यान में रखते हुए भगवान बुद्ध के नाम पर नए वचन ईजाद किए होंगे और उन्हें सुत्तपिटक में शामिल कर दिया होगा क्योंकि भिक्खुओं को इस आचारतत्त्व को संघ के रोज के जीवन में स्थापित करना था। संघ के सभी सदस्यों को कठोर पातिमोक्ष का पालन करना चाहिए। इसलिए भिक्खु आनन्द और भगवान बुद्ध के बीच का यह नारी-सम्बन्धी काल्पनिक संवाद भिक्खुओं ने सुत्तपिटक में शामिल किया होगा, यह मान्यता अस्वाभाविक नहीं लगती।

सुत्तपिटक में आनन्द और बुद्ध के बीच का काल्पनिक संवाद बाद में शामिल किया गया होगा, यह बात अन्य दो प्रमाणों से सिद्ध की जा सकती है : (1) महापरि-निर्वाणसुत्त की भूमिका में एक परिच्छेद दिया गया है। (दीर्घ निकाय, भाग-2, पान-72, 'सेक्रेड बुक्स ऑफ बुद्धिस्ट सर्विस, डेविड) इससे इस बात का पता चलता है कि इस सुत्त के कई अंश अन्य सुत्तों में भी हैं। लेकिन आनन्द और बुद्ध के बीच का नारी सम्बन्धी संवाद अन्य किसी सुत्त में नहीं मिलता है। यह बड़ी महत्त्वपूर्ण बात है। (2) इस भूमिका के 28वें पृष्ठ पर ('सेक्रेड बुक्स ऑफ बुद्धिस्ट सर्विस', खंड-9, डेविड) यह उल्लेख है कि इस सुत्त का चीनी संस्करण उपलब्ध है। लेकिन उस संस्करण में आनन्द और बुद्ध का नारी सम्बन्धी संवाद नहीं है।

यह संवाद हुआ या नहीं, इस बारे में कौन-सी सम्भावना है? आनन्द ने भगवान

बुद्ध को नारी सम्बन्धी सवाल पूछा, इसकी वजह क्या थी? बुद्ध नारियों के साथ जिस प्रकार का बर्ताव कर रहे थे, क्या उससे मिलते-जुलते आनन्द के सवाल थे? आनन्द द्वारा भगवान बुद्ध से इस तरह के सवाल पूछे जाने सम्भव ही नहीं थे, इस बात को सिद्ध करने के लिए पर्याप्त प्रमाण हैं। और यदि आनन्द ने यह सवाल पूछा भी होगा तब भी भगवान बुद्ध इस सवाल का ऐसा जवाब देते, यह सम्भव नहीं था। आनन्द और बुद्ध का नारियों से जो व्यवहार था, उसका ब्यौरा सुत्तपिटक में दिया गया है। उस व्यवहार का उदार और निर्मल स्वरूप था। उसे देखने के बाद ऐसा लगता है कि आनन्द उस तरह के सवाल कैसे पूछ सका! और भगवान बुद्ध भी उसे उस तरह के जवाब कैसे दे सके! इन परस्परविरोधी बातों का यह अर्थ कैसे लगाया जा सकता है?

इस तरह के सवाल भगवान बुद्ध को पूछने की आनन्द को कोई जरूरत ही नहीं थी, इस बात को सिद्ध करने के लिए दूसरा एक प्रमाण महापरिनिब्बाणसुत्त के इसी अध्याय में है। भिक्खु आनन्द और भगवान बुद्ध के बीच का नारी सम्बन्धी संवाद जिस गाथा में दिया गया है, उस गाथा से आगे जो गाथा है उसी में यह प्रमाण मिलता है। आनन्द कितना सुस्वभावी और सभी का प्रिय था इस बारे में भगवान बुद्ध जो वर्णन करते हैं वह अगली गाथा में वर्णित है। यह वर्णन ही उसका प्रमाण है। भगवान बुद्ध ने जो वर्णन किया है वह काफी लम्बा-चौड़ा है। मैं वह जरूरी अंश यहाँ दे रहा हूँ।

'भाइयो! बहुत ही सुन्दर और मन को भानेवाले चार सद्‌गुण आनन्द में हैं। वे इस प्रकार हैं :

'भाइयो! संघ के भिक्खु जब आनन्द को मिलने आते हैं तब उनका मन आनन्द के दर्शन से प्रसन्न हो जाता है। और जब आनन्द उनके सामने सद्‌धम्म पर प्रवचन करने लगता है, तब वे उसकी प्रवचन शैली से प्रभावित हो जाते हैं। और जब आनन्द शान्त रहता है तब उसे मिलने के लिए आए हुए भिक्खु बड़े दुखी होकर उसके सामने आकर शान्ति से बैठ जाते हैं।

'भाइयो, जब संघ की भिक्षुणियाँ या धार्मिक स्वभाव के गृहस्थ लोग अथवा नारियाँ उसे मिलने आती हैं और आनन्द उनके सामने सन्मार्ग के प्रवचन देना शुरू कर देता है तब वे आनन्द की प्रवचन शैली से बड़े प्रभावित होते हैं। और जब आनन्द कुछ न बोलते हुए शान्त रहता है, तब उसे मिलने के लिए आनेवाली भिक्षुणियाँ दुखी होकर शान्त बैठ जाती हैं।''

भगवान बुद्ध के इस उपदेश से यह बात स्पष्ट हो जाती है कि संघ की भिक्षुणियाँ और पास-पड़ोस के इलाके की धार्मिक स्वभाव की खानदानी और संसारी महिलाएँ आनन्द को मिलने के लिए हमेशा आती थीं। आनन्द भी उनसे मिलता था। आनन्द उनके साथ धार्मिक सवालों पर चर्चा करता था। ऐसी बातें होने पर भी आनन्द ने भगवान बुद्ध से नारी के सम्बन्ध में सवाल पूछे, यह मानना गलत लगता है। भगवान बुद्ध को इस बात का पता था कि नारियाँ उनसे मिलने आती हैं। नारियों को आनन्द

से नहीं मिलना चाहिए, इसका विरोध भगवान बुद्ध ने कभी नहीं किया है। संघ में भिक्खु और भिक्खुणियों का भोजन एक पंक्ति में होता था। इस प्रथा को भगवान बुद्ध ने ही शुरू किया था। हर तरह की स्थिति पर गौर करने के बाद इस बात का पता चलता है कि नारियों से सम्पर्क न हो, इस प्रकार की नीति भगवान बुद्ध ने स्वीकार की थी, यह कहना गलत सिद्ध होता है। मतलब यह है कि भिक्खु आनन्द और भगवान बुद्ध के बीच नारियों के सम्बन्ध में महापरिनिब्बाणसुत्त में जो संवाद है वह बाद में जोड़ा गया अंश है, यह स्पष्ट है।

एक दूसरा प्रमाण भिक्खु आनन्द के जीवन से सम्बन्धित घटना से लक्षित होता है। वह घटना सुत्तपिटक में वर्णित नारी सम्बन्धी संवाद से पूरी तरह अलग है। पहली संगति में भिक्खु आनन्द के खिलाफ पाँच आरोप लगाए गए थे, इस बात को सभी जानते हैं। वे पाँच आरोप निम्न प्रकार हैं :

(1) भगवान बुद्ध के विचारों के मुताबिक विनय का कौन-सा अंश ज्यादा महत्त्वपूर्ण और कौन-सा अंश कम महत्त्वपूर्ण है, और कम महत्त्व के अंश में कम-ज्यादा परिवर्तन करने का अधिकार उन्होंने संघ को दिया था या नहीं, इस सम्बन्ध में आनन्द ने भगवान बुद्ध को नहीं पूछा।

(2) भगवान बुद्ध का चीवर सीते समय आनन्द ने उसे अपना पाँव लगाया था।

(3) भगवान बुद्ध के महापरिनिर्वाण के बाद उनके भौतिक शरीर को पुरुषों से पहले नारियों को स्पर्श करके वन्दन करना चाहिए। इस प्रकार की स्वतन्त्रता आनन्द ने उन्हें दी। नारियों ने बुद्ध के शरीर का वन्दन करते समय उसे अपने आँसुओं से नहला दिया था।

(4) भगवान बुद्ध को और एक कल्प (युग) तक जीवित रहना चाहिए, इस प्रकार की विनती आनन्द ने भगवान बुद्ध से नहीं की।

(5) नारियों को संघ में जो प्रवेश दिया गया है उसके लिए आनन्द ही जिम्मेदार है।

भिक्खु आनन्द ने इन सभी आरोपों को स्वीकार किया। लेकिन मैं दोषी हूँ या नहीं, इसके बारे में उसने कुछ नहीं कहा। यह मुद्दा अलग है और वह महत्त्वपूर्ण भी नहीं है। इस विश्लेषण में तीसरा आरोप महत्त्वपूर्ण है। महापरिनिब्बाणसुत्त में भगवान बुद्ध ने भिक्खु आनन्द को नारियों के बारे में जो सलाह दी है उसे यदि सही मान लिया जाए तो भगवान बुद्ध के भौतिक शरीर को पुरुषों से पहले वन्दन करने की इजाजत आनन्द ने नारियों को दी, इसका मतलब क्या है? क्या यह कहना उचित होगा कि आनन्द ने भगवान बुद्ध की नारी सम्बन्धी सलाह को इतने गैरजिम्मेदाराना ढंग से और जानबूझकर नजरअंदाज किया? नहीं। इससे क्या सिद्ध होता है? इससे यही सिद्ध होता है कि महापरिनिब्बाणसुत्त में वर्णित नारी सम्बन्धी सलाह भगवान बुद्ध ने आनन्द को नहीं दी थी। वह सलाह दी गई ऐसा यदि मान लिया जाए तो आनन्द उसके खिलाफ बर्ताव करेगा, यह कहना गलत होगा। इसलिए यह मानना ही तर्कसिद्ध सत्य है कि भगवान बुद्ध ने इस प्रकार की सलाह आनन्द को नहीं दी थी।

अब हम बुद्ध की दृष्टि से इस मुद्दे पर विचार करेंगे। बुद्ध ने आनन्द के सवालों के जो जवाब दिए थे क्या वे उनकी कुल शिक्षा के और जीवन के अनुरूप थे? इस सवाल का जवाब भगवान बुद्ध नारियों के साथ जिस तरह से बर्ताव कर रहे थे, उससे मिलता है। बुद्ध ने आनन्द को सलाह दी थी कि नारियों के साथ सम्पर्क मत रखिए। लेकिन क्या स्वयं भगवान बुद्ध का नारियों के साथ सम्पर्क नहीं था? इस सम्बन्ध में भगवान बुद्ध के जीवन की सत्य घटनाएँ किस तरह की रोशनी डालती हैं?

भगवान बुद्ध के जीवन की दो महत्त्वपूर्ण घटनाएँ तुरन्त मेरी आँखों के सामने आ जाती हैं। पहली घटना है विशाखा से सम्बन्धित। विशाखा जैसी नारी भगवान बुद्ध की मुख्य अस्सी भिक्खुणियों में से एक थी। वह उनमें सबसे श्रेष्ठ थी। उसके कार्य के कारण उसे 'दानदाताओं की मुखिया' की उपाधि दी गई थी। एक बार विशाखा भगवान बुद्ध का प्रवचन सुनने के लिए गई। बुद्ध के प्रवचन सुनकर उसने बड़ी नम्रता से बुद्ध का अनुयायित्व स्वीकार किया। वह भिक्षुणी संघ में रहने लगी। नारियों के साथ किस प्रकार का बर्ताव किया जाए, इस सम्बन्ध में बुद्ध ने आनन्द से जो कहा क्या वैसा व्यवहार बुद्ध ने विशाखा के साथ किया है? विशाखा बुद्ध का प्रवचन सुनने के लिए आई और बाद में वह भिक्षुणी संघ में रहने लगी उस समय क्या बुद्ध के भिक्खुओं ने इस पर अपनी नाराजगी जताई? क्या वे भिक्खु गुस्से में वहाँ से दूर कहीं चले गए थे?

दूसरी घटना वैशाली की आम्रपाली की है। जब भगवान बुद्ध वैशाली गए तब आम्रपाली उनसे भेंट करने गई। उसी समय लिच्छवी भी वहाँ भगवान बुद्ध के दर्शन के लिए आए थे। आम्रपाली ने भगवान बुद्ध और भिक्खु संघ को अपने यहाँ भोजन के लिए विनम्रता से निमंत्रण दिया था। आम्रपाली राजदरबार में नाच और गायन करनेवाली एक कलाकार थी। आम्रपाली वैशाली नगर की सभी नारियों में सौन्दर्य की दृष्टि से श्रेष्ठ थी। उस समय लिच्छवियों ने भी भगवान बुद्ध को भोजन का निमन्त्रण दिया था। लिच्छवी बड़े अमीर और राजकुल के थे। बुद्ध ने पहले ही आम्रपाली के भोजन के निमन्त्रण को स्वीकार कर लिया था। इसलिए उन्होंने लिच्छवियों के भोजन के निमन्त्रण को स्वीकार नहीं किया। तब लिच्छवियों को लगा कि बुद्ध ने हमारा अपमान किया है, इसलिए वे वहाँ से गुस्से में चले गए। दूसरे दिन भगवान बुद्ध और भिक्खु संघ ने आम्रपाली के घर जाकर भोजन ग्रहण किया। लिच्छवी उच्च कुल के थे और आम्रपाली हीन कुल की थी। भगवान बुद्ध ने लिच्छवियों के प्रबल आग्रह के बाद भी आम्रपाली के निमन्त्रण को अस्वीकार न करके उसे सहर्ष स्वीकार किया। इसमें उनका उद्देश्य क्या था? इससे यही सिद्ध होता है कि बुद्ध हीन कुल या नारी-पुरुष के बीच के भेद को स्वीकार नहीं करते थे।

इसके अलावा और भी उदाहरण हैं। नन्दकोवाद सुत्त (मज्झिम निकाय-2, पृष्ठ-309) में पज्जुन की कन्या कोकनदा की कहानी है। "जब वैशाली के महावन में बुद्ध का

निवास था उस समय कोकनदा आधी रात के बाद बुद्ध के दर्शन करने गई। रात का वासनायुक्त माहौल और उसमें भी कोकनदा का यौवन सौन्दर्य, उस सौन्दर्य की ओर कौन आकर्षित नहीं होता।'' (खंड-1, पृष्ठ 40)

राजा प्रसेनजित की पत्नी मल्लिका बुद्ध के प्रवचनों को सुनने के लिए जाती थी। इस सम्बन्ध में सुत्तपिटक में जगह-जगह उल्लेख मिलते हैं। इन उदाहरणों से यह स्पष्ट होता है कि बुद्ध नारी-सम्पर्क को गलत नहीं मानते थे। नारियाँ भी बुद्ध के सम्पर्क में रहने में संकोच नहीं करती थीं। इस पर उनके मन में किसी तरह का कोई सन्देह पैदा नहीं होता था।

भगवान बुद्ध इस बात को जानते थे कि नारियों के साथ बार-बार सम्पर्क होने पर पुरुषों का मन चंचल हो उठता है। और इस तरह लोग बाद में नैतिक पतन की ओर बढ़ते हैं। इसीलिए उन्होंने एक बार भिक्खुओं को बताया था कि आपका बार-बार गृहस्थों के घर जाना उचित नहीं है। इसे रोकिए (अंगुत्तर निकाय-3, पृष्ठ 190) लेकिन बुद्ध ने भिक्खुओं को यह कभी नहीं कहा कि आप गृहस्थों के घर में मत जाइए। उन्होंने भिक्खुओं के सामने नारियों के सम्बन्ध में घृणायुक्त शब्दों का कभी प्रयोग नहीं किया। बुद्ध ने भिक्खुओं को सिर्फ इतना कहा था कि वे नारियों के सम्पर्क के मोह से दूर रहें।

इतनी सावधानी बरतने की वजह यह है कि बुद्ध कठोर उत्तम चर्या के पालन का समर्थन करनेवाले थे। उत्तम चर्या का असली दुश्मन कौन है, इस बात की कल्पना बुद्ध को थी। इस सम्बन्ध में उन्होंने एक बार कहा था कि ''नारी उत्तमचर्या युक्त जीवन को कलंकित कर सकती है।'' (संयुक्त निकाय-1, पृ. 53)। नारियों के बारे में बुद्ध की इस मान्यता के बावजूद उन्होंने क्या कभी भिक्खुओं से यह कहा, ''आप लोग नारियों के सम्पर्क में बिल्कुल मत रहिए?'' कभी नहीं। उन्होंने ऐसा बन्धन भिक्खुओं पर थोपने का प्रयास नहीं किया। बल्कि बुद्ध ने भिक्खुओं को नारियों के साथ सम्पर्क रखने की इजाजत दी थी। उनका भिक्खुओं को सिर्फ इतना ही उपदेश था कि उन्हें नारी-सम्पर्क में सावधानी बरतनी चाहिए। वे कहते थे कि 'जब-जब आप लोगों को नारियों के सम्पर्क में थोड़ी देर रहने का मौका मिले उस समय आप उन्हें अपनी माँ, बहन और बेटी आदि के सम्बन्ध में जो स्वाभाविक सद्भावना मन में पैदा होती है, इसी तरह की सद्भावना उस समय तुम्हारे मन में पैदा होनी चाहिए।' बुद्ध के उपदेश का रहस्य यही है कि नारी को माता, युवती को बहन और बच्ची को बेटी मानकर भिक्खुओं को उनके साथ शुद्ध भावना से बर्ताव करना चाहिए। (Kindred Sayings, p. 68)

पहले बुद्ध को ऐसा लगता था कि नारियों को भिक्खु संघ में नहीं आना चाहिए। लेकिन बाद में उनके विचारों में बदलाव आया और उन्होंने नारियों को संघ में प्रवेश दिया। लेकिन उन्होंने नारियों का नया संघ बनाया। भिक्षुणी संघ भिक्खु संघ की आज्ञा में रहना चाहिए, बुद्ध ने इस तरह के नियम बनाए। इन सभी घटनाओं की ओर संकेत करते हुए आलोचक यह कह सकते हैं कि नारियों के बारे में बुद्ध के विचार अच्छे नहीं

थे। इन घटनाओं के बारे में कुछ विस्तार से बात करना जरूरी है। जब महाप्रजापति गौतमी बुद्ध के पास प्रव्रज्या लेने आई तब उन्होंने उसका विरोध क्यों किया? बुद्ध को इस तरह से क्यों लगा कि महिलाएँ जन्म से ही चंचल होती हैं, यदि वह अपने संघ में आई तो अपने संघ की प्रतिष्ठा समाज में कम होगी, और अपना संघ समाज में सम्माननीय नहीं होगा? उसी प्रकार बुद्ध को ऐसा क्यों लगा कि 'नारी बौद्धिक और नैतिक दृष्टि से अपने धर्म और संघ के सभी पवित्र तत्त्वों को जानने के लिए और उसके अनुसार व्यवहार करने में असमर्थ है?' शायद इसीलिए उन्होंने महाप्रजापति की प्रवज्या का विरोध नहीं किया था। एक बार आनन्द ने उक्त दो सवालों में से दूसरा सवाल बुद्ध को पूछा था और वह बुद्ध का संघ में नारी-प्रवेश का विरोध देखकर पूछा था। उस समय बुद्ध ने आनन्द की सभी शंकाओं का समाधान किया था। तब बुद्ध ने कहा था, 'नारी अपना धम्म और अपनी धम्मदीक्षा जानने के लिए और उसके मुताबिक व्यवहार करने में पूरी तरह से समर्थ है।' इसी वजह से बुद्ध नारियों का विरोध नहीं करते थे। बुद्ध ऐसा कभी नहीं मानते थे कि नारी बुद्धि और नैतिकता की दृष्टि से निम्न दर्जे की है। जिन आलोचकों का यह मानना था कि "बुद्ध की राय में नारी चंचल होती है और नारियों को संघ में प्रवेश दिया गया तो समाज में संघ की प्रतिष्ठा कम होगी, इस तरह का डर बुद्ध के मन में था," इस तरह से सोचनेवाले आलोचक दो कौड़ी के हैं। क्योंकि यदि नारियों के बारे में बुद्ध की यही सोच होती तो उन्होंने नारियों को संघ में कभी प्रवेश नहीं दिया होता।

जो आलोचक यह कहते हैं कि भिक्खुणी संघ को भिक्खु संघ से निम्न दर्जे का दिखाने में बुद्ध की नारी सम्बन्धी दृष्टि मलिन थी, उनके लिए यही जवाब है कि नारी और पुरुष के बीच नैसर्गिक शारीरिक श्रेष्ठता और निम्नता को ध्यान में रखते हुए बुद्ध ने इन दो संघों की योजना नहीं बनाई थी। इन दो संघों की योजना के पीछे उनकी केवल व्यावहारिक सोच थी। जब नारियों को संघ में लेने का सवाल आया तब बुद्ध के सामने दो सवाल खड़े हुए। नारी और पुरुषों का संघ एक होना चाहिए या दोनों अलग-अलग संघ होने चाहिए? बहुत सोचने के बाद उन्होंने फैसला किया कि दो अलग-अलग संघ होने चाहिए। प्रव्रज्या लेने के बाद श्रेष्ठ चर्यावस्था में रहने के लिए भिक्खु और भिक्खुणियाँ संकल्पबद्ध हुए थे। लेकिन यदि वे इकट्ठा रहे तो इस संकल्पबद्धता को बरकरार रखना उनके लिए सम्भव नहीं था। इसलिए बुद्ध ने तय किया कि भिक्खु और भिक्खुणी संघ अलग-अलग रखना ही उचित है। इसमें उनका व्यावहारिक सोच ही था। उनका दृष्टिकोण बिल्कुल इस तरह का नहीं था कि नारियाँ हीन होती हैं। नारियों के लिए भिक्खुणियों का स्वतन्त्र संघ निर्माण करते समय बुद्ध के सामने सवाल खड़ा हो गया था कि ये दोनों संघ समान स्तर के हों। उनमें नारी और पुरुष बगैर किसी संकोच के और भयमुक्त होकर आपस में एक-दूसरे के साथ मिल सकें या इस तरह की योजना बने या दोनों संघ एक-दूसरे से पूरी तरह अलग-अलग किए जाएँ?

बुद्ध ने यह फैसला किया था कि भिक्खुणी संघ को भिक्खु संघ से अलग करना उचित है। भिक्खु और भिक्खुणियों को श्रेष्ठ जीवनचर्या का पालन करवाना ही था, इसलिए यह निर्णय उस संकल्प को पूरा करने के लिए जरूरी था। बुद्ध को इस बात की जानकारी थी कि नारी और पुरुष के जीवन में शारीरिक वासना का बड़ा महत्त्व है। यही शारीरिक वासना नारी को पुरुष की दासी बनाती है और पुरुष को नारी का गुलाम बनाती है। इस आशय के उद्‌गार बुद्ध के मुँह से एक बार निकले थे। यदि इस तरह की वासना बेलगाम रही तो वह श्रेष्ठ जीवनचर्या को खत्म कर देगी। इसलिए भिक्खु और भिक्खुणियाँ इस वासना की बलि न चढ़ें इस प्रकार की व्यावहारिक योजना बुद्ध ने बनाई और इसके लिए उन्होंने भिक्खु और भिक्खुणियों के दो अलग-अलग संघ बनाए।

बुद्ध ने भिक्खु और भिक्खुणियों के लिए दो अलग-अलग संघ बनाए, लेकिन क्या वे इसके अलावा अन्य दूसरा निर्णय ले सकते थे? जो नारियाँ संघ में आईं उन्होंने गृहस्थ जीवन का उपभोग नहीं किया था बल्कि वह उनकी किशोरावस्था थी। उन्हें धम्म के तत्त्व और आचरणों के नियमों के बारे में उपदेश देकर प्रशिक्षित करना था। किसे इस काम को करना चाहिए? इस काम को करने के लिए संघ के भिक्खुओं के अलावा अन्य कौन लायक हो सकते थे? ये भिक्खु धम्म और आचरण के नियमों का पालन करने में कुशल हो गए थे। इसलिए बुद्ध ने इस काम की जिम्मेदारी भिक्खुओं को सौंप दी थी। लेकिन इस काम की जिम्मेदारी उन्हें सौंपते समय बुद्ध ने किस प्रकार की सावधानी रखी थी? भिक्खु भिक्खुणियों को प्रशिक्षित करते समय उनके आपस में किस प्रकार के सम्बन्ध होने चाहिए, इए बात की पूरी सावधानी बुद्ध ने रखी थी। इस बात का जवाब मिलने के बाद बुद्ध ने भिक्खुणी संघ को भिक्खु संघ से निम्न स्तर पर क्यों रखा इस बात की गुत्थी सुलझ जाती है। उन्होंने इस तरह का नियम बनाया कि भिक्खुओं द्वारा भिक्खुणियों को पढ़ाते समय आचार्य और शिष्य के पवित्र सम्बन्ध बरकरार रखने चाहिए। भिक्खु अध्यापक और भिक्खुणियाँ उनकी शिष्या हों। अध्यापक की हैसियत से भिक्खुओं का स्तर भिक्खुणियों से ज्यादा महत्त्वपूर्ण था। शिष्या के रूप में भिक्खुणियों का स्तर भिक्खुओं की तुलना में कम महत्त्वपूर्ण था, उनका स्तर एक आज्ञाकारी का था। भिक्खुणी संघ पर भिक्खु संघ एक अध्यापक की तरह अधिकार स्थापित करता था। वह किसी सत्ताधारी की तरह, मालिक की तरह सत्ता स्थापित नहीं कर रहा था। फिर सवाल उठता है कि बुद्ध ने भिक्खुणी संघ को भिक्खु संघ की आज्ञा में रखने में कौन-सी गलती की? शिष्य को अध्यापक की आज्ञा का पालन करना चाहिए, इस प्रकार के नियम को क्या गलत समझा जाएगा?

इस सम्बन्ध में ईसाई धर्म की संन्यासिनियों का संघ (नन) और संन्यासियों के संघ की व्यवस्था की ओर देखा जाए तो हमें समानता की दृष्टि से काफी उपयोगी जानकारी मिलेगी। क्या संन्यासिनी संघ का स्तर संन्यासी संघ से कमतर है या नहीं? हाँ, है। (कैथोलिक इनसाइक्लोपीडिया के 'नन' लेख को देखिए। खंड-11वाँ, पृ. 164) क्या

इसके आधार पर यह कहा जा सकता है कि ईसाई धर्म नारियों को पुरुषों से हीन मानता है? भिक्खु और भिक्खुणियों के बीच का सम्बन्ध नियमबद्ध करने के लिए बुद्ध ने जो योजना तैयार की वह नारियों को हीन समझनेवाली थी, इस तरह का अर्थ लगाने की वजह आखिर क्यों? क्या इस तरह का अर्थ लगाना तर्कसिद्ध है?

जो लोग इस तरह का सवाल उठाते हैं कि बुद्ध के मन में नारियों के प्रति दूषित भावना थी, इसीलिए बुद्ध भिक्खुओं को बार-बार उपदेश दे रहे थे कि आप नारियों से दूर रहिए, इसके लिए सुत्तपिटक में कहीं कोई आधार नहीं है।

2

ऊपर जो उदाहरण दिए गए हैं उनसे अलग अब हम उन बातों की ओर ध्यान देंगे कि बुद्ध की आम तौर पर नारियों के बारे में क्या भूमिका थी। क्या बुद्ध ने नारियों को हीन समझा था? बौद्ध धर्म के जो पवित्र ग्रन्थ हैं उनमें बुद्ध के नारियों के सम्बन्ध में जो विचार हैं, क्या वे उन्होंने ही समय-समय पर व्यक्त किए हैं? इन बुद्ध वचनों को जिन्होंने ध्यान से पढ़ा होगा उन्हें इस बात का पता चला होगा कि बुद्ध ने नारियों को हीन नहीं समझा बल्कि उनके बारे में गौरवमय वचनों से उन्होंने उन्हें समाज में ऊँचा स्थान दिया है।

हिन्दू समाज में आम तौर पर इस बात को अशुभ माना जाता है कि परिवार में लड़की पैदा हुई है। लेकिन इस पर बुद्ध की क्या प्रतिक्रिया थी? परम्परा से चली आ रही इस बात के विरोध में बुद्ध सोचते थे। बुद्ध ने राजा प्रसेनजित को जो सलाह दी थी, उससे यह बात सिद्ध होती है। जब श्रावस्ती के जेतवन में बुद्ध का निवास था उस समय एक बार राजा प्रसेनजित उनके दर्शन के लिए वहाँ पहुँचा। बुद्ध और राजा का आपस में संवाद चल रहा था इतने में राजमहल से एक राजदूत खबर ले आया कि रानी मल्लिका प्रसूत हुई हैं। उसने एक बच्ची को जन्म दिया है। यह खबर सुनकर राजा का चेहरा फीका पड़ गया। राजा को दुखी देखकर बुद्ध ने उससे दुखी होने की वजह पूछी। तब राजा ने कहा–'मेरी बच्ची पैदा हुई है। इसलिए मैं दुखी हूँ।' तब बुद्ध ने कहा, 'हे राजा, इसमें दुखी होने की क्या बात है? लड़की लड़के से भी ज्यादा प्रभावी सन्तान सिद्ध हो सकती है। वह बड़ी समझदार और सदाचारी होगी...वह ऐसे बच्चे को जन्म देगी जो बड़ा कर्मठ होगा और विशाल प्रदेश का राजा बनेगा।' (संयुक्त निकाय, खंड-1, पृष्ठ-110)

कुछ परिवारों का अधिक विकास होता है और कुछ का पतन होता है। ऐसा क्यों होता है? यह सवाल एक बार भिक्खुओं ने बुद्ध से पूछा था। तब बुद्ध ने उनसे कहा, "भिक्खुओ, कुछ परिवार सभी साधनों से सम्पन्न होकर महत्त्वपूर्ण पदों को हासिल करके जल्दी ही नष्ट होते हैं, उसकी वजह यह है कि उनका जो बड़प्पन नष्ट होता है उसको पुनः स्थापित करने के लिए वे दिलोजान से प्रयास नहीं करते। उनका जो वैभव समाप्त

होने की स्थिति में होता है उसे पुनः हासिल करने के लिए वे लड़ते नहीं हैं। वे लोग बेहिसाब खाते-पीते हैं। जो मनुष्य या जो नारी नीतिभ्रष्ट हैं वे ऐसे लोगों को अपने काम की जिम्मेदारी सौंपते हैं, या जिनके परिवार पतन की ओर बढ़ रहे होते हैं उनके पतन के इन चार कारणों में कोई-न-कोई कारण उनके पतन के लिए जिम्मेदार होता है।

"भिक्खुओ, कुछ परिवार काफी दिनों तक उत्थान की ओर बढ़ते रहते हैं। इसकी वजह यह है कि उनका जो वैभव नष्ट हो जाता है उसे पुनः हासिल करने के लिए वे दिलोजान से प्रयास करते रहते हैं, उनका जो नुकसान हो जाता है उसे पूरा करने के लिए वे लगातार मेहनत करते हैं। उनका खाना-पीना भी उचित मात्रा में होता है और वे लोग नारी हो या पुरुष, ऐसे ही नैतिक लोगों को अपने काम की जिम्मेदारी सौंपते हैं। जो परिवार लम्बे समय तक उत्थान की ओर बढ़ते हैं उसके ये सभी चार कारण होते हैं या उनमें से पहला या दूसरा कारण ही जिम्मेदार होता है।" (अंगुत्तर निकाय, खंड-2, पृ. 254-55)

एक बार एक भिक्खु ने भगवान बुद्ध से सवाल पूछा था, "जब इस दुनिया में चक्रवर्ती राजा अस्तित्व में आता है, तब क्या होता है ?" तब बुद्ध ने उसे जवाब दिया, "जब इस तरह का सम्राट अस्तित्व में आता है, तब सात भंडार अस्तित्व में आते हैं। ये सात भंडार हैं–रथ, हाथी, घोड़े, रत्न, नारी, परिवार, पिता और गद्दी का वारिस राजपुत्र आदि।" (अंगुत्तर निकाय, खंड-1, पृष्ठ 62)

जिस बुद्ध की यह मान्यता थी कि "जिस परिवार में लड़की पैदा हुई उस परिवार को इस पर दुख व्यक्त करने के बजाय खुशी जाहिर करनी चाहिए, जिन परिवारों का कामकाज नारियों के हाथों में होता है वे परिवार विनाश से मुक्त होते हैं। नारी सात भंडारों में से एक है और महत्त्वपूर्ण है।" उस आदमी को नारी-विरोधी और नारियों को दूर रखनेवाला कहना, क्या यह तर्कसंगत है? नारियों के प्रति बुद्ध की जो महत्त्वपूर्ण भावनाएँ थीं, वह उनके उपर्युक्त वचनों से सिद्ध होती हैं। उन भावनाओं पर गहराई से सोचा जाए तो क्या कोई आदमी इस तरह से कहने का साहस कर सकता है कि बुद्ध नारी-जाति से नफरत और घृणा करनेवाला था? कदापि नहीं।

3

जो लोग यह मानते हैं कि बुद्ध ने भिक्खुणियों को भिक्खुओं के वर्चस्व में रखा, इसलिए उन्होंने एक बड़ा गुनाह किया है, वे लोग इस बात की कल्पना नहीं कर सकते थे कि बुद्ध ने नारी को भिक्खुणी होने की इजाजत देकर बहुत बड़ी सामाजिक क्रान्ति की है। उस काल में ब्राह्मण धर्म (वैदिक धर्म) नारी को ज्ञान हासिल करने की इजाजत नहीं दे रहा था। उस काल में जब यह सवाल उठा कि नारी चाहे तो संन्यास ले सकती है, तब ब्राह्मणी धर्म (हिन्दू धर्म) ने नारी पर एक दूसरा बड़ा अन्याय किया है। ब्राह्मण लोग वेदों की पूजा करते थे। उन्हें संन्यास आदर्श नहीं लग रहा था। उन्होंने काफी दिनों

तक इस बात को स्वीकार नहीं किया था कि उपनिषद कोई आदर्श ग्रन्थ है। यह एक ऐतिहासिक सच्चाई है, पर यह कोई तर्क नहीं है। उपनिषद संन्यास को आदर्श मानते थे। उपनिषदों की मुख्य शिक्षा यही थी कि आत्मा ब्रह्म है। उस शिक्षा को जीवन में उतारना ही संन्यास का लक्ष्य था। लेकिन ब्राह्मण लोग संन्यासी जीवन के जबर्दस्त विरोधी थे। संन्यास के बारे में जो गम्भीर बहस हुई उसके बाद ब्राह्मणों ने संन्यास को मान्यता दे दी। वह मान्यता कुछ शर्तों पर थी। उसमें एक शर्त यह थी कि नारी और शूद्रों को संन्यास लेने का अधिकार नहीं होना चाहिए।

नारियों को संन्यास लेने का अधिकार नहीं होना चाहिए, यह शर्त ब्राह्मणों ने रखी। इसकी वजह क्या थी इस बात को समझ लेने के बाद बुद्ध और ब्राह्मण के बीच नारी सम्बन्धी जो मान्यता थी उसमें दक्षिण-उत्तर का फर्क दिखाई देगा। इसका कारण मनु ने बताया है, ''नारी को वेद पढ़ने का अधिकार नहीं है। इसलिए उनके संस्कार वैदिक मन्त्रों के पठन के बिना किए जाते हैं। नारियों को धर्म का ज्ञान नहीं होता है क्योंकि उन्हें वेद पढ़ने का अधिकार नहीं था। वैदिक मन्त्रों के पठन से पाप नष्ट होता है। जब नारी वैदिक मन्त्रों का पठन नहीं कर सकती तब वह असत्य (पापमय) स्थिति में रहनेवाली है।''

मनु बुद्ध के बाद हुआ है। लेकिन उसने जो उपर्युक्त विचार व्यक्त किए हैं वे उससे पहले से ही विद्यमान ब्राह्मणी धर्म ग्रन्थों की विचारधारा को लेकर किए हैं, यह बात सही है। इस तरह की विचारधारा भारत की नारी का अपमान और विनाश करनेवाली थी। विनाश की वजह यह थी कि ज्ञान हासिल करना हर मानव का स्वाभाविक अधिकार है। और यह अधिकार कुछ उचित कारण दिए बगैर ब्राह्मणों ने नारी से छीन लिया। अपमान करने का मतलब नारी को अज्ञानी, अशुद्ध, असत्य, अमंगल समझा गया। संन्यास ब्रह्म-प्राप्ति का मार्ग है। लेकिन नारी अमंगल होने के कारण वह संन्यास लेने के योग्य नहीं है, इस प्रकार की ब्राह्मणी विचारधारा थी। ब्राह्मणों के षड्यन्त्र के कारण नारी अपने आध्यात्मिक ज्ञान-प्राप्ति के हक़ से दरकिनार रही। इतना ही नहीं, उसके जीवन में आध्यात्मिक शक्ति के बीज अंकुरित नहीं हो सकते, ऐसा भी कहा गया।

नारी के सन्दर्भ में ब्राह्मणों ने कितना भयंकर क्रूर कर्म किया है, जिसका दुनिया में कोई मुकाबला नहीं है। प्रो. मैक्स मूलर ने कहा है (Hibbert Lectures on Religion, p. 379) ''पुरुष आध्यात्मिक ज्ञान से कितना भी दूर रहने के बाद भी उसके जैसा ईश्वर के एकदम नजदीक रहनेवाला अन्य कोई प्राणी इस धरती पर नहीं है। उसके जैसा ईश्वरमय अन्य कोई प्राणी इस दुनिया में नहीं मिलेगा। यदि इस बात को पुरुषों के बारे में सच माना जाए तो उसे नारी के बारे में सत्य क्यों न माना जाए? इस बात का जवाब ब्राह्मणों के पास नहीं है। बुद्ध ने नारी को प्रव्रज्या ग्रहण करने का हक़ देकर उन पर होनेवाले दो प्रकार के अन्याय एक झटके में दूर किए। वे दो प्रकार के अन्याय, हैं, नारी का पुरुषों की बराबरी में ज्ञान प्राप्त करना और उसके पास जो गुप्त

आध्यात्मिक तेज है उसकी पहचान करवाना। बुद्ध ने ये दोनों हक़ नारी को दिए। इसके कारण बुद्ध ने भारत की नारी को गुलामी से मुक्त किया। उन्होंने उनके जीवन में क्रान्ति पैदा की।" इस सम्बन्ध में प्रो. मैक्स मूलर के विचार (Hibbent Lectures on Relision, p. 273) बड़े महत्त्वपूर्ण हैं। उनका कहना है, "भारत का इतिहास हमें यह बताता है कि प्राचीन काल में ब्राह्मणी धर्म ने बन्धनों की और गुलामी की जो जबर्दस्त जंजीरें कस दी थीं उन्हें बुद्ध धर्म ने एकदम कमजोर कर दिया था और अन्त में तोड़ दिया था। यह कैसे सम्भव हुआ? निजी स्वतन्त्रता, सामाजिक असमानता के नर्क से बाहर निकलने की पददलित मनुष्य की प्रबल इच्छा, आध्यात्मिक ज्ञान के लिए जंगल में जाकर रहने की इच्छा पैदा होते ही किसी को भी जंगल में जाने की आजादी और जंगल में जाकर मुक्त रूप से ज्ञान प्राप्त करना, इसके लिए जो नैसर्गिक मानवी हक़ थे उन्हें बौद्ध धर्म ने समर्थन दिया। उन हक़ों को समाज में प्रस्थापित किया। हम बौद्ध धर्म के इस महान ऐतिहासिक कार्य को अस्वीकार नहीं कर सकते।"

बुद्ध ने भारत की नारी को यह जो आजादी दी है उसका महत्त्व कम नहीं किया जा सकता। जो लोग यह कहते हैं कि बुद्ध ने भिक्खुणी संघ को भिक्खुओं के वर्चस्व में रखा यह गलत बात है, बुद्ध ने नारी को जो स्वतन्त्रता दी है उसकी ओर उन्होंने ध्यान दिया तो वे इस बात को स्वीकार करेंगे कि उनका आरोप गलत है। बुद्ध ने जो दिया वह दिखावा मात्र नहीं था। उन्होंने नारी को जो आजादी दी वह अपने आपमें एक मिसाल है। नारी ने अपनी स्वतन्त्रता का पूरा-पूरा उपयोग किया। उन्होंने उसके गीत गाए। मुत्ता तो ब्राह्मण की लड़की थी। भिक्खुणी होने के बाद एक बार उसने कहा, "आह! मैं सचमुच में आजाद हूँ! मेरी स्वतन्त्रता की कोई सीमा नहीं है!" (Psalms of the Sisters, no. xi) दूसरी ब्राह्मण कन्या है मेत्तिका। भिक्खुणी होने के बाद एक बार उसने कहा, "...मैं इस शिला पर हर दिन ध्यान करती रहती हूँ। उस समय स्वतन्त्रता की हर साँस मेरी आध्यात्मिक साधना से लगातार बहती रहती है।"

इस सम्बन्ध में मिसेस व्हिस डेविड का कहना (Psalms of the Sisters, no. xxiv) बहुत ही महत्त्वपूर्ण है। उनका कहना है, "भारत की नारी ने इस आजादी को पाने के पहले समाज में और परिवार में अपने स्थान को ठुकरा दिया। ईसाई धर्म की संन्यासिनियों को यह कठिन कार्य बहुत बाद में करना पड़ा। इन नारियों ने अपने जीवन का प्रवाह ही बन्द कर दिया और वह हवा की तरह आजाद हो गई। यह सब उन्होंने सिर्फ आध्यात्मिक ज्ञान की प्राप्ति के लिए ही किया। अपने नारी-जीवन की बलि चढ़ाकर ही इन नारियों ने संघ में सम्मान का, प्रेम का और सुरक्षा का स्थान प्राप्त कर लिया। मुंडन की स्थिति में भिक्खुणी के वस्त्र पहनकर वे आध्यात्मिक ज्ञान-प्राप्ति के लिए भयंकर जंगल के किसी निर्जन स्थल पर या ऊँचे-ऊँचे पहाड़ों पर जाकर ध्यान करते हुए बैठते थे। उन्होंने मोटे-मोटे वस्त्र पहनने में जिस तरह भिक्खुओं की बराबरी की उसी प्रकार उन्होंने बहुत गम्भीर और कठिन आध्यात्मिक ज्ञान को हासिल करने में भी भिक्खुओं की बराबरी की।"

बुद्ध ने नारियों को भिक्खुणी होने का हक़ देकर उनके आजाद होने का रास्ता खुला कर दिया है। इतना ही नहीं, लिंग भेद के बारे में मन में बिल्कुल सन्देह न रखते हुए बुद्ध ने नारी को महान पद को प्राप्त करने का रास्ता खुला कर दिया है। इस सम्बन्ध में मिसेस व्हिस डेविड और अन्य विद्वानों की बातें बड़ी महत्त्वपूर्ण हैं।

"भिक्खुणी बनी नारी को 'अर्हन्त' के पद को प्राप्त किए भिक्खुओं को उसका नारीत्व ध्यान में रखे बगैर एक विचारशील मानव के रूप में समझना चाहिए, यही उसकी एकमात्र इच्छा थी। यह होने के बाद नारी को जो निर्मल और मधुर आनन्द प्राप्त होता था उस आनन्द की धुन में, मोह में वह अपना भिक्खुणी का सारा जीवन जी रही थी। ऐसे जीवन में वह आध्यात्मिक वातावरण की साँस ले रही थी। उसके भीतर की सभी चीजों को सत्य स्वरूप देखने की जो सचेत स्थिति त्रिपिटिक आदि ग्रन्थों में वर्णित है, उस अवस्था को उसने अपनी ज्ञानशक्ति से प्राप्त किया था। वह उस स्थिति से एकजान हो गई थी।"

भिक्खुणी सीमा कहती है, "नारी का प्राकृतिक जीवन हम जैसी श्रेष्ठ नारियों के बीच रोड़ा कैसे बन सकता है?" (Psalms, no. xvi)

"जो आदमी अपने मन में हमेशा यह भेदभाव रखता है कि यह नारी है, यह पुरुष है, उस आदमी को किस दर्जे का मनुष्य समझा जाए? मैं नारी हूँ या पुरुष, यदि मैं इन दोनों में एक भी नहीं हूँ तो मैं कौन हूँ? इस तरह के सवाल आध्यात्मिक वातावरण में रहनेवालों के बारे में भी पैदा होते हैं। इस तरह के लोग इस तरह के सवालों की चर्चा मार के साथ करने के लिए लायक हैं, ऐसा ही समझना चाहिए।"

बुद्ध ने नारी को भिक्खुणी होने का हक़ दिया। इसलिए नारी की स्वतन्त्रता का मार्ग खुला हो गया। इतना ही नहीं, पुरुषों की बराबरी में नारी का दर्जा समान होने का मार्ग खुल गया। इस सम्बन्ध में मिसेस व्हिस डेविड के अन्य विचार भी ध्यान देने योग्य हैं। (Preface to Therigatha, pp. xxvi-xxvii)। "तान्त्रिक दृष्टि से भिक्खुणी भिक्खुओं के वर्चस्व में रहती थी, यह बात बिल्कुल सच है और यह भी उतना ही सच है कि भिक्खु संघ में जो आदमी ज्ञान और श्रेष्ठता के कारण उच्च पद पर विराजमान हो गया था उसकी बराबरी का दर्जा भिक्खुणी संघ की भिक्खुणियाँ हक़ से हासिल कर सकती थीं। भदन्त कश्यप आध्यात्मिक दृष्टि से बड़ा था। वह संघ का प्रमुख था। उसका दर्जा संघ संस्थापक बुद्ध के बाद का था। आध्यात्मिक दृष्टि से महान कश्यप की बराबरी का दर्जा भद्दा थेरि ने हासिल किया था। यह चर्चा पालिसूतों में है। इस सम्बन्ध में इस बात को स्पष्ट करना चाहिए कि प्रव्रज्या लेने के लिए आनेवाली नारी कुमारिका होनी चाहिए, इस प्रकार का कोई बन्धन नहीं था। बुद्ध ने विवाहित, अविवाहित, विधवा और वेश्या आदि सभी प्रकार की नारियों को प्रव्रज्या लेने के लिए संघ के दरवाजे खुले रखे थे। उसी के कारण सभी प्रकार की नारियों को पुरुष की बराबरी में स्वतन्त्रता, समानता, श्रेष्ठता और आत्मविश्वास आदि मानवी जीवन की सभी उपलब्धियाँ हासिल करने की सुविधा प्राप्त थी।"

4

इस बात में कोई सन्देह नहीं कि प्राचीन काल में भारत की नारी का सामाजिक दर्जा ऊँचा था। और वह बाद के काल में नीचे गिरता चला गया। प्राचीन काल में नारी राजसत्ता में शीर्षस्थ स्थान पर थी या नहीं, इस सम्बन्ध में अधिक जानकारी उपलब्ध नहीं है। लेकिन बौद्धिक और सामाजिक जीवन में नारी का दर्जा काफी ऊँचा था, इस बारे में किसी के मन में कोई सन्देह नहीं हो सकता।

लड़की की किशोरावस्था समाप्त हो गई है और अब वह विवाह के लायक हो गई है, इस प्रकार का उल्लेख अथर्ववेद में है। इससे यह स्पष्ट होता है कि प्राचीनकाल में नारी की उपनयन विधि करने की परम्परा थी। श्रोत सूत्र के उल्लेख से इस बात का पता चलता है कि नारी वेदों का मन्त्र-पाठ करती थी। वह वेदाध्ययन भी करती थी। नारी गुरुकुलों में वेदों की अलग-अलग शाखाओं का अध्ययन करती थी। पाणिनि के अष्टाध्यायी ग्रन्थ से इस बात का पता चलता है कि नारी मीमांसा दर्शन में दीक्षित थी। नारी गुरुकुलों में अध्यापक के रूप में भी कार्य करती थी। नारी छात्राओं को वेद पढ़ाती थी। इन सभी बातों का पता पतंजलि के भाष्य को पढ़ने से लगता है। उन दिनों धर्म, दर्शन, विश्व की उत्पत्ति, ज्ञान विकास आदि गम्भीर और जटिल विषयों पर पुरुषों की बराबरी में चर्चा करनेवाली नारी थी। उनके कई उदाहरण इतिहास में दर्ज किए गए हैं। इतिहास बताता है कि जनक और सुलभा, याज्ञवल्क्य और गार्गी, याज्ञवल्क्य और मैत्रेयी, उसी प्रकार शंकराचार्य और विद्याधारी आदि के विवाद सार्वजनिक स्थलों पर हुए थे। इस बात से यही सिद्ध होता है कि मनु के पहले के काल में भारत की नारी ज्ञान के बल पर समाज में सबसे ऊँचे स्थान तक पहुँच सकती थी।

पहले के जमाने में नारी को समाज में बड़े मानसम्मान से रखा जाता था, इस बात को कोई भी अस्वीकार नहीं कर सकता। प्राचीन काल में राज्याभिषेक समारोह होते थे, उसमें रानी का मुख्य स्थान था। सत्तारूढ़ होने के बाद राजा दरबार में सभी को नजराना भेंट करता था। राजा रानी को भी बड़ा नजराना भेंट करता था। (Jaiswal, Hindu Polity, part-II, p. 16) सत्तारूढ़ होने के पहले राजा अपनी कई रानियों में से एक को पटरानी के रूप में चुनता था। राजा अपने राज्याभिषेक के समय मुख्य रानी और निम्न जाति की अपनी अन्य रानियों की यथाविधि पूजा करता था। (वही, पृ. 17) राजा सत्तारूढ़ होने के बाद अपने राज्य की श्रेष्ठ श्रेणी की (व्यापारी, श्रीमंत) नारी को नमस्कार करता था।

जिस समय दुनिया के किसी भी देश में नारी को इतना सम्मान नहीं मिलता था उस समय भारत की नारी को यह सम्मान मिलता था। फिर उसके बाद जो पतन हुआ वह किसकी वजह से? इस सवाल का एक ही जवाब है और वह यह कि हिन्दुओं के धार्मिक कानून बनानेवाले मनु की वजह से! इस सवाल का इसके सिवा अन्य कोई

जवाब नहीं है। इसके बारे में किसी के मन में कोई सन्देह हो तो उसे मनुस्मृति में मनु द्वारा नारी के जीवन के सम्बन्ध में लिखे गए धार्मिक कानूनों को देखना चाहिए। उनमें से कुछ कानूनों के बारे में मैं यहाँ जानकारी दे रहा हूँ।

मनुस्मृति में कहा गया है, ''पुरुषों को आकर्षित करके भ्रष्ट करना नारी के जीवन की विशेषता है। इस वजह से ज्ञानी लोग हमेशा नारी के सम्पर्क में सचेत रहते हैं।'' (2/213)

''किसी को भी अपनी माता, बहन और कन्या के साथ एकान्त सम्पर्क में नहीं रहना चाहिए। क्योंकि इन्द्रिय प्रबल हैं और वह ज्ञानसम्पन्न पंडित को भी अपने जाल में खींचती हैं।'' (2/215)

''नारी न तो पुरुषों के सौन्दर्य की ओर ध्यान देती है और न उसकी उम्र देखती है। 'यह पुरुष है' इतना ही मन में सोचकर नारी पुरुष के अधीन हो जाती है। फिर वह सुन्दर हो या न हो।'' (9/14)

''नारी को पुरुष का इतना आकर्षण होता है कि पति ने उस पर कितनी भी सख्त पहरेदारी की तब भी वह स्वभाव से चंचल और बेरहम होने के कारण पराए आदमी के साथ व्यभिचार करती है और अपने पति से विश्वासघात करती है।'' (9/15)

''ईश्वर ने नारी को पैदा करते समय उसमें इस तरह की खतरनाक बातें डाल दी हैं, इन बातों को ध्यान में रखते हुए हर आदमी को नारी से अपनी रक्षा करने के लिए सचेत रहना चाहिए।'' (9/16)

''मनु ने (ईश्वर) नारी को पैदा करते समय शैय्या के प्रति आकर्षण, आराम और चैन का आकर्षण, गहने और अपवित्र वासना का आकर्षण, क्रोध, धूर्तता, घृणा और गलत व्यवहार आदि सभी दुर्गुण उसकी काया में रोप दिए हैं।'' (9/17)

मनु नारी को कितने निम्न स्तर का समझता था यह बात उसके धार्मिक कानूनों से सिद्ध होती है। उसके नारी के सम्बन्ध में अन्य कानून भी इसी तरह के हैं। मनु की यह मान्यता थी कि नारी को किसी भी स्थिति में आजादी नहीं देनी चाहिए।

मनु कहता है, ''परिवार के पुरुषों को अपने परिवार की नारियों को दिन और रात अपने पर निर्भर रखना चाहिए। यदि यह दिखाई दे कि उन नारियों का झुकाव वासना के उपभोग की ओर है तो उन्हें पुरुषों को अपने नियन्त्रण से बाहर नहीं जाने देना चाहिए।'' (9/2)

''नारी के बचपन में उसका पिता उसका पालन करता है, पति उसकी युवावस्था में उसकी रक्षा करता है और उसके बच्चे उसके बुढ़ापे में उसकी रक्षा करते हैं। नारी कभी भी स्वतन्त्रता को प्राप्त करने के लायक नहीं है।'' (9/3)

''यदि नारी का झुकाव वाममार्ग की ओर दिखाई दिया तो भी उस वाममार्ग से उससे दूर रखने की विशेष पहरेदारी करनी चाहिए। यदि ऐसा नहीं किया गया तो वह नारी दोनों कुलों को दुख की खाई में डाल देगी।'' (9/5)

''सभी जाति के सबसे श्रेष्ठ कर्त्तव्यों के महत्त्व की ओर ध्यान दिया जाए तो यही

सिद्ध होता है कि कमजोर पति को भी अपनी पत्नी को अपनी मुट्ठी में रखकर उसकी रक्षा करने का प्रयास करते रहना चाहिए।'' (9/6)

''परिवार में लड़की, युवती, वृद्धा को परिवार के व्यवहार के सन्दर्भ में स्वतन्त्र रूप से कुछ भी करने का अधिकार नहीं है।'' (5/147)

''नारी को बचपन में पिता की आज्ञा में रहना चाहिए। पति के मरने के बाद उसे अपने पुत्र की देख-रेख में रहना चाहिए। नारी को कभी भी स्वतन्त्र रूप से नहीं रहना चाहिए।'' (5/148)

''नारी को पिता, पति और पुत्र से अलग रहने का साहस नहीं करना चाहिए। वह यदि उन्हें छोड़कर रहने लगी तो उससे दोनों परिवार (पति का और पिता का) एक-दूसरे की घृणा के पात्र बन जाएँगे।'' (5/149)

नारी को तलाक लेने का हक़ नहीं

''ऐसा समझा जाता है कि पति अपनी पत्नी के साथ एकजान हो गया है। इसका मतलब यह है कि नारी एक बार शादीशुदा हो जाने के बाद उसका पति से दूर रहना एकदम असम्भव है।'' (9/45)

पत्नी को पति से अलग रहने की इजाजत न देनेवाला कानून मनु ने बनाया, इसके लिए कई हिन्दू लोग उसकी काफी प्रशंसा करते हैं। और वे बड़े गर्व के साथ कहते हैं कि इस तरह का कानून अन्य देशों में नहीं है। इसी बात पर खुश होकर वे चुप्पी साध लेते हैं। मनु ने विवाह को एक पवित्र विधि समझ लिया है इसलिए उसने तलाक को मंजूरी नहीं दी है, इस विचार को हिन्दू अपने दिलो-दिमाग में रखते हैं। लेकिन यह बात सच है कि इस तरह का विचार सत्य पर आधारित नहीं है। मनु ने तलाक का जो कानून बनाया उसमें उसका उद्देश्य अलग था। उसका उद्देश्य नारी की बेड़ियाँ पुरुषों के हाथ में देना था और पुरुष को उसके साथ चाहे जैसा व्यवहार करने की आजादी देना था। इस बात की ओर ध्यान देना चाहिए।

मनु ने पत्नी को छोड़ देने के सम्बन्ध में पति पर कोई बन्धन नहीं लगाए हैं। मनु पत्नी को छोड़ देने की स्वतन्त्रता पति को देता है। इस कानून के द्वारा मनु ने जो हासिल किया है वह यह कि नारी अपनी स्वतन्त्रता का बिल्कुल उपयोग नहीं कर सकती। इस सम्बन्ध में मनु क्या कहता है, यह देखिए, ''पति ने पत्नी को बेचा या उसने उसे छोड़ दिया तब भी वह पति से अलग नहीं हो सकती।'' (9/46)

इसका मतलब यह है कि पति ने पत्नी को बेच दिया या उसने उसे त्याग दिया तब भी उसके बाद वह दूसरे की (खरीदनेवाले की या उसे सहारा देनेवाले की) पत्नी नहीं हो सकती। इस तरह की घटना यदि मन को उत्तेजित करनेवाली न समझी जाए तो इस दुनिया में कुछ भी गलत नहीं है, ऐसा मानना होगा। इस तरह के कानून को

बनाते समय मनु में न्याय और अन्याय को पहचानने की समझ नहीं थी। उसको बस इतना ही करना था कि बौद्ध काल में नारी को जो सम्पूर्ण स्वतन्त्रता थी उसे छीन लेना था, इतना ही उसे कानून के द्वारा हासिल करना था। 'नारी स्वतन्त्रता' की बात उसकी आँखों में चुभ रही थी। इसलिए उसे समाप्त करके उसने नारी को दासता की जंजीरों में जकड़ दिया।

इसके अलावा मनु ने परिवार की अचल सम्पत्ति के हक़ के सम्बन्ध में नारी को गुलाम की स्थिति में लाकर रखा है। मनु ने कहा है, ''परिवार में पत्नी, पुत्री और गुलाम को परिवार की सम्पत्ति पर कोई हक़ नहीं है। वे लोग जो सम्पत्ति अपने प्रयासों से अर्जित करते हैं, उस पर भी परिवार के मुखिया का अधिकार है।'' (9/416)

मनु इस बात को स्वीकार करता है कि संयुक्त परिवार का कोई आदमी मर गया तो उसकी विधवा पत्नी को उस परिवार की सम्पत्ति में जीविका का हक़ मिलना चाहिए। यदि पति मर गया या यदि वह परिवार से अलग रहता हो, परिवार की सम्पत्ति में हिस्सा माँगने का हक़ मनु ने उसे दिया है। लेकिन मनु ने इन सभी में विधवा का सम्पत्ति पर सम्पूर्ण स्वामित्व का हक़ स्वीकार नहीं किया है।

मनु के कानून के मुताबिक नारी को शारीरिक दंड दिया जा सकता है। मनु ने अपनी पत्नी को पति द्वारा मारने का हक़ स्वीकार किया है।

मनु यह स्वीकार करता है कि, ''पत्नी, लड़का, नौकर (गुलाम), छात्र और छोटा भाई आदि ने यदि कुछ गुनाह किया है तो उन्हें रस्सी या फटके से मारने का हक़ परिवार के मुखिया को है।'' (8/299)

मनु का यह भी कानून है कि नारी को ज्ञान हासिल करने का हक़ नहीं है। मनु ने नारी के वेदाध्ययन पर भी पाबन्दी लगाई थी।

मनु कहता है, ''नारी की भी संस्कार विधि होनी चाहिए। लेकिन उसे संस्कार करते समय वैदिक मन्त्र नहीं पढ़ने चाहिए।'' (2/66)

यज्ञविधि करना ब्राह्मणी धर्म की बुनियाद है, उसकी जान है। नारी को यज्ञविधि नहीं करनी चाहिए, ऐसा मनु का बन्धन था। इस सम्बन्ध में उसका कानून इस प्रकार है–''नारी को वेदयुक्त नित्य यज्ञविधि नहीं करनी चाहिए। यदि उन्होंने वह किया तो उन्हें नर्क में जाना पड़ेगा।'' (16/36/37)

यज्ञविधि करना नारियों के लिए असम्भव हो, इसलिए मनु ने इस प्रकार का बन्धन लगा दिया कि ब्राह्मण पुरोहितों को इस प्रकार की यज्ञविधि में मदद नहीं करनी चाहिए या उसमें हिस्सा नहीं लेना चाहिए।

मनु ने नारी के सामने नारी-जीवन का कौन-सा आदर्श रखा था, इस सम्बन्ध में अन्त में चार बातें कहनी जरूरी हैं। मनु के शब्दों में ही उस आदर्श को देखिए।

मनु कहता है, ''नारी को पिता या उसकी सम्मति से उसके भाई ने नारी को जिस पुरुष को विवाह विधि में सौंप दिया होगा उस पुरुष की (पति की) आज्ञा में रहना चाहिए, यही नारी का परम कर्त्तव्य है। यदि पति मर गया तो उसकी विधवा पर उसके

नाम का कलंक लगेगा इस तरह का कोई भी और कभी भी व्यवहार नहीं करना चाहिए।'' (5/151)

''पत्नी को पति की इजाजत के बगैर यज्ञविधि, तप, उपोषण आदि कुछ नहीं करना चाहिए। यदि वह पूरी तरह से पति की आज्ञा में रही तो उसके मरने के बाद उसका स्वर्ग में बड़ा गौरव होगा।'' (5/155)

नारी के आदर्शमय जीवन के बारे में मनु के और भी जो अन्य कानून हैं उन्हें उस आदर्श का अर्थ समझना चाहिए। वे कानून इस प्रकार हैं–

''जिसने उस नारी के साथ वैदिक मन्त्रों से शादी की वह उस नारी का पति है। उसे इस दुनिया में और स्वर्ग में सुख मिलता है, इस बात को उसे हमेशा मानना चाहिए।'' (5/153)

''पत्नी को हमेशा खुशी से रहना चाहिए। घर के सभी काम सही ढंग से करना, घर के बर्तन साफ-सुथरे रखना और सँभलकर घर का खर्च करना आदि सभी बातों में उसे सद्व्यवहार करना चाहिए।'' (5/150)

हिन्दू लोग इन धार्मिक कानूनों को नारी के जीवन का सर्वोच्च आदर्श मानते हैं।

मनु ने नारी के जीवन को समाप्त करनेवाले जो कानून बनाए उसकी सीमा को भी पार करनेवाला उसका दूसरा कानून यह है कि नारी-हत्या को सामान्य गुनाह माना गया है।

मनु कहता है, ''शराब पीने वाला, नारी, शूद्र, वैश्य या क्षत्रिय और अनीश्वरवादी आदि लोगों को जान से मार डालना, एक सामान्य गुनाह है।''

मनु ने जो यह कानून बनाया है, नारी, शूद्र, वैश्य या क्षत्रिय आदि की गर्दन उड़ा देना सामान्य गुनाह है, इस बात का संकेत कोई भी समझ सकता है। और वह यह कि ब्राह्मण वर्ण के लोग सभी वर्णों के लोगों में श्रेष्ठ हैं, इस बात को समाज के माथे पर थोप देना और ब्राह्मणों की हत्या करना सबसे बड़ा गुनाह है, इस बात को स्वीकार करने के लिए समाज को मजबूर करना ही उसका उद्देश्य है। लेकिन मनु ने इस कानून को नारी के लिए क्यों बताया? इसका एक ही कारण है। मनु की दृष्टि से नारी सामाजिक जीवन में कूड़े-करकट की तरह समझी जानी चाहिए।

मैंने मनु के नारी सम्बन्धी कानून के कुछ उदाहरण दिए हैं। इन सभी बातों को ध्यान में रखने के बाद, मनु ही भारत की नारी के पतन के लिए पूरी तरह से जिम्मेदार है, इस बात को क्या कोई नकार सकता है? शायद इस सच्चाई को बहुत लोग जानते होंगे। लेकिन उन्हें और भी दो बातें मालूम नहीं होंगी। उन्हें इस बात का पता नहीं होगा कि मनु ने ये जो कानून बनाए हैं, उनकी विशेषता क्या थी? इस कानून में यह बात बिल्कुल नहीं दिखाई देती कि इन कानूनों में मनु ने अपनी कोई बुद्धि या मौलिकता दिखाई हो।

भारत में ब्राह्मणी धर्म का उदय होने के बाद नारी के सम्बन्ध में ब्राह्मणों की जो विचारधारा थी उसी को मनु ने अपने कानूनों में सम्मिलित किया है। मनु से पहले वे

कानून समाज में प्रचलित थे, लेकिन वे सामाजिक सिद्धान्त के रूप में थे। उन सिद्धान्तों को धार्मिक कानूनों का रूप देकर राजाज्ञा से समाज में अमल में लाया जाए, इस तरह का काम मनु ने किया है। यह दूसरी बात है कि नारी पर इतने सख्त बन्धन क्यों लगाए गए, इसके कारण लोगों की समझ में नहीं आए। आर्य समाज से शूद्र और नारी का प्रवाह बौद्ध धर्म को स्वीकार करने के लिए लगातार बह रहा था। शूद्र और नारी आर्य समाज के और धर्म के आधार थे। वे आधार ही निकल जाने के बाद आर्य समाज और धर्म नष्ट होने की राह पर थे। इसलिए इस प्रवाह को रोकने के लिए मनु को कानून की बड़ी दीवार खड़ी करना जरूरी हो गया। मनु ने नारी पर बन्धनों का बोझ लादकर उसके जीवन को हमेशा के लिए बर्बाद कर दिया। इसमें सत्य यही है कि बौद्ध धर्म की ओर बढ़ रहा नारी का प्रवाह उसे रोकना था। जो लोग इस बात से सहमत नहीं हैं उन्हें मनुस्मृति की निम्न बातों की ओर ध्यान देना चाहिए।

मनु कहते हैं, ''जिनका जन्म मिश्र विवाह से हुआ है, जो संन्यासी हो गए, जिन्होंने आत्महत्या की, ऐसे लोगों के प्रेत संस्कार और उसके बाद के अन्य संस्कार नहीं किए जाने चाहिए।'' (5/88)

''जिस नारी ने अनीश्वरवादी धर्म को स्वीकार किया है, जो नारी स्वतन्त्रता से प्रेरित होकर भयमुक्त होकर अपना जीवन व्यतीत करती है, जिस नारी ने गर्भ के बच्चे को चोट पहुँचाई है, या जो नारी शराब पीती है, ऐसी नारी का प्रेत संस्कार या उसके बाद के संस्कार नहीं करने चाहिए।'' (5/89)

मनु ने प्रेत संस्कार के सम्बन्ध में कुछ अन्य बन्धन लगाए, उसका उद्देश्य यही है कि (1) जो संन्यासी हो गईं, और (2) जो नारियाँ अनीश्वरवादी हैं, उनका समाज को बहिष्कार करना चाहिए। और उन्हें प्रेतों के साथ भी सम्मान के साथ व्यवहार नहीं करना चाहिए। मनु ने संन्यासी और अनीश्वरवादी धर्म की बात कही है। वह किसकी ओर संकेत किया है, यह स्पष्ट हो जाना चाहिए। संन्यासी का मतलब यही है कि जिसने अपना घर-मकान और गृहस्थी छोड़कर प्रव्रज्या ग्रहण की है। अनीश्वरवादी धर्म का मतलब बौद्ध धर्म है। इन सभी बातों का रुझान बौद्धधर्मीय लोगों की ओर ही है। मनु के मन की ये दो बातें स्पष्ट हैं। ये सभी बन्धन थोपने में मनु का यही उद्देश्य था कि ब्राह्मणों को और अन्य लोगों को इस तरह के विधि-संस्कार नहीं करने चाहिए।

इस तरह की विधियाँ न होने पर अगर समाज चाहे तो उन लोगों के परिवारों को और उन लोगों को जाति-बहिष्कृत करने के लिए मजबूर किया जा सकता है। जिन लोगों ने बौद्ध धर्म स्वीकार किया और जो बौद्ध धर्म के मुताबिक अपना जीवन व्यतीत कर रहे थे उन्हें परिवार से तथा समाज से बहिष्कृत करना, अपने इस उद्देश्य को हासिल करने के लिए मनु ने अपनी स्मृति में इस तरह के धार्मिक कानून बनाए हैं क्योंकि मनु बौद्ध धर्म का जानी दुश्मन था। मनु ने नारी के जीवन पर जो अमानवीय प्रतिबन्ध लगाए उसका भी यही रहस्य है कि बौद्ध धर्म नष्ट होना चाहिए। मनु का सारा प्रयास उसी के लिए था। बौद्ध धर्म को खत्म करने का एक रास्ता यही है कि बौद्ध धर्म से

आर्य परिवारों को दूर रखना और उन्हें हमेशा के लिए ब्राह्मणी वर्चस्व के अमानवी पंजों में रखना है। परिवार का आधारस्तम्भ है नारी। इसके लिए मनु ने एक तरीका खोजा है कि नारी की स्थिति परिवार में गुलाम से भी ज्यादा बदतर बनाई जाए। इसी वजह से भारत की नारी के महत्त्व को कम करना और नारी की दुर्दशा के लिए सारा दोष मनु के माथे पर लादना चाहिए। उसके लिए बुद्ध को जिम्मेदार नहीं समझा जा सकता।

हिन्दू नारी का उत्थान और पतन के बारे में सम्पूर्ण असलियत को मैंने इस छोटे से लेख में बताने का प्रयास किया है। उसकी दुरावस्था के लिए कौन जिम्मेदार था, इसकी चर्चा मैंने इस लेख में की है। इसलिए मुझे पूरा यकीन है कि जिनके मन में कोई आग्रह नहीं है और जो सत्यनिष्ठ हैं, ऐसे लोग नारी के बर्बाद जीवन की जिम्मेदारी बुद्ध के माथे पर लादने का प्रयास नहीं करेंगे। बुद्ध ने नारी को समाज में सम्माननीय स्थान दिया है और उन्होंने उसे पुरुषों की बराबरी का स्थान दिया, इस बात को कोई नहीं नकार सकता।

शब्दानुक्रमणिका

त

द

न

प

●●●